"新时代马克思主义理论研究团队"建设成果

主办单位：东北大学秦皇岛分校

主 编　董劭伟　秦飞　鞠贺

A SYMPOSIUM ON CHINESE HISTORY
AND TRADITIONAL CULTURE（VOLUME 8）

中华历史与传统文化论丛

第 8 辑

中国社会科学出版社

图书在版编目(CIP)数据

中华历史与传统文化论丛. 第8辑/董劭伟，秦飞，鞠贺主编. —北京：中国社会科学出版社，2024.6
ISBN 978-7-5227-3350-0

Ⅰ.①中… Ⅱ.①董…②秦…③鞠… Ⅲ.①中国历史—文集②中华文化—文集 Ⅳ.①K207-53②K203-53

中国国家版本馆CIP数据核字(2024)第065270号

出 版 人	赵剑英
责任编辑	宋燕鹏
责任校对	李　硕
责任印制	李寡寡

出　　版	中国社会科学出版社
社　　址	北京鼓楼西大街甲158号
邮　　编	100720
网　　址	http://www.csspw.cn
发 行 部	010-84083685
门 市 部	010-84029450
经　　销	新华书店及其他书店
印　　刷	北京明恒达印务有限公司
装　　订	廊坊市广阳区广增装订厂
版　　次	2024年6月第1版
印　　次	2024年6月第1次印刷
开　　本	710×1000　1/16
印　　张	36.25
字　　数	526千字
定　　价	218.00元

凡购买中国社会科学出版社图书，如有质量问题请与本社营销中心联系调换
电话：010-84083683
版权所有　侵权必究

目 录

特 稿

祝总斌先生谈历史学习
　　——北大历史系本科生一次答疑的听讲笔记 ········ 张金龙（3）

启予国学

王阳明与《大学》 ···································· 杨　军（13）
《大学》"三纲"的现实意义 ·························· 苏艳丽（24）
《大学》"六证"的现实意义 ·························· 杨　宁（40）
《大学》"八目"的现实意义 ·························· 李景微（53）

古史专题

唐代伎术官的来源及其对伎术官仕途的影响 ·········· 张　锐（71）
唐代马政的历史启示 ································ 张林君（86）
《资治通鉴》历史叙事层面新探
　　——以对牛李党争的叙事为例 ··················· 任建芳（102）
南唐太弟李景遂及相关问题考 ······················· 张云梦（122）
"士族政治""门阀政治"与"皇权政治"的辨析
　　——基于《中国古史分期暨社会性质论纲》
　　研究学说 ······································· 叶长青（137）

目 录

科举与仕宦
　　——上党苗氏家族的沉浮 ·················· 王　玲（147）
新见《朱蒨疏》校释与考论 ············ 张志斌　李昕升（162）
东魏南营州英雄城辨析 ················ 崔玉谦　贾子辰（175）
《圣母帖》与扬州东陵圣母考 ·················· 姜凌宇（183）
晋藩与州县
　　——明清时期山西土盐管理体制及其
　　　运作研究 ······························ 李璐男（193）

民族文化史

满族萨满文化中的虎崇拜考略 ············ 穆鉴臣　胡紫薇（217）
北魏平城宫各阶段殿堂营建情况 ·················· 王　琪（230）
辽朝僧侣石刻的书写 ·························· 鞠　贺（252）
金朝尊孔崇儒教育举措初探 ···················· 孙凌晨（265）
辽朝文化自信的构建途径 ······················ 孙国军（275）
生态规范的民间所见：友好互惠型精怪故事与
　　传统文化 ································· 伊　涛（280）
"苗湖书会"的文化演变和审美价值
　　探绎 ···························· 焦迎春　赵士城（295）

近代史专题

近代滏阳河水运与码头市镇经济的发展
　　——以衡水地区为例 ······················ 蔡禹龙（305）
顾振研究资料汇编（一） ······················ 张　阳（318）

习近平新时代中国特色社会主义思想研究

坚持"四个机关"定位和要求，加强人大及其
　　常委会自身建设 ············ 于春玲　郭佳妮　李晓悦（357）

论中国式现代化的"以人民为中心"思想及其
　　世界意义 ………………………… 滕淑娜　张松岳（376）
论习近平总书记关于加强和改进民族工作
　　重要思想的特征 …………………… 龚志祥　田　华（390）
新时代脱贫攻坚精神融入高校思想政治教育
　　路径探析 ……………………………………… 杨芷郁（403）

中共党史研究

抗日名将李红光英雄形象的建构与确立 …………… 王孝华（415）

"大思政课"建设专栏·东北大学秦皇岛分校课程思政教学案例

心坚不畏道险阻　敢问绝壁要天路
　　——以思想政治理论课实践环节理解"理想信念"的
　　深刻内涵为例 ……………………… 秦　飞　叶木昱（427）
从"一国两制"实践与香港回归看中英关系 ……… 张　阳（434）
文化符号共创共享与铸牢中华民族共同体意识
　　——以民俗学概论课"民俗的扩布性"
　　为例 ……………………………………………… 李　立（442）

"大思政课"建设专栏·东北大学秦皇岛分校心理健康教育课程建设笔谈

中华优秀传统文化融入心理健康教育课程中的教学
　　实践与反思 …………………………………… 阎晓军（453）
防微杜渐，守正创新，培养身心健康的时代
　　新人 …………………………………………… 史宗平（455）
启智明理　塑造人格 ………………………………… 许　旭（459）

目 录

香菱学诗中的"教""学"之道 …………………… 房美妍（464）
学习情绪管理 促进心理健康………………………… 姜丛萌（468）
汲取中华优秀传统文化智慧 提升大学生人际
　　交往能力 …………………………………………… 迟莹莹（472）
恋爱心理课程中李清照与赵明诚的爱情故事中
　　价值观探究 ………………………………………… 赵玲叶（476）
中华优秀传统文化在大学生压力管理与挫折应对
　　中的积极作用 ……………………………………… 王　森（479）
让中华优秀传统文化融入大学生自我意识培养 …… 于晓辉（482）

秦皇岛地域文化专栏

新见近世秦皇岛诗文辑录（再续）……………………… 王　健（489）
明长城侦防体系"夜不收"制度探究
　　——从秦皇岛板厂峪新发现石刻
　　　　谈起 ………………………………… 陈厉辞　董劭伟（514）
秦皇岛古诗10首今注与书法
　　欣赏………… 王红利　孙　勇　徐向君　徐若源　张　强
　　　　　　　　　　　　李昌也　潘　磊　纪晶伟（535）

书　评

评王贞平《多极亚洲中的唐朝》………………………… 刘艳聪（555）
王云飞《书圣之玄：王羲之玄学思想和背景》
　　评介 ………………………………………………… 刘立士（563）
穆崟臣《政以养民：十八世纪社仓积贮研究》
　　评介 ……………………………………… 刘　楠　王秀峰（566）
探索哲学与历史学关系的一部力作
　　——《哲史论衡》述评 …………………………… 周梦杰（572）

特　　稿

祝总斌先生谈历史学习

——北大历史系本科生一次答疑的听讲笔记

记录整理　张金龙

【按语】翻检旧箧，无意间发现几页笔记。后书两行字"祝总斌师给 83 级中国史讲 2 院 108/84.11 月，一个晚上"，似乎是在听讲记录后所补写。搜索记忆，隐约记得曾经听过祝先生就历史学习问题给学生答疑之事，但细节已然彻底忘却，幸赖保存了这样一份记录，可以窥见近四十年前先生这次答疑的基本内容。今抄录如下（只对记录稿作了极个别的文字调整），愿先生在天之灵能够允许我将这一份笔记公之于众。因为是根据听讲笔记所整理，应该比所讲内容要简略一些，但基本意思应该不会相差太大。

一　学历史科学有什么用？

青年同学对新鲜事物比较敏锐，同时还得有自己的坚定的信念，不要轻易为潮流所动。现代以来，历史系、历史科学一直没有发生过动摇。1967 年在一次大报告中陈伯达说：历史有什么用，历史系可以取消。这当然是一个很大的冲击。戚本禹说：历史系还是应该要的。应该说对历史系压力很大，很长时间人们觉得学历史能有什么用呢。过了几年，搞评法批儒，历史又吃香起来了，因为可以立竿见影，任何一个问题都可以在历史上找到来比附当前的现实。"四人帮"一倒台，确立了正确的历史科学，知道原来把历史

特　稿

当作可以在现实中起立竿见影的作用的认识是错误的。按照立竿见影的认识，历史就成了一团泥，可以随意揉捏了。还是应该全面系统地用科学的方法探讨历史，探讨历史规律。随着形势的变化，有些学科如法律的作用又能立竿见影了。实际上，法律系也有过一段遇冷的时期。1969年，北大其他十七个系都恢复了，唯独法律系没有恢复。迟群说：法律系有什么用，找几个转业军人判案不就行了。现在，法律、经济、管理等学科都跟现实有直接的关系，成为热门也是正常的。

我个人觉得，为什么从古至今世界各国都有那么多人研究历史，这就值得考虑其原因了。首先，它是一门科学，而只要是科学，就有其存在的价值。是不是像有人所说的像一团泥那样可以随便捏？关键在于两点：一是事实，二是怎么分析。历史事实不能随便捏，如考证时间、地点，必须还事实之本来面貌，这毫无问题。至于怎么分析，就是概括出什么规律来。观点、理论的看法是有不同的立场、方法，如果不是全面占有材料，那就可能成了所说的"捏"。像儒法斗争，过去像农民战争、历史分期等，看法是有不同，但真理（真正正确）只有一个，为什么呢？这就是社会科学和自然科学的不同。如分期问题，上古资料很少，有待于以后资料的发现。也有一个理论研究上我们不够到位，对马恩理论没有吃透，导致了结论的不同，如魏晋封建论，主要涉及与汉代的不同，资料是可以（够用）的。其实文科都有这个特点。如法律，同一种犯罪下面，各人的情节不同，千差万别，就会在量刑上形成尖锐的争论。如1958年带学生到海淀（法院）实习，（一犯人）学生认为顶多判三五年，结果却判了死刑。①

至于历史的具体作用，是不是可以有如下几方面的考虑：

（1）历史（不说自然科学史、科技史，现实作用都很直接，

---

① 当时祝先生在北大法律系任教。他的意思是说法律标准是确定的，但在量刑上还可能有那么大的认识差别，而历史证据的确定性达不到法律的程度，故在认识上有出入或分歧不奇怪。

如地震史、黄河变迁史）——政治、经济史及部分文化史——的借鉴作用，和立竿见影不同，那些可以有启发，我们就可以作为参考，如"四人帮"倒台后谈"昭宣中兴"的文章就有一些借鉴作用，在很尖锐的矛盾之后，赋税、徭役减轻到汉初的无为而治的水平。汉初的剥削量并不小，但以黄老清静无为作为指导思想，变动比较少，农民终归可以吃饱饭，从而能有一个再生产，这对我们有借鉴作用。中国古代三千年历史，我们找到政治、经济各方面的情况探讨出本来面貌的话，有些就会对现在有所启发。现在出国，也是为了借鉴。我们历史上这样的大国，什么情况下稳定，什么情况下不稳定，采取什么样的政策会导致稳定或不稳定，可以作为当前制定政策的参考。

（2）历史上的人物、制度、事件，从文化思想角度对今天的社会、人们的精神世界是一个丰富。不仅要生产，而且要丰富精神文化，斯大林提出社会主义的目的是提高人民日益增长的物质文化需要。精神生活不仅包括当前的文艺创作（历史上也有众多体裁），写成书也好，创作搬到舞台或拍成电影也好。不说文化史，仅就作为我们研究的政治、经济史来说，如重要的皇帝、宰相，都可以丰富人们的精神。我们应该还历史本来面貌。我们的三个面向：面向四化，面向世界，面向未来。如何理解面向世界、未来，如美国，搞社会科学的人甚至比自然科学多，面向世界有没有这个内容。人家（如日本）把你的历史研究得细极了，我们要认真对待。当然不是说我们就一定比他们差。日本的特点是细，美国的特点是概括。人家开了不少讨论会，出书不少，而自己几乎不搞。面向未来也是一样，将来物质生活丰富了，精神生活得有更大的丰富。在什么时候我们不知道，但毕竟在我们这一代要为后来提供更多的精神文化。这一点也可以考虑。

（3）最重要的是研究历史规律。中国历史究竟是怎么发展到今天来的，我们只有把这个搞清楚了，才能搞好我们的建设。毛主席在《改造我们的学习》中说：要搞好革命，必须有三个条

特　稿

件——理论，现状，历史。如中国封建社会为什么长期延续？没得出结论，不等于得不出结论。我们必须搞清楚这些问题，才能为制定政策提出更好的经验教训。自然科学可以一级级（？）来研究，社会科学看似比较容易，实则更难。社会科学可能始终老在一个地方转，到头来甚至有可能完全搞错了，而自然科学马上就会碰得头破血流。历史研究其实很不容易，应该真正掌握好史料、理论，把它变成真正的科学。你们要有信心知难而进。（现在社会上还有一种舆论，认为历史研究很容易，据说有的学校有老师一周能开出一门近代史，三天开出一门德育课，也有人说历史你愿怎么讲就怎么讲。）要有信心努力学下去，将来做出更大的贡献。

二　史料太多了，不知道怎么入手？

　　史料多有其好处，有助于研究。对于大家来说，不能要求得太急，不可能一下子越过这个阶段，要按部就班一步一步来。大家着急的心情可以理解。历史事实本身需要了解，还要辨别真伪，进行考证，吸收别人的成果。要循序渐进，逐渐掌握，不能一蹴而就。史料的确很多，但要抓一些基本的东西。比如说，《资治通鉴》的记载从战国一直到唐末五代，如果对古代史有兴趣，有时间的话，可以读一些。精华的一些东西，主要是政治（包括制度、地理）基本在里边。当然，《史记》也可读一些重要的篇章，如《世家》《列传》，此外也可以读读《汉书·百官公卿表》。通过《通鉴》，有了时间概念，其他史料就可以串起来。要学会利用工具书，包括近现代史，这一点很重要，不要死查。通过索引（中华书局的人名索引，燕京学社的引得）如《尚书》基本上都可以查到，可能也有一两个遗漏，那也没有办法。地名索引也可以摸一摸（举研究生辨赤壁确切位置所在利用地名索引为例），将来可以利用，可做到事半功倍。日本人为什么搞得那么细，就是因为他们工具书搞得很细，诸桥辙次的《大汉和辞典》有十几大本，台湾《中华大辞典》基本上跳不出，《辞源》也大多跳不出。有了专业方向后目的性明确，利用工具书就更加好办了。

三 专业方向如何选择？

过去好多年，近现代史很多人不愿意搞，因为跟现实关系太紧密，特别是现代史，怕犯错误。从消极方面来说，大家都愿意发挥；从积极方面来说，有大量问题还有待研究。三中全会后这种状况有所改变。就其优势来说是资料多，有广阔天地，如果你外文好，选择近现代史更有前途，因为需要利用外交档案，加上外国研究，所以光靠中文资料不行。很多结论还有待全面研究，如陈独秀、洋务运动。陈哲夫（国政系主任）六十年代初写关于陈独秀的文章，倒霉了。外国进修生一般都是学近现代史。大家选择方向不应忽视近现代史。至于古代史，也有许多领域值得研究。要有自己的见解，理论要学得好一些，资料掌握要多一些。隋唐以下资料多一些，比较省劲，但要花更多时间。隋唐以上资料少一些，需要一些考证功夫，还需要如文字学、训诂学等方面的素养。如考证时间等，就像大的机器中的小螺丝一样。为了探讨大的规律，就要作细致的工作。如果搞得很烦琐，我们不提倡，但如果确实是大的问题中的必要环节，则必须搞。乾嘉学者有微观无宏观，美国人（当然不是批评人家）有宏观少微观，不如日本人。

以上意见仅供大家选择专业时做参考。至于具体如何选择，还要考虑很多因素，如兴趣爱好、专业基础、导师条件、研究生招生要求等。

四 关于理论学习

理论学习上不要急，按部就班为好。我们是搞历史研究的，在搞的过程中要有理论作指导。不要读得太多，以免难以消化。最主要的是两个方面：历史唯物主义，政治经济学。要吃透精神实质，头脑中要有一个体系。如可读《家庭、私有制和国家的起源》《反杜林论》等。我是倾向于先用教材，把基本概念吃透，将来读大著作就容易些。有些人常讲马列主义，一分析都错了，其实他连基本的都不知道。

［讨论环节］大问题的研究必须建立在具体问题的研究之上，必须坚持实事求是。宏观的研究是必要的，可以给我们以启发。考虑一些比较大的问题，现实意义会更大一些，不过只能成一家之言。更主要的还是要放在断代研究上，可以选一个断代。也可以选一个纵的方面，如中国科举制度，思想文化的一个方面，法制史（如唐律）。

理论总是发展的，但原理本身不可能变，如生产力决定生产关系，经济是基础，为过去的发展所证实。但随着科学进步理论也会发展。如帝国主义问题，资产阶级领导民主革命，新的历史事实否定了过去的结论。如果没有创新，理论还怎么能够发展，历史科学还有什么意思呢？我们完全可以提出自己的看法，甚至后来居上。中国古代社会究竟是什么样子，是很有趣味的。

（谈及自己经历）1947—48年东北大学中文系。后来搞罢课。喜欢背诗，原本想搞文学史研究。49年后到华北革命大学学习，留校搞资料、搞中国革命史。52年到河北大名搞合作化。54年到北大法律系教法制史，也不算改行，实际上和所学知识还是比较接近的。

咱们历史学科研究的人不是多了，还需要很多人对历史作真正的研究。有很多东西，一下子不见效果，但长远还是很有用的，如天文学。只要是一门科学，从长远看必然是有用的。

同一事实，会有不同观点，这涉及社会科学的检验标准，要确定哪种观点更合理的确比较困难。

关于具体专业方向，应该看什么书，如历史地理，建议读

《尚书·禹贡》《汉书·地理志》《水经注》(《水经注疏》,有人正在整理);官职史,可以看《历代职官表》(黄本骥)。

人的思维不能全部用电子计算机代替,人的脑子是最可宝贵的。当然将来可以代替一些。新的一些东西我们应该知道,但还是先看一看。

启予国学

王阳明与《大学》

杨 军

（吉林大学）

摘　要：王阳明心学的核心理念皆建立在对《大学》的阐释的基础之上。阳明心学四大理念，"事上磨炼""致良知""知行合一""心即理"，分别基于对《大学》中的"四目"格物、致知、诚意、正心的思考。对《大学》"四目"内涵的重新阐释及其次序的调整，构成王阳明思想体系的基础。王阳明一生学问实不出《大学》范围。

关键词：心即理；知行合一；致良知；事上磨炼

作　者：杨军，吉林大学历史研究院教授、博士研究生导师。

阳明心学的核心理念皆建立在对《大学》的阐释的基础之上，通过对《大学》格物、致知、诚意、正心的重新阐释，王阳明建立起自己的思想体系与修身实践。从这个角度说，王阳明一生学问实不出《大学》范围。本文主要就此方面内容谈谈个人的理解，不当之处，敬请批评指正。

一

《传习录》："身之主宰便是心，心之所发便是意，意之本体便是知，意之所在便是物。"《答顾东桥书》中说："意之所用，必有其物，物即事也"，"有是意即有是物，无是意即无是物"。《大学问》："物者，事也，凡意之所发必有其事，意所在之事谓之物。格者，正也，正其不正以归于正之谓也。"王阳明重新界定的概念有："心"，作为"身之主宰"，指人的意识；"意"，为"心之所发"，指源自意识的思维活动，但"凡意之所发必有其事"，则"意"也特指与具体事物相关的思维；"知"，是"意之本体"，就是思维的本来面目，或者说是未受物质干扰的纯思维；"物"，是"意之所在"，指成为人的思维对象的那一部分客观事物，而不是指所有的客观事物；"事"与"物"是同义词；"格"，即"正"，"正其不正以归于正"，即端正、纠正。根据王阳明的定义，《大学》中的"格物"的意思是，纠正成为人的思维对象的具体事物，纠正对具体事物的不正确处理，使之全部回到正确的轨道上来；"致知"的意思是，用未受物质干扰的纯思维作为判断具体事物正确与否的标准，可见"致知"是"格物"的前提；"诚意"的意思是，真诚面对与具体事物相关的思维，才能对其正确与否做出准确判断；"正心"的意思是，端正自己的意识。

对格物、致知、诚意、正心的关系，王阳明在《大学问》中有明确的阐释：

> 何谓身心之形体？运用之谓也。何谓心身之灵明？主宰之谓也。何谓修身？为善而去恶之谓也。吾身自能为善而去恶乎？必其灵明主宰者欲为善而去恶，然后其形体运用者始能为善而去恶也。故欲修其身者，必在于先正其心也。然心之本体则性也，性无不善，则心之本体本无不正也。何从而用其正之之功乎？盖心之本体本无不正，自其意念发动，而后有不正。故欲正其心者，必就其意念之所发而正之，凡其一念而善也，好之真如好好色，发一念而恶也，恶之真如恶恶臭，则意无不诚，而心可正矣。然意之所发，有善有恶，不有以明其善恶之分，亦将真妄错杂，虽欲诚之，不可得而诚矣。故欲诚其意

者，必在于致知焉。

需要说明的是，按王阳明的思路，修身首先是"正心"，"正心"则必"诚意"，"诚意"必须"致知"，"格物"是上述三者的具体体现，王阳明显然打破了《大学》原有的格物、致知、诚意、正心的次序。

王阳明《大学古本序》：

《大学》之要，诚意而已矣。诚意之功，格物而已矣。……是故至善也者，心之本体也。动而后有不善，而本体之知，未尝不知也。意者，其动也。物者，其事也。至其本体之知，而动无不善。然非即其事而格之，则亦无以致其知。故致知者，诚意之本也。格物者，致知之实也。物格则知致意诚，而有以复其本体，是之谓止至善。①

此处的排序又是正心、致知、诚意、格物。终王阳明一生，对此《大学》"四目"的次序问题，始终摇摆于正心、诚意、致知、格物与正心、致知、诚意、格物之间，但其思想体系建立在对《大学》经部排序的否定的基础之上，则是没有疑问的。

朱熹《大学章句》认为：

经一章，盖孔子之言，而曾子述之。凡二百五字。其传十章，则曾子之意而门人记之也。旧本颇有错简，今因程子所定，而更考经文，别为序次如左。②

在这种思想指导下，朱熹将《大学》原文分为经、传两部分，

---

① 《王文成公全书》卷七《文录四·序记说》，第293—294页。
② （宋）朱熹：《四书章句集注》，中华书局1983年版，第4页。

认为传是解释经的,所以依照经部格物、致知、诚意、正心、修身、齐家、治国、平天下的顺序对原文进行重新排序,因《大学》原文中并没有阐释格物致知的内容,朱熹认为《大学》原文在流传的过程中有缺失,并尝试补写这部分的内容。朱熹整理后的《大学》对后世影响极大,而王阳明则否定朱熹,提倡古本《大学》。应该说,朱熹将《大学》分经、传,认为《大学》存在"错简"甚至内容缺失等看法都是没有证据的。从这个角度说,王阳明提倡古本《大学》无疑是正确的。但更为重要的是,王阳明提倡古本《大学》,并不是为复原儒家经典的旧貌,或者说在文本上实现原典,而是为了给自己对修身次第的新理解寻找理论依据。正是因为古本《大学》对"八目"的具体阐释越过格物致知,直接从诚意开始,所以王阳明才提出"《大学》之功只是诚意"的观点。应该说,这也是王阳明对《大学》的一种新的阐释。

二

《朱子语类》卷一五《大学二》:"盖天下之事,皆谓之物,而物之所在,莫不有理。""事事都有个极至之理","格物者,格,尽也,须是穷尽事物之理。若是穷得三两分,便未是格物。须是穷尽得到十分,方是格物"。"致知所以求为真知。真知,是要彻骨都见得透。"朱熹将"物"理解为客观事物的全体,因此认为"格物"是"穷尽事物之理","致知"是"求为真知",即获得真正的、正确的知识。将格物致知理解为探究客观事物以获得正确的知识,由此导致修身成为一种外求的过程。所以后来王阳明批判朱熹是"枝枝叶叶外头寻"。

龙场悟道之后,王阳明提出的重要心学理念之一是:"心即理也,心外无理,心外无物,心外无事。""心"指人的意识,"理"指作为宇宙本源的绝对意识,因为人的意识源自绝对意识,所以说"心即理也,心外无理"。"物"和"事"为同义词,皆指成为思维对象的那一部分客观事物,既然成为意识认知对象的事物才可以称为"物""事",当然"心外无物,心外无事"了。既然"心外无物,心外无事",则"格物之功,只在身心上做"。通过"心即理"这一哲学命题,王阳明将"格物"与人的心性修炼结合起来,真正实现《孟子》所说的"反求诸己",其修身方式也就必然是一种内省式的修炼。

《传习录》卷一所载王阳明与弟子徐爱的一段对话说得更为清晰:

> (徐)爱问:"至善只求诸心,恐于天下事理,有不能尽。"先生曰:"心即理也。天下又有心外之事,心外之理乎?"爱曰:"如事父之孝,事君之忠,交友之信,治民之仁,其间有许多理在,恐亦不可不察。"先生叹曰:"此说之蔽久矣,岂一语所能悟。今姑就所问者言之。且如事父,不成去父上求个孝的理;事君,不成去君上求个忠的理;交友、治民,不成去友上、民上求个信与仁的理。都只在此心。心即理也。此心无私欲之蔽,即是天理,不须外面添一分。以此纯乎天理之心,发之事父便是孝,发之事君便是忠,发之交友、治民便是信与仁。只在此心去人欲、存天理上用功便是。"①

王阳明还对徐爱说过,"至善是心之本体","格物是止至善之功"。因为"心即理也,心外无理,心外无物,心外无事",修身就是"只在此心去人欲、存天理上用功",这就是"正心"。在事父、事君、交友、治民等具体事务上去除"私欲之蔽",就是"格物"。通过"格物"的功夫,就可以恢复心的至善的本体,"即是天理"。可见,所谓"格物是止至善之功",意即通过"格物"实现"正心"。显然,王阳明是基于对《大学》"正心"

---

① 《王文成公全书》卷一《语录一·传习录上》,第2—3页。

的思考而提出"心即理"这一阳明心学的重要理念的。也可以说，王阳明提倡"心即理"是为了解释《大学》所说的"正心"问题。

龙场悟道之后，王阳明首次外出讲学，在贵阳讲"知行合一"。王阳明早期的弟子徐爱，曾专门就知行合一问题向王阳明请教，师生间的对话经徐爱整理，载于《传习录》卷一：

> （徐）爱曰："如今人尽有知得父当孝、兄当弟者，却不能孝，却不能弟。便是知与行分明是两件。"先生曰："此已被私欲隔断，不是知行的本体了。未有知而不行者。知而不行，只是未知。圣贤教人知行，正是要复那本体。不是着你只恁的便罢。故《大学》指个真知行与人看，说'如好好色'，'如恶恶臭'。见好色属知，好好色属行。只见那好色时已自好了，不是见了后又立个心去好。闻恶臭属知，恶恶臭属行。只闻那恶臭时已自恶了，不是闻了后别立个心去恶。如鼻塞人虽见恶臭在前，鼻中不曾闻得，便亦不甚恶。亦只是不曾知臭。就如称某人知孝、某人知弟，必是其人已曾行孝行弟。方可称他知孝知弟。不成只是晓得说些孝弟的话，便可称为知孝弟。"①

《大学》："所谓诚其意者，毋自欺也。如恶恶臭，如好好色，此之谓自慊。"王阳明解释知行合一时所引《大学》原文，出自《大学》对"诚意"的论述，按照王阳明的论述，"见好色属知，好好色属行"。则"知"指认知，"行"指行为，所谓知行合一，就是人的认识与行为的合一。不要自己欺骗自己，真正做到认识与行为的统一，即是"诚意"。显然，王阳明是基于对《大学》"诚意"的思考而提出"知行合一"这一阳明心学的重要理念的。也

---

① 《王文成公全书》卷一《语录一·传习录上》，第4—5页。

可以说，王阳明提倡"知行合一"是为了解释《大学》所说的"诚意"问题。

综上，龙场悟道之后，王阳明明确提出对《大学》"诚意正心"的新理解，其之所以提倡古本《大学》，也是因为古本《大学》首先阐释的是"诚意"。

三

王阳明50岁的时候提出"致良知"，这成为其晚年重点提倡的心学理念。

按照王阳明对"诚意正心"的理解："心之本体本无不正，自其意念发动，而后有不正。故欲正其心者，必就其意念之所发而正之，凡其一念而善也，好之真如好好色，发一念而恶也，恶之真如恶恶臭，则意无不诚，而心可正矣。"自然就会涉及判断善恶的标准问题。王阳明认为，"意念发动，而后有不正"，即"意"与事物接触才形成正与不正、善与恶的区别，因此"意"不能作为判断善恶的标准。关于《大学》格物、致知、诚意、正心的物、知、意、心之间的关系，王阳明认为："身之主宰便是心，心之所发便是意，意之本体便是知，意之所在便是物"，"意"与"知"皆源自"心"，但"意"与"物"相联系，故有善恶之别，而"知"不是，因此，判断善恶的标准只能是"知"。王阳明借用《孟子》的"良知"概念，认为《大学》致知的"知"，就是《孟子》说的"良知"，因此，《大学》的"致知"，就是"致良知"。也是从"知"是判断善恶标准的角度，阳明"四句教"才说"知善知恶是良知"。

《大学问》：

"致知"云者，非若后儒所谓充扩其知识之谓也，致吾心之良知焉耳。良知者，孟子所谓"是非之心，人皆有之"

者也。是非之心，不待虑而知，不待学而能，是故谓之良知。是乃天命之性，吾心之本体，自然良知明觉者也。凡意念之发，吾心之良知无有不自知者。其善欤，惟吾心之良知自知之，其不善欤，亦惟吾心之良知自知之。……今欲别善恶以诚其意，惟在致其良知之所知焉尔。……然欲致其良知，亦岂影响恍惚而悬空无实之谓乎？是必实有其事矣。故致知必在于格物。①

王阳明将"良知"说代入其对《大学》格致诚正的理解之中。显然，王阳明晚年提出的心学理念"致良知"，是基于对《大学》"致知"的思考。也可以说，王阳明晚年提倡"致良知"是为了解释《大学》所说的"致知"，由此使其对《大学》修身方式的理解形成一个完整的闭环。

王阳明晚年提出"无善无恶是心之体，有善有恶是意之动，知善知恶是良知，为善去恶是格物"，此即非常有名的阳明"四句教"。《传习录》卷三记载，王阳明在向钱德洪、王畿阐释"四句教"的内涵时说：

> 我这里接人原有此二种。利根之人直从本源上悟入。人心本体原是明莹无滞的，原是个未发之中。利根之人一悟本体，即是功夫，人己内外，一齐俱透了。其次不免有习心在，本体受蔽，故且教在意念上实落为善去恶。功夫熟后，渣滓去得尽时，本体亦明尽了。②

《大学问》："格者，正也，正其不正以归于正之谓也。正其不正者，去恶之谓也。归于正者，为善之谓也。"正可与"在意念上

---

① 《王文成公全书》卷二六《续编一·大学问》，第1117—1118页。
② 《王文成公全书》卷三《语录三·传习录下》，第145页。

王阳明与《大学》

实落为善去恶"相参证。王阳明曾说过:"人须在事上磨炼,做功夫乃有益。若只好静,遇事便乱,终无长进。"对此,《传习录》卷三有典型事例:

> 有一属官,因久听讲先生之学,曰:"此学甚好。只是簿书讼狱繁难,不得为学。"先生闻之,曰:"我何尝教尔离了簿书讼狱,悬空去讲学?尔既有官司之事,便从官司的事上为学,才是真格物。如问一词讼,不可因其应对无状,起个怒心;不可因他言语圆转,生个喜心;不可恶其嘱托,加意治之;不可因其请求,屈意从之;不可因自己事务烦冗,随意苟且断之;不可因旁人谮毁罗织,随人意思处之。这许多意思皆私,只尔自知,须精细省察克治,惟恐此心有一毫偏倚,杜人是非,这便是格物致知。簿书讼狱之间,无非实学,若离了事物为学,却是着空。"①

这就是王阳明提倡的格物功夫,"事上磨炼"。可见王阳明提倡修身要"事上磨炼"是针对《大学》中的"格物"。传统上认为阳明心学有三大理念,"心即理""知行合一""致良知",由此看来,将"事上磨炼"作为阳明心学第四大理念才是完整的。

阳明心学四大理念,"事上磨炼""致良知""知行合一""心即理",分别基于对《大学》的格物、致知、诚意、正心的思考。若按王阳明对《大学》"四目"的排序,阳明心学四大理念依次为:"心即理""知行合一""致良知""事上磨炼"。阳明"四句教",第一句对应"心即理",第二句对应"知行合一",第三句对应"致良知",第四句对应"事上磨炼",正是对王阳明一生学问的总结。

---

① 《王文成公全书》卷三《语录三·传习录下》,第117—118页。

四

阳明心学四大理念中，"心即理""致良知"属于理论层面，"知行合一""事上磨炼"属于实践层面。在龙场悟道之后，王阳明即提出"心即理"和"知行合一"，此后在强调"事上磨炼"的基础上，至晚年始提出"致良知"。可以说，龙场悟道之后，王阳明的思想核心是"心即理"，在实践方面强调"知行合一"；至晚年，王阳明的思想核心是"致良知"，在实践方面强调"事上磨炼"。

与此相对应，王阳明提倡的修身实践也经历过前后期的变化。据《王阳明年谱》，从龙场赴庐陵，见门人冀元亨、蒋信、刘观时等，王阳明称："悔昔在贵阳举知行合一之教，纷纷异同，罔知所入。兹来乃与诸生静坐僧寺，使自悟性体，顾恍恍若有可即者。"王阳明此时提倡的修身方式是强调通过静坐"自悟性体"；而后期则强调在"簿书讼狱之间"，"精细省察克治"。

钱德洪、王汝中辑《王阳明年谱》中对王阳明龙场悟道的记载："忽中夜大悟格物致知之旨，寤寐中若有人语之者，不觉呼跃，从者皆惊。始知圣人之道，吾性自足，向之求理于事物者误也。乃以默记《五经》之言证之，莫不吻合。"朱熹认为，"事事都有个极至之理"，故其对《大学》格物的理解，就是对外在事物的深入研究。王阳明年轻时受时代风气影响，也是信奉朱熹的观点的，所以才会有"阳明格竹"的故事。龙场悟道代表着王阳明与朱熹这种思想的决裂，王阳明认为自己从前的看法是错误的，"向之求理于事物者误也"，所谓"吾性自足"，王阳明并不否认"事事都有个极致之理"，但认为这个理不存在于事物本身，而是存在于人的心中。

归纳而言，王阳明早年是要用诚意正心取代格物致知，晚年是要用格物致知涵盖诚意正心，由此亦可见王阳明一生学问不出《大学》范围。

王阳明与《大学》

Wang Yangming and *The Great Learning*
YANG Jun

Abstract: The core concepts of Wang Yangming's philosophy of mind with "disciplining in doing", "cultivating conscience", "unity of knowing and doing", and "mind is reason" as four major visions, which are from "Four Principles" namely investigating, knowing, sincerity and righteousness are all based on the interpretation of *The Great Learning*. Wang Yangming's lifelong knowledge did not fall outside the scope of "The Great Learning" in which the reinterpretation and reorder of "Four Principles" constitute his ideology.

Key Words: mind is reason, unity of knowing and doing, cultivating conscience, disciplining in doing

《大学》"三纲"的现实意义

苏艳丽

（深圳职业技术大学）

摘　要：《大学》"三纲"精到概括了儒家的基本精神。"明明德"通过激扬内心固有美德，引导人们塑造自我、完善自我，从而实现对生命的自主把握。"止于至善"以愿景照亮人的精神旅途，展现了儒家的生命境界和终极关怀。"亲民"是"明明德"的外显和成果，体现了人本思想和温厚品格，是共存相与的生命智慧。千百年来，《大学》"三纲"为一代代士人君子定下了理想人格基调。直到今天，它依然是我们把握身心命运、推动社会进步的一把钥匙。我们仍需珍视民族文化血脉，对传统经典进行再认识，借助先贤的智慧，把握好时代的变与不变。

关键词：《大学》"三纲"；明明德；亲民；止于至善

作　者：苏艳丽，深圳职业技术大学副教授。

《大学》原是《小戴礼记》第四十二篇，相传为曾子所作，也有学者认为是秦汉时期作品。这篇算上今日标点仅两千字的文章经唐代韩愈、李翱竭力推崇，北宋程颢、程颐彰明提倡，又经南宋朱熹深入阐发，粲然流传，最终和《中庸》《论语》《孟子》并称"四书"，列为科举必读书，对中国文化教育走向产生了决定性影

---

* 基金项目：深圳职业技术大学 2023 年校级教育教学研究重点项目"适应性视域下职业本科思政课教学研究"。

响。特别是《大学》开篇提出的"明明德""亲民""止于至善"这"三纲"（或称"三纲领"），精到概括了儒家的根本精神，对中华民族的集体人格起到了奠基作用。

一 先贤对《大学》"三纲"的阐释

唐代之前《大学》无单行本，并未引起特别关注。在儒家思想史上，标举《大学》的特殊地位始于唐代韩愈、李翱。为对抗佛老二家影响，两人把《大学》《中庸》视作与《论语》《孟子》同等重要的经典。北宋程颢、程颐秉承韩、李之意，把《大学》上升到"孔氏之遗书，而初学入德之门"的高度。《宋史·道学传》称，二程"表章《大学》《中庸》二篇，与《语》《孟》并行，于是上自帝王传心之奥，下至初学入德之门，融会贯通，无复余蕴"[1]。南宋朱熹"抽出""四书"于漳州刊刻，不仅将《大学》列入其中，而且称"《大学》是为学纲目""某要人先读《大学》，以定其规模"[2]。他甚至说："于今可见古人为学次第者，独赖此篇之存，而《论》《孟》次之。学者必由是而学焉，则庶乎其不差矣。"[3] 可见朱熹对《大学》的推重。他还表示："某于《大学》用工甚多。温公作《通鉴》，言：'臣平生精力，尽在此书。'某于《大学》亦然。"又曰："我平生精力，尽在此书，先须通此，方可读书。"[4] 朱熹在《大学章句》中还进一步指出，"明明德""亲民""止于至善""此三者，《大学》之纲领也"[5]。《大学》"三纲"或"三纲领"之说由此而来。

"三纲"是理解《大学》、理解儒家思想的钥匙。理学、心学

---

[1] 《宋史》卷四二七《道学一》，中华书局1985年版，第12709—12710页。
[2] （宋）黎靖德编：《朱子语类》卷一四，中华书局1986年版，第252、249页。
[3] （宋）朱熹注，王宝华整理：《四书集注》，凤凰出版社2016年版，第4页。
[4] 《朱子语类》卷一四，第258页。
[5] 《四书集注》，第5页。

两派的阐发有同有异，朱熹和王阳明分别是两派的集大成者，他们对《大学》"三纲"的解读最具代表性。

（一）朱熹对《大学》"三纲"的解读

朱熹在《大学章句》言明："大学者，大人之学也"，是君子"穷理、正心、修己、治人之道"①。在回答何为"明明德"时，朱熹说："明，明之也。明德者，人之所得乎天，而虚灵不昧，以具众理而应万事者也。但为气禀所拘，人欲所蔽，则有时而昏；然其本体之明，则有未尝息者。故学者当因其所发而遂明之，以复其初也。"② 朱熹认为，德性与"理"一样，都是自天命下贯而来，这种所得乎天的德性，是空明纯粹的。保有来自上天的光明美好品德，就能贯通众理、应临万事。但是在现实生活中，先天的德性受到禀气和私欲影响，时常不能展其本貌。因此，要去除后天的遮蔽习染，使其恢复到最初美好状态。他还指出："明明德者，所以自新也；新民者，所以使人各明其德也。"③ 即"明明德"是自明己德，"新民"则是推而扩之，一则内圣，一则外王。"明德为本，新民为末。知止为始，能得为终。"显然，在重要性和次第上，朱熹更加推重"明明德"。

"三纲"中第二条是"亲民"还是"新民"，实属公案。郑玄作注时，未加解释。一般来说，如未解释，就是当作本字，读作"亲"。孔颖达疏："'在亲民'者，言大学之道，在于亲爱于民，是其二也。"④ 他把"亲"解释为"亲爱"，显然是当作本字理解。北宋程颐认为应该读作"新"，朱熹从程说，他的解读是："言既自明其明德，又当推以及人，使之亦有以去其旧染之污也。"⑤ 即化民成

---

① 《四书集注》，第1页。
② 《四书集注》，第4页。
③ 《朱子语类》卷一五，第308页。
④ （汉）郑玄注，（唐）孔颖达疏：《礼记注疏》卷二八《内则》，《十三经注疏》本，中华书局1980年版，第1673页。
⑤ 《四书集注》，第4页。

俗，使百姓明德日新。

在解读"止于至善"时，朱熹说："止者，必至于是而不迁之意。至善，则事理当然之极也。言明明德、新民，皆当止于至善之地而不迁。盖必其有以尽夫天理之极，而无一毫人欲之私也。"①他认为"止"是无须迁移、变化的终极目标，"至善"则是穷尽天理，除尽人欲，达到应然状态。

（二）王阳明对《大学》"三纲"的解读

对《大学》及其"三纲"的解读，朱熹以理学的角度，王阳明则以心学的角度，可谓同中有异。

人为什么要为善去恶？为什么要致良知？王阳明道："大人者，以天地万物为一体者也，其视天下犹一家，中国犹一人焉。"他认为，明德是心之本体，"明明德"就是要去私欲，致良知，恢复天、地、人、物、我一体之仁。他说："君臣也，夫妇也，朋友也，以至于山川鬼神鸟兽草木也，莫不实有以亲之，以达吾一体之仁，然后吾之明德始无不明，而真能以天地万物为一体矣。"②"明明德"最终可达什么境界？王阳明说："圣人之心如明镜。只是一个明，则随感而应，无物不照。"③至于如何做到"明明德"，他说："《尧典》'克明峻德'便是'明明德'"，"孔子言'修己'以安百姓，'修己'便是'明明德'。"④王阳明还提出："'明明德'之功，只是个诚意，诚意之功只是个格物。"先格外在之物，复又诚自我之意，由知其善恶、明其当然再到诚己诚身致良知，则我心昭然光明，"明明德"之功可成。他还强调，"要在心体上用功，凡明不得，行不去，须反在自心上体当，即可通"⑤，意思是

---

① 《四书集注》，第4—5页。
② （明）王守仁：《王文成公全书》卷二六《大学问》，中华书局2015年版，第1113—1114页。
③ 杨军：《传习录阐微》，长春出版社2020年版，第131页。
④ 《传习录阐微》，第6页。
⑤ 《传习录阐微》，第168页。

本体昭然，其德必明。

对于"亲民"的解读，如果说朱熹意在"新他"，强调对社会的责任和教化，王阳明则意在"自新"，追求的是明德修身自然而然的亲民之效果。《传习录》一开篇，徐爱就针对是"亲民"还是"新民"请教了王阳明。王阳明一方面驳斥朱熹偏离"亲民"本意，一方面给出自己的依据。他认为《大学》内文"君子贤其贤而亲其亲，小人乐其乐而利其利"、"如保赤子"、"民之所好好之，民之所恶恶之，此之谓民之父母"等语，"皆是'亲'字意"。他还认为"亲民，犹《孟子》'亲亲仁民'之谓"[①]。在王阳明看来，如保赤子，则心体昭然，"明明德"可成；明德所发，风行草偃，则于人必亲。他还将亲民分为三步走：先是"以亲九族"，继之"平章百姓"，进而"协和万邦"。这一方面契合了《大学》修身、齐家、治国、平天下的内涵，另一方面也体现了其心即理、致良知、知行合一的思想。

再看"止于至善"。朱熹主张用头脑去认识天理，然后一步步趋近不迁之至善；王阳明则认为，"于事事物物上求至善，却是义外也。至善是心之本体。只是'明明德'到'至精至一'处便是"[②]。王阳明认为"明明德"是明体，"亲民"是达用，"至善者，明德、亲民之极则也"[③]，"致其本体之知，而动无不善"，"有以复其本体，是谓止至善"[④]。可见，"止于至善"就是恢复本体、致良知，并把这一工夫发挥到极致。

综上，朱、王二人对于《大学》"三纲"的理解带有各自鲜明的学派特点。朱熹以理学的角度，认为"事事物物皆有定理"，主张用头脑认识天理，在格物上发力，认清规律之常道，渐近至善之境；王阳明认为"心即是理"，侧重在心体上用功，天理昭明灵觉

---

① 《传习录阐微》，第6页。
② 《传习录阐微》，第19页。
③ 《王文成公全书》卷二六《大学问》，第1114页。
④ 《王文成公全书》卷七《大学古本序》，第294页。

处即是良知，强调的是致良知的内驱力。他们一个是把目光投入大千世界，一个是把目光专注于内在心灵。但是二人亦有颇多趋同之处。无论是朱熹还是王阳明，对《大学》"三纲"的解读都是基于《中庸》"天命之谓性"这一哲学观点，都认同"止于至善"是恢复天赋本性，朱熹的"以复其初"、王阳明的"有以复其本体"，都是追求人心与天理的合一。因此，他们也都十分强调"明明德"的重要性。尽管对"新民""亲民"各执一说，尽管追求至善的路径各有不同，但二人培养弟子都是以《大学》为教材，都高度推重《大学》及其"三纲"对于修身治人的思想基石作用。那么问题来了：任何思想都是时代的产物。当时光走进21世纪，随着时代命题的转换和历史间距的加大，《大学》及其"三纲"能否超越时空，为人们过好当下提供思想价值？下面重点探讨《大学》"三纲"对个人修养和当今社会发展的指导意义。

二 《大学》"三纲"对个人修养的指导意义

人追求生命的意义，拥有自由的思想意志。恰恰因为如此，带来了心灵安顿之难题。人为什么而活？要活成什么样的人？生命的终极追求是什么？怎样才能成为理想中的自我？对于这些永恒的人生问题，《大学》及其"三纲"给出的根本精神、价值观念和哲学智慧，对于现代人而言依然具有指导意义。

（一）"止于至善"——人生的方向和内驱力

先说"止于至善"，因为它是《大学》"三纲"的灯塔。"止于至善"直指人生终极目标。《大学》云："'缗蛮黄鸟，止于丘隅。'子曰：'于止，知其所止，可以人而不如鸟乎？'"[1] 也就是

---

[1] 《四书集注》，第6页。

说，人要有目标，要有理想，要知其所当止，要是其所应是。这是心灵归止、价值追求的根本性问题。尽管时代不同，但一个人如果没有精神方向，必会陷入虚无或欲望的泥淖。朱熹所说"不迁"之妙境虽未必至，但要心向往之。我们仍然要以愿景为动力，奋力追求极致的善、圆满的善，才能超越肉身的局限。

"止于至善"是心怀愿景、志存高远，这些貌似很虚的东西，究竟能带来什么？能帮助人做人生的加减法。做加法，是注入目标和方向，从此不再随波逐流、放任散漫。《格言联璧》有云："志之所趋，无远勿届，穷山距海不能限也；志之所向，无坚不入，锐兵精甲不能御也。"[1] 愿景所产生的力量，会使人超拔于现实，告别昧心瞑行的状态，对生命做出严肃认真的选择；也会使人无惧困厄，坚定前行的脚步。甚至可以说，一个人、一个团队，最深刻的困境不是缺资源、缺物质，而是精神委顿、没有追求。做减法，是减少虚耗和怠惰，是"知止而后有定"，是孟子所说的"收放心"，是把精气神聚焦于实现愿景的努力之中。生活充满了诱惑的岔路口，只有坚持"止于至善"，才能有所为有所不为，才能立乎其大、小不能夺。"止于至善"是奋斗目标和价值观的合金，它改变的是格局、胸襟和生命状态，使人放眼未来，不再纠结于眼前。"止于至善"未必能解决人生所有问题，但却会使人因愿景而拥有不一样的精神生命。

"止于至善"须以立志发端。"子曰：吾十有五而志于学，三十而立，四十而不惑，五十而知天命，六十而耳顺，七十而从心所欲不逾矩。"这是夫子自道，让人看到了一个持续修身、渐入圆善、天人合一的过程。"止于至善"所导引的生命跋涉，须以立志为起点。没有这个"志"的形成，人就谈不上精神生命。王阳明在《寄张世文》中谈道："学不立志，如植木无根，生意将无从发

---

[1] 马天祥译注：《格言联璧》，中华书局2014年版，第19页。

端矣。自古及今，有志而无成者则有之，未有无志而能成者。"①

（二）"明明德"——实现人生价值的基石

"明明德"，去除后天的蒙蔽习染，焕发人性固有之德、本然之善。它激发了人律己向善的自觉性、主体性，而不是"道之以政、齐之以刑"②的外在束缚。"明明德"包含了儒家思想的一个重要理念——对人自身的肯定与尊重。人正是因为看得起自己，才会主动选择"明明德"，而不是率欲而为、自甘堕落。自我砥砺的背后，是对人生价值和社会理想的积极追求。如果比照西学马斯洛的人生需求层次理论——生理需求、安全需求、情感和社会关系需求、尊重的需求、自我实现的需求，我们会发现"明明德"可谓立乎其大，直接对应的是人生尊严和自我实现。而且，以"明明德"引路的教育，知识、能力、修养是完整统一的。可以说，《大学》一开篇就直接确立了非常高的人格起点，抓住了安身立命的关键。

"明明德"是永恒的教育主题。大学"三纲""明明德"居首。古人重视立德，于今亦然。大学校训，集中体现了社会最具思想深度的教育理念，立德、明德、尚德、厚德成为绝对高频词。即使有些校训不直言明德，但却是"明明德"的具体展开，比如"仁义礼智信"（见表1）。由此可见，立德树人是千古不变的教育主题，是问道求学的第一要义。

当下，许多家长把教育理解为"读好书、考个好学校、有个好工作，进而收获财富、地位、声望"。这在现实层面固然有合理性，但却只看到了教育的工具价值。须知，如果没有"明明德"，教育就会沦落为欲望的工具，最终就像叔本华所说："欲望不能满足便痛苦，满足便无聊。"因此，人作为万物之灵，要凭借理性明

---

① 《王文成公全书》卷二七《寄张世文》，第1154页。
② 杨伯峻译注：《论语译注》，中华书局2009年版，第11页。

德修身，高瞻远瞩地成就自我。对于整个人生旅程而言，如果说"止于至善"是灯塔，是方向和愿景，"明明德"则是压舱石，其作用是固本培基、行稳致远，避免被欲望带偏，失重翻船。"明明德"绝非一蹴而就，正如《大学》内文所说，是一个日日新之、不可间断的修身之旅。这个过程中伴随着私欲的克制和习染的洗濯，如切如磋，如琢如磨。因此，"明明德"是毕生的课题。

表1　　　　　　　　　　大学校训撷粹

学校	校训
清华大学	自强不息　厚德载物
北京理工大学	德以明理　学以精工
北京航空航天大学	尚德务实　求真拓新
中国政法大学	厚德　明法　格物　致公
中国传媒大学	立德　敬业　博学　竞先
北京中医药大学	勤求博采　厚德济生
上海财经大学	厚德博学　经济匡时
华东理工大学	勤奋求实　励志明德
香港大学	明德格物
澳门大学	仁义礼智信

（三）"亲民"——人本思想和温厚品格

《大学》"三纲"中的"亲民"，以其人本思想和温厚品格，道出了儒家亲亲仁民的文化特质。这一点深深影响了中华民族的集体人格走向。

对于"亲民"的理解，本文从王阳明之说，取亲字意。"亲民"意味着对人有尊重、有善意、有感通、有关切，一言以蔽之，仁者爱人。正如王阳明所认为的，"'亲民'犹《孟子》'亲亲仁民'之谓。'亲之'即'仁之'也"。仁，是儒家文化最核心的思想、中华传统美德最重要的德目，被称为包含万善之全德。在

《论语》里，"仁"字出现了108次，与恭、宽、信、敏、惠、忠、恕、刚毅、立人、达人、有勇、无怨等美好品德发生意义关联。通观仁所囊括的诸多美德，有一个共同的情感基础，那就是爱。梁漱溟阐释仁的内涵时，不止一次用了一个英文单词tenderness。①梁煞费苦心用英文来讲仁，就是为了让读者真正体会儒家文化、君子人格所拥有的感情特质。他认为仁是一种真挚而柔嫩的情感，是柔嫩而和乐的心。按照梁先生的解读，"亲民"意味着有爱、有诚、有包容、有温柔。这种人格特质在今天依然是值得推崇的。如果一个人心心念念只有功名利禄，纵使成功，那不可怕吗？明代思想家吕坤论人时说："深沉厚重是第一等资质，磊落豪雄是第二等资质，聪明才辩是第三等资质。"②磊落豪雄和聪明才辩是格局能力过人，深沉厚重是人格诚厚峻伟。从个人修养的角度，一个人内心有爱、有责任、有使命才会深沉厚重。在功利层面，磊落豪雄和聪明才辩或许更利于胜出，但人生不仅要讲事功，也要讲感情、讲价值观，并非在所有领域都适合评优劣、论输赢。比如婚姻家庭、亲情友情领域，就需要利他精神，而不是单纯看能力大小、钱多钱少。所以怀有"亲民"之心，有柔情、有温暖，才是儒家理想人格的体现。而人格，是思想文化的最终落点。

三 《大学》"三纲"对当下社会发展的现实意义

社会发展需要思想文化的牵引。时至今日，每个文化空间都有各自的时代焦虑，如何面对传统与现代这对矛盾，成为共同关切的问题。传统儒家思想还能否使我们宁静于内、屹立于外？从社会发展层面，《大学》"三纲"的现实意义又在哪里？

---

① 梁漱溟：《梁漱溟先生讲孔孟》，商务印书馆2011年版，第29页。
② 王国轩、王秀梅译注：《呻吟语》，中华书局2018年版，第12页。

（一）"止于至善"——以愿景激发使命

"止于至善"才能登高望远。同个体追求生命价值一样，社会群体也需要以"止于至善"之心激发使命和能量。一个人、一个团队、一个民族、一个国家，其眼光是看十天、看十年，还是看一百年，其出发点、精神风貌和最终结果都不相同。今人读《论语》，为什么还能够感受到孔子的思想深度和人性温暖？一个重要的原因在于孔子的思考超越了时代的局限性和特殊性，他提出的仁的思想、大同社会等等，绝不仅仅指向当时，而是指向未来。时隔两千多年，今人依然可以从《论语》字里行间体会到孔子伟大而博爱的人格，他思考的是千秋万代。作为儒家经典的《大学》，传承了孔子的精神追求，以"止于至善"开阔了一代代士人君子的胸襟和格局，把人心引向了远方的理想境地。北宋张载的"横渠四句教"堪称对"止于至善"的精彩注解："为天地立心，为生民立命，为往圣继绝学，为万世开太平。"① 这是对真理的向往、对大道的追求、对人间的大爱、对使命的担当。它体现了儒家的精神坐标、宏大愿景和现实功能，体现了儒家学者的境界修养和使命担当。这样的思想境界对我们解决当下问题仍然具有指导意义，社会发展永远需要有人仰望星空，对应然之境作出深入思考并作出切实努力。

"止于至善"才能凝聚力量。"止于至善"体现的是对未来进行积极构想的能力。它产生于社会现实，又超拔于社会现实，是群体价值观在奋斗目标上的集中体现。"止于至善"作为共同愿景，最能凝聚人心。它提出的长远导向，可以使不同成员把力量凝聚在核心目标之上，坚其志，勤其力，迸发出巨大的生命能量。哪怕是面对长期性、艰巨性、曲折性的考验，也会矢志不渝、上下求索。

---

① 黄宗羲、全祖望：《宋元学案》，中华书局1986年版，第664页。张载"横渠四句"有不同版本，中华书局1978年版《张载集》第320页为："为天地立志，为生民立道，为去圣继绝学，为万世开太平。"

结合当前现实，有些问题确实值得从"止于至善"的角度去反思。当下，无论是个体家庭还是团体机构，是不是有太多的"止于逐欲"？这样的眼界和格局究竟能带人走多远？例如，一个家庭的教育目标就是让孩子考个好大学，那成功之后呢？再如一个企业如果只盯着赚钱，没有凝聚人心的企业文化，会有多大的发展空间？一个民族，如果没有历史思维，没有百年眺望和千年梦想，其命运又会如何？显然，仅凭欲望的追逐不足以行稳致远。"止于至善"是一种价值理性，是一种生命境界，它是对愿景和使命的哲学思考。

（二）"明明德"——走向文明深处

"明明德"之于个人、之于社会，都具有基石意义。儒家"明明德"理念的形成，与当时的历史环境有关。周朝原系小国，却成功灭掉了"大邑商"。周人认为，"天命靡常，惟德是亲""皇天无亲，惟德是辅"[1]，天命依德性做出选择，赋予了政权合法性。这种崇德的观念对中国政治文化、民族精神产生了深刻影响。

首先，"明明德"通过内驱力激扬人的本然之善。"明明德"不是他律，是自律，是激发人的主体性和德性自觉。一个社会固然需要法律来惩恶护航，但如果大事小情都要动用法律，社会运行的成本将不堪负荷。"明明德"倡导人们依靠内心的力量认识自我、完善自我、发展自我、升华自我。这种自觉的律己向善，正如康德所主张的，使生命成为有灵性的存在、有尊严的存在。

其次，"明明德"是维护社会稳定发展的公共机制。无论是东方还是西方，无论是政治家还是哲学家，往往都十分关注德治，并就这一根本问题进行文化创设。比方董仲舒提出仁、义、礼、智、信"五常"，法国大革命时期提出的"自由""平等""博爱"等，

---

[1] 许倬云：《万古江河：中国历史文化的转折与开展》，湖南人民出版社2017年版，第79—80页。

都慢慢成为通行思想观念，最终内化于心、外化于行。"明明德"一方面使人自身不断得到完善和发展，从而实现"在更高的层次上遇见更美好的自己"；另一方面，"明明德"帮助人们从认识自我出发，进而认识人性、认识社会，从而形成良好的人我关系、群己关系。其理想境界正如王阳明所言，达到天地万物一体之仁。从这个意义上讲，"明明德"是社会成员共存相与的生命智慧和政治智慧。

"明明德"离不开两片土壤。从古到今，德治是多数执政者的优先选项。显然，德治是激扬自身，点燃内心固有之善；法治靠外力压服，也许能"民免而无耻"，内在的矛盾冲突却未必真正解决。施行德治，有两点特别值得关注。从内在的角度讲，"明明德"离不开人性这片土壤；从外在的角度讲，"明明德"离不开实践这片土壤。《礼记·坊记》讲："礼者，因人之情而为之节文。"[1] 洞察复杂的人性，以合理的价值观念、道德准则对群体行为加以引导，才会事半而功倍。比如，改革开放肯定了人对财富的合理欲求，其实质是人性的解放。总之，"明明德"并不是要树立道德高标，而是要立足现实，尊重人性。与此同时，"明明德"不能脱离实践。实践是"明明德"的起点，是"明明德"途径，也是"明明德"的落脚点。一个社会提倡"明明德"，其重点不在于出了多少"新观点""新理念"，而在于文化创设要真正能接地气。比如"百善孝为先"，千百年间，这一伦理观念的确深入人心，落实到了百姓生活的日常和细节。近现代这一百多年，社会转型急剧深刻，而与新的社会发展相适应的价值体系还在建立完善之中，我们需要的是真正能走心、能有力指导社会实践的价值共识，而不是无法落地的漂亮话。

（三）"亲民"——坚持以人为本

"亲民"是明德修身的外显和结果。亲亲而仁民，其内核是以

---

[1] 王文锦：《礼记译解》，中华书局2016年版，第674页。

人为本，对人的爱与尊重。"亲民"是社会文明进步的永恒主题。一个时代有一个时代的难题。过去，我们是物质上不满足，如今，我们是精神上不安宁。社会各阶层人士普遍缺少幸福感。心灵的难题特别需要以"亲民"思想来加以解决。试以青年一代的困惑为例：其一，经济增长放缓、内卷严重，年轻人的信心指数普遍有所下降。晚婚、不婚、少育、不育渐成风潮，人口问题空前突出。其二，阶层固化，就业机会和上升通道减少。其三，房价虽有所平抑，但仍居高位，依然不是年轻人靠拼搏奋斗可以企及的。其四，生活态度趋于紧缩内守，千军万马杀奔体制内，争相求上岸、求安稳。敢闯敢试、勇于创新的氛围回落。其五，体制内、"大厂"员工等青年精英也并不爽，而是感到焦虑、无力、工具化。这些问题不是青年人自己的问题，而是关乎社会整体的希望与未来。

　　针对上述社会现象，不妨从《大学》"三纲"不同角度去思考。一个社会，它的价值追求合于至善之道，才会呈现出《大学》所推崇的缉熙敬止的风貌，才会活力持久、光明通达，行有所止，和谐安定。一个社会，多一些纯乎天理的德性自觉，多一些浑金璞玉式的美好心灵，才会充满爱心、充满温暖。相反，如果众欲汹汹，人性就会被无情碾压。从当下在青年中流行的网络热词来看，比如"社畜""割韭菜""被领导PUA""小透明""躺平""摆烂"等等，折射的问题是：人格未被尊重、价值未能体现、利益受到伤害。社会领域存在的宰制主义、功利主义、自我中心主义，与强调仁爱的中华文化、与"亲民"精神是不相符的。《大学》描绘了一个盛德至善的境界，仁人君子通过格物致知诚意正心，达到修身齐家治国平天下的效果，人与物各止其所当止，整个社会实现一体之仁。对照经典，我们到底在止于哪种境界？心灵是澄明的还是遮蔽的？时至今日，许多有识之士已经认识到，单纯依靠西方资本逻辑这把钥匙，开不了中国的锁。在借鉴外来的同时，我们依然需要立足于中华文化传统，回归经典，仰贤自省，从先人的智慧中汲取养料。

四　结语

　　《大学》作为四书之首，开宗明义，以"明明德""亲民""止于至善"三纲，准确概括了儒家基本精神。在当时的历史环境下，人们普遍还存在着对各种神秘力量的崇拜，同时也非常看重门第和出身。儒家"明明德"理念的提出，开辟了一个新的境界。它通过激扬内心的固有美德，引领人们塑造自我、完善自我，这意味着人们对生命有了很大程度的自主把握。如果说"明明德"是内功，"止于至善"则是远方和天地万物。儒家的愿景有其强烈的现实关切，也有其天人合一的超越意识。它是人间的，又不只是人间的。"止于至善"的生命境界或许永远无法企及，但人心却并不因此而颓唐，而是日日新之，乐在其中。"明明德"的一个自然成果是"亲民"的精神品格。它充满了人性的温度，亲亲仁民，温柔敦厚，立己达人，共存相与。《大学》"三纲"不仅为一代代士人君子定下了理想人格基调，而且直到今天，它依然是我们把握身心命运、推动社会进步的一把钥匙。越是风云激荡，就越要坚持做自己。这一百多年，我们一度因列强欺凌而丧失精神自我，在屈辱磨难中走向现代化。我们努力学习西方，也一度寄望于市场和资本逻辑。但事实证明，不忘本来才能拥有未来。我们依然需要珍视民族文化血脉，对传统经典进行再认识，借助先贤的智慧，把握好变与不变，完成我们这一代人的历史责任和时代使命。

The Realistic Meanings of "Three Principles" in *The Great Learning*
SU Yanli

　　Abstract: "Three Principles" in *The Great Learning* summarize the essence of Confucianism in a concise manner with "illustrate illustrious virtue" as a guidance to shape and perfection of oneself by stimulating the virtues inherent in people so that one can realize the autonomous grasp of life. "Rest in the highest excellence" illuminates people's spiritual pilgrimage with a vision, demonstrating Confucian realm of life and ultimate concern. "Renovate the people" is an outgrowth of "illustrate illustrious virtue", which embodies humanistic thinking and gentle character, and is the wisdom of coexistence and cooperation in life. For thousands of years, "Three Principles" of *The Great Learning* has set the ideal tone for generations of scholars and gentlemen and is still a key to our destiny and social progress today. What we have to do is to cherish our national cultural lineage, reacquaint ourselves with the traditional classics, and make use of the wisdom of the sages to grasp the changes and the unchange of the times.

Key Words: "Three Principles" in *The Great Learning*, illustrate illustrious virtue, renovate the people, rest in the highest excellence

《大学》"六证"的现实意义*

杨 宁

（吉林工程技术师范学院）

摘 要：《大学》中的"六证"是儒家修行的六个次第，是个体自我完善的入德之路。本文意图挖掘《大学》"六证"对现代的指导意义。对个体而言，其有助于树立远大理想、理顺人际关系、提升幸福感；同时也有助于个体正确思维方式的构建。就社会而言，"六证"有助于激励技能人才、提升企业竞争力、更有助于我们回归自己的传统，坚定文化自信。

关键词：《大学》；"六证"；愿景；文化自信

作　者：杨宁，吉林工程技术师范学院讲师。

《大学》是体现儒家精神和修身方式的经典著作，古人读书先从《大学》开始。朱熹曾说："学问须以大学为先，次论语，次孟子，次中庸。"①《大学》分经部和传部两部分，经部包括"三纲""六证"和"八目"。在经部中对"三纲"和"八目"起到承上启下作用的是"六证"，即"知止而后有定，定而后能静，静而后能安，安而后能虑，虑而后能得"②，我们习惯简称为"止、定、静、

---

* 基金项目：吉林省教育科学"十四五"规划2022年度课题"应用型本科院校'双师型'教师角色冲突及其调适策略研究"（编号：GH22518）。

① （宋）黎靖德编，王星贤点校：《朱子语类》，中华书局1985年版，第249页。
② （宋）朱熹：《四书章句集注》，中华书局2011年版，第4页。

安、虑、得"。"六证"是儒家修行的六个次第,也是六重境界,每重境界可在不同层面帮助我们实现自我德性之涵养。"六证"也可以说是由"知止"引领的一个完整的、螺旋上升的修身和思维训练体系,我们在此体系内通过不断的习练,便能实现"明明德于天下",成就"大人之学"。

一 "六证"的内涵

（一）"六证"的含义及功效

"止"是六证的起点,作为修行的第一个次第,直接指向了人生的终极境界。止是栖息、到达,是指朝着愿景前进并停留在那里。朱熹说:"止者,所当止之地,即至善之所在也。"① 按朱熹的理解,"止"是知道什么是至善,知道自己想要停留在什么地方、什么境界,就是《大学》中"为人君,止于仁;为人臣,止于敬;为人子,止于孝;为人父,止于慈;与国人交,止于信"②,每个人基于自己的角色素其位而行,各守其位,各司其职。朱熹告诫门人"今未要理会许多次第,且要先理会个知止","工夫全在知止"③。为什么"止"如此重要?程颢讲"知止则自定,万物挠不动"④,他告诉我们"知止"后便不会轻易被扰动,更坚定不移。

"定"是目标明确,是知道愿景在哪里后便有了方向,坚定不移地向此目标行进。朱熹认为"定,是见得事事物物上千头百绪皆有定理"⑤,他认为"定"是知道每一件事的天理所在,然后便会遵守此定理。王阳明说"定者心之本体,天理也"⑥。他与朱熹

---

① 《四书章句集注》,第4页。
② 《四书章句集注》,第6页。
③ 《朱子语类》,第281页。
④ （宋）程颢、程颐撰,潘富恩导读:《二程遗书》,上海古籍出版社2000年版,第81页。
⑤ 《朱子语类》,第274页。
⑥ （明）王守仁撰,吴光、钱明、董平、姚延福编校:《王阳明全集》,上海古籍出版社2014年版,第19页。

都认为定是止在天理上，但朱熹认为天理在事物上，需要一事一事地去知；而王阳明认为"心即理"，所以不需要在事事物物上找定理，从心上找即可，一致而百虑。

第三步是"静"的境界，朱熹对静的定义是"静，谓心不妄动"①，就是心能沉静下来，不浮躁，不随便乱动。静主要体现为思绪上的宁静，内心没有被太多的欲望、妄念、杂念以及情感情绪所影响，遇到事情时，能保持住心的安定，即"静，谓遇物来能不动"②。

接下来是"安"的境界，"安，只是无觑觎之意"③，朱熹认为没有不安便是"安"，他还写到"安，谓所处而安"④，强调随处而安定，在家里是安定的，在闹市也是安定的；在国内是安定的，在语言不通的国外也是安定的，随遇而安。另外，"安"既有心理层面的安定，也有身体层面的从容，在危急关头依旧能表现出气定神闲、临危不乱。

第五步"虑"是正确思考的意思，就是朱熹说的"思之精审"，"虑，是思之重复详审者。虑，是研几"⑤，"研几"是穷尽精微之理。可见，"虑"强调思考的反复、周密、审慎，是十分严谨的思维方式，不是蜻蜓点水式的想个大概。"虑"代表态度上的敬慎，思考的深入，以及抓住事物的主要矛盾，就是《大学》中写的"物有本末，事有终始，知所先后，则近道矣"⑥。

"得"可以理解为得到、收获，经过正确的思考解决问题而取得的收获。朱熹说"得，谓得其所止"⑦，"知止"是知道天理、至善，但没实现，"得止"则是经过践行而收获天理、至善。"知

---

① 《四书章句集注》，第4页。
② 《朱子语类》，第275页。
③ 《朱子语类》，第274页。
④ 《四书章句集注》，第4页。
⑤ 《朱子语类》，第277页。
⑥ 《四书章句集注》，第4页。
⑦ 《四书章句集注》，第4页。

止，如射者之于的；得止，是已中其的。"[1]"六证"修行的落脚点在于收获，这是儒家修习的目的，就像我们春天播种是为了秋天收获一样，如果没有"得"作为"六证"的最后一个层次，前面的一切修行都如梦幻泡影般落入虚无。

(二)"六证"的关系

"止""定""静""安""虑""得"这六重境界之间各自独立，又密切相连。"六证"的独立性体现于每一个境界之间不是必然的因果关系，不是修完前一个境界才能修下一个。有的人立了志向未必能转化为明确的目标在生活中付诸实践；有的人志向清晰目标明确，但是无法让内心保持沉静和安定；把心修的很安定，也未必有正确的思维方式。因此"六证"是彼此独立的，每一个境界都是不同的人生感悟。可以从"止"开始一步一步地往上一层境界修习，也可以根据自己的状态单独选择相应的境界修习。

他们之间密切相连体现为各境界的层次是逐渐加深的。朱熹形容"知止而后有定"像我们走路一样，这条路走的熟悉了，便不会疑惑这个方向和路线的正确性，心就定了。如果某天我们换了一条路走，虽然还是要到达同一目的地，但是心里仍会有游移，担心是否会走了错误的方向。根据朱熹的比喻，"知止"是知道自己想要追求什么，愿景是什么；"定"则是心中有个导航系统，规划了前往目的地的路径，通过不断地实践熟悉路径，便可以坚定地走这条路。而"静"则是在此路上走得久熟悉了，不再受外界的干扰，能沉静于走在规划的道路上；"安"的境界更深，"安，谓随所寓而安，盖深于静也"、"安，则静者广，无所适而不安。静固安，动亦安，看处甚事皆安然不扰"[2]。仍以行路为例，某天突然堵车，或者自己的车出了故障，无论发生什么意外，都不会焦虑不安。在

---

[1] 《朱子语类》，第279页。
[2] 《朱子语类》，第275页。

"定""静""安"基础上我们更容易"虑",有正确的思考,思考如何解决行进途中遇到的各种问题,检查车哪里发生了故障,需要什么样的救援方式,在处理完意外事件后继续开往目的地。抵达终点固然是"得",每次经过正确思考,成功应对危机也是"得"。

二 "六证"对个人修养的意义

在"六证"的修习中,"知止"是起点,"得"却不是终点,只是修证过程中的收获。因此,这个自我完善的螺旋上升之路永无止境。但这个过程本身就是对生命的滋养,使个体之明德彰显,通过不断地自我更新,与世间万事万物和谐共存,止于所当止之地,最终从心所欲不逾矩。

(一) 有助于树立远大理想

"知止"给我们的人生启示是每个人都要树立愿景,明确发展方向。人有了志向,就像探险有了指南针,可以朝着一个方向勇往直前,哪怕路途崎岖也不会轻言放弃。正如孔子所谓"吾十有五而志于学"[1],他在十五岁时便有志于学习做圣人,最后成为我们的至圣先师。

正是基于此,王阳明在指导门人修行时,经常从立志入手,"志立而学问之功已过半矣"[2]。他在《教条示龙场诸生》中"以四事相规",第一条便是"志不立,天下无可成之事,虽百工技艺,未有不本于志者"[3]。这写得很严重了,如果不能立志,天下什么事儿都做不成,各行各业皆如此。他还专门撰写《示弟立志说》来警醒家中子弟,告诫他们"志之不立,犹不种其要而徒事

---

[1] 《四书章句集注》,第 55 页。
[2] 《王阳明全集》,第 1083 页。
[3] 《王阳明全集》,第 1073 页。

培拥灌溉，劳苦无成矣"①。如果不能立志，就好比没有埋下种子在浇水，力气用了却没有收获。就是我们日常所说只顾低头拉车而不抬头看路，费了力气却在原地打转，甚至南辕北辙。可以说"知止"是"六证"中最重要的工夫入手处，故王阳明不厌其烦地告诫子弟、门人立志的重要性。

如果没有"六证"的修习，我们对愿景和志向的思考会随着年龄增长变得越来越少。而修习"六证"时，"知止"是无法回避的工夫所在，只要没有确立就会常常想起。因为走上"六证"的修习之路后，首先你会认识到"知止"的重要性，这会推动你去思考愿景；其次，没有愿景，目标和方向是很难清晰的，在其他境界的修习过程中你自然而然便会产生树立愿景的需求。因此，修习"六证"有助于我们树立愿景，有助于我们思考想成为什么样的人，要如何度过这一生。

（二）有助于理顺人际关系

"六证"的"知止"告诉我们在人际关系上的素其位而行。《二程遗书》中写"要作得心主定，惟是止于事，为人君止于仁之类"②，这是强调心定的修习在于事上磨炼，在人际关系上磨炼；而经过不断地磨炼，必然带来人际关系的通达。我们不是独立存在的个体，认识自我也要在社会关系中去认识。"六证"的修习就是让我们不断地在人情世故中磨炼，由浅入深，帮我们认识自己，理解他人，理顺人际关系。

《大学》中"为人君，为人臣，为人子，为人父"代表了生活中最主要的两种关系，即工作关系和家庭关系，每一种关系中我们都扮演着相应角色。在处理这些关系时，我们时而陷入困境，茫然不知所措，尤其是当角色重叠或冲突的时候。以职业女性为例，她

---

① 《王阳明全集》，第289页。
② 《二程遗书》，第190页。

们承担着职业角色（上下级关系）和家庭角色（与父母的关系、亲子关系以及婆媳关系等），相比较男性而言，其角色冲突主要体现在家庭角色在一定程度上会抑制职业角色，女性在家庭角色中承担生育和更多家务劳动。如何更好地处理角色冲突所引发的压力和困惑？通过"六证"的修习，我们知道要止于每个角色的天理上，即"仁""敬""孝""慈"等，素其位而行，就可以"分位、界限不差"。比如身为子女，知道对父母要止于孝，便会在事事物物、千头万绪上竭尽全力定要体现其孝心，没有"色难"等等；在管理岗位上，对下级要止于仁，关心其个人成长，当下属遇到困难的时候，了解其处境并积极帮助去解决困难；不希望领导对我们做的事，我们便不对下属做，己所不欲，勿施于人。

在修习初期，虽知道每个角色当止于何处，但是很难定住，无法保持心的沉静与安定，平日的惯性模式开始显现。"定，对动而言。初知所止，是动底方定，方不走作，如水之初定。"[1] 朱熹比喻"定"就好比一杯正在摇晃的水，刚被放到桌面上静止下来，杯子停止了晃动，但里面的水还没有停下来，这是刚开始修习的境界。从水在杯中动，到水完全静止下来，是惯性逐渐消失的过程，也是我们在角色中从"知止"到"有定"的过程。经过长期反复的练习，我们可以从应对简单的关系到处理好复杂的人际关系，因为定的久了，心便清明起来，更容易呈现出喜乐平和的心态，便可以"修己安人"。

（三）有助于提升幸福感

幸福是一种主观感受，主要是一种长期稳定的、平和舒畅的心理状态。同一环境或物质条件下，有的人感觉幸福，有的人却深感不幸。我们都知道孔夫子"饭疏食，饮水，曲肱而枕之，乐亦在

---

[1] 《朱子语类》，第275页。

其中矣"①、颜回"一箪食，一瓢饮，在陋巷，人不堪其忧，回也不改其乐"②，令别人觉得忧愁、清苦的生存状态，为何圣贤可以乐在其中？这固然与他们坚定修身立德的志向有关，也是他们在不断修习中获得了内心的沉静与安定。

"六证"的修行是可以让我们更近地体会圣贤宁静致远、所遇皆安状态的便捷法门。因为修习"六证"是将我们的目光从外部世界收回来，回到自己、认识自己的修习，是自明的方法和途径，知道自己是一个什么样的人，到底想成长为什么样的人，想要什么，爱什么，相信什么。我们在不断追求获得物质、金钱等外在利益的时候，欲望在不断膨胀，这必然会带来焦虑、恐惧、担忧等情绪。"知止"首先就告诉我们要知道停留在什么地方，不要被欲望牵着鼻子走。缗蛮黄鸟尚且知道止于丘隅，"知其所止，可以人而不如鸟乎！"③ 知其所止后，人生便开始做减法，减少不必要的欲望和追求，不再与人攀比，享受当下的富足。

"六证"中"静"和"安"的练习也有助于我们缓解生活中的压力，进而修身养性。儒家修身方式中修"静"的方法通常采用静坐。实践中，二程、朱熹和王阳明都会指导弟子静坐。王阳明与弟子论为学工夫时，指导初学者"且教之静坐、息思虑"④，学会静坐，先让自己的思虑慢下来。我们之所以有焦虑、失眠，一部分原因是思虑不停，而自己对此甚至没有觉察。通过静坐，我们身体先静了下来，然后会觉察到脑海中的念头没有止息，但是这些念头大多数是无用的，是妄念、杂念。静坐有了觉察后，思绪便会慢下来，心也开始进入更平静的保持收敛的状态，就可以达到调整身心的效果，程颢说："只闭目静坐为可以养心。"⑤

---

① 《四书章句集注》，第93页。
② 《四书章句集注》，第85页。
③ 《四书章句集注》，第6页。
④ 《王阳明全集》，第18页。
⑤ 《二程遗书》，第101页。

每天任何一个片刻的休息时间，选择静坐让思虑慢下来，还可以让我们感受到世界的美好，"静后，见万物自然皆有春意"①。但"静"修习久了会让人养成喜静厌动的毛病，"静时亦觉意思好，才遇事便不同"②，不能很好地应事时，幸福感便从沉静中消失。这里"安"的修习便重要起来。"安"不仅是静中安定，动中也安定，"孔子所遇而安，无所择"③，夫子在家中讲学是安定的，周游列国时也是安定的；富贵时是安定的，贫贱时也是安定的。"安"的修行是将"静"的状态扩充开来，让我们突破环境的限制，"处山林亦静，处廛市亦静"④，不论何时何地处何境遇都能喜乐平和。

是否有直接修习"安"的方法呢？程颢说"不愧屋漏，则心安而体舒"⑤，"不愧屋漏"就是慎独，这是程颢提倡的修习心安的方法。慎独包括两个层面的含义：第一层是自己独处的时候，是否也能自我约束不放纵自己的行为；第二层指不论自己是不是在独处的场合，内心的念头是否有违天理。通过这样的慎独反思，没有亏心事，内心坦坦荡荡，便是达到心安理得的境界了。

（四）有助于构建正确思维方式

"六证"本身也是一种教我们如何正确思考的体系。当我们有重大事项需要决定时，可以从"知止"开始，就是先思考为什么要做这件事？目的是什么？想要达到什么效果？这是一个去伪存真的过程，刚开始思考时有很多欲望和妄念、杂念等肤浅的念头交杂在其中，去除了这些遮蔽后，思路变得清晰起来。接下来的思考过程中要守住"定"，守着最本质的问题来思考。把握住

---

① 《二程遗书》，第135页。
② 《王阳明全集》，第14页。
③ 《二程遗书》，第136页。
④ 《朱子语类》，第275页。
⑤ 《二程遗书》，第144页。

关键问题，人便沉静下来，心安定了便可以"虑"，可以全面反复地推敲如何推进项目的实施，路径是什么，促成项目的落地与成功。另外，从"虑"是基于"止""定""静""安"修习后才达到的境界角度来讲的话，其代表智慧的生成、灵感的迸发，因为静定生慧。在百思不得其解的时候灵光乍现，往往得到更好的办法或思路。

单独就"虑"的境界而言，也可以帮助我们建立正确的思维方式。首先是"思之重复详审"[①] 中"审"，态度上的审慎，保持对人对事的恭敬心和敬畏心，这是最重要的一步，因为如果没有态度上的敬慎，我们做任何事都不可能做好；其次是"详"，代表周密详细，穷尽事物之理的思考；第三是"重复"，不是相同的内容多想几遍，而是从不同立场、角度、方面去思考，从一面到另一面，面面俱到。生活中我们可以进行有针对性的训练，比如对春联便可以全方位的训练我们周密并全面反复推敲的思考能力。对春联首先要考虑格式一样，从字数到断句都一致；考虑相对性，词性是否相对，是否有相同字重复使用；还要考虑平仄等，基础的细节把控好之后思考上下联的关系，内容的文雅性、哲理性以及新颖性等等，这些都需要反复推敲，切磋琢磨才能对出上好的佳作。

三 "六证"对当下社会的意义

（一）有助于激励技能人才，培养大国工匠

随着经济的发展，产业转型升级，我国正在成为制造业强国，对高水平技术技能人才的需求与日俱增，工匠精神在 2016 年正式写入政府工作报告。

大国工匠是技术技能专长者，在专业技能上有高、精、尖、

---

① 《朱子语类》，第 277 页。

绝等特点，其能力形成需要具有精益求精、水滴石穿、淡泊名利等精神，十几年甚至几十年坚持做好一件事，追求做到完美与极致，面对日复一日的枯燥与乏味能耐得住寂寞，顶得住诱惑。这些都与"六证"构建的正确思维方式和自我修养之路密切契合。

技术技能人才通过修习"六证"会确立一生做好一项技能并将其做到极致的愿景，以鲁班、庖丁为榜样，不会随意改变自己的志向，在每个成长阶段能沉下心来，以穷尽事物之理的方式去思考技术技能的提升，"如切如磋，如琢如磨"。全国"五一劳动奖章"获得者姜涛就是这样成长起来的，他从一名普通的电焊工成长为国家级技能大师，为导弹打造无缝外衣。他说自己的成功是从千百次的失败中得来的，技术创新靠的是不断试错，不断坚持，兢兢业业地去做好每一件自己的事情，在工作中追求一种极致的精细，把心沉下来，像苦行僧一样地去修行。

（二）有助于企业确立愿景，提升竞争力

就企业而言，"六证"的启示首先在于树立愿景，明确发展战略与定位。愿景对企业发展起到强大的引领作用，伟大的商业领袖会用愿景激励员工。据研究，有愿景的企业相比没有愿景的企业，在成长速度上保持不变和上升的比例较高，名次下降的比例较低。而在有愿景的企业中，拥有世界级愿景的企业相比非世界级愿景企业而言，名次下降的比例较低，且高成长性企业比例较大，低成长性企业比例较小。[①] 中小企业通常愿景不清晰，在解决生存问题之后容易迷失方向，动力不足，无法实现可持续发展。作为最有经济活力的市场主体之一，中小企业的管理者要根据企业经营范围和发展战略，打造企业愿景，并在管理过程中不

---

① 田志龙、蒋倩：《中国500强企业的愿景：内涵、有效性与影响因素》，《管理世界》2009年第7期。

断地将其传递给员工，激发员工的潜能和动力，为追求共同的愿景而努力。被誉为"世界第一 CEO"的杰克·韦尔奇为通用电气提出"数一数二"的愿景，通过沟通影响员工并积极推行。同时，他基于愿景进行改革，大规模重组，砍去不必要的板块，将集团的发展推至顶峰。①

企业也需要素其位而行，其体现在以满足消费者需求为本位，沉下心来做产品。在追求利益最大化、一切以效率为先的社会背景下，凡事都能从消费者立场出发来思考问题十分难能可贵，这对企业来说属于"义利之辨"。当企业以消费者的需要为一切活动的出发点和归宿，君子不言利而利在其中。管理者能沉下心来做事，必然也会形成这样的企业文化，IBM 的成功就在于其一切以顾客为中心的企业理念。

（三）有助于回归自身传统，坚定文化自信

实践"六证"的过程就是重新认识我们自己传统文化的过程，《大学》的"六证"蕴含了个体生命更新与完善的规律与方法，构建了一套提升自我的正确思维方式，促进个体在自我完善基础上，最终实现"齐家""治国""平天下"。以个体修身为起点而实现的平天下，即蕴含了个体的自由和全面发展，也包含了人际关系的和谐，人与自然的和谐，其终极的至善是万物一体之仁，天下大同。这与西方所主张的价值不同。当代世界过分消费性和工具理性过度膨胀的价值取向，即源出于此。而非西方的社会和民族，亦必经由回归自身传统的文化认同和主体性确立。②"六证"引领的修行是个体获得基于传统文化实践而确立的自我认同，促使个体内在生成自己的文化与民族自信。

---

① 吕未林：《超级领导——杰克·韦尔奇的卓越领导艺术研究》，《河南师范大学学报（哲学社会科学版）》2012 年第 3 期。

② 李景林：《"知止"三义与文化认同》，《吉林大学社会科学学报》2007 年第 1 期。

启予国学

The Realistic Meanings of "Six Practices" in *The Great Learning*
YANG Ning

Abstract: The "six practices" in *The Great Learning* are the six states for everyone in their self-cultivation and moral composition. This paper aims to fully excavate the realistic meanings of the six practices in the *Great Learning*. For individuals, the application of "six practices" helps to establish broader vision, to provide a more proper solution of interpersonal relationship and strengthen human sense of happiness and can be utilized to construct positive modes of thinking and hence influences the level of achievements. For society, the application of "six practices" plays a major role in contributing to the promotion of skilled talents and the competitiveness of enterprises, and conducive to returning to one's own tradition and strengthen cultural confidence.

Key Words: *The Great Learning*, "Six Practices", vision, cultural confidence

《大学》"八目"的现实意义

李景微

（吉林工程技术师范学院）

摘　要：儒家修身方法是中华优秀传统文化中值得继承、能够直接融入新时代、并具有可操作性的文化瑰宝。儒家经典《大学》中的"八目"，就是阐释这种修身方法和具体修身效果的指南。个人通过修身可以更清晰地认识自我、从明心复性的角度塑造自我、在"家""国""天下"的群体中实现自我；以"反求诸己"与人互动，达成人与人之间的和谐、社会各部门系统的和谐以及国家与外部的和谐。这是一条"内圣外王"之路，必将走向平等、包容、共同发展的道路，为构建人类命运共同体贡献实操方法，为人类的觉醒贡献价值。

关键词：《大学》；"八目"；和谐社会；人类命运共同体

作　者：李景微，吉林工程技术师范学院讲师。

"格物""致知""诚意""正心""修身""齐家""治国""平天下"是《大学》中所载"八目"，是明明德、新民之大人之事的功夫条目，是有次第顺序地走向"三纲"（明明德、新民、止于至善）最高境界之路的功夫。朱熹说："修身以上，明明德之事也。齐家以下，新民之事也。"[①] 格物、致知、诚意、正心是可以

---

① （宋）朱熹：《四书章句集注》，中华书局2015年版，第5页。

明明德的方法，即修身方法达致；齐家、治国、平天下是新民的后果，即修身效果。所以"八目"阐述了三个层面的问题：修身、修身方法、修身效果，其核心是修身。修身是古人一生最重要的大事，有《大学》后文"自天子以至于庶人，壹是皆以修身为本"为证。《大学》后面的内容都是在阐述这"八目"，因此"修身"是《大学》的核心内容，是人生之本。《大学》在阐述"八目"时，用了正反两种严密逻辑次序的写法，先从"事"开始讲到"理"，再从"理"推到"事"，最终"理""事"合一，"知""行"合一。说明作为人生之本的"修身"是有次序可循的实践之学。但"八目"的次第，不是层层递进的直线式的条目，而是在具体实践中呈现双向互动、螺旋上升的条目关系①。

一　古人关于"八目"的相关阐释

《大学》行文分为经文和传文两部分。经文高度概括了儒门核心思想修身，传文解释经文的涵义。在传文里"八目"的阐述中，没有关于"格物""致知"的解释。或许曾子作文章之时，人们对于这两个概念理解基本没有歧义，抑或是这两目只是为解释其他目而搭建的桥梁，这直接导致了后人对于"八目"的阐释出现多种学说。尤其是宋代之后，二程将《大学》从《礼记》中抽出变成单行本，后来朱熹又赋予它"四书"之首的地位。如何理解"格物""致知"，以及作为格物、致知之后逻辑递进的"诚意""正心"，都有不同的讨论和看法，也就形成了不同学派。其中，有代表性的就是以朱熹为代表的理学与以王阳明为代表的心学。"八目"的后三目是修身后由内而外地明明德的效果，争议不多。

---

① 杨海文：《为修身而正心：〈大学〉传七章的思想史阐释》，《江南大学学报》2020 年第 2 期。

（一）朱熹关于"八目"的相关阐释

朱熹说："致知、格物，是穷此理；诚意、正心、修身，是体此理；齐家、治国、平天下，只是推此理。要做三节看。"① 同时朱熹还把八条目分为两部分："自格物至修身，自浅以及深；自齐家至平天下，自内以及外。"② 这是朱熹对"八目"关系的阐释。

《大学章句》："格，至也。物，犹事也。穷至事物之理，欲其极处无不到也。"③ 朱熹理解的"格"是"穷尽"。"物"就是"事"。事物是客观存在于自然界的一切物体或现象，这是与人觉知的内部世界相对的外部世界。大千世界有形的事物无穷尽，其"理"又如何与人的内部世界相关联？这也是学者们对朱熹的质疑。于是朱熹又进一步说："格物，须从切己处理会去"，"须穷极事物之理到尽处，便有一个是，一个非，是的便行，非的便不行。凡自家身心上，皆须体验得一个是非。若讲论文字，应接事物，个个体验，渐渐推广，地步自然宽阔。如曾子三省，尽管如此体验去。"④ 这样对"事物"给了个限定即"切己处"，对"尽"给了个判断即"是非"，把"物"与人"身心"上建立了关联。对于什么是"致知"，朱熹在《大学章句》中说："致，推极也。知，犹识也。"也就是推极我的知识，以识无不尽。那么知就是对客观事物的认识。而这种认识若能推极到人先天的明德必有觉醒，因此朱熹说"致知乃梦与觉之关……透得致知之关则觉"⑤。这在理论上说得通，实践难度却很大。在谈及"格物"与"致知"关系时，朱熹认为"致知格物只是一个"⑥。

"推极"我的"知识"到无尽处，即明德的觉醒之处，这样天

---

① （宋）黎靖德编，王星贤点校：《朱子语类》，中华书局1986年版，第312页。
② 《朱子语类》，第312页。
③ 《四书章句集注》，第5页。
④ 《朱子语类》，第284页。
⑤ 《朱子语类》，第299页。
⑥ 《朱子语类》，第290页。

理即存，人欲的善恶、真妄就会明晰、真实，这就是"知致而后意诚"。对于两者关系，朱熹认为"致知"与"诚意"是同时要做的功夫，也提出"致知，知之始；诚意，行之始"①。至此，要实现"格物""致知"，"诚意"就成了关键点。同时朱熹认为"诚意"是善恶之关，也就是说"诚意"是用来判断善恶的，那么在行动中是否能落实，这就需要"正心"。也就是说朱熹认为诚意之后未必心正，需要进一步"正心"。即"盖意诚则真无恶而实有善矣，所以能存是心以检其身。然或但知诚意，而不能密察此心之存否，则又无以直内而修身也"②。意思就是需要细细体察，让心之存在，使心之所发得以中节。朱熹说"心者，身之所主也"③，身在行动时，因为欲动情胜，不能体察心之存在，这时心就被物役，所以心不正。而心不正，"却未必为恶"④。所以正心"只是去害心者"⑤。害心者就是有所忿懥、恐惧、好乐、忧患等念、虑中的偏颇，这是心不正在心上的体现；有所亲爱、贱恶、畏敬、哀矜、傲惰的在事上的偏颇，这是心不正在事上的体现。事是身之事，因此要修身。由此，格物、致知、诚意、正心都是在修身，而修身的关切点是正心。

在朱熹看来，修身从"事""物"出发，能格物致知，关键是"诚意"；身能修，关键在正心。

通过"格物""致知""诚意""正心"进行修身，是完成了"修己"，那么"齐家""治国""平天下"就是由内而外完成了"安人"。"修身"在其中起到了承转内外的作用。朱熹认为身不修，在于众人对本来就有的亲爱、贱恶、畏敬、哀矜、傲惰不加审视，所以必然会偏向。这种偏向直接就体现在家人相处中，因此有

---

① 《朱子语类》，第305页。
② 《四书章句集注》，第9页。
③ 《四书章句集注》，第5页。
④ 《朱子语类》，第341页。
⑤ 《朱子语类》，第306页。

"溺爱者""贪得者"偏得更厉害，使得家不能齐。"家齐"就是使家齐平，也就是尊重、公平、平等对待家（族中）人，使家人都齐平到"明明德"的最高境界。"修身"到"齐家"的逻辑就是，你以孝、弟、慈修身与人相处，他人就会以孝、弟、慈（明德）与之回应，以此完成了他人的修身，即齐家。这就是上所施，下所效，即"教"。所以，"身修，家可教矣"①。由此扩充"孝者，所以事君；弟者所以事长也；慈者，所以使众也"以此成教于国，这就是治国。在"治国"中，教是以"上"为表率修身的，所以"立教之本不假强为"② 要心诚求之，爱民如子，"有诸己后诸人，无诸己而后非诸人"这就是治国的"絜矩之道"，就是明明德、亲民。因此治国先慎乎德，"有德此有人，有人此有土，有土此有财，有财此有用"。在这里德为本，财为末。财是为了用，若只为"财"就会有争夺，所以"国不以利为利，以义为利"。若能做到以上，那么定然会有天下平的局面产生。至此，"修身""齐家""治国""平天下"就完成了明明德。朱熹认为，在修身、齐家、治国、平天下语序中，不存在没修好身就不能齐家，等齐好家才能去治国这样的逻辑，而是"若随其所遇，合当做处，则一起做始得"③，也就是可以合在一起做。

（二）王阳明关于"八目"的阐释

王阳明心学的四大理念："事上磨练""致良知""知行合一""心即理"，分别是基于《大学》的格物、致知、诚意、正心的思考④。可以说，王阳明的思想和修身实践，紧紧围绕着《大学》八目中的前四目。

《传习录》："身之主宰便是心，心之所发便是意，意之本体便

---

① 《四书章句集注》，第 10 页。
② 《四书章句集注》，第 10 页。
③ 《朱子语类》，第 311 页。
④ 杨军：《王阳明与〈大学〉》，《贵州社会科学》2018 年第 7 期。

是知，意之所在便是物。"① 这是对"格物""致知""诚意""正心"的动作对象"物、知、意、心"做新的阐释。从这个角度上说，"物"是人发出的对客观事物的思维对象。那么"格物"，格的就不是客观事物，或者说不只是"客观事物"，而是"格"人，以及与人自身有关的那部分客观事物。王阳明认为的格，是正的意思，"格者，正也，正其不正以归于正也"②。那么"格物"就是要端正人看人、客观事物的思维，这是由心发出的意。因此，格物穷理，不在那个客观的物上找理，而在人如何看待、思考那个客观事物过程上找理，也就是在人心上找。这就是"心即理也，心外无理，心外无物，心外无事"。所以"格物只需要在心上做"，这也是"正心"的内涵。在王阳明看来格物的功夫也是正心的功夫。然而什么时候格物以正心？只是在静坐反省之时吗？如果那样恐怕事来又得重新起个念来省察，这也是众多修身的人容易犯的错。王阳明认为，得在意之所发时，即那个事，那个物来时格，这就是"人须在事上磨炼，做功夫乃有益。若只好静，遇事便乱，终无长进"③。王阳明提出了格物可以实践的重要理念——"世上磨炼"。

《传习录》："知是心之本体，心自然会知：见父自然知孝，见兄自然知弟，见孺子入井自然知恻隐，此便是良知，不假外求。""意的本体便是知"，而意是心之所发，所以"知是心之本体"。格物致知的知是心的本体，所以心自然会知，就像见父知孝，见兄弟知弟，见婴儿入井而有恻隐之心，这就是良知。因此致知就是"致良知"，致就解释为通达、达致。知是心的本体，因此良知是可以做善恶评判的，这是与朱熹不同的观点，朱熹认为诚意是做善恶判断的。致良知是到达心的本体，也可说是"正心"的结果。这样"格物""致知"都是正心，因此古本《大学》直接跳过格物与致知，从诚意开始传文论述。

---

① 陆永胜译注：《传习录》，中华书局 2021 年版，第 87 页。
② 《传习录》，第 260 页。
③ 杨军：《修身要旨》，长春出版社 2020 年版，第 699 页。

意是心之所发，只有其真实无伪即诚意，才能得以体现心之本体。而人的意识、认知真实反映心之本体就能够真行，这就是王阳明的"知行合一"理念。《传习录》："未有知而不行者，知而不行，只是未知。圣贤教人知行，正是要复那本体，不是着你只恁的便罢。故《大学》指个真知行与人看，说'如好好色，如恶恶臭'。见好色属知，好好色属行。只见那好色时已自好了，不是见后又立个心去好。"① 王阳明解释《大学》原文来说明诚意就是"知行合一"。也就是说意诚而后一定心正，这与朱熹不同。

"心即理""致良知"是理论层面；"知行合一""世上磨炼"是实践层面。"知行合一""心即理"强调的是诚意、正心统领格物、致知；"世上磨炼""致良知"强调的是格物、致知统领诚意、正心②，说明格物、致知、诚意、正心这四目不是直线递进的修身之路。

关于"八目"之间的关系，王阳明认为自"格物致知"至"平天下"，只是一个"明明德"。虽亲民，亦明德事也。明德是此心之德，即是仁。因此，王阳明提出了"一体为仁"的观点。

二 《大学》"八目"对个人修养的现实意义

"修养"一词来源于古人的修身、养性，体现着不断修身达到的境界。现代语境下的"修养"是指个人认识、情感、意志、信念、言行和习惯的修炼和涵养。《大学》"八目"探讨的正是个人修养的方法。

(一)"八目"提供了一条认识自我之路

一个生命来到世间，是通过不断与外部环境、人互动来认识世

---

① 《传习录》，第91页。
② 《王阳明与〈大学〉》，第54页。

界、认识自我的，以此开启一条生命之旅。"格物""致知""诚意""正心"，正是在人与外部事物互动中认识自我的方法。

可以说"格物""致知"是认识自我的路径。朱熹与王阳明都是儒家大学者，对于儒家理论与实践的发展做出了重要贡献。虽然他们对具体格、物、致知修炼的路径不同，但最终目标是一致的，即明明德；并且他们都认为通过格物、致知，认识人本性、回归人性天理这样的理性之路才能完成人的生命目标，他们都是"理学"的代表。现代学者认为"心学"是"理学"的一部分。因此我们不妨将两大学者的看法融合起来。从这个角度看，"格物"就是格人和事，也就是了解人、了解事物，这也正是我们认识自我的出发点。

世界上的人因地域、种族、文化千差万别，人也各有不同。尽管这些"文"的外显不同，可是内"理"却是相同的，这也是《大学》的核心思想"明德"。因此在"性相近，习相远"的情况下，要了解人，就从人群中选一个人来研究即可。那么最方便研究的这个人就是自己。这也是儒家提倡"反求诸己"的原因。这一基调也决定了解自己到致知的程度，即最终了解到人本性上。所以"格物"是自我认识的起点，"致知"是自我认识的终点。

了解自己是一个大工程。通常我们只看到一个人的某些行为，对周围的人和事的反应。这个反应习惯形成了这个人的特质。如果就用这个习惯特质来认识自己，我们就会陷入固化、僵化的状态，人就不能发展。所以我们要细细研究、了解、区分、端正（这些都是格的意思）在这个习惯反应下，我们有什么样的想法、观念、信念、认知；在这些想法、观念、信念、认知的背后又有什么样的情绪、感受；而我们又基于什么样的欲望、期待才有的以上种种，直到体悟出是哪些人本性发出的，却因经过具体事物的折射而形成了以上这些念、情和欲。而那个本性，才是真正的自我。这些过程，正是格物、致知的过程。因此可以说，"格物""致知"是一条认识自我到本质的路径。

人类的活动是一个动态过程。因此了解自己，要从人在事上的表现来认识。于是了解事就成了认识自己的必要。对事物的认识，一方面给我们认识自己的观念形成、信念建立、认知能力提供了有效的思维方式；另一方面我们通过全面思考事物，获得真知的过程，有可能实现人本性之一，即理性，这也是很多著名科学家在哲学层面自我认识更高维的原因。

另一方面"诚意""正心"给全面认识自我提供了保障。通过"格物"获得的，我们对自己在事上的"情""欲""念"的认识，是否真的将它们区分开来，是否真的能找到人本性那个发源，这依赖能否在格物、致知过程中，时刻做到"诚意""正心"。

"念""欲"都是心之所发的意，如果不能保证其真实无伪，那么很难与"情"区分开来。很多人的情、欲、念是混在一起的，因此做事时容易"意乱情迷"，根本无法认清自己。"诚意"的检验标准，就是能否"知行合一"。知道并做到，此时才是真正的认识自我。但凡开始给自己找理由来行事，就已经开始不诚了。

能够区分开自己的"情"与"意"，但是对自己的想法投入不足或者是只看见了自己想看的那一面，没有看在社会、环境关系中自己的那一面，就会导致格物后无法致知，也就不能真正地认识自己。端正自己的格物视角，这就是"正心"。

（二）"八目"提供了一条塑造自我之路

一个人生命的旅程，是不断认识自我、塑造自我、完善自我、实现自我的旅程。从哲学的角度，塑造自我才是当下最重要的使命。"八目"所讲的"格物""致知""诚意""正心"的修身方法，正是一个人不断塑造自我的方法。格致诚正本质上不是直线的逻辑，因此在塑造自我的过程中，也呈现不同的侧重。

首先，"格物"为塑造自我提供了一种思维方式。在塑造自我的过程中，我们需要不断地与他人建立连接，以处理好各种事务。

"格物"就是了解自己,理解他人,明白事物①。通过了解自己情、欲、念,我们就了解了人性;从人性出发,我们就可以了解他人、进而理解他人;通过了解事物,我们就能了解办事规律;结合自己与他人,就可以把事办明白。只要"行有不得",就从"反求诸己"开始格物。这种思维方式打破了我们在平时习得的有限的感知——经验总结——直接反应的习惯,是一种全面的塑造自我的方法。

其次,"诚意""正心"是塑造自我的推进器。在塑造自我的过程中,格物思维已经建立之后,捋顺了自己与他人的关系,办事效率确实可以得到提升。但在这个习惯中,如果不能对自己的"欲""念"加以克制,那么格物反而变成了"术"的温床,这会导致个人修养境界的下滑。如果在格物的过程中始终保持诚意、正心,对欲、念及时省察克制,这样塑造自我才能不断提升。

最后,"致知"是塑造自我的根本任务。人们想要塑造自我,是为了让人生更有意义。人生的意义就在于能否活出人的本性,完成宇宙的使命。从这个角度上说,致知,就是要达到人的良知,人的本性,用人本有心性来感物、应物。

(三)"八目"提供了一条实现自我之路

实现自我也称自我实现,是指个体的各种才能和潜能在适宜的社会环境中得以充分发挥,实现个人的理想和抱负的过程。也指个体身心潜能得到充分发挥的境界。"八目"中的核心思想修身,恰恰是自我实现的境界;"齐家""治国""平天下"正是个体在社会环境中自我实现的结果。

马斯洛提出的自我实现需要具体表现在:能对现实采取客观态度;承认自然、他人和自己;自发和单纯;以问题为中心,能献身于事业;有独处和独立的需要;自主而不依赖环境;能欣赏生活,

---

① 《修身要旨》,第51页。

有持续的新鲜感；比一般人有较经常的高峰体验；关心社会、他人，有强烈的同情心；能发展起与他人的亲密关系，但深交有选择；能区别手段和目的，不会为了目的而不择手段；民主、虚心向人学习；富有哲学幽默；富有创造性；重大问题上不信奉权威，能坚持自己的观点，顶住压力。这十五项自我实现需要都可以在格物三重境界中实现。

"以格自己和他人的情、欲、念为线索，以静坐思心、随处察心为具体修炼方法，以为了解自己、了解他人为路径，以想明白事物、做明白事为目的，是格物的第一重境界。"① 这一重聚焦个体，可以实现前五个需要。"格物的第二重境界：了解社会、了解人性。"② 这一重聚焦群体，可以实现后九项需要。"格物的第三重境界：明白大道"③，这一重聚焦人生终极哲学问题，是实现所有这些需要的根基，并且可以实现马斯洛没有谈及的关于人类的更高境界——"至善"。

虽然《大学》行文中"家""国""天下"与现代社会的概念有着大小、方位的根本不同。但因为源于同样的历史文化，其内涵是相通的。一个人自我实现的社会环境，也不外于家、国、天下。人无法单独处于一个社会环境，所以实现的顺序，也如朱熹所说，照着这个顺序做，如果遇到具体情况，合在一起便是。"齐""治""平"在这个语境下是同义词，使其理顺、齐平，这样看来，齐家、治国、平天下是自我实现的外在表现。因为不论多大的家庭、家族，能够和谐美好，都离不开夫妻、亲子、兄弟姐妹这三种关系的缔造与维护；通过自己在这三种关系互动中的修身，从而带动家庭成员都能齐平到自己的明德处，关系相处将非常美好，这是自我实现的第一个表现。接着由家族走出，走到社会中，工作与生活的其他社会关系，可以归于古代的"国"的内涵。这时就需要处理

---

① 《修身要旨》，第147页。
② 《修身要旨》，第147页。
③ 《修身要旨》，第147页。

工作团队的上下级之间、朋友之间的关系，在这两种关系的互动中修身，不仅能理顺工作伙伴和朋友关系，还有可能使他们齐平到他们自己的明德处，形成合力，这是自我实现的又一个表现。最后将这种方式扩充至整个国家，通过修身在治国中引领民众，以义为利，由此获得一个国家的太平，这是自我实现的第三个表现。在这三个表现中，孝、弟是齐家阶段能实现自我的基本品德；忠、信是治国阶段实现自我的基本品德；仁、义是平天下阶段实现自我的基本品德。

三 《大学》"八目"对社会的现实意义

《大学》"八目"所探讨的是修身方法和修身效果，也就是人处理与人、物、事关系的方法及效果。而人与人、事、物环境形成的关系总和，就称之为社会。虽然《大学》成文所处的时代与现代相隔两千多年，但《大学》的思想与方法却一直影响着中国社会，也将继续影响着我们的社会。

（一）修身是实现和谐社会的必由之路

构建社会主义和谐社会是我们党在新时期发展的重要目标，而构建和谐社会的关键问题，就是人的问题。解决人的问题就要在文化的视角下进行。中国传统文化思想有很多。具体到可实施的、能够直接融入社会的方法，儒家的修身方法算一个。有学者认为"纵观儒家两千余年的发展史，可以发现，儒家第一次在先秦诸子百家竞争中胜出，靠的是先进的教育体系，而成为官方意识形态则埋下了其衰落的种子；儒家第二次从以佛教为代表的其他思潮竞争中胜出，靠的是深化哲学思辨与具体的修身方式，而成为科举考试的内容则埋下了其衰落的种子。当下，以儒学为主干的传统思想面临与'西学'的竞争，在教育机制、哲学思辨、打造官方意识形态、列入高考内容方面都已不可能。除此之外，历史上使儒家胜出的要素就只剩下一项，那就是儒家的修身方式"①。《大学》"八目"的核心就是儒家修身方式。

和谐本身的内涵，就是儒家修身的目标。和谐社会的基本内容是：个人自身的和谐；人与人之间的和谐；社会各系统、各阶层之间的和谐；个人、社会与自然之间的和谐；整个国家与外部世界的和谐。如果把人在社会的关系画个同心圆的话，最里面就是人自己，第二层是夫妻、父母、兄弟姐妹，第三层就是社会各层人的关系，最后就是国家与外部的关系。而这一切的逻辑推理，正是"八目"所蕴含的由内而外，逐渐打开的文化境域。格物的三重境界中前两重，就可以实现社会的和谐。

在构建和谐社会的目标下，不缺少战略、思想、阶段性目标。能够落实下去，需要切实可行的具体方法。首先，"八目"提供了一套让每个成员都能操作的具体方法。格物、致知、诚意、正心，是每个人都可以学习并修炼的。其次，"八目"提供了操作的先后次序，在不同的关系中逐渐推广下去。在管理中，如果要求大家都做到，就忽视了个体的不同。因此，"八目"的逻辑推理，是让领导、精英、管理者、家长先做到修身，然后上所施，下所效，完成立教于国。这样用平等、公平的方式推广和谐。第三，"八目"提供了具体在不同关系中和谐的关键办法。比如让自己和谐的关键是"正心"，从人的先天本性出发，存天理，寡人欲，消除让人"内耗"的天人之战，达到自身的和谐；让家庭和谐的关键是"诚意"，不"偏"、不"辟"，尊重、相信每个人都具有明德，知行合一，从修身出发，以孝、弟、慈待家人，完成立教于家；让社会各系统各部门和谐，关键是"絜矩之道"，以民心为己心，爱民如子，爱民如父母，成教于国；让国家和外部和谐的关键是"国不以利为利，以义为利"，那么在竞争中，才会拥有合作的基础，否则对立、压制就一定会上演。

---

① 《修身要旨》，第5页。

（二）"八目"为人类命运共同体提供实践依据

人类命运共同体是习近平主席基于世界整体视角提出的创新理念。首次提出时强调人类共同的生活地域、历史与现实交汇的共同时空，因而形成了你中有我、我中有你的命运共同体。其后完善了这个理论，形成"五位一体"的总体路径：政治上，坚持对话协商，建设一个持久和平的世界；安全上，坚持共建共享，建设一个普遍安全的世界；经济上，坚持合作共赢，建设一个共同繁荣的世界；人文上，坚持交流互鉴，建设一个开放包容的世界；生态上，坚持绿色低碳，建设一个清洁美丽的世界。这体现我们尊重、包容、协商、共赢的"王道"。"八目"中的"格物""致知""诚意""正心"是对自己的修炼，以达到"内圣"；而"齐家""治国""平天下"是达到"外王"。所以中国人历来走的是"王道"，这与强权、对抗、侵略的"霸权"形成鲜明对比。"八目"逻辑中"内圣外王"的思想，是人类命运共同体实践的文化路径。

人类命运共同体是理念。人类命运共同体理念"既发展了马克思主义关于共产主义理想社会的构想，又承接中国古代及近现代以来的大同理想，同时可以涵摄吸收古今众多西方思想家关于'共同体'的深入思考"[1]。因此，这个理念是有古代文化之根源的，那就是"万物一体"思想。王阳明阐释统领"八目"之间的关系中，发展了传统的"万物一体"思想，丰富了"一体之仁"，认为"仁者以天地万物为一体，使有一物失所，便是吾仁有未尽处"。这是中国传统文化"将人类自身的命运放到宇宙大化中来思考人类与宇宙万物关系的恢宏视野，体现了中国人面对世界时'物来顺应、廓然大公'的格局与情怀"[2]。在新时代背

---

[1] 刘梁剑：《人类命运共同体既是理念也是实践》，《解放日报》2020年1月17日第14版。

[2] 朱承：《人类命运共同体对"万物一体"的超越》，《解放日报》2020年1月17日第14版。

景下，继承和发展这个思想，有利于我们更深入地实践人类命运共同体理念。

  人类命运共同体是实践，那么它就是一个"事业"。从"事"的角度出发来理解人与世界的关系，"八目"就正好为此"事"提供了实践依据。"八目"的"格物""致知""诚意""正心"正是从个体出发的行动指南；"齐家""治国""平天下"是从群体出发的实践基础。但不论是个体还是群体，都是由人来完成此"事"。人因做事而"格物""致知""诚意""正心"以成己；事因人做而"平天下"以成事。构建人类命运共同体定是复杂又艰巨的过程，少不了事上磨炼的"格物"过程，更需要超越成事，而为整体人类的觉醒贡献价值。

The Realistic Meanings of "Eight Subdivisions" in *The Great Learning*
LI Jingwei

  Abstract： The Confucian method of self-cultivation is a cultural treasure directly integrated into the new era and operable in China's excellent traditional culture should be inherited by posterity. The "Eight Subdivisions" in the Confucian classic *The Great Learning* serve as a guide to explaining this method of self-cultivation and its specific effects. Through self-cultivation, individuals can have a clearer understanding of themselves by shaping themselves from the perspective of clear mindset, and realize themselves in the group of "family", "state", and "kingdom"; by interacting with others through "seeking the cause in oneself", achieving harmony in individuals, various departments and systems, and between the country and the outside world. This path of "a learning both sound in theory and practice", which will inevitably lead to equality, inclusiveness, and joint development will also offer practical methods to building a community of shared future for mankind and bestow value to the awakening of humanity.

Key Words: *The Great Learning*, "Eight Subdivisions", self cultivation, harmonious society, a Community of Shared Future for Mankind

古史专题

唐代伎术官的来源及其对伎术官仕途的影响

张 锐

（山东社会科学院）

摘 要：唐代伎术官基本来源有三：一是伎术生、伎术吏；二是民间伎术人；三是他官有伎术者。其中主要来源是伎术生和伎术吏，但因受到伎术官制度限制，仕途坎坷艰难，大部分只能担任低级伎术官。民间伎术人与他官有伎术者虽然在数量上占少数，但往往可以获取高级伎术官的职务。唐代伎术官的来源特点对伎术官群体的仕途、伎术官体系的运转乃至唐代伎术发展都产生了影响。

关键词：唐代；伎术官；来源；仕途

作 者：张锐，山东社会科学院历史研究所助理研究员。

伎术官是专门从事伎术工作的官员。唐代伎术官基本来源有三：伎术生与伎术吏，民间伎术人，具备伎术才能的普通官员。伎术生、伎术吏是伎术官主要来源，伎术出身的伎术官主要指他们；民间伎术人是伎术官重要来源，他们因为具有伎术才能而被推荐或征召，或参加伎术类制举得中，进而直接成为伎术官，民间伎术人应该也属于伎术出身；具备伎术才能的普通官员，即他官有伎术者，他们并非伎术出身，本来担任的也不是伎术官而是一般文官，因为具备伎术才能而转任伎术官，他官有伎术者也是伎术官的来源之一。

古史专题

  学界对唐代伎术官来源问题关注较少。王怡然按照天文卜筮、医学、音乐等伎术门类来论述伎术官吏选任问题，又从入仕途径角度，将伎术官吏分为伎术出身、杂色出身和科举出身三类，认为"伎术出身当然是担任伎术官吏的首选"①。荣新江、张惠民、赖瑞和、范家伟、陈昊等学者对唐代部分天文官家族、医官家族的仕宦任职进行了研究，② 对讨论唐代伎术官的来源问题也有帮助。唐代伎术官是一个在制度上具有共性因素的职位分类，仅将伎术官分为不同伎术门类讨论其选任和来源，在整体认识层面上有所欠缺。从入仕途径上区分，固然是伎术官内部来源结构分析的一种方式，但以进入伎术官系统前的身份为标准，比从简单的入仕途径划分更加精细。因此，本文拟在前人研究基础上，依据进入伎术官系统前的身份进行分类，从整体层面，对唐代伎术官的来源进行研究，并分析讨论来源不同对伎术官仕途的影响，以就教于方家。

一 伎术官的主要来源：伎术生与伎术吏

  伎术生与伎术吏是唐代伎术官的主要来源。伎术生指伎术官署内设置的伎术学生，伎术吏指伎术官署中从事专门伎术工作的胥吏。伎术生、伎术吏数量众多，他们协助伎术官从事伎术工作，属于伎术官官署中的基层伎术人，对于维持伎术官署日常运转尤为重要。

---

  ① 王怡然：《唐代的伎术官吏》，北京大学，博士学位论文，2018 年。
  ② 参见荣新江《中古中国与外来文明（修订版）》，生活·读书·新知三联书店 2014 年版；张惠民《唐代瞿县家族的天文历算活动及其成就》，《陕西师范大学学报（自然科学版）》1994 年第 2 期；[马来西亚] 赖瑞和《唐代的翰林待诏和司天台——关于〈李素墓志〉和〈卑失氏墓志〉的再考察》，荣新江主编《唐研究》第九卷，北京大学出版社 2003 年版；范家伟《大医精诚：唐代国家、信仰与医学》，台北：东大图书股份有限公司 2007 年版；陈昊《晚唐翰林医官家族的社会生活与知识传递——兼谈墓志对翰林世医的书写》，《中华文史论丛》2008 年第 3 期；陈昊《身分叙事与知识表述之间的医者之意：6—8 世纪中国的书籍秩序、为医之体与医学身分的浮现》，上海古籍出版社 2019 年版。

唐代伎术官的来源及其对伎术官仕途的影响

伎术生设置广泛，员额颇多，主要可分为四类：天文类伎术生、医术类伎术生、兽医类伎术生和卜筮类伎术生。

天文类伎术生，设置于朝廷天文官机构——太史局（司天台）之下。据《唐六典》载唐前期太史局内设置的伎术生有历生、装书历生、天文观生、天文生、漏刻生等。① 历生"掌习历"，② 装书历生可能还要学习制作历书。观生和天文生学习观察天文气色，③ 漏刻生"掌习漏刻之节，以时唱漏"④。唐肃宗司天台改革后，取消装书历生，新置五官礼生。

医术类伎术生由太医署负责教育、管理，分为药园生、医生、针生、按摩生、咒禁生五类。药园生学习种植、收采药物，⑤ 医生、针生、按摩生、咒禁生分别学习医术、针灸、按摩和咒禁术⑥。

兽医类伎术生即兽医生，属太仆寺管辖，学习兽医知识。⑦ 卜筮类伎术生即卜筮生，在太卜署下设置，学习占卜。⑧ 另外，太乐署"凡习乐立师以教，每岁考其师之课业"⑨，不过太乐署教习对象是乐人和音声人，与一般伎术生不同。

伎术生的选拔一般不要求必须有伎术家学，但伎术家庭子弟会有相当优势。例如历生、天文生和卜筮生的选拔就很有代表性：

> 太史局历生，取中男年十八以上、解算数者为之，习业限

---

① （唐）李林甫等撰，陈仲夫点校：《唐六典》卷一〇《秘书省》，中华书局1992年版，第295页。

② 《唐六典》卷一〇《秘书省》，第303页。

③ 《唐六典》卷一〇《秘书省》，第304页。

④ 《唐六典》卷一〇《秘书省》，第305页。

⑤ 《唐六典》卷一〇《秘书省》，第409页。

⑥ （后晋）刘昫等：《旧唐书》卷四四《职官志三》，中华书局1975年版，第1876页。

⑦ （宋）欧阳修、宋祁等：《新唐书》卷四八《百官志三》，中华书局1975年版，第1253页。

⑧ （唐）杜佑：《通典》卷一五《选举三》，中华书局1988年版，第362页。

⑨ 《唐六典》卷一四《太常寺》，第406页。

六年成；天文生、卜筮生并取中男年十六以上、性识聪敏者，习业限八年成，业成日申补观生、卜师。①

由此可知，历生取十八岁以上中男充任，要求"解算数"，天文伎术人家庭子弟会比较有优势。而天文生、卜筮生则要求十六岁以上中男充任，条件是"性识聪敏"，不需任何专业基础，即使普通人家子弟也有机会入选。

又如据明本《天圣令》复原的唐《医疾令》规定："诸医生、针生、按摩生、咒禁生，先取家传其业，次取庶人攻习其术者为之。"② 可见具有医术家学者可以优先成为各类医学生，但普通人家的子弟如果"攻习其术"，也有可能入选。

此外如兽医生，"凡补兽医生皆以庶人之子，考试其业，成者补兽医，业优长者，进为博士"③。而医生和针生如果"在学九年业无成者，退从本色"④，既然称"退从本色"，说明医生和针生的来源不局限于医术人家。从以上诸例可以看出，伎术生可能从一般人家选取，也可能从有家学的人家选取，不过有伎术家学不等于伎术官世家，伎术官世家的子弟往往有另外的入仕途径。

作为学生，技术生要学习伎术技能，并交纳束脩。例如依据明本《天圣令》复原的唐代《杂令》规定："天文生、卜筮生初入学，所行束脩一同按摩、咒禁生例。"⑤ 可见天文生、卜筮生、按摩生和咒禁生入学时都需要交纳束脩。

另一方面，部分伎术生在学习之外，还承担着伎术职任，并可以像伎术吏那样自流外入流。例如天文观生"掌昼夜司候天文气色"⑥，

---

① 天一阁博物馆、中国社会科学院历史研究所天圣令整理课题组：《天一阁藏明钞本天圣令校证》下册，中华书局2006年版，第374页。
② 《天一阁藏明钞本天圣令校证》下册，第577页。
③ 《唐六典》卷一七《太仆寺》，第480页。
④ 《天一阁藏明钞本天圣令校证》下册，第317页。
⑤ 《天一阁藏明钞本天圣令校证》下册，第374页。
⑥ 《旧唐书》卷四三《职官志二》，第1855页。

已经参与到天文观测工作中,而且观生"八考入流"①,可以同伎术吏一样,通过流外入流入仕。再如历生"同流外,八考入流"②,也是一种可以自流外入流的伎术生。

因此,伎术生的定位在唐代比较模糊,容易产生争议。《全唐文》中载有五篇《对观生束脩判》,其中一位作者是李子珣,在玄宗时书判拔萃科及第,所以《对观生束脩判》可能是一道书判拔萃科考试题,其题目称:

> 庚补观生,所学未就。其师同算生例征束脩,诉云:"盖伎术不可为例,必其抑纳遣出几何?"师曰:"算之伎术。"生终不伏。③

一位叫"庚"的观生与他的老师在观生是否需要交纳束脩,按照什么标准交纳束脩上存有争议,而这样一道题目又被列入书判拔萃科的考试之中,可见当时确实有关于伎术生身份的争论。

伎术吏是从事伎术工作的胥吏,他们数量更多,分布更广。部分官署可能没有设置伎术官,但却辖有伎术吏。伎术吏总体水平可能不如伎术官,但却从事着更加基础性的具体工作。例如尚食局、典膳局主食,史馆、集贤院、弘文馆楷书手等。这些伎术吏有的长期任职,如楷书手、主食;有的分番轮流当值,如巫师、主酪、习驭、主膳等。④ 此外,诸无品伎术直官,也属于伎术吏。例如开元二十八年(740)四月十三日,殿中监奏:"尚食局无品直司六人,并是巧儿、曹司要籍,一任直司,主食十年,考满,同流外授官,仍补额内直驱使。"⑤ 尚食局无品直在考满后"同流外授官",当属

---

① 《唐六典》卷一〇《秘书省》,第304页。
② 《唐六典》卷一〇《秘书省》,第303页。
③ (唐)李子珣:《对观生束脩判》,(清)董诰等编《全唐文》卷四〇六,中华书局1983年版,第4153页。
④ 《天一阁藏明钞本天圣令校证》下册,第375—376页。
⑤ (宋)王溥:《唐会要》卷六五《殿中省》,上海古籍出版社2006年版,第1332页。

于伎术吏。

由伎术生、伎术吏入仕者，都属于伎术出身。具体来说，伎术吏是通过流外入流方式入仕成为伎术官。伎术生有的与伎术吏一样，通过流外入流入仕，有的则需参加考试，根据成绩或直接成为伎术官，或充任伎术吏。例如据明本《天圣令》复原唐《医疾令》规定：

> 诸医、针生以业成申送尚书省，所司覆试策，各十三条。医生试甲乙四条，本草、脉经各三条。针生试素问四条，黄帝鍼经、明堂、脉诀各两条。其兼习之业，医、针各三条。问答法式及考等高下，并准试国子监学生例。得第者，医生从九品上叙，针生降一等。不第者，退还本学。经虽不第，而明于诸方，量堪疗疾者，仍听于医师、针师内比较，优者为师，次者为工，即不第人少，补阙不足，量于见任及以理解医、针生内，简堪疗疾者兼补。①

医生、针生修业完成后要"申送尚书省"参加考试，考试通过者就可以入仕为官，成为伎术官群体的一员。未通过者则继续学习，不过又规定那些虽然没有通过考试，但具备实际诊病能力者，可以与在任的医师、针师这类伎术吏比较，优秀者可以任为医师或针师，次一等者也可以成为医工或针工。可见最优秀的医生、针生有机会直接成为伎术官，而稍逊一筹者则可成为伎术吏。此外，程锦认为肃宗乾元元年制"不再对太医署学生、地方州（府）医学生和私习医者分别作规定"，表明唐中期以后"国家通过统一的医学科举，从不同习医人中选拔优秀人才"，"这样，医学科举考试制度就整齐了各类习医人医学入仕的路径"②。若如此，则唐中期

---

① 《天一阁藏明钞本天圣令校证》下册，第318—319页。
② 程锦：《唐代医官选任制度探微》，黄正建主编：《〈天圣令〉与唐宋制度研究》，中国社会科学出版社2011年版，第281页。

唐代伎术官的来源及其对伎术官仕途的影响

以后，医术类伎术生可以通过医举入仕。

伎术生、伎术吏人数众多，按照伎术官制度规定，他们是伎术官的主要来源。例如《唐六典》称："凡伎术之官，皆本司铨注讫，吏部承以附甲焉。"① 伎术官由"本司"，也就是伎术官署自己铨注，而在伎术官署选择范围内的只能是现有伎术官，以及伎术生、伎术吏。再如武则天"神功元年敕"对"本色出身者"的迁转予以限制，这里本色出身者，应该主要指由伎术生、伎术吏入仕者。

虽然伎术生、伎术吏是伎术官的主要来源，但就现有史料来看，出自伎术生、伎术吏的高级伎术官很少，能够在史书中留下些许记录的伎术官，往往是自民间直接征召的伎术人，或者是从其他途径入仕再转入伎术官系统的他官有伎术者。可见伎术生、伎术吏的仕宦之路并非坦途。

现存唐代史料中，有关伎术官的记录比较匮乏，而伎术生、伎术吏的相关记载就更属凤毛麟角。幸好有出土文献可以帮助我们对唐代伎术生的仕途与生活有所了解。

例如据《刘守忠墓志》记载，刘守忠是一名没有天文星算家学传统的历生，咸亨五年（674）去世，时年三十岁。② 历生的选拔年龄标准是"中男年十八以上"，高宗时期当以"十六为中，二十一为丁"，③ 则刘守忠被取为历生时的年龄在十八到二十岁之间。也就是说，刘守忠到去世为止，至少做了十年历生，却仍未获得入仕资格。

再如梁师亮，④ 他也没有医学家传，初任"左春坊别教医生"，当是被分配到太子左春坊下属药藏局服务，这也是伎术生兼事伎术工作之一证。⑤ 然而梁师亮并非由医生入仕，而是先以运粮得授勋

---

① 《唐六典》卷二《尚书吏部》，第28页。
② 周绍良主编：《唐代墓志汇编》，上海古籍出版社1992年版，第589页。
③ 《旧唐书》卷四八《食货志上》，第2089页。
④ 《唐代墓志汇编》，第900页。
⑤ 相关讨论参见陈昊《身分叙事与知识表述之间的医者之意：6—8世纪中国的书籍秩序、为医之体与医学身分的浮现》，第145页。

官上柱国,再于垂拱二年（686）以助修乾陵得到"别敕放选",出仕为官。万岁通天元年（696）,梁师亮去世,时年四十七岁,则他得官是在三十七岁。梁师亮被选为医生时,估计年纪不会太大,这说明他充任医生十几年甚至二十年仍然未能得官,最后通过其他途径方才入仕。可见由伎术生、伎术吏入仕的道路漫长而艰辛。

玄宗朝伎术官潘智昭的经历则更加令人唏嘘,据《潘智昭墓志》[1] 可知,潘智昭并无天文伎术家学,直系亲属中也没有担任伎术官者,但他"幼年聪敏"且"尤工书算",因而成为历生。墓志称潘智昭"晓阴阳义,通挈壶术,事瞿昙监,侍一行师,皆称聪了,委以腹心",先后在太史监瞿昙悉达和僧一行这两位玄宗时代最重要的天文伎术人身边工作,说明潘智昭在天文伎术方面确有一定才能。后来他因为"习业日久,勤事醉功",获得任官资格,"授文林郎,转吏部选",终于迈入仕途门槛,然而还未等到获得实职,潘智昭就不幸去世,终年五十六岁。

根据唐代制度规定:"凡伎术之官,皆本司铨注讫,吏部承以附甲焉。……唯得本司迁转,不得外叙。若本司无阙者,听授散官,有阙先授。若再经考满者,亦听外叙。"[2] 潘智昭先得授文林郎,符合"若本司无阙者,听授散官",而他又"转吏部选",当是因为"再经考满"仍然无阙,故得以外叙,转吏部待选。潘智昭具有一定伎术才能,又曾经侍奉瞿昙悉达和一行,也算颇有机缘,然而其仕途仍然坎坷,劳碌一生也未获实职,那些普通伎术生、伎术吏仕途之艰难,就更不必说了。

二　后来居上：民间伎术人与他官有伎术者

民间伎术人与他官有伎术者出身的伎术官,在唐代伎术官群体

---

[1]《唐代墓志汇编》,第1618页。
[2]《唐六典》卷二《尚书吏部》,第28页。

中虽然不占数量优势,但影响力却很大,尤其是高级伎术官,很多都是由他们担任。

在唐代,不少来自民间的伎术人,或者由皇帝特旨征召,或者经过权贵推荐,或者通过相关考试审核,自布衣直接授官,进入伎术官群体,起点高,甚至能直接进入高级伎术官行列。例如武周时期的尚献甫本为道士,在觐见武则天后,"起家拜太史令",① 从平民直接被任命为当时朝廷天文机构的最高长官。又如"山人邓思齐献威灵仙草,出商州,能愈众疾,上于禁中试用有效,令编附《本草》,授思齐太医丞"②。邓思齐被称为"山人",可见本为民间伎术人,因为进献药草而被直接任命为太医署次官太医丞,从平民直接成为高级伎术官。

依据明本《天圣令》复原之唐《医疾令》规定:"诸有私自学习、解医疗者,召赴太医署,试验堪者,听准医、针生例考试。"③ 根据程锦的研究,唐代民间私医经太医署征召,通过测试后可以像太医署医生、针生那样参加尚书省的考试,考试法式和考等的确定应与医生、针生相同,此外,民间私医中精通《素问》《黄帝针经》和《甲乙》者,有资格参加太医署博士、助教的选拔。④

民间医人还可以通过参加医举的方式入仕。玄宗时曾下达《考试博学多才道术医药举人诏》:

> 博学、多才、道术医药举人等,先令所司表荐,兼自闻达,敕限以满,须加考试。博学多才举人限今来四月内集,道术医药举人限闰三月内集。其博学科试明经、两史已上,帖试稍通者。多才科试经国商略大策三道,并试杂文三道,取其词

---

① 《旧唐书》卷一九一《方伎·尚献甫传》,第5100页。
② 《唐会要》卷八二《医术》,第1806页。
③ 《天一阁藏明钞本天圣令校证》下册,第578页。
④ 程锦:《唐代医官选任制度探微》,黄正建主编:《〈天圣令〉与唐宋制度研究》,第279页。

79

气高者。道术医药举取艺业优长，试练有效者。宜令所繇，依节限处分。①

这次考试包括"博学""多才""道术医药"三科，各有其考核方式，其中"道术医药举取艺业优长，试练有效者"，可见需要考核实际疗效。民间医人以及太医署的伎术生应该都可以参加这个"道术医药"考试。到肃宗时，先规定"以医术入仕者，同明经例处分"，后改为同明法例选人。② 程锦对唐代的医举问题已有考述，③ 此处不赘。

肃宗司天台改革时，还设置了崇玄院，并规定"应有术艺之士，征辟至京，于崇玄院安置"④，这些被征召来的术艺之士应该就是民间的天文伎术人，他们被安置在崇玄院，成为朝廷天文伎术官的后备人才，他们中的佼佼者应该会被选为伎术官。到代宗时，又下诏征召天文伎术人：

> 大历二年正月二十七日敕："艰难以来，畴人子弟流散。司天监官员多阙，其天下诸州官人百姓有解天文玄象者，各委本道长吏具名闻奏，送赴上都。"⑤

经过安史之乱和吐蕃进犯，"畴人子弟流散"，唐朝缺乏天文伎术方面的人才，以至于"司天监官员多阙"，故代宗下令征召民间的天文伎术人入京。既然这次征召的直接理由是为了填补司天台官员的缺额，则应召的民间天文伎术人中，能够获得天文伎术官的，当不在少数。

---

① 《全唐文》卷三〇，第342页。
② 《唐会要》卷八二《医术》，第1805页。
③ 程锦：《唐代医官选任制度探微》，黄正建主编：《〈天圣令〉与唐宋制度研究》，第280—281页。
④ 《旧唐书》卷三六《天文志下》，第1335页。
⑤ 《唐会要》卷四四《太史局》，第933页。

唐代伎术官的来源及其对伎术官仕途的影响

他官有伎术者是伎术官的另一重要来源。根据唐代伎术官制度，理论上说不存在外来官员进入伎术官署任职的可能，而且伎术官也并非显赫清途，对普通官员没有太强吸引力。但事实上，唐代有不少伎术官是其他途径出身，从一般官僚转入伎术官系统的。

例如唐高宗时的医官陆敬道，"以明经授洛州参军"，"转郊社署令，以能寻迁为太医令"，历奉医直长，最终官至"朝散大夫、守奉医大夫"①。陆敬道明经出身，所任洛州参军、社署令皆为普通文官，后因具有医术才能而转为伎术官。再如另一位高宗朝的医官颜仁楚，"弱冠举孝廉，射策高第，授文林郎"，其后历任汾州孝义县尉、庐州巢县令等职，"特征北阙，擢迁奉医直长"，从普通官员转为伎术官。② 太医令是太医署的长官，奉医大夫、奉医直长分别是尚药局的长官、次官，均属于高级伎术官。陆敬道、颜仁楚一进入伎术官系统立即就获得太医令、奉医直长的职务，这是绝大多数伎术生、伎术吏一辈子都无法达到的职位。

唐玄宗时，又在制度上对非伎术出身者担任伎术官的情况做出规定，开元七年（719）八月十五日敕："出身非伎术，而以能任伎术官者，听量与员外官。其选叙考劳，不须拘伎术例。"③ 这样一来，一般官员可以转任伎术官，又不必受到制度对伎术官的仕途限制，无疑是对他官有伎术者转任伎术官的极大鼓励。尤其对于伎术官世家子弟来说，他们相对其他伎术人具有资源优势，往往有能力通过其他途径入仕，再转入伎术官，避开伎术官制度对其仕途的桎梏。

例如出自著名天文官世家瞿昙家族的瞿昙譔就是"武举及第"，然后"授扶风郡山泉府别将，恩旨直太史监，历鄜州三川府左果毅"，以武官的身份奉旨"直太史监"，后任秋官正，正式进入伎术官系统，最终官至银青光禄大夫、司天监，步入三品官行

---

① 吴钢主编：《全唐文补遗》第九辑，三秦出版社2007年版，第430页。
② 《唐代墓志汇编》，第445页。
③ 《唐会要》卷六七《伎术官》，第1399页。

81

列，成为朝廷天文机构的最高长官，死后追赠太子詹事。① 即便在整个文官系统中，这样的仕途成就都属通达顺遂，在以五品以下官为主的伎术官体系里，更是凤毛麟角，可以说是有唐一代官位最高的伎术官之一。

再如元和十二年（817），司天监李素去世，宪宗"遂召子景亮，诘问玄微。对扬无怍，擢升禄秩，以续阙如。起服拜翰林待诏、襄州南漳县尉，再立门庭之贵，复登禁掖之荣"②，李景亮作为伎术官世家子弟得到宪宗召见，直接被授予翰林待诏、襄州南漳县尉的官职，进入宫中以伎术待诏的身份为皇家提供天文服务。据赖瑞和考证，李景亮在大中元年（847）时担任司天监，③登上天文官体系的最顶点，这是绝大多数伎术生、伎术吏可望可不可即的成就。

此外根据唐代资荫制度的相关规定，职事官和散官在五品以上的伎术官享有资荫特权，他们的子孙可以通过门荫入仕④。伎术官虽然大部分品级较低，但亦有若干伎术官系统顶端的职位在五品以上，如太史令、尚药奉御等。这些高级伎术官的子弟可以通过门荫入仕，规避制度对伎术官的限制。

需要指出的是，有些伎术在法律层面实际上是不允许非官方伎术系统人员尤其是民间人士学习的，例如《唐律疏议》记载："诸玄象器物，天文，图书，谶书，兵书，《七曜历》，太一、《雷公式》，私家不得有，违者徒二年。私习天文者亦同。"⑤ 但实际上民间伎术人和他官有伎术者担任此类伎术官的现象始终不绝，有时甚至会有大规模征召、考选民间伎术人之事。民间伎术人、他官有伎

---

① 《唐代墓志汇编》，第1791页。
② 《唐代墓志汇编》，第2040页。
③ ［马来西亚］赖瑞和：《唐代的翰林待诏和司天台——关于〈李素墓志〉和〈卑失氏墓志〉的再考察》，第327页。
④ 《唐六典》卷二《尚书吏部》，第32页。
⑤ （唐）长孙无忌等撰，刘俊文点校：《唐律疏议》卷九《职制》，中华书局1983年版，第196页。

术者充任伎术官的相关制度规定也记载颇多，可见民间伎术人和他官有伎术者出任伎术官是常态化、规模化的。

出现这种情况的原因有以下几点：第一，王朝加强对伎术资源控制，将民间伎术人纳入王朝的伎术官系统，以方便朝廷对其进行管控，将可能危害王朝统治的隐患，转化为维护王朝统治的力量；第二，部分民间伎术人和他官有伎术者具备高超的伎术，可以为王朝提供更好的伎术服务；第三，皇帝通过引入民间伎术人、他官有伎术者以制衡固有的伎术官势力，让他们相互监督、检验，以利于皇帝更好的掌握伎术资源；第四，伎术生、伎术吏在某些情况下质量低下或数量不足，为了维持朝廷伎术工作的正常进行，需要吸收民间伎术人和他官有伎术者进入伎术官行列；第五，伎术生、伎术吏出身的伎术官受到的限制较多，仕途坎坷艰辛，伎术官世家子弟想方设法从其他途径进入伎术官系统，规避制度阻碍。

伎术生、伎术吏在正式成为伎术官之前，已经在朝廷官署内接受伎术教育，或者从事伎术工作多年。民间伎术人、他官有伎术者只是在成为伎术官之时，才加入官方伎术系统内，但却后来居上，相当于占据更高的位置，仕途也更加顺畅。

伎术生与伎术吏仕途困顿的原因在于唐代虽然建立了比较完善的伎术官学，又规定有伎术生、伎术吏入仕的途径，但伎术生与伎术吏出身者在整个伎术官体系中的作用、地位非常有限。伎术生与伎术吏主要充任低级伎术官，长期沉沦下僚甚至不得进入官员行列。这是因为伎术生、伎术吏主要是按照王朝日常政务运行需要培养的官僚型、事务型人才，缺乏获得破格提拔的能力与途径，伎术官的迁转限制也主要落在他们头上。与此相对，民间伎术人、他官有伎术者经常可以规避制度的限制，甚至能够获得皇帝或权贵宠幸，或者具有较高的伎术才能，进而占据伎术官高层职务。这种便利也愈发促使伎术高超的民间人士或伎术世家子弟通过非伎术生、伎术吏的途径成为伎术官，从而形成循环。

三 结语

　　唐代伎术官群体构成比较复杂,从来源上看,有选拔自伎术生、伎术吏者,有直接以布衣身份获得伎术官者,也有他官有伎术者转任伎术官的情况。伎术生、伎术吏是伎术官的主要来源,民间伎术人、他官有伎术者是伎术官的重要来源。

　　出自伎术生、伎术吏的高级伎术官很少,能够在史书中留下记录的伎术官,往往出自民间伎术人或他官有伎术者。伎术生与伎术吏仕途坎坷的原因在于,唐王朝虽然建立了比较完善的伎术官学,伎术生、伎术吏亦有入仕途径,但伎术生、伎术吏出身者在整个伎术官体系中的作用与地位非常有限,所以大多数停滞于低级伎术官层次。而民间伎术人与他官有伎术者出身的伎术官,虽然在数量上不占优势,但往往能力较强,或者有特殊关系,甚至能够绕过制度对伎术官的仕途限制,所以高级伎术官职位大多被他们占据。

　　民间伎术人和他官有伎术者出任伎术官是常态化、规模化的。出现这种情况的原因可能是:其一,王朝加强对伎术资源控制的手段;其二,部分民间伎术人和他官有伎术者具备高超的伎术;其三,皇帝通过引入民间伎术人、他官有伎术者以制衡固有的伎术官势力;其四,在某些特殊情况下,为了维持朝廷伎术工作的正常进行,需要吸收民间伎术人和他官有伎术者进入伎术官行列;其五,伎术生、伎术吏出身的伎术官受到的迁转限制较多,仕途坎坷艰辛。

　　伎术官的来源特点对唐代伎术官群体的仕途、唐代伎术官体系的运转乃至唐代伎术发展都产生了深刻影响。来源的不同对伎术官仕途有直接影响,一定程度上在伎术官群体内产生区隔,大量低级伎术官主要由伎术生、伎术吏出任,他们基本无缘升入伎术官系统上层,少量高级伎术官职位主要被民间伎术人或他官有伎术者把持。这一方面打击、抑制了伎术生、伎术吏出身者的积极性,不利于伎术官体系正常运转，对伎术发展也有消极作用。另一方面，允许民间伎术人、他官有伎术者担任伎术官，又避免了伎术官系统完全封闭，为其注入新鲜血液，同时又为这些伎术人才提供了施展才能的空间，对唐代伎术发展又有促进作用。

Origin of the Technocracy in Tang Dynasty and Its Influence on Official Career
ZHANG Rui

Abstract: There are three basic origins of technocrats in the Tang Dynasty: Technical students and technical personnel which are also the largest in proportion, non-official technicians and ordinary bureaucrats. However, due to the restrictions of the technocratic system, promotion is difficult with most of them being low-level technocrats. Unofficial technocrats and general bureaucrats, though in small numbers, often gain access to senior technocrat positions. The characteristics of the origin of the technocrats in the Tang Dynasty had an impact on the official career of the technocrats, the operation of the technocratic system and the development of science and technology in the Tang Dynasty.

Key Words: Tang Dynasty, technocrats, origin, official career

唐代马政的历史启示*

张林君

（河北大学）

摘　要：对于唐代马政，宋至清代学者总体上给予了高度赞扬，并总结出相应的经验教训。宋人列举唐代马政的诸项优势，如拥有地利、选用人才、遵循牧养规律、规划管理制度等，强调官牧对国家的保障。明人整合唐代马政中人事方面的经验，重视人的主观能动性在把握地利和制定方略过程中的积极作用，促进管理者发挥才智，缓解矛盾，扬长避短。清人汇总唐代马政的优势在于"吏""地""法"，并强调它们在马政兴衰的过程中所起的作用缺一不可，需要统治者把马政作为长期的国防要务。综合传世文献的记载，可见古代学者认为唐代马政以"吏"为主导，不仅指唐代马政人才积极作为，而且还包括统治者延续地利、创新制度并任用贤良以主动解决马政发展矛盾的谋略。

关键词：唐代马政；吏；地；法；宋至清

作　者：张林君，河北大学历史学院讲师。

在古人眼里，"马者，国之武备，天去其备，国将危亡"[1]，就唐代来说，在不断变化的时局背景下，马政的发展印证着统治者对其筹划与举措皆出自这样居安思危的心态。谈到唐代马政的内容，

---

* 本文为2023年度河北大学校长基金项目"唐代马政发展与官僚政治研究"（编号：2023HX2009）阶段性成果。

[1] （宋）欧阳修等：《新唐书》卷三六《五行志三》，中华书局1975年版，第952页。

主要依托于两方碑刻，即开元十三年（725）宰相张说所撰《大唐开元十三年陇右监牧颂德碑》和开元二十五年（737）郗昂的《岐邠泾宁四州八马坊颂碑》，还有传世文献如《新唐书·兵志》《资治通鉴》《唐会要》《通典》《唐六典》中的相关表述。这些史料可以把握唐代马政发展的细节与过程，大致为贞观至麟德时兴盛→乾封至景云时暂衰→开元至天宝时复兴→"安史之乱"后衰微，但学者叙述或评价唐代马政史实却并非是从20世纪才开始，[①] 而应追溯到宋。宋至清人怎样看待唐代马政整体的态势与功绩，会关注其哪些方面的价值与经验，都表现了他们以历史的眼光多角度地评价唐代马政的地位与影响。古代学者（元代疑仅有马端临《文献通考·兵考》，其中的唐代马政引自《新唐书·兵志》，故不作分析）对唐代马政的书写是将其与当时马政进行比较之后所得出的见解，亦体现了不同时期品评的着眼点不同，但都指向唐代马政受官方管理的影响较为深刻。现代学者对古人的看法未曾汇总与评论，以下选取有代表性的论述引录分析。

一　宋人所见唐代马政

北宋与辽和西夏对峙，来自边患的压力巨大，欲补充战马，却在疆域上失去了唐代的牧地，遂展开一系列马政建设，如监牧制度、民间养马制度以及茶马贸易制度。宋人对唐代马政的评论主要是赞叹与总结其优势，源于反观现实后的对比考量。

北宋初年，欧阳修（1007—1072）记，"臣又窃思今之马政，皆因唐制。而今马多少与唐不同者，其利病甚多，不可悉举。至于唐世牧地，皆与马性相宜"[②]，透露了唐代养马占据地利。尤其是

---

① 参见20世纪有关唐代马政的学术研究成果，如马俊民、王世平《唐代马政》，西北大学出版社1995年版。
② （宋）欧阳修：《欧阳修全集》卷一一二《奏议卷十六·论监牧札子》，中华书局2001年版，第1703页。

古史专题

影响监牧置废的各种因素交织，提示着统治者在建设监牧时要注意规避弊端，同时注重现实的条件，根据气候、地形、农牧等标准对牧场进行选择，遵循自然规律。

除了地利之外，推行户马法、保马法的王安石（1021—1086）在《临川集》谈到了马政中的用人策略：

> 臣等窃观自古国马盛衰，皆以所任得人失人而已。汧、渭之间，未尝无牧，而非子独能蕃息于周。河、陇之间，未尝无牧，而张万岁独能蕃息于唐。此前世得人之明效也。使得人而不久其官，久其官而不使得专其事，使得专其事而不临之以赏罚，亦不可以成功。①

治理马政重在任用得力的能臣，周代汧渭地区适宜放牧，也只有非子令牧畜蕃息，至唐代，河陇地区也是同样的环境，只有张万岁将马牧发展兴旺。可见，凭借地利，马政必须有人才长期地、专职地、赏罚分明地经营，方能成就一番事业。

范祖禹（1041—1098）作《唐鉴》分析了唐代马政除拥有建设马政的地利与人才之外，还要懂得在这二者之间运用正确的方式方法，形成并落实相关制度才能发挥其作用，其曰：

> 唐之国马，惟得一能臣而掌之，不数十年而其多过于二百倍，由其任职之专也。《传》曰："冀之北土，马之所生。"夫马必生于边隅而养于苦寒之地，稍迁之中国，则莫能壮也。……唐养马

---

① 参见（宋）王安石《临川先生文集》卷四二《相度牧马所举薛向札子》，中华书局1959年版，第448页。（宋）佚名《群书会元截江网》中《马政》一卷记载了马政人才的重要作用，其曰："牧马贵得人。仁宗朝吴奎等上言：自古国马盛衰，皆以所任得人失人而已。汧、渭之间未尝无牧，而非子独能蕃息于周；汧、陇之间未尝无牧，而张万岁独能蕃息于唐，此前世得人之效也。"参见（宋）佚名《群书会元截江网》卷二五《马政·名臣奏议》，上海古籍出版社1991年版，第418页。吴奎与王安石是同时期人，可见这一观点代表着当时社会的看法。

于陇右，非独就其水草之美，盖置之西戎之地，以求其健也。凡欲制事，得其人而善其法，岂有不胜者乎。①

从用人方面看，唐代有牧养人才。从自然条件看，唐代马匹的生产养殖地都是在边陲苦寒的地区，这是因为北方地区寒冷的条件适合养马，如果向南迁徙后饲养，马匹就不能长得健壮。唐朝在陇右地区养马，不只是因为水草充盈，而是为了让西戎边地的寒冷气候令马匹越来越健壮。由此番评论可知，在专业的人才和优良的地利基础上，追求马匹的质量必须实施恰当的方法，也就是知其所以然，更是促进马政兴盛的关键。

南宋时期，与金的战争导致陕西等多数地区沦陷，马源几乎断绝，依靠市马、创办存续时间很短的孳生监牧与收市边马。林駉（宋宁宗时人）所撰一部科举类的书籍《新笺决科古今源流至论》，将经义策论涉及的马政方面的内容分类汇总并详细介绍，反映士人对马政的普遍看法，其曰：

>马政之说，古今凡几变：以官民通牧者，周也；牧于民而用于官者，汉也；牧于官而给于民者，唐也。……唐府兵之制，当给马者，官与其直市之，每匹钱二万五千。刺史、折冲、果毅、岁周不任战者，鬻之以其钱更市，不足则府供之，此给钱以市也。至府兵渐坏，兵贫难致，乃给以监牧之马，此给马以用也，大抵唐之马政皆编于官，民无与焉。……秦汉之盛，未始闻也。垂拱以后，马耗大半，开元始命王毛仲为内外闲厩使，牧养有法，云锦成群，复与麟德马数相等耳，此唐牧于官而给于民之制也。②

---

① （宋）范祖禹著，白林鹏、陆三强校注：《唐鉴》卷五《玄宗下》，三秦出版社2003年版，第120—121页。
② （宋）林駉：《新笺决科古今源流至论》卷二《续集·马政》，北京图书馆出版社2005年版，第39页。

古史专题

马政的制度从古至今经历了变化：周代是官民皆牧，汉代是民牧官用，唐代是官牧民用。"牧于官"是监牧养马，"给于民"则是由于唐代的府兵制被破坏，军费紧张，兵无法自备如"六驮马"这样的资装，① 就由监牧给府兵供马。吕祖谦（1137—1181）也认为"府兵之制，天子闲厩监牧马非不盛，然府兵未尝给马，初不过给之以钱，使府兵自买马，若是不足，众人共出钱买马，以此知尚有古之遗法。在到后来，府兵之法渐坏，府兵贫不足以买马。然后方以监牧之马给之，乃是制度坏如此"②。这两位学者都看到了监牧提供马匹的现实作用，唐代监牧"给马于民"的目的是府兵制被破坏后，在兵贫无法市买与自备驮马的情况下能够"给马以用"，故"牧于官而给于民"成为唐代马政的特色也是针对补救府兵制的措施而言，而不是很能概括府兵制被破坏之前的马政特色。林馰还评价唐代马政超越秦汉的盛况，但麟德时的马匹数高于开元时，有些拔高后者，是为了从整体上烘托了唐代官牧对马政的推动辅助作用。

尤其南宋朝廷偏安一隅，马匹短缺非常严重，"国家职方所掌西不尽灵夏，北不尽燕云，汗马昆吾无从而至，不过内取之中国，外市之戎人而已。况承平所谓监牧之地，而南渡悉沦陷于敌人，川广置司道里遥远，责之程限而其力竭，牧之沮洳而其性殊，柴立而行，载甲则汗，其何以当北方之劲骑，此其所短也。马之登耗系人，盖马之生长虽有其地，而马之登耗实系乎人"③。故学者就以与前代所处不同地域治理马政的情况对比论证南宋马政的缺憾，川广马匹纲运治理困难且马匹质量低下，可见马政势头的增减，地利是一个很关键的因素，更有赖于能统筹管理好牧养事务的人。

---

① 参见《新唐书》卷五〇《兵志》载："十人为火，火有长，火备六驮马。"（第1325页）府兵制军事后勤规定一伙配备六匹专用于驮运装备的马。
② （宋）吕祖谦：《历代制度详说》卷一二《马政》，上海古籍出版社1992年影印本，第987页。
③ 《群书会元截江网》卷二五《马政·警段》，第476页。

唐代马政的历史启示

宋代学者高度评价唐代马政，多是关注唐代马政的兴盛，主要称赞唐代拥有久任专事的畜牧人才、适于牧马的地利、合理恰当的牧养方法，以及唐代马政"牧于官而给于民"，弥补府兵制崩溃的不足。

二 明人所见唐代马政

明代统治者非常重视马政，设立了专职机构以加强对马匹的蓄养，却将养马定为百姓的义务，马政事项繁杂，官员避重就轻，民养官马滋弊甚多。明人在宋人评价基础上，对唐代马政人事内容进行了品评，总结出其发展过程中的优势和唐人治理经验。

有明一代文臣之宗、明中期文渊阁大学士邱濬（1421—1495）著《大学衍义补》，这是经济治国思想集大成之作，他指出"国之大事虽在于戎，而戎之大用则在于马"[1]，其中谈到唐代马政兴盛的原因，曰：

> 孔子曰"其人存则其政举"，又曰"为政在人"，则是马政之兴举实在乎人，今无其人耳，岂其地之牧畜宜于古而不宜于今也？[2]
> ……
> 议者谓秦汉以来唐之马最盛，原其所以盛者，盖以监牧之置得其地，而监牧之官得其人，而牧养之有其法也。[3]

邱濬提出的观点是比较综合的，即监牧占据地利、掌管得人、牧养有法，而其中更重要的是有无人才可用。如果没有马政人才来

---

[1] （明）邱濬编：《大学衍义补》卷一二三《牧马之政（上）》，上海书店出版社2012年版，第312页。
[2] 《大学衍义补》卷一二三《牧马之政（上）》，第313页。
[3] 《大学衍义补》卷一二四《牧马之政（中）》，第322页。

古史专题

治理，那么，地利也是荒废的，不能兴举马政。

"甘泉学派"创始人、政治家、理学大儒湛若水（1466—1560）《圣学格物通》侧重于总结唐代马政发展的经验，其载：

> 臣若水通曰：唐承周隋离乱之后，四方征伐之余，马政之废也，久矣。鸠括残骑，但得赤岸泽之牝牡三千尔，及其徙之陇右，掌之张万岁，马大蕃息，有一缣一匹之盛。迨至玄宗掌之以毛仲，马复大蕃，有望如云锦之美，是盖唐都关中，其地宜马，而又监牧之得其人，刍牧之有其法，是何患乎马之不盛也。后之修马政者，当取法于是焉。
>
> ……
>
> 臣若水通曰：马莫壮于西北，以其风气刚劲而牧地茂硕也，唐群牧之马既富，而又市戎马以为之种，此唐之马政所以驾秦汉而独盛也。故谓开元天宝时，海内富实，此非其验欤？
>
> ……
>
> 臣若水通曰：天地之性，人为贵，土地所以养民也，戎马所以卫民也。二者并行而不以相害，可也。故牧地与农亩各有界限，牧地必不可耕，可耕者必不杂以为牧地，则二者有相济而无相妨矣。若德宗之初，牧地有定民，田有界，固无不善矣。及张茂宗之为厩使，牧马三千二百，费田四百顷，则是以其所卫民者而害养民者矣。此司其事者所当致谨焉。①

湛若水根据唐代相关史载，也肯定了马政制度建设在于地利、人才与方法。尤其是方法中的两点启示值得借鉴，一是唐王朝通过与少数民族市马，得到了良好的戎马作为种马，使得马匹质量优胜、数量增长；二是合理规划农牧用地，妥善利用耕地与草地，处

---

① （明）湛若水编著：《圣学格物通》卷八四《平天下格·马政》，广西师范大学出版社 2015 年影印本，第 3257—3261 页。

理好农牧关系，保护百姓利益，才能令马政与农事相互促进，实现为国为民。

明代学者较多关注唐代马政人事筹谋与操作方面，具体说来，他们更加理性地看待唐代马政的成功与矛盾，以解决明代当时赔补征银增多又草场牧地缩减等因马疲民的问题，如着眼于唐代恪守畜牧例法，稳妥处理农牧关系，统治者要用人得当等。以期得到协调天时地利人和来发展马政，为国家和都城提供充足的马匹。由此，体现了这样一种认识，即虽然时移世易，但为维护马政顺利进展，人为因素是可以把控的，人总领和决定许多事宜，通过人的作为能够规避客观不足或调整优化方法，懂得用灵活变通的思想解决矛盾。

三 清人所见唐代马政

清代统治者入关之初为获取更多马匹资源，延续明制，利用采办与蓄养方式，嘉道以降国势衰败，马政废弛，即清代前期马政出现盛况，中叶以后弊病频发。清人在明人分析的基础上，将唐代马政兴衰曲折发展视为一个完整过程，继续思考人为主观因素在其中所起的导向作用，并尝试找到人所能掌控的条件，规避风险。

顾炎武（1613—1682）在《天下郡国利病书》记述了唐代马政发展，不仅包含唐代马政盛衰的表现，而且还有对人为举措的评论和反思。

一方面，马政兴盛在于当时"法简而专，诚而不二故也"[1]，即法制简化，并且唐人专心诚意地推进各项事务。首先，地利与畜牧劳力相和谐，"唐人养马亦于泾、渭，近及同、华，置八坊，其地止千二百三十顷，树苜蓿、莔麦，（原注：今雁麦。）用牧奚三

---

[1] （清）顾炎武撰，黄坤等校点：《天下郡国利病书·陕西备录上》，上海古籍出版社2012年版，第2051页。

古史专题

千官寮，无几衣食皮毛是资，不取诸官。盖合牧而散畜之，牧专其事，不杂以耕"。养马处有广大的地域设坊，种植草料，牧人的衣食物资全部自给，放牧的地域便不开辟农耕。其次，任用专业化的牧养人才，"而太仆张万岁、王毛仲官职虽尊，身本帝圉，生长北方，贯历牧事，躬驰抚阅，无点集追呼之扰、科索之烦，顺天因地，马畜滋殖，万岁至七十万六千，毛仲至六十万五千六百有奇，色别为群，号称'云锦'。地狭不容，增置河西。史赞其盛，图传至今"[1]。有马牧经验的官员张万岁、王毛仲亲自管理牧事，有条不紊，不施苛政急政，把握天时地利，遵循自然规律。

另一方面，马政衰落则是因为一系列人事不当造成的严重后果。首先，倚重与纵容滥权的伪臣，"玄宗既以嫌诛毛仲，后遂以付安禄山。禄山统北方三道，又使兼掌京西牧马地，既隔越而职守难专。重以匈胡叛逆，覆用蹂践唐室。其余存者，犹足以资肃宗之中兴"[2]。玄宗罢免王毛仲，重用安禄山，给予安禄山平卢、范阳、河东三镇节度使兼陇右群牧使之职，这在地域上就相去甚远，也难以专职马牧，安禄山野心勃勃，甚至借机利用兵马反叛唐室，战乱后所剩的战马之多，尚且以此归入朔方军还能助肃宗恢复大唐王气，令人唏嘘。其次，刺激矛盾，丧失秩序，"宪宗命张茂宗监牧，茂宗不能远略，乃籍汧、陇民田，人争言其不便，牧事遂废，唐亦丧乱"[3]。宪宗任命张茂宗掌管监牧时，却没有长远而合理的计划，贸然收回汧陇民田充作牧地，百姓抵抗，反对退耕还牧，马政就这样走向废弛，唐后期也由此动荡。故"由此言之，人事得失，马政盛衰，益昭然矣"[4]，与马政相关的人的行为对马政发展走向会产生很大影响，尤其统治者的决断是后期马政法度与人事运转的先导，是重要的人为因素。

---

[1] 《天下郡国利病书·陕西备录上》，第 2051 页。
[2] 《天下郡国利病书·陕西备录上》，第 2051 页。
[3] 《天下郡国利病书·陕西备录上》，第 2051—2052 页。
[4] 《天下郡国利病书·陕西备录上》，第 2052 页。

杨潮观（1712—1791）《古今治平汇要》联系清代出现马政官僚体系崩坏、牧地被放垦、马政管理制度形同虚设的现象，故其浏览历代马政特点及表现，总结了"牧马之政"三大方面的条件："曰吏、曰地、曰法。吏非马之所宜，其害马一也；地非马之所宜，其害马二也；法非马之所宜，其害马三也。"① 这也是所谓马政三大要害，即官吏是否能管好马、牧地是否适合养马、法制是否利于养马。以下逐一分析。

首先，锻炼马政官吏的技能，"古者大费能驯兽，刘累能扰龙，而唐朝张氏三代典牧，唯其继世而专掌之，乃能驯习而教扰之，试观羌童、蕃儿，项髻、徒跣，随逐水草与马适安，惟其习也。今令牧正以下悉世其官，视其息耗，核其能否，于以课功简贤，则马无不得其人矣"②。虞舜时大费（伯翳）、夏朝刘累驯服豢养畜兽，唐代张万岁三代掌典群牧，只有世代传承专职于饲牧，才能形成驯服、调习畜力的教化习惯，观察那些羌童、蕃儿等少数民族牧人的生活习惯是挽发髻于颈后，赤足步行，逐水草而居，与马的习性相适应。清代可令牧正以下世代从事这些职务的官吏查看马匹的损耗、核准其治牧的能力水平，据此来课税报功、挑选贤能，马政就会收获人才。此处赞赏了唐代张万岁家族三代掌典国家群牧的娴熟能力，他们能专职久任也是国家马政发展之益。

其次，开发与马性相宜的牧地，"昔者秦马盛于犬丘，汉马盛于玄池，唐马盛于沙苑，而元魏所以尤盛于唐者，亦在陇西，盖马性宜高不宜下、宜寒不宜暑、宜旷不宜拘、宜水草不宜硗瘠。河北之人骁健，冀北之马强肥，古所称'迁其地不能为良也'。夫喜则交颈相靡，怒则分背相踶，游腾四骋，原隰奔驰，此马之真性；适其水草，节其饥饿，冬则温厩，夏则凉芜，此牧之成规。反是而

---

① （清）杨潮观：《古今治平汇要》卷九《马政》，清雍正七年文聚楼刻本，四库禁毁书丛刊编纂委员会编：《四库禁毁书丛刊》，子部，第三一册，北京出版社1997年影印本，第202页。
② 《古今治平汇要》卷九《马政》，第202页。

行，必多所失。西北高寒，地方旷野，其有牧地草场为人侵占者，咸复之；其有空闲原野不害民居者，咸垦之。于以置监立苑，则马无不得其地矣"①。秦代马政因犬丘繁荣，汉代马政在玄池兴盛，唐代马政以沙苑著名，而北魏马政比唐还要强盛，也是同样在陇西地区养马，为何选择西北地区，是因为马匹生长的习性：宜高处不宜低下、宜寒冷不宜暑热、宜开阔不宜拘束、宜靠近水草不宜土地瘠薄。这是水土养育的作用，黄河以北的人骁健，冀北的马匹强肥，古人称离开适宜的地域就不能良好地生长，马与人皆是同理。马匹喜悦就会相交脖颈磨蹭，发怒就背对着相互踢踏，驰骋四方，奔驰原野，这是马匹的本性；人养马要注意供应适合的水草，节制其饥饿程度，冬天则准备温暖的闲厩，夏天则收拾阴凉的草棚，这是牧养的既定规则。违反规律行事，一定会出现很多失误。西北高寒旷野之处有被人侵占的牧地草场都要恢复草地原状，有空闲的不妨碍农民居住生活的原野，可以开垦利用，以此适宜养马的地域设置监牧苑囿，马政必会占据地利。此处肯定了唐人开辟与经营诸如沙苑监等监牧，确实适宜马性。

最后，知晓马政治理的法制，"昔者猗顿畜牸，富且无算；卜式牧羊，利至不赀；而汉时桥姚，以致马千匹，富埒王公，况以天下之马而生之、息之，犹患其缺用乎？大凡马之生也，牝马四匹一乘，必得牡马一匹；马之息也，牝马二万，一岁可收驹马一万；而其牧之也，往来践食，凡马一匹，占地五十亩；其供之也，薪刍草料，养马一岁，为钱二十七千有奇。苟游牝去牡，必顺其时；腾放调养，各有其法；俵散关换，咸定其规。于以生养滋息，则马无不得其法矣"②。春秋战国时期，猗顿畜养母牛，发家致富；西汉卜式放牧羊群，获利颇丰；西汉桥姚开发边塞畜牧业致富，有马千匹，与王公一样富有。何况天下的马匹生息繁衍，怎样才能使国家

---

① 《古今治平汇要》卷九《马政》，第202页。
② 《古今治平汇要》卷九《马政》，第202—203页。

用马无忧，就要明白养马用马的各种法则。马匹使用时，四匹牝马构成车驾一乘，必配备一匹牡马；繁殖时，两万匹牝马一年可生产一万匹马驹；游牧时，一匹马在外奔走食草，占地五十亩；饲养时，种植薪柴和牧草等草料，养一年需耗钱二十七千有余。另外还有细节是春季游牝和夏季去势，要顺应时节；驾驭、放牧、调习、驯养，各有方法；分发与停换，都定规则。按照这些条例生养滋息，马政形成了有效的法度。此处虽没有写出唐代如何以完善而高效的制度兴盛马政，但从杨潮观提出的建议来看，当是借鉴了唐代监牧与马坊的建置原则，亦注意到游牝、供料以及耗费等要求。

由此，杨潮观思考其背后的规律，曰："左氏所称'生其水土、知其人心、安其教训'，岂非古今御马之善政以三言而尽之者哉。如宋世吴奎等所陈陕西三利，亦此意也。夫人君苟能不失其宜，则苑马可也，简太仆之任，而麟德之盛臻矣。……虽然寺监之库藏，尤为马政之大务，苟出入不节或他用，是充以至尾闾，一泄预备为难，又所宜慎也。当事者可谓太平有象，戎政可弛，区区惜一日之费，而忘国家之大事乎？"① 这里引《左传》曰："生其水土而知其人心，安其教训而服习其道"②，古今马政的良好管理举措正是以这三文句所指的"占据地利""配好人力""创建法制"来实践。北宋吴奎等官员上奏所陈数的陕西马政三大利处就是如此含义。③ 对清朝统治者而言，若能不失养马之宜，长期经营苑马，挑选胜任职

---

① 《古今治平汇要》卷九《马政》，第203页。
② （晋）杜预注，（唐）孔颖达疏：《春秋左传正义》卷一四《僖公十五年》，（清）阮元校刻：《十三经注疏（清嘉庆刊本）》，中华书局2009年版，第3919页。
③ 吴奎等上奏宋仁宗："自古国马盛衰，皆以所任得人失人而已。汧、渭之间未尝无牧，而非子独能蕃息于周；汧、陇之间未尝无牧，而张万岁独能蕃息于唐，此前世得人之效也。然得人而不久其任，久其任而不使专其事，使得专其事而不临以赏罚，亦不可以有功。今陕西马价，多出解盐，三司所支银绢，许于陕西转运司易钱。权转运副使薛向既掌解盐，复领陕西财赋，可悉委之移用，仍俾择空地置监而孳养之。盖得西方不失其土性，一利也；因未尝耕垦之地，无伤于民，二利也；因（薛）向之才，使久其任而经制之，三利也。"［（宋）李焘：《续资治通鉴长编》卷一九二，仁宗嘉祐五年八月庚辰，中华书局1985年版，第4641页］

务的太仆官员，即便是麟德的盛况也能达到。此外，太仆寺、监牧的库藏资金是马政开销的支柱，保存财力为马政大事要务，不可收支不节制或者挪至他用，更不能浪费于细枝末节，一旦用尽国库财物，再筹备则更艰难，必须谨慎对待马政耗费。执政管理者总说升平盛世不需要加强军事马政，却因吝惜养马一时的花销，而忘记国家武备大事。

  清代学者将唐代马政视作一个有盛衰的完整过程，清楚地总结出一朝马政的发展规律，并探索这种起伏变化的动因，意味着清人对唐代马政的评价比较全面，不仅看到了马政辉煌的表现，还有其背后隐患，进而有深层的经验认识，吸取前代的经验为当今采用，以利于启发当下马政经略。马政乃军国大事，是至关重要的武备条件，但为何一朝马政还出现不同的局面，这是由于天下初定，统治者和国人都知晓马政重要性并重视建设马政时，着眼"吏""地""法"相互配合，能够创造出繁荣业绩；可社会和平日久，民不知战，统治者也盲目安乐，突然筹备马政不免措手不及并出台许多轻率的政策，只顾着敷衍暂时的状况，也容易产生治理混乱的恶果。

四　结语

  从宋至清，唐代马政的诸多方面被史学家高度赞扬，表现了它是中国古代马政历史上的高峰。古代学者对唐代马政的评价是基于将当时马政的情况与唐对比后的思考，也反映了唐代马政对后世马政的影响，故每个朝代评论唐代马政的侧重点不尽相同，却有一定的继承与补充，是考察唐代马政历史地位的较全面而深入的总结。立足于史学史角度，对宋至清代学者的观点辩证地再分析、再评论，乃是宋人列举唐代马政的诸项优势，如拥有地利、选用人才、遵循牧养规律、规划管理制度等，强调官牧对国家的保障；明人理清宋人所提的这些优势中的关键因素，善于从唐代马政中找到人事方面的经验，即人合理的筹划与高效的作为，重视人的主观能动性

唐代马政的历史启示

在把握地利和制定方略过程中的积极作用，促进管理者发挥才智，缓解矛盾，扬长避短；清人将唐代马政的兴衰发展视为整体，盛衰是事物必然出现的两个方面，又汇总唐代马政的优势在于"吏""地""法"，并强调它们在马政兴衰的过程中所起的作用缺一不可，需要统治者把马政作为长期的国防要务，再借鉴前朝有效经验，可以改良与完善马政。

经宋人列举、明人整合、清人总结这样的脉络，可见利于马政治理的经验是来自"吏""地""法"这三项应当被统治者尽数掌控的条件。导致唐代马政兴与衰的原因除了依托具体的历史背景，其实都离不开对"吏""地""法"的衡量，尤其是综合历代学者对唐代马政的评论，清人把马政治理中的"吏"排在首位，以"吏"为主导，支配着其他因素。"吏"即马政的职官机构和用人方略，是起到统筹协调"地"与"法"功用的比较复杂的基础性因素，也许在地利与法制都未出现较大破坏的情况下，任用官吏决定了马政的顺利发展与否，是一个主要矛盾。

这些内容实际上都给后人留下了诸多启示。从宋代至清代史学家总体上强调人的主观能动性是最宝贵的，这不仅指唐代一些马政人才积极作为，而且还包括统治者重视延续地利、创新制度并任用贤良以主动解决矛盾的谋略。当然，唐代马政所暴露出的问题也多出自人事，后人不能盲目地吹捧而忽视其兴衰发展的整体性。

著名历史学家史念海先生曾谈到我国古代王朝足食足兵可能促进国家富强，而足兵的一大条件就是蓄养马匹，由此观有唐一代养马事业的发展变化确实对唐代国力盛衰强弱造成了影响。[①] 唐王朝拥有马匹的数量与质量是国富兵强的重要标志，唐代后期无马亦致国家困顿衰亡。辩证地来看，宋至清人未点明"安史之乱"后马

---

① 参见史念海《隋唐时期农牧地区的变迁及其对王朝盛衰的影响》，《中国历史地理论丛》1991年第4期；《隋唐时期农牧地区的演变及其影响（上）》，《中国历史地理论丛》1995年第2期；《隋唐时期农牧地区的演变及其影响（下）》，《中国历史地理论丛》1995年第3期。

古史专题

政衰微尤其是河西陇右畜牧地区丧失所导致唐王朝不能"足兵"的问题，没有意识到把该时期牧地不存乃至马政废弛视为唐衰亡的因素之一。笔者认为，唐代马政的弱势不仅体现于后期人事方面，还有畜牧地利的缺失，这是古代学者略谈之处，隐约透露了他们多向往与关注唐代马政前期的辉煌，而没有深思唐王朝于"安史之乱"后由盛转衰最终覆灭的一项潜在原因——马政衰微，当然我们不能以今天的眼光来过于苛责古人的认知。

The Inspiration of Horse Administration in the Tang Dynasty
ZHANG Linjun

Abstract: Scholars from the Song Dynasty to the Qing Dynasty generally highly praised horse administration in the Tang Dynasty, and summarized the corresponding experience and lessons. The Song people cited various advantages of horse administration of Tang such as having favorable land, selecting talents, following law of herding, planning management system, etc., and emphasized the protection of official husbandry to the country. The Ming people integrated the experience of personnel in horse administration of Tang, attached importance to the positive role of people's subjective initiative in the process of grasping geographical advantages and formulating strategies, and promoted managers to give play to their talents, alleviate conflicts, and develop strengths and avoid weaknesses. The advantages of the Qing people in summarizing horse administration of Tang lied in the "officials", "land" and "law", and emphasis of their indispensable role in the rise and fall of horse administration, requiring the rulers to take the horse administration as a long-term national defense. According to the records of existing documents, it can be seen that ancient scholars believed that horse administration of Tang was dominated by "officials", which not only included the active horse administration talents, but also the strategies of maintaining geographical advantages, innovating the system and appointing virtuous people to actively solve the contradiction in the development of horse administration.

Key Words: horse administration of the Tang Dynasty, officials, land, law, period from Song Dynasty to Qing Dynasty

《资治通鉴》历史叙事层面新探

——以对牛李党争的叙事为例

任建芳

（首都师范大学）

摘 要：就《资治通鉴》而言，无论是直接叙史，抑或以《考异》考史，以"臣光曰"论史，皆是服务其史事叙事的三个层面，司马光对牛李党争的叙事即为典型事例。通过重构元和三年制科案与长庆元年覆试案，《通鉴》成功地完成了对牛李党争之起源与开端的塑造；通过考辨李党可能存在的攘善隐恶与诋毁牛党之记载，《通鉴》传达出"牛是李非"的"理性"判断；通过以"臣光曰"之形式直接论史，《通鉴》显露出"是牛非李"的情感倾向。而对牛李党争的这一整体认识，皆源于司马光所持守的政治前提，所最为关切的现实问题。唯有宏观上把握司马光其人、其事、其时代思想，微观上分析其记人、记事、记典章言论，方能对其历史叙事作出合理阐释。

关键词：司马光；《资治通鉴》；历史叙事；牛李党争

作 者：任建芳，首都师范大学历史学院博士研究生。

牛李党争是唐朝中后期影响朝政的重大派系斗争，由于有关二党的史事记载从源头便深受党争影响，导致其因果是非愈趋复杂，甚或含糊混乱。从《实录》至两《唐书》至《资治通鉴》（以下简称《通鉴》）的记载，可以说是一个矫正此事又不免歪曲彼事的过程。《通鉴》的记事近年来便多受研究者的指摘，认为其在党争叙事中多偏袒牛党，所论不公。[①] 不过诚如陈其泰所言："史学名著无一不是史学家惨淡经营、呕心沥血纂修而成的。它们绝不是作简单的资料的汇辑或史实的连缀，而是要写出史学家对客观历史进程的理解，对治乱盛衰经验教训的总结，对历史人物的活动及其作用的分析、评价。"[②]《通鉴》的编纂绝非仅是为了钩稽史料、排比史事，而是要写出司马光对历史盛衰的认识、对以古鉴今的总结。或许对司马光而言，没有任何一件史事能超得过其对牛李党争的关注，因为这与其所处的时代、所面临的党争、所最为关切的问题息息相关。本文即试图从叙史、考史、论史三个层面探讨《通鉴》中有关牛李党争的历史叙事，以期进一步理解司马光"监前世之兴衰，考当今之得失，嘉善矜恶，取是舍非"[③]的编纂意图所在。

一 叙史层面：牛李党争之起源与开端的重构

司马光对牛李二党的态度反映在具体的历史叙事中，而且以一种相对委婉、若不经一番细致比较与探究便不易体察的叙事中展现出来。

---

① 相关研究，参见岑仲勉《通鉴隋唐纪比事质疑》，中华书局1964年版，第263—312页相关条目；岑仲勉《隋唐史》，商务印书馆2017年版，第365—388页；王炎平《牛李党争考论》，四川人民出版社2017年版，第1—12、156—157页。其中，岑仲勉的批评尤甚："《通鉴》在宪、穆、敬、文、武、宣各纪，夹杂着许多私见，对德裕不特毫无表彰，而且偏采反对派之意见，吹毛求疵，为非分之苛责；牛党诸人毫无建树，朋比济贪，却多方替之掩饰，是直丧失史家之公正立场，无当于'鉴戒'之本义"（《隋唐史》，第382页）。王炎平亦指出："《通鉴》于牛、李斗争始因采《旧唐书·李宗闵传》，于维州事为牛僧孺辩解，于李逢吉多开脱语，又备载李绛责吉甫语。其苛责吉甫、德裕而偏袒僧孺的立场极为明显"（《牛李党争考论·跋》，第156—157页）。

② 陈其泰：《编纂思想：推进中国历史编纂学研究的关键环节》，《河北学刊》2010年第5期。

③ （宋）司马光：《资治通鉴·进书表》，中华书局1956年版，第9608页。

古史专题

(一) 元和三年制科案

根据史书记载，牛李党争的源起可追溯至宪宗元和三年（808）制科案。此次制科中，牛僧孺、李宗闵指陈李德裕之父李吉甫执政之失，吉甫泣诉于上，相关人员被罢免，遂致牛、李嫌隙产生。此案涉事人员尚有指陈时政之皇甫湜，初策官杨于陵、韦贯之，覆策官裴垍、王涯。事实上，已有多位研究者指出，吉甫泣诉事并不存在，牛僧孺、李宗闵、皇甫湜指陈时政之失，亦非针对宰相李吉甫，而是直指权宦。① 对此，本文通过分析有关此事的文本塑造过程，借以探讨《通鉴》于"吉甫泣诉"事中所起的决定作用。

目前所知，有关此事的原始记载不出始于穆宗长庆二年（822），终于文宗太和四年（830）纂修的路随本《宪宗实录》。尽管现已佚失，但仍可从后世史书的沿袭记载中，略窥其本来面目。《旧唐书·宪宗本纪上》："时涯甥皇甫湜与牛僧孺、李宗闵并登贤良方正科第三等，策语太切，权倖恶之，故涯坐亲累贬之。"② 可见皇甫三人陈策之矛头直指"权倖"。《旧唐书·裴垍传》："及为贵倖泣诉，请罪于上，宪宗不得已，出于陵、贯之官，罢垍翰林学士，除户部侍郎。"③ 据此可知"泣诉"之事确有，只是并非李吉甫泣诉，而是"贵倖泣诉"。这一记载恰与上条"权倖恶之"互为呼应。《唐会要》："是年，牛僧孺、皇甫湜、李宗闵条对甚直，无所畏避，……权倖或恶其讦己……乃为贵倖泣诉情

---

① 相关研究，参见岑仲勉《通鉴隋唐纪比事质疑》，第263页；傅璇琮《李德裕年谱》，河北教育出版社2001年版，第50—56页；王炎平《牛李党争考论》，第2—5页。另，唐长孺虽认为李吉甫本传存在曲笔回护，但亦指出牛、李、皇甫湜指陈时政者并非李吉甫，当为吐突承璀、刘光琦、梁守谦等权倖，或于頔、韩弘等藩镇将领（《唐修宪穆敬文四朝实录与牛李党争》，《山居存稿》，武汉大学出版社2013年版，第187—194页）。

② （后晋）刘昫等：《旧唐书》卷一四《宪宗本纪上》，中华书局1975年版，第425页。

③ 《旧唐书》卷一四八《裴垍传》，第3990页。

104

（请）罪于上。"① 此处所记"权倖或恶其诋已"与旧《宪宗本纪》所言"权倖恶之"意思一致，"贵倖泣诉情（请）罪于上"的记载与旧《裴垍传》所载"贵倖泣诉，请罪于上"亦一致，说明三处之说当源于同一史源——《宪宗实录》。也就是说，有关元和三年制科案的矛头所指便是"权倖""贵倖"，而非李吉甫。

此外，李翱太和五年（831）为杨于陵所作墓志铭亦提供了有关此事的早期文本："会考制举人，奖直言策为第一，中贵人大怒，宰相有欲因而出之者，由是为岭南节度使。"② 此处所指"中贵人"显然是权宦无疑，而"宰相"则可能指李吉甫。若此记事可信，则元和三年制科案中大怒之人当是权宦，宰相李吉甫或出于私心，希望借此排除异己。当然，由于该墓志记载于文宗年间，也不排除已有党争嫌疑而故意牵涉李吉甫。不过无论如何，皆可说明被指陈、大怒之人为权宦、贵倖，而与李吉甫无直接关系。但至《旧唐书·杨于陵传》时，记载已有所不同："元和初，以考策升直言极谏牛僧孺等，为执政所怒，出为岭南节度使。"③ 旧《杨于陵传》的史源极有可能是参考李翱所作墓志铭，但由"中贵人大怒，宰相有欲因而出之者"至"为执政所怒"，显然已是换了主体，则此过程中便有牛党故意加工、栽赃吉甫之嫌。如果说，旧《杨于陵传》所指仍较模糊，则《旧唐书·王涯传》便是直斥李吉甫："元和三年，为宰相李吉甫所怒，罢学士，守都官员外郎，再贬虢州司马。"④

按此记载，则王涯被贬与旧《宪宗本纪》（史源为《宪宗实录》）所言"权倖恶之"已无多大关系，实为宰相李吉甫恶之，则该记载暗中亦完成了由"权倖"至"李吉甫"的身份转化。

---

① （宋）王溥：《唐会要》卷七六《贡举中·制科举》，中华书局1955年版，第1393页。
② （唐）李翱：《李文公集》卷一四《杨公（于陵）墓志铭》，文渊阁《四库全书》第1078册，台湾商务印书馆1986年版，第171页。
③ 《旧唐书》卷一六四《杨于陵传》，第4293页。
④ 《旧唐书》卷一六九《王涯传》，第4401页。

当然完成这一转化的关键文本，仍离不开《旧唐书·李宗闵传》，《通鉴》所记便直接承袭于此。兹详列二处所记，以便明晰其中的承袭关系：

《旧唐书·李宗闵传》	《通鉴》
初，宗闵与牛僧孺同年登进士第，又与僧孺同年登制科。应制之岁，李吉甫为宰相当国，宗闵、僧孺对策，指切时政之失，言甚鲠直，无所迴避。考策官杨于陵、韦贯之、李益等又第其策为中等，又为不中第者注解牛、李策语，同为唱诽。又言翰林学士王涯甥皇甫湜中选，考覆之际，不先上言。裴垍时为学士，居中覆视，无所异同。吉甫泣诉于上前，宪宗不获已，罢王涯、裴垍学士，垍守户部侍郎，涯守都官员外郎；吏部尚书杨于陵出为岭南节度使，吏部员外郎韦贯之出为果州刺史。王涯再贬虢州司马，贯之再贬巴州刺史，僧孺、宗闵亦久之不调，随牒诸侯府。①	夏，四月，上策试贤良方正直言极谏举人，伊阙尉牛僧孺、陆浑尉皇甫湜、前进士李宗闵皆指陈时政之失，无所避；吏部侍郎杨于陵、吏部员外郎韦贯之为考策官，贯之署为上第。上亦嘉之，诏中书优于处分。李吉甫恶其言直，泣诉于上，且言"翰林学士裴垍、王涯覆策。湜，涯之甥也，涯不先言；垍无所异同"。上不得已，罢垍、涯学士，垍为户部侍郎，涯为都官员外郎，贯之为果州刺史。后数日，贯之再贬巴州刺史，涯贬虢州司马。乙亥，以杨于陵为岭南节度使，亦坐考策无异同也。僧孺等久之不调，各从辟于藩府。②

考察二书所记，有两条至关重要的叙事是以上史料所无，亦是证明《通鉴》直接承袭《旧唐书·李宗闵传》的显证：其一，旧传"吉甫泣诉于上前"至《通鉴》"李吉甫恶其言直，泣诉于上"；其二，旧传"僧孺、宗闵亦久之不调，随牒诸侯府"至《通鉴》"僧孺等久之不调，各从辟于藩府"。前者表明牛李党争形成之因；后者显示由此因而致的党争之果。

旧《李宗闵传》与《通鉴》的这一相似记载，不仅完成了由中贵人大怒至李吉甫大怒的转变，而且更重要的是，实现了由源之于《宪宗实录》的"权倖泣诉"至形成于旧《李宗闵传》的"吉甫泣诉"的实质性转变。后世有关牛李党争的源起，皆追溯至元和三年制科案，且其关键所在便是"吉甫泣诉"。《旧唐书·李宗

---

① 《旧唐书》卷一七六《李宗闵传》，第 4551—4552 页。
② 《资治通鉴》卷二三七"宪宗元和三年四月"条，第 7649—7650 页。

闵传》的史源必定受来自牛党、亦会偏袒牛党的加工史料之影响，基于此，旧传所记或可排除纂修者的主观判断，而为探讨历史真相的可能是事实，也可能是歪曲的证据之一。而《通鉴》所起的作用，即是将《旧唐书》来源不一、记载矛盾、史观不统的史料进行了主观的筛选与判断，从而真正完成了"吉甫泣诉"这一明确且唯一的史事叙述，亦即司马光所希冀传达的明确且唯一的"历史事实"。而这样的史事叙事，即便不能称之为有偏见的历史叙事，亦可称之为有选择的历史叙事。

（二）长庆元年覆试案

如果说元和三年制科案是牛李党争的源起（事实上并不存在），那么长庆元年（821）覆试案便是党争的正式开始——"自是纷纭排陷，垂四十年"①（事实上亦不足四十年②）。作为党争的"正式开始"，此次覆试案的关键是李德裕借机排摒李宗闵，而此关键即如上文"吉甫泣诉"一样，亦是逐步塑造的。在这一塑造过程中，《通鉴》的叙事无疑起到了加强并定型的效果。

有关此次覆试案最为详细的记载，出自《旧唐书·钱徽传》，根据所记，长庆元年初试贡举由钱徽、杨汝士负责，此前，段文昌、李绅各以所属进荐钱徽，但揭榜时，二人所属皆未中第，中榜者包括李宗闵的女婿苏巢，杨汝士的弟弟杨殷士。"故文昌、李绅大怒。文昌赴镇，辞日，内殿面奏，言徽所放进士郑朗等十四人，皆子弟艺薄，不当在选中。穆宗以其事访于学士元稹、李绅，二人对与文昌同。"③ 随后穆宗令王起、白居易等覆试，最终中榜者落第，钱徽、杨汝士、李宗闵皆被贬。段文昌、李绅大怒是因其所举未中，元稹附和是因此前与李宗闵有隙。因此，当段文昌举报不公

---

① 《旧唐书》卷一七六《李宗闵传》，第4552页。
② 岑仲勉指出："自长庆元年（八二一）起，须计至咸通初元（八六〇），才够四十之数"（《隋唐史》，第367页）。而牛李党争至宣宗大中时期已结束，仅及二十余年。
③ 《旧唐书》卷一六八《钱徽传》，第4383—4384页。

时，元稹、李绅"对与文昌同"。《册府元龟》的记载亦与此相似："穆宗以其事访于翰林学士，稹、绅等奏与文昌同，遂内出题目重试之。"① 至于李德裕，在此事的前后发展过程中，甚至没有出现。

细审两处所记，除个别字句有细微差别外，整体叙事程序、逻辑、语言尤其是史事层面皆相似，出于同一史源《穆宗实录》无疑。根据唐长孺考证，《穆宗实录》的编修官"大抵为牛党，或与牛党接近"②，则其记载显然不会偏袒李党，甚至可能会厚诬李党。从《册府元龟》"又翰林学士李绅，好恶颇乖"的否定叙事来看，更可确定此即《穆宗实录》的原始叙事。③《旧唐书》纂修者在抄录《穆宗实录》时，显然同样意识到此处的党争嫌隙，因此刻意去掉有关李绅的诋毁性修辞，而径言"翰林学士李绅亦托举子周汉宾于徽"④。更为重要的是，"穆宗以其事访于翰林学士，稹、绅等奏与文昌同"与"穆宗以其事访于学士元稹、李绅，二人对与文昌同"在史事记载层面上皆明确而无差，说明《穆宗实录》的原始记载即是如此。也就是说，纵使《穆宗实录》纂修者主观上倾向牛党，但在此事的记载上仍未将李德裕牵涉其中，足以表明李德裕确与此事无关，至少无直接关系。

此外，从覆试官王起、白居易的相关记载中，亦可进一步佐证李德裕的"缺席"。《旧唐书·王起传》："及元稹、李绅在翰林，深怒其事，故有覆试之科。"⑤ 此与《旧唐书·钱徽传》《册府元龟》所言穆宗以其事访于翰林学士李绅、元稹相呼应。陈振孙所作白居易年谱则更具体的解释了原因："宰相段文昌、学士李绅，

---

① （宋）王钦若等：《册府元龟》卷三三七《宰辅部·徇私》，中华书局1960年版，第3987页。
② 《唐修宪穆敬文四朝实录与牛李党争》，《山居存稿》，第194页。
③ 李绅为李党要员，《穆宗实录》史官为牛党或与牛党亲近之人，因此对李绅的记载多有诋毁。《通鉴·考异》便指出修《穆宗实录》者恶绅，毁之甚多（参见《资治通鉴》卷二四三"穆宗长庆三年十月壬辰"条"考异"，第7830页）。
④ 《旧唐书》卷一六八《钱徽传》，第4383页。
⑤ 《旧唐书》卷一六四《王起传》，第4278页。

以嘱托不行。元稹以私憾共唱其事。"① 显然也与以上史料无出入，说明有关此事的记载亦当受《穆宗实录》或直接或间接的影响。而不管是此次初试官钱徽，还是覆试官王起、白居易，在这些直接当事人的相关记载中均未涉及李德裕，那么，纵然不能在历史事实层面上，亦可在原始文本层面上，足以说明李德裕确与此事无关。

但至《旧唐书·李宗闵传》时，李德裕已被牵涉进去，而且以一种更为主动、甚至起主导作用的形式被牵涉进去："时李吉甫子德裕为翰林学士，钱徽牓出，德裕与同职李绅、元稹连衡言于上前，云徽受请托，所试不公，故致重覆。"依此记载，不仅不是穆宗主动访事，也不是李绅、元稹附和，而是李德裕主动与李绅、元稹"连衡言于上前"，"故致重覆"。加之其后所记"比相嫌恶，因是列为朋党，皆挟邪取权，两相倾轧"的结果，② 则愈发传达出李德裕存心挑衅，引起党争之意。这一记载显然与原始文本《穆宗实录》所记相差甚大，虽不知其史源为何，但毫无疑问，更当出于牛党之手（尽管《穆宗实录》亦偏向牛党）。极可能是因李德裕、李绅、元稹同为翰林学士，相交甚密，牛党因此在原始文本的基础上，故意牵蔓李德裕，意图上溯党争之源。

而司马光在关键史事即李德裕是否参与排摈李宗闵事上，承袭《旧唐书·李宗闵传》之记载，并且在此基础上，叙事更为用心。为了自然引出后续李德裕排摈李宗闵事，《通鉴》首先铺垫了李德裕之父李吉甫与李宗闵不和事："以中书舍人李宗闵尝对策讥切其父，恨之。"如此，李德裕的"介入"便与段文昌、李绅、元稹一样"合情合理"，而不致在《穆宗实录》的基础上，显得突兀与生硬——尽管这一铺垫既非历史事实，亦非文本事实。其次，在关键叙事上，《通鉴》综合《穆宗实录》与《旧唐书·李宗闵传》，依旧采纳"段文昌举报不公——穆宗主动访问——李绅、元稹附和"

---

① （宋）陈振孙：《白香山年谱旧本》，（唐）白居易：《白香山诗集》，世界书局1935年版，第27页。

② 以上引文均出自《旧唐书》卷一七六《李宗闵传》，第4552页。

的原始叙事模式，只是在附和的关键环节采纳《旧唐书·李宗闵传》的叙事——增添李德裕，并且为了使其"出力"效果最大化而将李德裕置于李绅、元稹前，从而有"德裕、稹、绅皆曰：'诚如文昌言'"的经典叙事。再次，《通鉴》选用《旧唐书·钱徽传》中的一段记事："或劝徽奏文昌、绅属书，上必悟，徽曰：'苟无愧心，得丧一致，奈何奏人私书，岂士君子所为邪！'取而焚之，时人多之。"① 以说明钱徽为人之光明磊落，换言之，也就意味着段文昌、李绅之不光明、不磊落。则司马光于此显然有情感倾向，即不管是段文昌、李绅，还是李德裕（其实并无）、元稹，自非君子之行。

此外，仍有一点颇可体察司马光的情感态度，在两《唐书·李宗闵传》中有"宗闵涉请讬"②"宗闵讬所亲于徽"③ 等文字记载，说明此次贡举中，李宗闵亦有贿赂钱徽等主考官的嫌疑（覆试的结果便可证明）。但是在《通鉴》的叙事中却未提此事，而主要强调段文昌等人因所讬未中举报事。似乎李宗闵是诬陷被贬，而李德裕则是伺机报复。如此双管齐下，则钱徽的正直与德裕的"诬陷"便最大化地展现出来。④ 在这样足够有铺垫、有层次、有逻辑的叙事下，牛李党争"正式形成"的结论便可自然得出："自是德裕、宗闵各分朋党，更相倾轧，垂四十年。"⑤

元和三年制科案与长庆元年覆试案毫无疑问在牛李党争的起源与形成中占有至关重要的位置，但是正如上文所言，却是空中楼阁，是一个逐步塑造的结果。从《实录》至《旧唐书·李宗闵传》

---

① 以上引文均出自《资治通鉴》卷二四一"穆宗长庆元年四月丁丑"条，第7790—7791 页。
② 《旧唐书》卷一七六《李宗闵传》，第 4552 页。
③ （宋）欧阳修、宋祁：《新唐书》卷一七四《李宗闵传》，中华书局 1975 年版，第 5235 页。
④ 王炎平亦指出："长庆元年科场案件，即是钱徽、宗闵等舞弊所致，此事是非，当时已有公论。《通鉴》史臣视若无睹，反归咎于德裕抱怨，可谓颠倒是非"（《牛李党争考论》，第 7 页）。
⑤ 《资治通鉴》卷二四一"穆宗长庆元年四月丁丑"条，第 7791 页。

《资治通鉴》历史叙事层面新探

的叙事，是将李吉甫与李德裕牵涉其中的关节点，它让牛李二党的争纷有了一个可追溯的前提与开端。而从《旧唐书·李宗闵传》至《通鉴》的叙事，则是二李预事的完成点，它不仅使得这一前提与开端是可追溯的，而且使得这一追溯过程是确定且唯一的。在这样的历史叙事下，"李党主动挑衅—牛党被动应战"的局面便自然而然地呈现在《通鉴》中，构成了司马光所认可的史学事实，亦是其所坚信的历史事实。

二 考史层面：对李党之隐恶与诋毁行径的考辨

《考异》是《通鉴》有别于它书的一大特色所在，它既反映出司马光对史事的精审考辨，同时亦鲜明地体现出司马光史事去取的原则与依据。因之，《考异》便自然成为辅助《通鉴》历史叙事的一个重要组成部分。

（一）《考异》所辨李德裕隐恶事

与元和三年制科案直接相关的一件史事是裴均诬陷李吉甫事。两《唐书》均记载，右仆射裴均结交权宦欲成宰相，因此借此次制科案有讥讽权宦之论而诬陷是吉甫授意为之，意图动摇吉甫宰相之职。好在谏官李约、独孤郁等密疏陈奏，方解吉甫之冤。[1] 对于此事的记载，司马光颇有异议：

> 按牛僧孺等指陈时政之失，吉甫泣诉，故贬考覆官。裴均等虽欲为逸，若云执政自教指举人讥时政之失，岂近人情邪！吉甫自以诬构郑絪，贬斥裴垍等，盖宪宗察见其情而疏薄之，

---

[1] 参见《旧唐书》卷一四八《李吉甫传》，第3993页；《新唐书》卷一四六《李吉甫传》，第4740页。

111

故出镇淮南。及子德裕秉政，掩先人之恶，改定《实录》，故有此说耳。①

李德裕改窜旧本《宪宗实录》，意图删除其父"不善之迹"，有史可征。但至大中二年（848），宣宗降敕："《宪宗实录》宜施行旧本，其新本委天下诸州府察访，如有写得者，并送馆，不得隐藏。"② 说明官方最终采用的版本仍是旧本，似乎李德裕即使在新本中有所改窜，亦不当影响后世史书记载。岑仲勉即指出："大中二年十月所颁《宪宗实录》，是路隋旧本，于时德裕已远窜南服，何从改定？此又司马氏不考经过而厚诬德裕者也。"③ 除非新本仍于民间流传而为《旧唐书》采纳，不过这种可能性相较参考旧本而言概率极小。再者，据前文所论，"吉甫泣诉"事当为牛党故意牵涉，本不存在，因此，裴均借牛僧孺、李宗闵、皇甫湜指陈权倖之事而诬陷吉甫授意为之，便颇"近人情"。而司马光认为此事为李德裕改窜《宪宗实录》、攘善其父的曲笔，则很有可能存在偏见。

当然，李德裕攘善隐恶的行为确实客观存在。《文武两朝献替记》为李德裕自述其在文武朝担任宰相时之重要奏对与议论，《通鉴》在相关叙事中多会兼采，但亦于《考异》中指出其中可能存在的隐恶之迹，类似之考辨颇有理据。《献替记》既出于德裕自述，便很难避免扬己诋彼的私人情感与叙事，《通鉴》在兼采《献替记》时，尽量避免其中过多的情感倾向，并于《考异》中有所论辩，则并非偏见，实为客观叙事。

（二）《考异》所辩李逢吉相关事

李逢吉是否为牛党要员存在争议，不过在李党看来，李逢吉与牛僧孺、李宗闵显然沆瀣一气而为牛党代表。若细察有关牛李党争

---

① 《资治通鉴》卷二三七"宪宗元和三年九月戊戌"条"考异"，第7655页。
② 《唐会要》卷六三《史馆上·修国史》，第1098页。
③ 《通鉴隋唐纪比事质疑》，第264页。

之《考异》，则与李逢吉相关的考辨实为最多，这一现象与司马光认为李党过贬李逢吉直接相关。

如《旧唐书·李德裕传》记载："德裕于元和时，久之不调，而逢吉、僧孺、宗闵以私怨恒排摈之。时德裕与李绅、元稹俱在翰林，以学识才名相类，情颇款密，而逢吉之党深恶。其月，罢学士，出为御史中丞。"① 对此，《考异》批驳："按德裕元和中扬历清要，非为不调。此际元稹入相，逢吉在淮南，岂能排摈德裕！盖出于德裕党人之语耳。今不取。"② 根据《旧唐书·李德裕传》所记元和年间履历，李德裕确因其父李吉甫为宰执而"避嫌不仕台省"③，直至穆宗即位方被召入为翰林学士。再者，无论是宪宗元和三年制科案，还是穆宗长庆元年覆试案，牛李二党事实上并未形成党争，"大和已后，李宗闵、李德裕朋党事起，是非排陷，朝升暮黜，天子亦无如之何"④。白居易为时人，其感受当可信，可见直至文宗时期牛李党争方真正兴起。因此，旧《李德裕传》所言"逢吉、僧孺、宗闵以私怨恒排摈之"确实存在问题。而元稹入相为是年二月，李逢吉至三月方召入为兵部尚书，此前为山南东道节度使，亦不可能排摈德裕。司马光此处《考异》颇有道理，旧《李德裕传》所论当为李党故意加重逢吉罪状为之。

又如，《旧唐书·李德裕传》载："时德裕与牛僧孺俱有相望，逢吉欲引僧孺，惧绅与德裕禁中沮之，九月，出德裕为浙西观察使，寻引僧孺同平章事。由是交怨愈深。"⑤《旧唐书·李绅传》记载与此相同，说明李逢吉为对付李德裕、李绅等李党人士而拉拢牛僧孺为相，排挤德裕。但司马光于《考异》中辩驳此说："盖德裕以此疑怨逢吉，未必皆出逢吉之意也！"⑥ 此辨亦有道理。因李逢

---

① 《旧唐书》卷一七四《李德裕传》，第4510页。
② 《资治通鉴》卷二四二"穆宗长庆二年二月辛巳"条"考异"，第7809页。
③ 《旧唐书》卷一七四《李德裕传》，第4509页。
④ 《旧唐书》卷一六六《白居易传》，第4354页。
⑤ 《旧唐书》卷一七四《李德裕传》，第4510—4511页。
⑥ 《资治通鉴》卷二四三"穆宗长庆三年三月壬戌"条"考异"，第7825页。

古史专题

吉引僧孺为相事，《旧唐书》唯有李德裕、李绅二传记载，而此二人皆为李党要员，李逢吉、牛僧孺传并无此说。又据《牛羊日历》："元和末，僧孺又引三杨与承和结识，穆宗之立也，承和有定策之功，僧孺预焉，洎承和掌枢密，僧孺不数年登台座。李逢吉恶其为人，常视之，咸呼为丑座，或为太牢。"① 依此记载，则李逢吉与牛僧孺并不和，甚至逢吉颇恶僧孺之为人。《牛羊日历》是站在讥讽牛党的立场而作，显然不会偏袒牛僧孺与李逢吉，则李逢吉与牛僧孺长庆年间不和事当可信。② 综上，李逢吉引僧孺为相排摈德裕事便极有可能出于李党故意捏造，或正如司马光所言，是李德裕"以为李逢吉排己，引僧孺为相"③。

当然，司马光尤为重视考辨有关李逢吉之记事，过贬李逢吉的史事多出于《敬宗实录》，而《敬宗实录》史官李让夷等人则为李党要员有很大关系。如《旧唐书》载，李逢吉利用其子李训，通过郑注结交王守澄。而《考异》辩驳道，《旧唐书·李逢吉传》记载此事为穆宗时期，直接承《敬宗实录》，《旧唐书·李训传》则记载此事为文宗时期，"二传自相违。逢吉结守澄，要为不诬，然未必因郑注。李让夷乃李德裕之党，恶逢吉，欲重其罪，使与李训、郑注皆有连结之迹，故云用训谋，因注以交守澄耳"④。考察二传，确如司马光所言时间相违。若李逢吉通过李训、郑注结交王守澄事属实，当在文宗而非穆宗时，则其史源《敬宗实录》的记载确实存在问题。唐长孺指出，二传时间相违，"应由于所据史料不同，即《逢吉传》出于《敬宗实录》，而《李训传》则出于《文宗实录》或其他记载"⑤。如此看来，此事或未必为假，《敬宗

---

① （唐）刘轲：《牛羊日历》，丛书集成续编本，台北：新文丰出版公司1988年版，第3页。
② 有关此事之研究，还可参见丁鼎《"牛李党争"散论》，《史学集刊》1997年第3期。
③ 《资治通鉴》卷二四三"穆宗长庆三年三月壬戌"条，第7825页。
④ 《资治通鉴》卷二四三"穆宗长庆三年九月丙辰"条"考异"，第7828页。
⑤ 唐长孺：《唐修宪穆敬文四朝实录与牛李党争》，《山居存稿》，第203页。

实录》可能存在将此前移的曲笔,而《文宗实录》或其他记载是否存在曲笔则不可考。不过司马光此处的态度非常明确,即为李党故意诬陷为之。此外,《考异》对《旧唐书·李逢吉传》所贬之"八关、十六子"予以同情之理解,[1] 对《旧唐书·刘从谏传》所载李逢吉、王守澄受刘从谏贿事不取等,[2] 即可看出,司马光对李党所撰《敬宗实录》,尤其是可能涉及党争的内容颇为审慎,纵使不能确定历史真相究竟如何,但司马光的情感倾向却是显而易见的。

《通鉴·考异》的核心目的自是辨别史事、还原真相,但是辨别与判断的过程亦是辅助司马光史事叙事甚至情感表达的过程。涉及牛李党争的《考异》,自然不出李党与牛党的扬己诋彼之举,不过相对来说,司马光对李党可能存在的隐恶与诬陷之举更为重视。这种重视,一方面源于李党在有关牛李党争的史事叙事中确实存在曲笔,司马光力图加以矫正而还原历史事实。另一方面,则不可避免地受其政治见解的影响。由于其自身亦深陷朋党斗争的泥潭,因此,在史事叙事与考辨中不免偏向与其政见相似的牛党,而自觉不自觉地过苛李党。

三 论史层面:借牛李党争表达熙、丰用兵之见

后世史家多认为司马光在牛李党争的叙事中存在偏见,在情感态度上"是牛非李",其主要显征便体现在牛李维州之辨上。相比以上在叙史、考史层面的论述,《通鉴》以"臣光曰"的形式直接论史,确实更可明确地反映其对牛李党争的本质认识。

文宗太和五年(831),吐蕃维州副使悉怛谋请降,率其众投

---

[1] 《资治通鉴》卷二四三"穆宗长庆四年四月乙未"条"考异",第7835页。
[2] 《资治通鉴》卷二四三"敬宗宝历元年十一月丙申"条"考异",第7846页。

古史专题

奔成都。李德裕上奏希望借此收维州、攻吐蕃，以雪前耻。朝堂官员多认可此议，但牛僧孺却强烈反对，认为"失一维州，未能损其势。比来修好，约罢戍兵，中国御戎，守信为上"①，最终文宗采纳牛僧孺之见，放弃维州，悉怛谋被吐蕃所诛。至武宗会昌年间，李德裕重提此事，仍是叹息失去一次与吐蕃相抗衡的绝佳时期，并认为此事实误于党争："其时与臣仇者，望风疾臣，邃兴疑言，上罔宸听，以为与吐蕃盟约，不可背之，必恐将此为词，侵犯郊境，遂诏臣却还此城。"② 其所言"与臣仇者"必然是牛僧孺无疑。对此，司马光颇不认同，并以"臣光曰"的形式着重复盘此事：

> 论者多疑维州之取舍，不能决牛、李之是非……是时唐新与吐蕃修好而纳其维州，以利言之，则维州小而信大；以害言之，则维州缓而关中急。然则为唐计者，宜何先乎？悉怛谋在唐则为向化，在吐蕃不免为叛臣，其受诛也又何恤焉！且德裕所言者利也，僧孺所言者义也，匹夫徇利而忘义犹耻之，况天子乎！……以是观之，牛、李之是非，端可见矣。③

司马光认为，在维州事上，僧孺重义，德裕重利，失利者事为小，失义者事为大，因此"是牛非李"。不过此事并非简单的义利之分，维州作为唐朝与吐蕃相连之要冲，若能顺势得之，自会在二者的交锋中占据上风，加之吐蕃在与唐朝交好中存在失信之举，唐朝攻之也就谈不上失义。因此从大局来看，白白放弃维州实为错误的决定。不过成败已定，后世史家无论如何评价均有其各自坚持，本无纯粹的是非之分。况且客观来说，司马光"是牛非李"之论

---

① 《资治通鉴》卷二四四"文宗太和五年九月庚申"条，第7878页。
② （唐）李德裕：《李卫公会昌一品集》卷一二《论太和五年八月将故维州城归降准诏却执送本蕃就戮人吐蕃城副使悉怛谋状》，商务印书馆1936年版，第95页。
③ 《资治通鉴》卷二四七"武宗会昌三年三月"条"臣光曰"，第7978页。

主要针对此次用兵事，本不必上升至对牛李党争的整体态度，但由于其论述过于笃定，并于开端、结尾两次强调牛李之是非于此事之取舍可定，遂导致后世史家亦就此对其批评颇多。尤以王夫之的批评为典型："牛、李维州之辩，伸牛以诎李者，始于司马温公。公之为此说也，惩熙、丰之执政用兵生事，敝中国而启边衅，故崇奖处錞之说，以戒时君。夫古今异时，强弱异势，战守异宜，利害异趣，据一时之可否，定千秋之是非，此立言之大病，而温公以之矣。"① 此论恰道出司马光此处"是牛非李"的核心原因，即借维州取舍事表达其对熙、丰用兵事的反对。

此事便指宋夏横山之争，围绕着横山的争夺战源于西夏绥州部落酋长嵬名山之弟投降北宋守将种谔，种谔借此派兵夜袭嵬名山族帐、夺取绥州。早在此事开端之英宗治平四年（1067），司马光即上《论横山疏》对用兵事提出强烈反对："王者之于诸侯，叛则讨之，服则抚之，是以诸侯怀德畏讨，莫不率从……今朝廷既赦其罪，与其赐物，受其使者，纳其贡献，又从而诱其叛臣，激其忿心，是常欲其叛，而不欲其服也。信义赏罚，将安在乎？"② 此与其论牛李维州义利取舍之争何其相似。明乎此，也就可以理解为何司马光在维州事上"是牛非李"了。最为理解司马光这一心境的人便是胡三省，其于《新注〈资治通鉴〉序》中谈道："治平、熙宁间，公与诸人议国事相是非之日也。萧、曹画一之辩不足以胜变法者之口，分司西京，不豫国论，专以书局为事。其忠愤感慨不能自已于言者，则智伯才德之论，樊英名实之说，唐太宗君臣之议乐，李德裕、牛僧孺争维州事之类是也。"③ 可见，司马光意图所论倒非牛李二党本身，而是自身与王安石之间关于变法与否、用兵

---

① （清）王夫之：《读通鉴论》卷二六《文宗》，中华书局 1975 年版，第 2101—2102 页。
② （宋）司马光：《司马文正公传家集》卷四一《论横山疏》，商务印书馆 1937 年版，第 526 页。
③ （元）胡三省：《新注〈资治通鉴〉序》，（宋）司马光：《资治通鉴》，第 24 页。

与否的争论了。正如胡广所言:"然则牛李之论,公云云者,欲假此以抑要功生事之人,矫当时之弊。"① 也正因此,即便《通鉴》于神宗年间已成稿上呈,哲宗元祐元年(1086)重回政坛后,司马光提起宋夏用兵事,仍是斥责群臣"见小忘大,守近遗远,惜此不毛无用之地,结成覆军杀将之祸,兵连不解,为国家忧"②。基于此,司马光在维州事"是牛非李"的笃定论断显然含有以古鉴今之意。

至此,借维州之辨,司马光对牛李二党的态度臻于显豁。这种态度很大程度上取决于其一贯所持之用兵政策与外交政策,即诚信、以礼相待、不战而屈人之兵的用兵之道。从根本上来说,司马光对牛李党争的认识是由其所持守的政治前提而定的,在这样的政治前提下,无论是叙史、考史还是论史,都始终围绕着、服务着这一前提,因此夸大与偏见的成分便不可避免,而成为《通鉴》有关牛李党争叙事中的一大显征所在。

四 余论

辨别牛李二党之是非的难度,从其史源便已注定。在各朝《实录》之前,两党相关人物的行状、墓志已是第一次党争塑造,扬己诋彼自不可避免。继此之上,《实录》内容的褒贬和显隐与何党执政直接相关。两《唐书》纂修官在参诸二者的基础上,亦会加入基于个人或时代的理解与判断。至《通鉴》修撰时,可以说已是对牛李党争的第四甚或第五次"塑造"了。而在这一过程中,党争之起源被前推,党争之时间被延长,党争之双方无疑纠葛更深。

司马光关于牛李党争的叙事主要从三个层面进行:其一,以叙

---

① (明)胡广:《牛李维州事》,(明)程敏政编:《明文衡》卷五五,文渊阁《四库全书》第1374册,第322页。
② 《司马文正公传家集》卷五三《乞不拒绝西人请地劄子》,第659页。

史的层面重构牛李党争的源起与开端，元和三年制科案与长庆元年覆试案即为典型事例；其二，以考史的层面论证李党隐恶、诬陷的史事过程，以证明李党的夸大，以及牛党的冤屈；其三，以论史的层面借"臣光曰"之形式从根本上说明"牛是李非"，也就从根本上说明"我是王非"。在这样的叙事下，司马光一方面需基于信史原则考辨所有可能因党争而存在的曲笔，另一方面又受自身政见与情感倾向的影响而不免有主观评判。一方面纠正了诸多由党争引起的诋毁或夸饰，另一方面又加固了本因党争而起的诬陷与错误。

当然，作为一位伟大的历史学家，司马光仍尽可能保证史事记载的真实性，这是其一切主观评价与情感倾向的前提。因此见诸《通鉴》中牛李党争的叙事，司马光仍会在史事辨别之上对李党有所肯定，对牛党有所批判。例如《通鉴》所记武宗会昌元年（841）李德裕解救牛党杨嗣复事，相比两《唐书》，反倒还德裕一个清白。又如，前揭《敬宗实录》对李党要员李绅记载的诋毁，以及以"臣光曰"的形式对牛僧孺尸位素餐的强烈谴责等。但是，对史事求真的追求并不影响其从根本上"是牛非李"的情感倾向，因为这一情感倾向的根源是由其所处的时代、所最为关切的问题所决定的。

司马光与《通鉴》的伟大，时至今日已无需赘言。不过，"《资治通鉴》的文本，并非单纯为记录历史而存在，其间对史料的剪裁，蕴含了司马光诸多有现实针对性的政治思想"[①]。因此，我们在进一步认识司马光的史学思想以及《通鉴》的史学编纂时，通过考察其史料文本的不同来源及传承过程，通过探求这一文本展现的去取原则及考辨依据，进而研究此一叙事背后的历史事实与情感表达，仍是深化认识的必不可少的环节。而尽可能地从宏观上把握司马光其人、其事、其时代思想，微观上分析其记人、记事、记

[①] 姜鹏：《〈资治通鉴〉文本的内外语境——兼说〈通鉴纪事本末〉的体裁障碍》，《学术研究》2011年第12期。

古史专题

典章言论，同时保持一种历史之理解与理解之同情，方能尽可能地作出相对合适的历史认识与历史阐释。正如学者所言："只有将编纂者们在微观层面编排缀合史料的操作手法、中观领域内建立起的叙事结构和宏观角度所持的理念浓缩到某些具有典范意义的案例中进行综合考察，才能够避免仅仅将《通鉴》视为普通史料之一而与其他编纂史料与原始资料互证——尽管《通鉴》的确保留了一些其他史书中没有的宝贵材料。"①

A New Exploration of the Historical Narrative of the *Zizhi tongjian*: Take Niu-Li Factional Struggles in the Narrative as an Example
REN Jiangfang

Abstract: Be it a direct narrative of history, or an examination of history in the form of "Kao Yi", or a discussion of history in the form of "Chen Guang said", it is the historical narrative of *Zizhi tongjian* represented by Sima Guang's understanding and narrative of the Niu-Li Factional Struggles. By reconstructing the case of the three years of the Yuanhe system and the case of the first year of Changqing, *Zizhitongjian* succeeds in shaping the origin and beginning of the Niu-Li Factional Struggles. By identifying the possible existence of the Li party and the records of the denigration of the Niu party, *Zizhitongjian* conveys the "rational" judgment. By directly discussing the history in the form of "Chen Guang said", *Zizhitongjian* shows the emotional preference of the Niu

---

① 张耐冬、刘后滨：《〈资治通鉴〉叙事中的史事考订与历史重述——基于唐太宗即位之初"诸将争功"事件书写的个案分析》，《中国人民大学学报》2017年第1期。

Party to the Li Party. The overall understanding of the Niu-Li Factional Struggles originates from the political premise held by Sima Guang and his most concerned issue. Only by understanding Sima Guang, his life and thoughts in general, and analyzing his record of people, events, and canonical statements in detail, can we make a reasonable understanding and interpretation of his historical narrative.

Key Words: Sima Guang, *Zhizhitongjian*, Historical Narrative, the Niu-Li Factional Struggles

南唐太弟李景遂及相关问题考*

张云梦

(陕西省社会科学院)

摘 要：五代之际，东宫久阙，储君标志也随之依附于京尹、天下兵马大元帅等官职。南唐立国，李璟依然延续这一惯例，以齐王、诸道兵马大元帅的身份继位。直到保大五年，阴为储副的李景遂正式被册立为太弟，唐以来的东宫秩序得以恢复，并确立起"皇太弟—齐王（诸道兵马大元帅）—燕王（诸道兵马副元帅）"之顺位继承方式。至显德五年景遂归藩，东宫制度下的太弟继承制过渡到太子继承制。以太弟东宫官来考察这一过程，可以确定保大五年已册立太弟，而除了宰相等罢任所加东宫虚衔外，目前仅存太弟赞善大夫张易一人事迹可考，其中既因李景遂无心经营，也与中主李璟有意压制有关。

关键词：南唐；皇太弟；东宫官；兄终弟及

作 者：张云梦，陕西省社会科学院古籍整理研究所研究实习员。

自西晋创设皇太弟以来，这一称号便不时见之记载，康熙读《通鉴纲目》还曾批注曰"太弟尤太子也"①。对这一储君现象，

---

* 本文系陕西省社科基金项目"央地关系视野下唐代江南西道职官演变研究"（编号：2022G010）阶段性成果。

① （宋）朱熹撰，清圣祖批：《御批资治通鉴纲目》卷一七，永兴元年二月条，文渊阁《四库全书》，台湾商务印书馆1986年版，第692册，第35页。

庞骏、姜望来等学者就中古皇太弟制度的起源、分布及东宫官等问题已有详细探讨。① 辽、宋时期也均有论文涉及，其中刘凤翥、邱靖嘉、张少珊针对皇太弟李胡的文本记载差异已有辨析②；《宋仁宗朝"皇太弟事件"发微》一文则围绕"请立太弟"事件进行了细致的考察。③ 唯独南唐太弟李景遂，其居东宫十数年，虽深刻影响到南唐政局之变动，但相关研究却少有涉及。④

一 南唐皇权传袭之安排
—— 从父死子继到兄终弟及

杨吴天祚三年（937），在架空杨氏和徐温父子势力后，徐氏养子徐知诰最终完成易代，在所封齐王基础上，建国号为"齐"，改元"昇元"。至昇元二年（938），徐知诰又主动迎合唐末以来盛行的"东海鲤鱼飞上天"之谶言，再改姓名为"李昇"，称国号为"唐"⑤，在后唐灭亡之后成功地将自己塑造成李唐宗室之后，试图构建起"前唐—（伪梁）—后唐—南唐"之正统脉络。虽然对于这个南唐先主究竟姓什么，自五代以来就已无法说清，《资治通鉴》考异也只是总结各家之说称"昇少孤遭乱，莫知其

---

① 见庞骏《西晋的立储与皇太弟、皇太孙制度》，《阅江学刊》2014年第4期（另可见《中古储君制度研究》，民族出版社2015年版）；姜望来《两晋南北朝"皇太弟"考略》，《魏晋南北朝隋唐史资料》第三十辑，2014年，第1—9页；张云梦《中古皇太弟、皇太孙考述》，《南京晓庄学院学报》2022年第5期。

② 参考刘凤翥《辽代太宗朝并无皇太子》，《北方文物》1998年第2期；邱靖嘉《辽太宗朝的"皇太子"名号问题——兼论辽代政治文化的特征》，《历史研究》2010年第6期；张少珊《辽代耶律李胡和鲁斡的封号》，《民族研究》2016年第2期。

③ 张云梦：《宋仁宗朝"皇太弟事件"发微》，《保定学院学报》2023年第2期。

④ 目前仅见邵张彬《略论南唐皇位继承制度》（《玉林师范学院学报》2016年第1期）以及李振中《南唐元宗君臣元日唱和之年考辨》（《兰台世界》2013年第33期）、金传道《南唐元宗君臣元日唱和之年再考辨》（《兰台世界》2015年第36期）三文部分内容涉及。

⑤ 关于改姓和"变齐为唐"的具体时间，李之龙《南唐姚嗣骈墓志初考》（《东南文化》1995年第1期）、曾严奭《南唐先主李昇研究》（花木兰文化出版社2009年版）依据出土碑刻均确定为昇元二年，本文亦持此观点。

祖系"①。不过这个经过徐温、徐知诰两代经营才最终以禅让形式建立的南唐政权,确有逐鹿中原的实力,《旧五代史》称之为"近代僭窃之地,最为强盛"②。

对于新立的"大唐"政权来说,在延续杨吴以来保境安民、休养生息政策的同时,难以绕开的还有储君问题。按徐知诰"以齐代吴"之时就已经四十八岁,他的五个儿子甚至都没能活过这个年龄,禅代前先主还曾自理白发感叹道:"国家安而吾老矣。"③ 而考察先主诸子齿序,景通(璟)、景迁、景遂、景达、景逷,其中前四子均为宋后所生(景迁早亡)。先主封齐王时,即试图立长子李璟为王太子,固辞不受;到昇元四年(940),再立为皇太子,复固让,并称:"前世以嫡庶不明,故早建元良,示之分定。如臣兄弟友爱,尚何待此。"④ 对于李璟两辞太子的行为,由于部分记载称先主偏爱景迁、景达,有的研究者据此解读为:"李璟绝非不想继位,相反的更是极力想尽办法欲继位,两次推辞太子之位,不过是一种障眼法,这是因为李璟不想卷入继承人之争。"⑤ 只是按这种逻辑推理,李璟本人也是"美容止,器宇高迈",吴让皇还曾夸赞称"吾诸子皆不及也",先主本人也说"有子如此,予复何忧"⑥。就连不是宋后所生的景逷也能找到类似的记载。⑦

实际上,自晚唐以来,中原王朝即罕有册立太子,《长编》记载曰:"自唐天祐以来,中国多故,不遑立储贰,斯礼之废,将及

---

① (宋)司马光:《资治通鉴》卷二八二,高祖天福四年二月条,中华书局2011年版,第9327页。
② (宋)薛居正等撰:《旧五代史》卷一三四《李景传》,中华书局1976年版,第1787页。
③ (宋)马令:《南唐书》卷一一《周宗传》,《南京稀见文献丛刊》本,南京出版社2010年版,第88页。
④ (宋)陆游:《南唐书》卷二《元宗本纪》,《南京稀见文献丛刊》本,南京出版社2010年版,第223页。
⑤ 见曾严奭《南唐先主李昇研究》,第184页。
⑥ 见马氏《南唐书》,第25页,又见陆氏《南唐书》,第223页。
⑦ 马氏《南唐书·景逷传》,第63页载:"烈祖嬖其母种氏,而景逷为季,由是爱遇之意过于诸子。"

百年。"① 从唐昭宗到宋太宗，中间唯一一次请立太子事件，还是后唐明宗之子李从荣，且当年即遇害。② 对于嫡长子李璟来说，应是"前事不忘"。其次，自晚唐以来，"尹京封王"以及天下兵马大元帅之称均已成为储君象征，齐王、诸道兵马大元帅李璟按当时的政治习惯已是储君，且昇元四年（940）烈祖巡视东都期间李璟还一度监国，再至昇元六年（942）先主令"大元帅齐王（李璟），总纳百揆，以贞万邦，凡曰谟猷，悉关献替，其三省事，并取齐王参决"③。事实上通过"储君—监国—继位"的流程完成政权交替，这也符合唐以来的政治惯例。最后，观察先主对储君问题的反应，"夺嫡之渐"④ 一被发觉，支持景迁的宋齐丘即被罢任；还有后宫种氏仅因"间言景遏才过齐王（璟）"，即被幽于别宫、削发为尼。⑤ 可见在继承问题上南唐先主表现得十分警惕与清醒。因此，本文以为李璟固辞太子之举更多的是延续唐末以来不立太子的惯例。

最终，李璟"以大元帅总百揆，改封齐王"⑥ 后完成继位。这种权力继承方式又进而影响到中主朝的储君名号发展，保大元年（943）李璟继位后不久即徙燕王景遂为齐王、诸道兵马大元帅，居东宫；又立景达为燕王、诸道兵马副元帅，示中外以兄弟相传之意。⑦ 南唐的皇权继承安排从父死子继开始过渡到兄终弟及。

到保大二年（944），唐主决欲传位于齐、燕二王，下敕曰："齐王景遂参决庶政，百官惟枢密副使魏岑、查文徽得白事，余非

---

① （宋）李焘：《续资治通鉴长编》卷三八，至道元年八月壬辰条，中华书局2004年版，第818页。
② 《旧五代史》卷四四《明宗纪》，第609页。
③ （宋）徐铉撰，李振中校注：《徐铉集校注》卷七《宋齐丘知尚书省制》，中华书局2018年版，第427页。
④ （宋）马令：《南唐书》卷七《楚王景迁传》，第61页。
⑤ （宋）马令：《南唐书》卷六《种氏传》，第52页。
⑥ （宋）马令：《南唐书》卷一《先主书》，第23页。
⑦ （宋）陆游：《南唐书》卷二《元宗本纪》，第224页。

古史专题

召对不得见。"① 李璟本人就是通过监国的方式完成政权交替，两年后又仿照自己的继位过程令景遂总庶政，实际上无太弟之名却有立太弟之实。所以此诏公布后国人大骇，后经萧俨、宋齐丘等大臣上疏劝谏才收回诏命。继而到保大五年（947）正月，李璟一反五代时期的皇位传袭习惯，将已是"阴为储贰"的齐王、诸道兵马大元帅景遂进一步册立为皇太弟，这也象征着唐以来的东宫政治秩序得以恢复。至于燕王景达则徙为齐王，拜诸道兵马大元帅，李璟长子南昌王弘冀则徙为燕王、副元帅。② 直到显德五年（958）罢皇太弟，立燕王弘冀为皇太子。这一时期的储君标志呈现出明显的顺位继承特征，即"皇太弟—齐王（诸道兵马大元帅）—燕王（诸道兵马副元帅）"。其间，既有实际的皇太弟之东宫名号，又承袭南唐立国的齐王称号，还受到中唐以来天下兵马大元帅作为储君标志的影响。

二　皇太弟李景遂册立考辨

韩婴曾将前代政权更迭概括为两种类型，即"五帝官天下，三王家天下"，其区别为家以传子，而官以传贤。③ 自夏商以后，传子即始终占据主流，而皇太弟自南北朝后已无皇帝在位而实际册立者。李景遂以太弟身份入主东宫，已经是一反唐五代惯例，更与宋初金匮之盟不同的是，太弟、齐王、燕王之权力顺袭方式，在设计上并非止于皇太弟李景遂，而是由兄弟至长子，最终还是要回到"吾君之子"，这是前代从未见过的。以太弟景遂册立的时间节点来考察这种顺位继承方式，或许能够一窥其间细节。

按《旧五代史》所载："昪卒，乃袭伪位，改元为保大。以仲

---

① 《资治通鉴》卷二八三，齐王开运元年正月条，第9390页。
② （宋）陆游：《南唐书》卷二《元宗本纪》，第225页。
③ （汉）韩婴著，屈守元笺疏：《韩诗外传笺疏·佚文》，巴蜀书社2012年版，第480页。

南唐太弟李景遂及相关问题考

弟遂为皇太弟，季弟达为齐王，仍于父柩前设盟约，兄弟相继。"①"柩前盟约"之说首见此处，并与册立太弟、中主即位笼统地编录在一起，《新五代史》则记载较详，称："秋，改封景遂齐王、诸道兵马元帅、太尉、中书令，景达为燕王、副元帅"；"五年，以景遂为太弟"②。考虑到《旧五代史》成书之时南唐尚存，所依据的材料也多为五代实录，修史者更皆为北人，对南唐情况并不悉知，而欧阳修本世家江南，当时故老仍多能言李氏时事，故后者可信度更高，后《资治通鉴》《南唐书》二种也都沿用"保大五年立太弟"这一观点。

今之学者则因徐铉《御制春雪诗序》的系年问题对太弟册立时间提出不同看法。③ 其中李振中主要依据马氏《南唐书·太子冀传》所载"保大三年，立景遂为太弟，以冀为燕王"④一句，将册立太弟的时间认定在保大元年至三年间。但这与同书本纪部分"保大五年"之说已相异，且目前所见该书最早的版本仅为明初刻本，"三""五"二字又极为形近，难以据信。⑤ 因此，要厘清皇太弟册立的具体时间，最可靠的方式还是从东宫官入手。依照前代惯例，太子官属可直接转换为太弟官属，陆氏《南唐书·景遂传》载：

> 烈祖殂，元宗以位让景遂，大臣固持之而止。明年，又命景遂总庶政，已降诏，金谓不可，乃收所下诏。久之，又以为

---

① 《旧五代史》卷一三四《李景传》，第1787页。
② 《新五代史》卷六二《南唐世家》，中华书局1974年版，第771页。
③ 参见夏承焘《唐宋词人年谱·南唐二主年谱》，商务印书馆2017年版，第89页；贾晋华、傅璇琮《唐五代文学编年史（五代卷）》，辽海出版社1998年版，第419页；李振中《南唐元宗君臣元日唱和之年考辨》，《兰台世界》2013年第33期；金传道《南唐元宗君臣元日唱和之年再考辨》，《兰台世界》2015年第36期。其中，金文依据诗序"岁躔作噩"一句判定为保大七年，最为可信。
④ （宋）马令：《南唐书》卷七《太子冀传》，第64页。
⑤ 关于《南唐书》版本可参考杨恒平《三家〈南唐书〉传本考》，《古籍整理研究学刊》2007年第6期。《南唐元宗君臣元日唱和之年再考辨》一文也有讨论。

太弟，凡太子官属，皆改为太弟官属，景遂固辞。虽不得命，终恐惧，不敢安处，乃取《老子》"功成名遂身退"之意，自为字曰"退身"，以见志。①

"命景遂总庶政"事在保大二年（944），此时齐王景遂虽居东宫却仍未册立。到保大四年（946）十二月，因伐闽失利，"帝大怒，贬文蔚江州司士参军，亦罢延巳为太子少傅，岑为太子洗马"②，所见东宫官称尚为太子东宫官。此后不久，冯延巳再拜抚州节度使，"以母忧去镇，起复冠军大将军，召为太弟太保"③，所带已经是太弟东宫官衔，直到保大十年（952）初太弟太保冯延巳为左仆射。而据《开先禅院碑记》所载"皇上即位之九年……会昭武军节度使冯延巳肆觐于京师"④，《太弟太保冯延巳落起复加特进制》亦称"露冕有诚，辑瑞来觐"⑤。以夺情起复的流程倒推，保大九年（951）冯延巳落起复回到金陵，起复的时间应在保大六年（948）左右，依唐代惯例，官员夺情后一般会擢升官职，所以太弟太保冯延巳此前的官衔应当是由太子少傅转换而成的太弟少傅，则马令等记载的"保大五年春正月，立齐王景遂为皇太弟"⑥ 在时间上是可信的。这也能顺便解释保大七年（949）元日赏雪所见"太弟"一词，其中侍宴者排在第一的更是"太弟太傅建勋"⑦。

至于中主李璟坚持兄终弟及的原因，司马光认为是"唐主缘烈祖意"；马令也称"烈祖殂，受顾命，犹让诸弟，辞益坚定"；陆氏《南唐书》则解释为"烈祖尤爱景遂，帝奉先志，欲

---

① （宋）陆游：《南唐书》卷一二《晋王景遂传》，第337页。
② （宋）马令：《南唐书》卷二《嗣主书》，第29页。
③ （宋）陆游：《南唐书》卷八《冯延巳传》，第295页。
④ （清）董诰等编：《全唐文》卷八七六《开先禅院碑记》，中华书局1983年版，第9164页。
⑤ 《徐铉集校注》卷六《太弟太保冯延巳落起复加特进制》，第397页。
⑥ 见（宋）陆游《南唐书》卷二《元宗本纪》，第225页；又见《资治通鉴》卷二八六，高祖天福十二年正月条，第9465页。
⑦ 《徐铉集校注》卷一八《御制春雪诗序》，第812页。

传以位"①。先主朝皇位传袭情况，前文已详细辨析，长子李璟作为储君的地位是始终没有变动过的，更何况李璟已经继位，何至于因为先帝"欲以（景达）为嗣"，而不惜先把景遂册立为皇太弟。② 所谓"缘烈祖意"，大概只是李璟的托词。南唐皇太弟出现的真正原因当从外部考察，"五代之际，霸据角立"，这一时期储君的选择标准也打破了传统嫡长子继承制的限制，其间，兄终弟及相较于父死子继的长君优势得以凸显。因而如闽之王潮、王审知兄弟，楚之马殷诸子以及南平高氏等政权交替均出现兄弟相传的情况，国乱而立长君才是南唐太弟出现的根本原因。恰如宋初杜太后对北宋代周的看法："正由周世宗使幼儿主天下耳。使周氏有长君，天下岂为汝有乎？"③ 李璟在皇子年幼的情况下多次强调传位太弟，正是出于稳定政权的考量。而就当时的情况看，"乱臣贼子，无国无之。唯南唐兄弟辑睦，君臣奠位，监于他国，最为无事"④。

但如果李璟仅与杜太后所思一致，认为"能立长君，社稷之福"，那么像晋王、开封尹赵光义一样，齐王、诸道兵马大元帅李景遂在保大元年（943）即已阴为储副，也达到了宣告中外兄弟相传的政治目的，何以到保大五年（947）仍固执地要将李景遂册立为皇太弟。且进一步翻阅五代储君资料，还能发现更有意思的差异。李璟本人虽固辞太子之名，但当时也是"臣民奉笺齐王如太子礼"⑤，继位后又正式册立李景遂为皇太弟。与之相对，整个五代时期的中原王朝仅发生唯一一次失败的请立太子事件，所以将册立太弟置于整个五代的大背景下观察，足见"皇太弟"这个称号本身

---

① 见《资治通鉴》卷二八三，齐王天福八年七月条，第9380页；（宋）马令：《南唐书》卷二《嗣主书》，第25页；（宋）陆游：《南唐书》卷二《元宗本纪》，第224页。
② 马氏《南唐书》既称"烈祖尤爱景遂"，又称"欲以（景达）为嗣"，难以采信。见《南唐书》卷一三《齐王景达传》，第338页。
③ （元）脱脱等：《宋史》卷二四二《昭宪杜太后传》，中华书局1985年版，第8607页。
④ （宋）马令：《南唐书》卷二三《朱弼传》，第159页。
⑤ （宋）陆游：《南唐书》卷二《元宗本纪》，第223页。

还具有某种政治象征。以具体事件进行考察，自唐末混乱以来，东宫久阙，直到宋太宗立太子，《长编》记载曰："上始举而行之，中外胥悦"，又称京师之人见太子，喜跃曰："真社稷之主也。"①《旧五代史》同样记载李从荣以储君之礼朝太庙而"京师之人皆以为荣"②。这些来自社会基层的反馈正说明作为东宫之主的太子或太弟身份重新确立，实际上代表的是政治秩序的回归，天子由储君而来，而非兵强马壮者为之，这也是走出唐末五代乱局的重要标志。李璟继位后，作为"大唐"新君，不仅要稳定政权，更是试图"恢复祖业"③，在保大五年南唐对外用兵的节点，将阴为储贰的景遂册立为太弟或许正代表了这种重建唐以来传统政治秩序的希冀。

也正因此，尽管李景遂以"退身"见志，但实际上皇太弟的政治身份在南唐官方碑铭中一再被强调，如徐铉在《蒋庄武帝新庙碑铭》中即盛赞曰："未有极至公之举，正太弟之尊，大义鸿猷，如今日之盛者也"，并强调道"周公则武王之弟，夏启则吾君之子"④。《新建信州龙虎山张天师庙碑》更是将这一顺位继承方式与上承唐祚同论，称："姬周异姓为后，何足道哉；炎汉非刘不王，既闻命矣。"⑤ 区别于郭威称帝却只能传位于养子柴荣，南唐政权不仅以"唐"自居，名义上"九庙夷而再立"⑥更彰显其炎汉正统。

三　太弟东宫官考

在李璟的多次推动下，保大五年（947）正月久居东宫的李景遂最终被册立为皇太弟，太弟、齐王、燕王三者的储君顺序形成，

---

① 《续资治通鉴长编》卷三八，至道元年八月壬辰条，第818页。
② 《新五代史》卷一五《秦王从荣传》，第163页。
③ 《资治通鉴》卷二八六，高祖天福十二年正月条，第9466页。
④ 《徐铉集校注》卷一〇《蒋庄武帝新庙碑铭》，第557页。
⑤ 《全唐文》卷八七六《新建信州龙虎山张天师庙碑》，第9161页。
⑥ 南京博物院编著：《南唐二陵发掘报告》第五章第一节《玉哀册及石哀册》，南京出版社2015年版，第146页。

甚至到显德六年（959）李景遂、李弘冀二人均身亡后，齐王、诸道兵马大元帅李景达在名义上仍被视为更具继位资格，《齐王赠太弟哀册文》即以李煜的口吻称"表叔父逊让之风"①。当然，这一变化也意味着在继承原东宫官的基础上新的东宫权力关系开始构建，相关朝仪、丧仪也都做出调整，以突出皇太弟"储后位尊"②。但由于《南唐书》两种均无职官志，隋唐以来皇太弟称呼虽多，真正册立的却仅有唐武宗、唐昭宗，还都是以遗诏形式确立储君身份，随即继位，并不存在东宫官属。因此，有关南唐太弟东宫官的记载宋时即已出现混淆，《资治通鉴》后周广顺二年（952）三月条载"景运寻罢为太子少傅"，胡三省即注曰"按唐既置太弟官属，不应复有太子少傅"③；马令对于东宫官属更是不加区分，凡东宫职官均记载为太子东宫官；清人吴任臣虽撰《十国百官表》，"取史册诸所常见者，辄采录其名"④，实际上仅列太弟太保少保一项，缺漏严重。

按唐宋时期东宫官职可粗略分为两类：1. 荣誉虚衔；2. 服务于储君的职事官。就荣誉虚衔而言，宋人洪迈曾记载曰："国初以来，宰相带三公官居位，及罢去，多有改它官者。范质自司徒、侍中改太子太傅，王溥自司空改太子太保，吕蒙正自司空改太子太师是也。"⑤ 实际上，自唐乾元二年（759）就有"中书侍郎、同平章事苗晋卿为太子太傅"⑥ 之先例，至南唐宰相罢任加东宫官已是

---

① 见《徐铉集校注》卷一四《齐王赠太弟哀册文》，第709页。李振中《徐铉集校注》《徐铉及其文学考论》二书将此太弟齐王认定为李景遂，并系于后周显德六年，皆误。李景遂死前所封乃是晋王，李景达才以齐王身份居临川。
② 见《全唐文》卷八七三《奏皇太弟不合立班状》、《定皇太弟服鲁国太妃丧仪议》，第9135—9142页。
③ 《资治通鉴》卷二九〇，太祖广顺二年三月条，第9607页。
④ （清）吴任臣撰，徐敏霞、周莹点校：《十国春秋》卷一一四《十国百官表》，中华书局2010年版，第1639页。
⑤ （宋）洪迈撰，孔凡礼点校：《容斋随笔》卷九《三公改它官》，中华书局2005年版，第119页。
⑥ 《资治通鉴》卷二二一，肃宗乾元二年三月条，第7191页。

古史专题

常态，除上文提及的冯延巳以外，今以所见太弟东宫官略作补充。

南唐初立，以张居咏、李建勋为平章事。其中，张居咏保大二年（944）正月即被罢为镇海军节度使，此后经历不详，《十国春秋》笼统称："无何，卒，赐号顺天翼运功臣，特赠守太子太傅、上柱国、清河郡开国公。谥曰懿。"①《（至正）金陵新志》则曰"特进、赠守太子太傅"②，或是《十国春秋》脱漏一"进"字。其子张思恭墓志所记又与前二者相异，称"守太弟太傅"③。按《张居咏制》载："而昔自故相，已尝为保，重烦耆德，俾傅东朝。尊敬之仪，典章斯在。噫！昔者叔孙、疏广，善于其职。克继来躅，可不慎哉！"④ 东朝即东宫，叔孙通、疏广俱为西汉太子太傅，保大二年张居咏罢相时当是依例加"太子太傅"东宫官衔，又陈思《宝刻丛编》称："南唐张懿公碑。殷崇义撰，朱锐正书，保大六年。"⑤ 则张居咏死于册立太弟后不久，太子官属已改为太弟官属，所以其子墓志称"太弟太傅"。

至于李建勋，乃南平王李德诚之子，又娶徐温之女为妻，禅代后拜中书侍郎、同平章事。"烈祖鉴吴之亡，由权在大臣，意颇忌之。"⑥ 后李璟继位，摆出一副兄终弟及的姿态，封李景遂为齐王，居东宫。李建勋第二次罢相即与此有关，马氏《南唐书》载："元宗即位，东宫官属稍稍侵权，罢建勋为抚州节度使。"⑦ 此时东宫官属当指依附于景遂的属官，可见李璟或有立太弟之心，但对皇权

---

① 《十国春秋》卷二一《张居咏传》，第309页。
② （元）张铉撰：《（至正）金陵新志》卷一二《古迹志》，《中华再造善本》，北京图书馆出版社2006年版。
③ 仇鹿鸣、夏婧辑校：《五代十国墓志汇编·南唐》〇一六《张思恭墓志》，上海古籍出版社2022年版，第494页。
④ 见《徐铉集校注》卷六《张居咏制》，第392页。制书还有"殿邦政成，辑瑞来觐"一句，而保大四年正月吏部尚书徐连接替镇海军节度使，则约在保大三年年底张居咏回京以东宫太傅身份赋闲。
⑤ （宋）陈思：《宝刻丛编》卷一五《南唐张懿公碑》，中华书局2015年版，第1051页。
⑥ （宋）陆游：《南唐书》卷六《李德诚传》，第285页。
⑦ （宋）马令：《南唐书》卷十《李建勋传》，第80页。

独尊却是丝毫没有松懈。到保大七年元日，重回金陵的李建勋再次以"太弟太傅"的身份出现，大概也是继承自罢相后所带的"太子太傅"官衔。另有太弟少傅李匡明，《前舒州刺史李匡明可中书侍郎》称其"冠翰院，掌天官，长宪台，肃千里"①，说明他历任翰林学士、吏部尚书、御史大夫、舒州刺史、中书侍郎。依唐制，中书侍郎为正三品，东宫三少为正二品，李匡明能以太弟少傅的身份罢任中书侍郎，当是朝廷对这位烈祖朝即享有盛名的文臣的优待。

除去以上东宫荣誉虚衔，真正服务于储君的太弟东宫职官，在史书上能找到只言片语的仅有一二。李景遂居东宫长达十余年，且"太弟景遂初立，高选宫僚"②，这十几年间居东宫职官者必不在少数，宋齐丘为此还曾抱怨道："自是左右侍从，皆东宫白面少年，儒流雅士，韩熙载之徒多肆排毁，以先朝老臣，终不为少主所用。"③ 所言"东宫白面少年"说明太弟东宫官作为一支政治力量已经出现，且主要凝聚的是一批新进文官。甚至到李景遂罢太弟时仍能看到这支太弟东宫势力，《江南余载》称："保大末，太弟恳乞就藩。燕王宏冀为皇太子，以令旨榜子逼逐昭庆宫僚。"④ 但可惜目前文献仅存太弟赞善大夫张易一人事迹，时人评价其"抱耿介之性，韫刚直之风。宇量独高，识断明擅"⑤。有关史书多记载他讽谏之事，以《南唐近事》为例：

> 张易为太弟宾客，方雅真率，而好乘醉凌人，时论惮之。尝侍宴昭庆宫，储后出所爱玉杯亲酌易酒，捧玩勤至，有不顾

---

① 《徐铉集校注》卷八《前舒州刺史李匡明可中书侍郎》，第506页。
② 《十国春秋》卷二五《张易传》，第346页。
③ （宋）龙衮撰，张剑光校点：《江南野史》卷四《宋齐邱》，《五代史书汇编》本，杭州出版社2004年版，第5183页。
④ （宋）佚名撰，张剑光、孙励校点：《江南余载》卷上，《五代史书汇编》本，杭州出版社2004年版，第5110页。
⑤ 《全唐文》卷八七五《谏议张易谥议》，第9153页。

之色。易张目排座，抗音而让曰："殿下轻人重器，不止亏损至德，恐乖圣人慈俭之旨！"言讫，碎玉杯于殿柱，一座失色，储后避席而谢之。①

李景遂死后，后主李煜封吴王时还曾召张易为司马，"东宫建，又为左庶子"②。此外，或是由于"甲戌之役，公卿茔域，越人发掘殆尽"③，目前仅在文集保存的《唐故陇西李氏夫人墓铭》中找到部分太弟东宫职官信息，志文称："夫人讳某，字某，其先太原人。故左司郎中、赠太府卿讳潜之孙，今太弟洗马裔之第三女也。"④ 王潜其人，史书记载曰："初居太祖幕府，及事高祖，历官左司郎中，典选事……徐知诰为相，抡选有序，潜之力也。"⑤ 可能是年事已高，易代之后未见记载。至于其子王裔，志文曰"今太弟洗马"，当时第三女嫁与礼部尚书李度之子，大概是因王裔的兄弟礼部侍郎王坦的缘故⑥，此后这个太弟洗马王裔也是事迹不详。

造成这种现象的原因应该是多方面的，其一，李景遂无心也无力经营自己的东宫势力。保大初年，随着旧臣宋齐丘、张居咏、周宗、李建勋相继罢相，李璟皇位已固，虽表露出要兄弟相传，但李景遂都是固辞不受，乃至以"退身"见志。到保大末年，南唐淮甸尽失，而李璟耻其降号，欲传位于太弟，陈觉、李徵古等人也是积极鼓动，称："天位宜禅太弟，而以国事一委宋公。"⑦ 皇太弟景遂仍是前后十表辞位，力求归藩。这种

---

① （宋）郑文宝撰，张剑光校点：《南唐近事》卷二，《五代史书汇编》本，杭州出版社2004年版，第5056页。
② （宋）陆游：《南唐书》卷一〇《张易传》，第315页。
③ （宋）马令：《南唐书》卷一〇《李建勋传》，第81页。
④ 《徐铉集校注》卷一七《唐故陇西李氏夫人墓铭》，第805页。
⑤ 《十国春秋》卷一〇《王潜传》，第141页。
⑥ 见《徐铉集校注》卷一七《唐故文水县君王氏夫人墓铭》，第808页。
⑦ 《十国春秋》卷二〇《宋齐丘传》，第296页。

始终避让的态度难以有效经营起东宫势力。其二，保大元年李璟继位时方才二十七岁，长子弘冀年齿尚幼。至保大八年（950），李弘冀已经坐镇一方且击败吴越入侵，展现出杀伐果断的一面，兄终弟及或已非最佳选项；其三，李璟虽然多次提及兄弟相传，但仅因"东宫官属稍稍侵权"，宰相李建勋即被罢免，可见对太弟东宫势力还是十分忌惮。至显德五年（958）皇位传子已定，更是"流陈觉于饶州，流李徵古于洪州，皆杀之。放宋齐丘于青阳"①。将可能支持太弟景遂的势力也一举铲平。或是基于上述原因，这群"东宫白面少年"始终未能身居高位，随着太弟之死、南唐入宋而最终湮没无闻。

四 结语

五代之世，"置君犹易吏，变国若传舍"②，在延续唐末藩镇割据乱象的同时也开启了由乱转治的过程。其间，南唐对内稍用儒臣，渐去苛政，对外交好四邻，休养生息，得以偏安一隅，逐步扭转武人用事之弊。而在皇位传袭上，中主李璟延续了晚唐以来不立太子的习惯，以齐王、诸道兵马大元帅的身份监国并继位，后又通过册立长君，较好地解决了皇子年幼的问题。但与同时期契丹世选制度残余下的皇太弟李胡相区别的是，李景遂从阴为储副走向正式册立，反映的是五代南唐由"乱世立长"到重建传统东宫秩序的努力。直至显德五年（958）李景遂辞位，东宫制度下的皇太弟继承制过渡到皇太子继承制。以太弟东宫官的设置来观察这一转变，保大五年正月应是皇太弟册立的具体时间，而就目前所见诸太弟东宫官来看，除了宰相等高级官员罢任授予的东宫荣誉虚衔外，真正属于太弟势力的这批东宫职官主要为新进文人，即宋齐丘所言

---

① （宋）马令：《南唐书》卷四《嗣主书》，第39页。
② （宋）陈师锡：《〈五代史记〉序》，收录于《宋代序跋全编》，齐鲁书社2015年版，第371页。

古史专题

"东宫白面少年,儒流雅士",只是由于种种原因,这批东宫官僚此后大多寂寂无闻。

Southern Tang Li Jingsui and related issues examined
Zhang Yunmeng

Abstact: During the Five Dynasties, the Eastern Palace was long gone, and the crown prince symbol was also attached to official titles such as Jing Yin and Generalissimo of Tianxia Terracotta. Until the establishment of the Southern Tang, Li Jing continued this practice and succeeded to the throne as the king . Until the fifth year of Baoda that Jing Sui was officially canonized as a prince brother, and the order of the Eastern Palace since the Tang Dynasty was restored, and the succession method of "Imperial Brother-King Qi (Grand Marshal of Zhu Dao) -King Yan (Deputy Marshal of Zhu Dao Soldiers and Horses)" was established. After five years of Xiande's return to the domain, the inheritance system of the prince under the Donggong system also transitioned to the prince inheritance system. Examining this process with the imperial brother Donggong official, it can be determined that imperial brother has been appointed in fifth years of Baoda , in addition to the record of the Eastern Palace official, only the imperial brother Zanshan Dafu Zhang Yi has a personal record, which is not only because Li Jingsui has no intention of operating, but also related to the intention of suppressing the middle lord Li Jing.

Key Words: Southern Tang, imperial brother, Eastern palace official, Brother inheritance

"士族政治""门阀政治"与"皇权政治"的辨析

——基于《中国古史分期暨社会性质论纲》研究学说

叶长青

（扬州大学）

摘　要：西晋末年，在战争频仍的社会环境下，北方士族一方面为了维护其家族利益，另一方面出于对皇权的认同和拥护，选择奉晋正朔。尽管这一时期士族权力有所伸张，但因皇权的至高无上性，士族权力并不足以凌驾于皇权之上，因此士族权力和皇权的斗争始终在"皇权体制"之下处于动态平衡的状态，即当权士族往往致力于维护士族利益和限制皇权。而在以"皇权与吏民"为主要矛盾的东晋社会，皇权高踞于社会上其他任何势力，是唯一的主导者。因此，就东晋时期的政治结构而言，其为"皇权政治"而非以士族为主导的"士族政治"或"门阀政治"。

关键词：东晋；门阀政治；皇权政治；皇权；吏民

作　者：叶长青，扬州大学社会发展学院2023级硕士研究生。

东晋时期皇权不振，社会混乱，几家士族门阀却相继专权，甚至出现了与皇权"共治"的局面。独特的政治现象使东晋长期以来受到学界的重点关注，因这一时期士族权势的空前强盛，往往用"门阀政治"指代东晋时期的政治格局。但若围绕"门阀政治"所指代的政治格局展开研究，讨论隐匿于政治格局之下的主要矛盾，便能发现"门阀政治"是将主要矛盾聚焦于统治集团内部，尤其是皇权与士族之间，如若将这一矛盾置于社会其他矛盾之上概而论之，未免失之偏颇。因此，本文基于《中国古史分期暨社会性质论纲》的研究学说，在以皇权与吏民构成的有机统一体作为东晋社会主要矛盾的基础之上，对"士族政治""门阀政治"与"皇权政治"的概念加以辨析和讨论。

一 "士族政治"与"门阀政治"

"士族"一词的渊源可追溯至西晋时期，西晋初年颁布的户调式包括按官品"荫族、荫客和占田"[1]，唐长孺在《魏晋南北朝史论拾遗》中详述了"荫亲荫客制度"对于士族制度形成的重要意义[2]，尤其是"荫族"特权，使士确定为族，"士族"一词也因此沿用至今。而得到制度保障的士族，虽然其权势有消亡，门第有衰败，但既定的"士"的身份却十分稳固。并且这种稳固的身份在选官制度以及士族内部联姻的双重保证下[3]，促使士族制度在西晋初、中期形成和发展起来。

在士族制度走向成熟的过程中，士族阶层或多或少地对社会起着不同程度的政治作用，因此这里的"士族政治"显然是指士族的政治功能。对于"士族政治"这一概念，有学者解读为"一种以士族的存在为前提，以其价值观念、政治主张、操作方法等为核心的政治结构"[4]。基于此认知，"士族政治"实际贯穿于魏晋南北朝，而东晋只是其中一段以士族权势空前强大为显著特征的历史时期。

---

[1] （唐）房玄龄等：《晋书》卷二六《食货志》，中华书局2011年版，第790—791页。

[2] 唐长孺：《士人荫族特权和士族队伍的扩大》，《魏晋南北朝史论拾遗》，中华书局1983年版，第65—66页。

[3] 潘新星：《两晋南北朝士族政治研究》，《青年与社会》2015年第11期。

[4] 陈苏镇：《东晋政治史研究的新成就——读〈东晋门阀政治〉》，《史学史研究》1989年第4期。

"士族政治""门阀政治"与"皇权政治"的辨析

同样是概述东晋皇朝士族阶层的政治活动,已故著名史学家田余庆在《东晋门阀政治》(以下简称"田著")中提出东晋为"门阀政治"时代的论断,认为其实质是"士族与皇权的共治,是一种在特定条件下出现的皇权政治的变态。它的存在是暂时的。它来自皇权政治,又逐步回归于皇权政治"①。事实上,田著所强调的"门阀政治"具有两大特征,一是士族与皇权"共治",二是门阀士族的权力"平行或超越皇权",即东晋时期士族在尊奉皇权的同时,还企图控制和欺压皇权。

若按田著所言,便可以将"门阀政治"视为"士族政治"发展到顶峰时的特殊形态,因为"门阀政治"是基于特定的历史条件,在士族权力伸张和皇权衰微共同作用下的产物。然而它仅仅是"士族政治"中的一个特例,因为王、庾、桓、谢与司马氏"共天下"的政治格局只表现于江左的东晋时期。但事实上,"门阀政治"一词本身就富含深意,它既能反映出这一历史时期士族门阀权势大幅度提升的政治特征,又避免了对于士族参与政权达到何种程度时才算是士族政治的争论。

二 "皇权体制"下皇权的至高无上性

黎虎在《中国古史分期暨社会性质论纲——兼论中国传统社会的主要矛盾问题》②(以下简称"黎文")一文中,基于"社会的主要矛盾"宏观地将中国古史划分为三个时代,分别命名为"无君群聚社会"(太古至夏以前)、"王权众庶社会"(夏商西周至战国时期)和"皇权吏民社会"(秦至清)。东晋时期属于第三时代——"皇权吏民社会",而皇权与吏民构成的有机统一体是第三时代,同时也是东晋社会结构的主体和主要矛盾

---

① 田余庆:《东晋门阀政治》,北京大学出版社2009年版,第5页。
② 黎虎:《中国古史分期暨社会性质论纲——兼论中国传统社会的主要矛盾问题》,《文史哲》2020年第1期。

古史专题

关系。有别于田著认为"门阀政治"得以维持的原因在于"皇帝垂拱，士族当权，流民出力"①，黎文则认为"在皇权体制下，没有一个阶级可以成为社会的主导者，唯一的主导者就是皇权"，继而指出士族官僚"是皇权体制的产物和延伸，它依附于皇权、寄生于皇权、服务于皇权"，进一步明确"皇权政治"的唯一性。

黎文还提出"皇权地主"的概念，认为"皇权地主"主要"由皇帝、皇室地主、官僚地主构成。……是在皇权土壤中形成发展起来的，同时随着皇权的衰亡而衰亡"。基于此观点，可知皇权高踞于社会任何阶级或群体之上，而皇权地主也仰承于皇权的鼻息存续发展。因此，即使东晋时期皇权衰落、士族权力伸张，但在"皇权体制"下，士族官僚依旧是服务于皇权的政治团体，其政治活动一方面是根据现实所需，另一方面则是基于内心深处对于皇权的认同和拥护。

西晋末年，司马睿作为皇室旁系皇亲，起初并非皇位有力的角逐者。但随着北方胡族的相继南侵，首都洛阳陷落，怀帝为刘聪所杀，华北局势进一步恶化时，士人开始意识到一个严重问题，那便是武帝的直系子孙几乎死亡殆尽②。此时，远在江南的琅琊王司马睿才逐渐受到关注。建兴四年（316）十一月愍帝降于匈奴，翌年六月，足有一百八十名西晋大臣向司马睿上书，敦请其即位。在这篇上书中，特别强调了"宣皇之胤，惟有陛下"③，可见宣帝司马懿的嫡传子孙，至此只剩下司马睿一人。

但一介藩王司马睿能够继承司马氏帝统，除了血统之外，还有皇权本身至高无上的权威，使之在华北局势愈发严峻的情况下，成为丧乱之际稳定民心的重要纽带。

---

① 《东晋门阀政治》，第314页。
② 鲁力：《东晋的"五马"与谯王》，《武汉大学学报（人文科学版）》2007年第4期。
③ 《晋书》卷六《元帝纪》，第147页。

"士族政治""门阀政治"与"皇权政治"的辨析

史书记载"中原冠带,随晋渡江者百家,故江东有《百谱》"①。基于现实情形而言,北方胡族的肆虐给士族本身带来了严重威胁,作为晋室臣民,南渡士族只有尊奉具有皇室血统的司马睿为帝,在江左建立政权,才能使其免遭胡族侵蚀,保证其家族利益。但在纷乱的战争年代,北方士族追随晋室来到江南的举措,亦意味着主动放弃经营多年的地望,失去原有的优势地位,并面临着在与南方士族利益纷争的过程中进一步削弱家族实力的后果。显然,这时支撑着北方士族坚持选择南渡的深层原因便在于对皇权的高度认同和拥护。事实上,在皇权土壤中形成和发展起来的士族本质上是依附于皇权的,因此,出于对皇权权威的敬畏和信任,南渡士人自觉或不自觉地选择奉晋室正朔,拥晋室名号。就南渡士人拥护司马氏皇权的结果可见,东晋时期"皇权政治"依旧是主流,在此权力结构下,士族门阀的权势尽管有所扩张,但始终围绕皇权起着或依附或制约的政治作用。

三 以王敦起兵所见士族权力伸张的限度

在"皇权体制"下,东晋时期士族权力虽然空前膨胀,但这并不意味着士族权力能彻底凌驾于皇权之上或否认皇权。从士族门阀面对王敦两次起兵所表现出的不同态度便能窥见一斑,士族权力意欲占据上风却又始终坚持维护皇权至高无上的最后底线。

《资治通鉴》记述了司马睿与王氏家族间关系的变化。"帝之始镇江东也,敦与从弟导同心翼戴,帝亦推心任之,敦总征讨,导专机政,群从子弟布列显要,时人为之语曰:'王与马,共天下。'后敦自恃有功,且宗族强盛,稍益骄恣,帝畏而恶之。乃引刘隗、刁协等以为腹心,稍抑损王氏之权,导亦渐见疏外。……而敦益怀

---

① (唐)李百药:《北齐书》卷四五《颜之推传》,中华书局2011年版,第621页。

古史专题

不平。遂构嫌隙。"① 王敦手握重兵，担任荆州刺史，王导更是官拜宰辅，王氏兄弟把持着朝廷的军政大权，使得王氏家族风头正劲，一时无人能出其右。以琅琊王氏为首的士族势力很快便引起了司马睿的猜忌，于是他"用申韩以救世"②，提拔刘隗、刁协等心腹大臣，委以"刑宪"重任，通过弹劾士族官僚以抑制士族权力。史书记载：太兴元年（318），司马睿称帝后，以刁协为尚书令、刘隗为侍中，后二人"俱为帝所宠任。欲矫时弊，每崇上抑下，排沮豪强，故为王氏所疾，诸刻碎之政，皆云隗、协所建"③。刘隗和刁协二人的做法很快引起了士族门阀的不满，而双方的矛盾冲突在王敦第一次起兵之际达到了顶峰。永昌元年（322）正月，王敦以反对"刻碎之政"为名举兵进攻建康。四月，司马睿方面的军队迎击攻入石头城的王敦军队，但一战而败，司马睿也在同年冬天于忧愤中离世。

显然，王敦第一次起兵是为了反对晋元帝旨在伸张皇权而采取的种种措施，如"刻碎之政"、坚持"用申韩以救世"的治国方针等，这涉及能否维持皇权体制下门阀士族的特殊地位和权益不受皇权过度侵犯。在这个问题上，王敦受到了侨姓士族以及部分南方士族的鼎力支持，如朝廷重臣庾亮。史料记载"时帝方任刑法，以《韩子》赐皇太子，亮谏以申韩刻薄伤化，不足留圣心，太子甚纳焉"④。晋元帝让太子研习《韩非子》，其用意不言而喻，但庾亮对于晋元帝"方任刑法"的做法却并不赞成。可见王敦首次起兵且获得胜利绝非仅仅因其个人或家族军事上的成功，而主要在于琅琊王氏在维护自身家族执政地位的过程中，还代表着士族门阀的利益。司马睿意欲"用申韩以救世"，厉行刑名法术之治的行为引起

---

① 《资治通鉴》卷九一，晋元帝太兴三年十月丙辰条，中华书局1956年版，第2884—2885页。
② 《晋书》卷四九《阮孚传》，第1365页。
③ 《资治通鉴》卷九〇，晋元帝太兴元年六月甲申条，第2860页。
④ 《晋书》卷七三《庾亮传》，第1274页。

"士族政治""门阀政治"与"皇权政治"的辨析

了士族门阀的强烈反对,特别是"诏免中州良民遭难为扬州诸郡僮客者,以备征役"①之举,这一征发士族门阀的奴、客行为显然严重触及士族的利益,于是士族门阀便联合起来予以抵制。《晋书》对上述王、马之争作如下概述,"中宗失驭强臣,自亡齐斧"②。可见,在以司马睿为代表的皇权与士族门阀之争的第一回合中,以士族门阀的胜利告终,但这并不意味着士族门阀能彻底排斥司马氏皇权而独占整个国家的权力。③

王敦第二次起兵时,形势却发生了翻天覆地的变化。因为王敦第二次起兵目的并非清君侧,而是意图取代司马氏,此时的矛盾便转换为是否继续维持"祭在司马"的局面,这涉及皇权政治能否稳固这个根本性的问题,因而王敦再次举兵便遭到了士族门阀包括王导等人的一致反对。以琅琊王氏为例,王敦和王导面对如何更好维护士族自身利益这个问题做出不同抉择。王敦企图通过推翻司马氏政权建立王氏政权以最大程度地攫取利益,这显然是彻底否定皇权的做法。王导则与之相反,他认为只有更好地维护司马氏政权才能最大限度地维护士族利益,因此他选择在肯定皇权政治的基础上采取适度扩大士族权势的方式,这一点王导在与王含的书信中表达得极为清楚,"导虽不武,情在宁国"④。对于王导而言,司马氏政权的合法性是调节当时南北士族间矛盾的平衡点,也是维护南渡士族政治地位和声望的重要保障,而破坏这种平衡后引发的动乱几乎不可想象。

王导意识到在皇权体制下维持皇权与士族权力平衡的重要性,这与东晋皇朝建立的背景息息相关。两晋之际,民族矛盾和阶级矛盾空前尖锐,这一时期专制皇权在流民起义和民族斗争的打击之下岌岌可危,加之西晋灭亡后又无合法的直系继承人,而司马睿作为西晋皇室的旁系亲属,"在晋室诸王中既无威望,又无实力,更无

---

① 《资治通鉴》卷九一,晋元帝太兴四年五月庚申条,第2888页。
② 《晋书》卷六《元帝纪》,第158页。
③ 李济沧:《东晋贵族政治史论》,江苏人民出版社2016年版,第110—111页。
④ 《晋书》卷九八《王敦传》,第1713页。

功劳"①，这对于专制皇权而言可谓雪上加霜。面对内外交困局面，专制皇权要想继续运作并发挥其效力，急需一种政治力量对其加以扶植，此时士族门阀则恰好符合以上条件。而对于士族门阀来说，他们一方面利用手中的宗族特权，控制了大量的私人部曲和佃客，并且通过经营庄园经济拥有了雄厚的经济实力，②另一方面，由于战争频仍，他们大都成为"亡官失守之士"③，在政治上已经失去了原有的显赫地位，这种经济和政治地位的不相称以及为维护家族利益的需求，也迫使他们寻求皇权的庇护。因此，对于士族门阀来说，只有尊奉司马睿为帝、奉晋室正朔才是保护自身政治和经济利益的最好办法。

王敦第二次起兵以士族共同反对而失败告终，恰恰反映了士族权力伸张有一定的限度，以及皇权政治下"司马氏皇权不容任何一姓士族擅自废弃"④的最后底线。作为服务于皇权的政治团体，士族门阀一旦有逾矩行为，便很可能引来该政治团体中其他势力的联合抵抗。

四 结语

王敦第二次举兵失败也证实了皇权即使式微，但其凌驾于社会任何阶级或群体之上是不容置喙的事实，如果贸然反抗皇权必然会引起其他势力的联合抵抗。而到了东晋末年，随着士族门阀腐朽衰败，国家权力最终还是收归于皇帝，这也反映出皇权虽然随着形势有所伸张或衰落，但皇权的至高无上性和皇权政治的唯一性则贯穿于魏晋南北朝。

---

① 《东晋门阀政治》，第309页。
② 孙风山：《简析东晋门阀政治的特色》，《康定民族师范高等专科学校学报》2001年第1期。
③ 《东晋门阀政治》，第310页。
④ 《东晋门阀政治》，第310页。

"士族政治""门阀政治"与"皇权政治"的辨析

至于能否用"士族政治"或"门阀政治"概述东晋政治格局这个问题,笔者认为这两个词可以用以解读但不能指代东晋政治格局。正如上文所言,"士族政治"可以理解为一种以士族存在为前提,以其价值观念、政治主张、操作方法等为核心的政治结构,因而"士族政治"只是一种以士族为研究对象的理解方式,这与"皇权政治"为主流的观点并不冲突。而"门阀政治"本身就是一个富有深意的专有名词,能够凸显东晋时期"君弱臣强"的政治现象,但不能因此认为东晋时期的权力结构发生变化。

尽管东晋时期士族门阀权势有所伸张,甚至皇帝有时也须依仗其势力,但"专制皇权可能一时式微,可能一时旁落,但是不能须臾缺失"[①]。即使这些政治集团制约、觊觎着皇权,但他们仍然不敢不以皇帝的名号行事,因为他们的权力终究来自皇权,"是对皇权的窃取,而不是对皇权的否定"[②]。基于黎文的研究学说,在"皇权吏民社会"下,东晋时期皇权作为社会的唯一主导,士族门阀的政治行为和中央的官僚机构总是在"皇权政治"的框架体系下得以开展和运转。因此,就东晋时期的政治结构而言,仍是"皇权政治"而并非以士族为主导的"士族政治"或"门阀政治"。

Differentiation of "Scholar-official Politics", "Powerful Family Politics" and "Imperial Power Politics": Based on Research Theory An Introduction to Period Division of Chinese Ancient History and Social Nature
Ye Changqing

Abstract: At the end of the Western Jin Dynasty which was the

---

① 钟鑫:《田余庆谈门阀政治与皇权》,《东方早报·上海书评》2013年1月6日第T02版。
② 《东晋门阀政治》,第308页。

war-ridden years, the northern gentry chose to support for the Jin dynasty in order to maintain their family interests on the one hand, and to recognize and support the imperial power on the other hand. Although the power of the gentry was extended during this period, it was not sufficient to override the imperial power due to the supremacy of the latter. Therefore, the struggle between gentry power and the imperial power was always in a state of dynamic balance under the "imperial power system", that is, the ruling gentry in power was often committed to safeguarding the interests of the clan and limiting imperial power. In the Eastern Jin society, where the main contradiction lay between "imperial power" and "official-civilian", imperial power was superior to any other power in society and was the only dominant power. Therefore, in terms of the political structure of the Eastern Jin Dynasty, it was "imperial power politics" rather than "scholar-official politics" or "powerful family politics" dominated by the gentry.

Key Words: Eastern Jin Dynasty, powerful family politics, imperial politics, imperial power, official-civilian

科举与仕宦

——上党苗氏家族的沉浮

王 玲

（扬州大学）

摘 要：北朝至隋这一时期，苗氏乃是上党的地方大族，苗氏成员大多担任诸如郡县中正、主簿、功曹、县令、县丞等地方官职，家族拥有较为良好的经济状况，通婚对象也是上党大姓，但总体上仍旧属于寂寂无闻的状态。唐朝初年，苗氏家族中的苗琏感知时代的变革，致力于教育子侄，投身科场，在开、天之际，以苗延嗣为首的苗氏成员凭借科举入仕，逐渐从上党地方走向了两京地区，苗氏家族开始了"中央化"和"官僚化"进程。经过苗延嗣、苗晋卿两代人的努力，苗氏家族迈上了一个新台阶，上党苗氏最终从一个地方家族变为"两京衣冠"之一。中晚唐时期，苗氏子弟多凭门荫或科举入仕，并世代与其他官僚家族联姻，苗氏地位得以维持，"中央化"和"官僚化"进程彻底完成。

关键词：上党苗氏；科举制；苗晋卿

作 者：王玲，扬州大学社会发展学院2021级硕士研究生。

《新唐书·宰相世系表》中因肃宗、代宗两朝宰相苗晋卿而列入的上党苗氏，在北朝至隋这一时期，充其量算是地方大族，入唐以后却一跃而起，显宦辈出，家族诞生了肃宗、代宗两朝宰相苗晋卿、"大历十才子"之一的苗发等名存史传的人物，上党苗氏逐渐从地方大姓变为"两京衣冠",实现"中央化"与"官僚化"这一过程。① 近年来,随着大量唐代墓志的出土、刊布,新发现的苗氏家族的墓志有十余方,苗氏家族成员活跃的上党②(今山西长治)和两京地区(西安、洛阳),皆有相关墓志出土,这为我们观察上党苗氏的崛起提供了一个契机。因此,本文拟在北朝至隋唐时期出土的苗氏造像、墓志的基础上,结合传世文献,勾勒上党苗氏的发展轨迹,并探究其崛起原因。

一 入唐前的上党苗氏

入唐以前的上党苗氏总体上寂寂无闻,传世文献中难以寻觅与其相关的记载,主要依据一些石刻史料对此时期苗氏的情况做一些判断。《三晋石刻大全》里收录了三方与苗氏相关的造像,这些造像勒石于北朝至隋这一时间段,皆出土于山西长治市沁源县法中乡柏木村,碑阳为供养人的发愿文,碑阴为供养人姓名,苗姓者共计有九人,可借此对北朝至隋末这一时期上党苗氏的情况有一些了解。

勒石于北朝时期的《邑主王郭仁合邑者邑子六十人等敬造观音石像》题名有"邑子苗元、邑子苗清苟、邑子苗张买"③。勒石于北齐天保八年(557)五月的《北齐释加造像碑》题名有"普萨主苗清周"④。勒石于北朝或隋代的《比丘法碑》题名有

---

① 毛汉光先生将具有地方性格的郡姓"新贯"于中央地区并依附于中央的现象称为"中央化";将士族从地方代表的性格转为纯官吏性格的现象称为"官僚化"。参毛汉光《中国中古社会史论》第八篇《从士族籍贯迁移看唐代士族之中央化》,上海书店出版社2002年版,第234—333页。
② 隋上党郡,唐改称潞州,因苗氏相关墓志多自称"上党人"或"上党壶关人",故此处沿用旧称。
③ 杜天云主编:《三晋石刻大全·长治市沁源县卷》,三晋出版社2011年版,第6—7页。
④ 《三晋石刻大全·长治市沁源县卷》,第10页。

"邑子苗伯扶、邑子苗世、邑子苗康□、苗元庆、邑子苗世"①。因年代久远，资料缺佚，难以直接证明他们之间是否存在亲缘关系，不过造像活动本身就能说明一些问题。从造像的时间跨度不大，且在同一地点出土来看，这九人属于同一姓族，此地在北朝至隋时期是上党苗氏的聚居地之一。由于三方造像碑体损毁严重，可辨认的姓氏当中，以王姓最多，有26个；杜姓次之，为15个；第三即苗姓，有9个，其他如冯姓、贾姓有4个。其中《邑主王郭仁合邑者邑子六十人等敬造观音石像》为王郭仁主持，王姓最多，杜姓次之；《比丘法碑》中可辨姓名者，以苗姓最多。从这个角度看，苗氏参与造像活动是比较频繁的，此地的苗氏经济状况较为良好。

除此以外，我们可以依托出土墓志对上党苗氏此时的状况再做一些分析。唐显庆五年（660）《苗明墓志》载："父先，隋开皇二年州贡明经，行修廉洁孝悌，敕册甲科，起家游骑尉，至大业初，任上党郡主簿。职总群司，能官平恕。后行长子县令。……君即其第二子也……其妻冯氏，乃隋骠骑将军潞州刺史冯科之孙女也。"②苗明之父苗先先后任上党郡主簿、长子县令等官职，苗家在地方的影响力不会太低。由于门当户对观念的存在，能够通婚的家族一般地位相差不大，所以墓志记载的婚姻关系也是我们审视志主身份地位的重要线索。苗明夫人冯氏乃"隋骠骑将军潞州刺史冯科之孙女"，她所代表的上党冯氏本身就是上党地方大族③，其祖父更是地方上实权人物，能和他们两家联姻的苗氏显然拥有地方大族的身份。

类似记载还有不少，如仪凤三年（678）《苗德墓志》题

---

① 《三晋石刻大全·长治市沁源县卷》，第16页。
② 周绍良、赵超主编：《唐代墓志汇编》显庆一三五《唐故苗府君墓志铭并序》，上海古籍出版社1992年版，第315页。
③ 参见刘兵《李渊起兵之际上党大族的动向——以墓志资料为考察线索》，西安碑林博物馆编《碑林论丛》（第24辑），三秦出版社2019年版，第112—120页。

古史专题

"唐故齐屯留县功曹苗君墓志",知苗德本人在北齐时任上党郡屯留县功曹,据志文可知其子苗华在隋时任庆州华池县丞。[①] 天宝七载(748)《苗嗣宗墓志》:"曾祖买臣,性笃学,不交非类。本郡守荐为郡中正……祖君濬,随上党郡中正。"[②] 北朝时期,郡县中正、主簿、功曹等这一类地方官职,一般由地方豪宗大族担任,从上述墓志记载来看,苗先、苗德等人都有资格或者曾经担任过此类官职,苗华出任的县丞也是地方上的实职,此时期的上党苗氏无疑是上党地方大族。不过,其影响力仅仅只能辐射到上党地方,这种地方性的身份放到全国来看是无足轻重的。然而,入唐以后,上党苗氏一跃而起,显宦辈出,对上党苗氏入唐以后的发展轨迹进行把握将会帮助我们更好地认识上党苗氏的崛起。

二 入唐之初的上党苗氏

上党苗氏中最有代表性的当属苗晋卿及其近支,苗晋卿,字元辅,上党壶关人,为肃宗、代宗两朝宰相,《旧唐书》《新唐书》皆有其传,《全唐文》载其志,《新唐书·宰相世系表》中的苗氏世系表[③]因此而列。不少前辈学者曾对苗氏世系表做过订补工作[④],

---

[①] 此志乃苗德曾孙苗威于仪凤三年改葬其曾祖时所刻。(赵君平、赵文成编:《秦晋豫新出墓志搜佚》一八一《唐故齐屯留县功曹苗君墓志》,国家图书馆出版社2012年版,第233页)

[②] 吴钢主编:《全唐文补遗·千唐志斋新藏专辑》(苗晋卿)《大唐故朝散大夫行太子内直郎上柱国苗府君(嗣宗)墓志铭并序》,三秦出版社2006年版,第212页。

[③] 《新唐书》卷七五上《宰相世系五》,中华书局1975年版,第3367—3370页,以下简称《新表》。

[④] 如赵超编著《新唐书宰相世系表集校》,中华书局1998年版,第833—837页;鲁才全《〈新唐书·宰相世系表〉苗氏订补——上党苗氏家族墓志研究》,《魏晋南北朝隋唐史资料》(第17辑),武汉大学出版社2000年版,第144—153页;陈尚君《〈新唐书·宰相世系表〉订补二则》,《贞石诠唐》,复旦大学出版社2016年版,第162—168页。

近年来，《苗良琼墓志》①《苗嗣宗墓志》②《苗挺墓志》③《苗缋墓志》④ 和《苗缋妻李楬墓志》⑤ 等苗氏墓志陆续出土、刊布，可以借此进一步订补苗晋卿先辈世系，下面是上述5方苗氏相关人员墓志的具体情况：

序号	志主	志题	志主世系
1	苗良琼	大唐故吏部常选苗府君墓志铭并序	府君讳良琼，字继甫……公曾祖随处士买，避谊之高也；大父皇朝汴州浚仪令通彻……考皇朝恒州灵寿县令袭夔，子男之职也
2	苗嗣宗	大唐故朝散大夫行太子内直郎上柱国苗府君（嗣宗）墓志铭并序	公名嗣宗，字承家，上党壶关人也……曾祖买臣，性笃学，不交ински类。本郡守荐为郡中正，非其好也，谢病于家。周随二世，十征不屈。祖君濬，随上党郡中正……父臻，皇朝前乡贡明经……无禄早世
3	苗挺	唐故苗府君墓志铭并序	君讳挺……曾祖彻，皇浚仪丞；祖袭夔，皇灵寿令；皇考良瑾，皇平原郡将陵尉
4	苗缋	唐故郑州阳武县丞苗府君墓志铭并序	公讳缋，上党壶关人……父拯，谏议大夫，出万州刺史。以门荫授郑州参军。秩满，选任阳武丞
5	苗缋妻李楬	故唐郑州阳武县丞上党苗府君夫人李氏墓志铭并序	夫人之夫讳缋，皇郑州阳武县丞。丞之先考讳拯，皇左谏议大夫。大谏之先考讳奉倩，皇宜城郡太守、江南西道观察处置等使，赠太子宾客

这几人中，苗良琼和苗嗣宗是苗晋卿的伯父或叔父，苗挺与苗晋卿为堂兄弟，苗缋乃苗善物曾孙，其曾祖父苗善物乃苗延嗣叔父，与苗晋卿祖父苗袭夔同辈，据此将上党苗氏入唐后至苗晋卿一

---

① 《秦晋豫新出墓志搜佚》五四〇《大唐故吏部常选苗府君墓志铭并序》，第695页。
② 《全唐文补遗·千唐志斋新藏专辑》（苗晋卿）《大唐故朝散大夫行太子内直郎上柱国苗府君（嗣宗）墓志铭并序》，第212页。
③ 郭茂育、谷国伟、张新峰编：《中国书法精粹：新出墓志精粹（隋唐卷）》《唐故苗府君墓志铭并序》，上海书画出版社2014年版，第36—37页。
④ 毛阳光、余扶危主编：《洛阳流散唐代墓志汇编》二五五《唐故郑州阳武县丞苗府君（缋）墓志铭并序》，国家图书馆出版社2013年版，第512—513页。
⑤ 《洛阳流散唐代墓志汇编》三〇七《故唐郑州阳武县丞上党苗（缋）府君夫人李氏（楬）墓志铭并序》，第616—617页。

古史专题

辈的订补后的世系表（官职略）列于下方：

				元震
买臣①	通彻	袭夔	殆庶	如兰
				晋卿
				茂林
				澄
			良琼（璿）	湛
			昭理	含润
			良瑾	挺
				灵秀
	君濬	臻	嗣宗	岩
	猷	袭毅	延嗣	含泽
				含液
筠	玭	善物	奉倩	拯
			蔓倩	

　　现据此对上党苗氏自隋末到入唐以后境况进行大致梳理。从墓志记载来看，苗晋卿这一支皆承自隋处士苗买臣，"处士"一般指有才德而隐居不仕的人，同样"避谊之高""谢病于家，周随二世，十征不屈"等记载也是表明苗买臣隐居不仕的情况，从他本人被"本郡守荐为郡中正"以及其子苗君濬任"随上党郡中正"的情况来看，有资格担任地方中正官的苗买臣家族是上党的地方大族。苗氏的另一支承自苗筠，其孙《苗善物墓志》载："曾门父筠，属隋季乱离……陪从义旗，发乎汾晋，竭尽忠节，辅诣咸京。唐祚攸归，光宅天下，酬庸之际，一拜正议大夫，本郡中正。俄婴

---

① 苗良琼曾祖"买"与苗嗣宗曾祖"买臣"实际上应该是同一人，志文所记载的名字稍有不同，盖双名单称之故。

152

疾罢职。"① 此志说明苗䇲实际上曾经跟随李渊太原起兵，是李唐的建国"元从"②，他在唐初任上党郡的郡中正一职，其子苗㻞则"谢绝衣冠"，未曾入仕。据上述记载来看，苗买臣、苗䇲及两人的下一代所处的隋末唐初，苗氏毫无疑问是上党的豪宗大族，不过家族基本上还是扎根上党，总体上属于寂寂无闻的状态。

自苗买臣以下以苗袭夔为首的苗氏的第三代，同样也是官位不显。苗袭夔，乃苗买臣之孙，苗晋卿祖父，官"恒州灵寿县令"；苗臻，乃苗买臣之孙、苗岩祖父，未入仕；苗袭毅官"洪雅县令"③；苗善物，乃兄弟辈中仕途比较坦荡的人，他"以宿卫出身，解褐任宣州泾县尉，秩满一选，授婺州东阳县尉……又转许州鄢陵县丞……又转邢州沙河县令"④，终官泗州司马。

从苗延嗣这一辈开始，上党苗氏逐渐从地方走向中央，以苗延嗣为代表的苗氏子弟开始在中央官界崭露头角。《新表》载"延嗣，官中书舍人、太原少尹"；他为叔父苗善物撰志时署名为"侄卫州刺史延嗣撰"；其子苗含液志云："父延嗣，太府少卿"⑤；曾孙苗蕃志云："曾大父延嗣，中书舍人"⑥；曾孙苗弘本志云："曾大父讳延嗣，登制举科，官至中书舍人、桂管采访使"⑦；另据《唐御史台精舍题名考》所题，在武则天中期至玄宗末期，苗延嗣

---

① 苗善物墓志由其侄苗延嗣撰写，故志文提到的"曾门父䇲""大门父㻞"实际上是苗延嗣叔父苗善物的祖父和父亲。（《唐代墓志汇编》开元三五五《大唐故泗州司马叔苗善物墓志铭并序》，第1401—1402页）
② 李唐建国之初特以"元从"称号指代太原起兵及沿路先后加入李渊大军并攻入长安的兵士。
③ 《唐代墓志汇编》残志〇六三《故河南府法曹参军上党郡开国男苗府君墓志铭并序》，第2572页。
④ 《唐代墓志汇编》开元三五五《大唐故泗州司马叔苗善物墓志铭并序》，第1401—1402页。
⑤ 《唐代墓志汇编》残志〇六三《故河南府法曹参军上党郡开国男苗府君墓志铭并序》，第2572页。
⑥ 《唐代墓志汇编》元和〇二一《唐故太原府参军事苗君墓志铭》，第1964页。
⑦ 《唐代墓志汇编》大中〇九三《唐故朝议郎守殿中少监兼通事舍人知馆事上柱国赐紫金鱼袋苗公墓志铭》，第2321—2322页。

古史专题

曾任殿中侍御史、监察御史。① 综合以上，苗延嗣开元中以制举及第，先后任监察御史、殿中侍御史、中书舍人、太原少尹、太府少卿、卫州刺史、桂管采访使等职②。与他同辈的苗良琼终官"吏部常选"③；苗奉倩任宣城郡太守、江南西道观察处置使等职④；苗嗣宗历任卫州卫县主簿、宋州砀山县丞等职，终官太子内直郎一职。⑤

毛汉光先生曾指出："唐代官僚制度中的选制对地方人物产生巨大的吸引力，使郡姓大族疏离原籍、迁居两京，以便投身于官僚层。"⑥ 这一辈的苗氏子弟正是在仕途的影响下开始长期居留两京，一些人的归葬地也改为洛阳。如苗良琼"开元四载，侍亲于洛邑"，最终病逝于洛阳。在嗣子苗奉倩、苗蔓倩二人的主持下，苗善物夫妇于开元二十年被合祔于北邙山，苗奉倩之子苗绠也葬于北邙山。苗嗣宗于天宝四载"终于洛阳审教里之私第"，并葬于北邙山，他已经彻底扎根洛阳。这一变动主要发生在开、天之际，恰好符合毛汉光先生的判断：士族设籍或归葬中央最大的风潮发生于高宗武后及玄宗期间。⑦ 这一时期，上党苗氏开始逐步实现"中央化"与"官僚化"进程。

三　中晚唐时期的苗氏家族

从苗晋卿开始，上党苗氏上了一个新台阶，达到家族的巅峰。

---

① （清）赵钺、劳格撰，张忱石点校：《唐御史台精舍题名考》卷二《碑阴题名》，中华书局1997年版，第36页。
② 参见鲁才全《〈新唐书·宰相世系表〉苗氏订补——上党苗氏家族墓志研究》，《魏晋南北朝隋唐史资料》（第17辑），第144—153页。
③ 《秦晋豫新出墓志搜佚》五四〇《大唐故吏部常选苗府君墓志铭并序》，第695页。
④ 《洛阳流散唐代墓志汇编》三〇七《故唐郑州阳武县丞上党苗（绠）府君夫人李氏（楬）墓志铭并序》，第616—617页。
⑤ 《全唐文补遗·千唐志斋新藏专辑》（苗晋卿）《大唐故朝散大夫行太子内直郎上柱国苗府君（嗣宗）墓志铭并序》，第212页。
⑥ 《中国中古社会史论》第八篇《从士族籍贯迁移看唐代士族之中央化》，第333页。
⑦ 《中国中古社会史论》第八篇《从士族籍贯迁移看唐代士族之中央化》，第332页。

科举与仕宦

苗晋卿历玄宗、肃宗、代宗三朝，进士及第后，一路辗转，从怀州修武县尉做起，最终在肃、代两朝当国秉政。① 苗晋卿之后的苗氏家族境况如何，需要从仕宦、婚姻等角度，对中晚唐时期苗氏子孙的状况进行分析。为了便于梳理，本文依据出土墓志，对部分苗氏子弟的世系进行了排列，如下图所示：

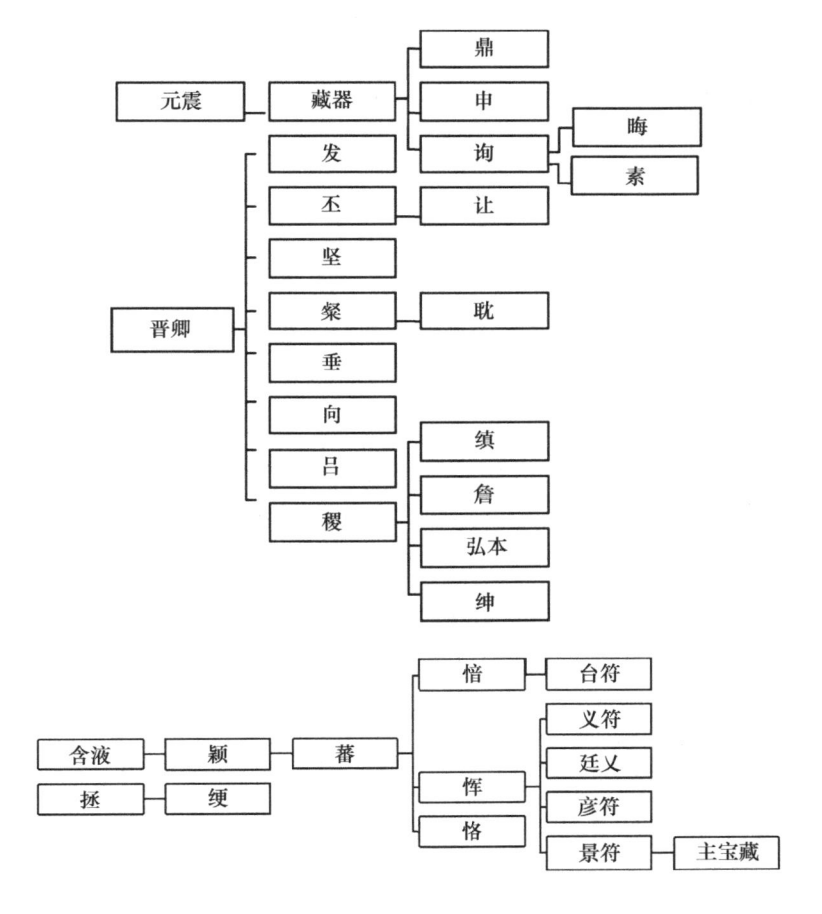

```
元震 ── 藏器 ┬─ 鼎
            ├─ 申
            └─ 询 ┬─ 晦
                  └─ 素

晋卿 ┬─ 发
     ├─ 丕 ── 让
     ├─ 坚
     ├─ 粲 ── 耽
     ├─ 垂
     ├─ 向
     ├─ 吕
     └─ 稷 ┬─ 缜
            ├─ 詹
            ├─ 弘本
            └─ 绅

含液 ── 颖 ── 蕃 ┬─ 憎 ── 台符
                  ├─ 恽 ┬─ 义符
                  │      ├─ 廷义
                  │      ├─ 彦符
                  │      └─ 景符 ── 主宝藏
                  └─ 恪

拯 ── 绠
```

在苗晋卿嗣子中，苗发与卢纶、吉中孚等人并称，为"大历十才子"之一，《新表》载其官"驾部员外郎"，《新唐书·卢纶

---

① 《旧唐书》卷一一三《苗晋卿传》，中华书局1975年版，第3349—3359页。

古史专题

传》附载其终"都官员外郎"[1],据卢纶悼诗《得耿㵎司法书因叙长安故友零落兵部苗员外发秘省李校书端相次倾逝潞府……因呈河中郑仓曹畅参军昆季》[2] 来看,苗发终官为"兵部员外郎"的可能性较大;苗丕终官"河南少尹"[3];苗绠"以门荫授郑州参军",最终官至"郑州阳武县丞"[4]。

苗晋卿及其从兄弟的孙辈中,苗耽以进士登第,终官江州刺史一职[5];苗缜"笃学敏行,余力能文,累应进士",终官"将作少监兼通事舍人"[6];苗绅"会昌初,登进士第",终官"京兆少尹"[7];苗蕃"少丧父,受业母夫人,举进士第",后因病早逝,终官"太原府参军"[8]。苗晋卿及其从兄弟的曾孙中,苗素"以兄晦方应进士举,遂用门荫出身",可知其兄苗晦以进士及第,不过官职不详,苗素本人官至"河中府猗氏县尉"[9]。会昌四年(844)苗缜去世时,其长子苗忻时任庄恪太子挽郎;次子苗博,时任右龙武军仓曹参军;三子苗愷,时任左千牛备身。[10] 从中晚唐时期苗氏子弟的仕宦情况来看,苗氏家族虽然再也没有人能够封侯拜相,不过每一代的苗氏子弟大多能够凭借门荫或者科举入仕,中高级官吏数量不少,总体上看能够维系官僚家族的

---

[1] 《新唐书》卷二○三《卢纶传》,第5785页。
[2] (清)彭定求等编:《全唐诗》卷二七七《卢纶二》,中华书局1960年版,第3144—3145页。
[3] 河南省文物研究所编:《千唐志斋藏志》九九六《亡妣尊夫人(杨氏)铭序》,文物出版社1984年版,第996页。
[4] 《洛阳流散唐代墓志汇编》二五五《唐故郑州阳武县丞苗府君(绠)墓志铭并序》,第512—513页。
[5] (宋)李昉等撰:《太平广记》卷四九八《杂录六》"苗耽"条引《玉泉子》,中华书局1961年版,第4089页。
[6] 《唐代墓志汇编》会昌○三一《上党苗府君墓志铭并序》,第2232—2233页。
[7] 周绍良主编:《全唐文新编》卷七六七(郑畋)《唐故朝散大夫京兆少尹御史中丞苗府君(绅)墓志铭并序》,吉林文史出版社2000年版,第9143—9144页。
[8] 《唐代墓志汇编》元和○二一《唐故太原府参军事苗君墓志铭》,第1964页。
[9] 《唐代墓志汇编》咸通○五九《唐故通直郎行河中府猗氏县尉苗府君墓志》,第2424—2425页。
[10] 《唐代墓志汇编》会昌○三一《上党苗府君墓志铭并序》,第2232—2233页。

156

身份。

婚姻关系也是考察这一时期苗氏地位的重要参照。中晚唐时期的苗氏子弟中，苗绅、苗蕃两人的婚姻具有代表性。《苗绅墓志》载："妣韦氏，赠扶风郡太夫人……夫人庾（庚）氏，封新野县君……有子七人，长曰黯，前大同营田巡官，监察御史。娶京兆韦氏。"①《苗绅妻庾氏墓志》载："夫人南阳新野人也……曾祖讳光烈，皇尚书祠部郎中大理少卿……祖讳何，皇尚书兵部郎中、澧州刺史，负济物之才，蕴佐时之略，才踰弱冠，叠中科名……父讳叔颖，皇秘书郎……娶京兆韦氏。"② 南阳新野庾氏，乃是中古时期有名的世家大族，庾氏的曾祖庾光烈为尚书祠部郎中、大理少卿；祖父庾何以科举入仕，曾任尚书兵部郎中、澧州刺史等职；其父庾叔颖为从六品上的秘书郎，其母出身京兆韦氏，可见她出身于一个高级官僚家庭。庾氏、苗氏的联姻中还频繁出现京兆韦氏身影。苗绅之母"韦氏，赠扶风郡太夫人"，没有明确记载她出身于京兆韦氏，不过其夫苗稷为苗晋卿之子，与京兆韦氏联姻也是有可能的。苗绅妻庾氏之母明确记载乃京兆韦氏出身，苗绅与庾氏的长子苗黯娶了京兆韦氏之女为妻。相比于新野庾氏，特别是京兆韦氏，上党苗氏在魏晋南北朝乃至初唐都是寂寂无闻的状态，京兆韦氏虽然不像关东士族那样封闭，不过能够和他们结成婚姻，充分说明了中晚唐时期的苗氏家族已经蜕变成了一个地位不低的官僚家族，成为"两京衣冠"之一。他们之间能够相互通婚，一定程度上也反映了政治因素对于士族婚姻的加持。

《苗蕃妻张氏墓志》载："自远祖汉丞相安昌侯禹为河内人……丞相之裔孙曰衡，仕宇文周朝，为度支尚书，封清河县。其子孙缵承，入唐而封爵者，皆称清河……夫人清河人。皇祖重光，

---

① 《全唐文新编》卷七六七（郑畋）《唐故朝散大夫京兆少尹御史中丞苗府君（绅）墓志铭并序》，第9143—9144页。
② 《唐代墓志汇编》咸通〇三四《唐朝散大夫前行尚书司勋员外郎柱国苗绅妻故新野县君庾氏夫人墓志铭并序》，第2404—2405页。

为尚书左丞；烈考继，为夏阳县令。"① 由于攀附郡望风气的存在，张氏墓志前段对于其郡望的记载可能是一种格式化的书写方式，不足为信。从记载来看，张氏明显也是官宦之女。该志最重要的是后半段对于张氏子女婚姻的记载，其志云："夫人常命愔曰：'若三人求妇，必于孝仁知礼之家。'故先择今丞相司徒公陇西牛僧孺之长女为愔娶，复选故绛守河间刘元鼎之次女为恽妻，又选故溧阳令范阳卢揆次女为恪妇，皆慈旨也。"② 苗蕃长子苗愔之妻乃当朝宰相牛僧孺之女，在苗氏子弟的夫人中出身最高，苗恽之妻刘氏乃河间刘元鼎之女，刘元鼎于长庆元年（821）官大理寺卿兼御史大夫，充西蕃盟会使，其事见于两《唐书》。③ 从以上的梳理来看，中晚唐时期，苗氏世代与官僚家族联姻，苗氏子弟的婚配对象多为政治地位大体相当的官宦之女，在联姻对象中出现了京兆韦氏、新野庾氏等中古望族的身影，可见苗氏已经深深扎根于两京地区，在苗晋卿死后依旧维系着"两京衣冠"的身份。

中晚唐时期，苗氏成员归葬两京地区已经成为常态，据《苗弘本墓志》云："苗氏自公五代祖已下，咸葬于洛阳，独太师以勋籍高，诏留葬于长安城东，太师之子之孙因而从焉。公之先尚书顾言曰：'太师子我，德实厚焉。我生平时不可背惠。及其终也，则必使我复其本。遂归葬于洛阳，附桂管、祠部之封焉。'"④ 苗弘本之父苗稷生父早逝，被苗晋卿收为养子，根据其遗言可知苗晋卿的直系子孙多葬在长安城东⑤，而苗稷希望能

---

① 《唐代墓志汇编》会昌〇〇三《唐故太原府参军赠尚书工部员外郎苗府君夫人河内县太君玄堂志铭并序》，第2211—2212页。
② 《唐代墓志汇编》会昌〇〇三《唐故太原府参军……河内县太君玄堂志铭并序》，第2211—2212页。
③ 《旧唐书》卷一九六《吐蕃下》，第5264—5267页；《新唐书》卷二一六《吐蕃下》，第6102—6104页。
④ 《唐代墓志汇编》大中〇九三《唐故朝议郎守殿中少监兼通事舍人知馆事上柱国赐紫金鱼袋苗公墓志铭》，第2321—2322页。
⑤ 如苗晋卿子苗丕"以贞元廿一年三月十四日归祔长安大茔"，苗弘本志记载应该是属实的。（《千唐志斋藏志》九九六《亡妣尊夫人（杨氏）铭序》，第996页）

"复其本"，归葬其生父苗含液一支的洛阳先茔，其子苗缜、苗弘本最终也随苗稷葬于洛阳①，苗氏家族此时已经彻底将洛阳视为祖茔所在。从中晚唐时期苗氏子弟的仕宦、婚姻等情况来看，这一时期的苗氏仍旧能够维系地位，并且已经实现了"中央化"与"官僚化"的进程。

以上，我们对苗氏入唐以后的发展历程进行了大致的梳理，纵观苗氏的崛起，不禁让人疑惑，上党苗氏何以能够从一个寂寂无闻的地方大族变为"两京衣冠"之一。这个答案其实就藏在苗氏的多方墓志里。在对苗氏重大转折中的几代人的活动进行梳理时，可以发现，上党苗氏从地方走向两京的背后离不开科举制的推动。苗氏发展最重要的两代人中，苗良琼十五岁时以童子科及第，据其生年推断及第时间应该是在武则天时期，苗延嗣开元中以制举入仕，苗含液和苗晋卿在开、天之际皆进士及第，苗氏发迹的时间，与科举制在唐代开始兴盛的时间大致是重合的。② 这一时期，苗氏家族中有人敏锐地注意到了科举的重要性，从墓志记载来看，此人应该是苗善物之父苗玭，据苗延嗣所撰写的《苗善物墓志》："大门父玭，海岳孕灵，器识宏远……属以诸父凋逝，家累孔殷，方乃谢绝衣冠，垂训子姪。其时伯叔总有廿，不逾数岁，孝廉擢第者一十有三。"③ 苗玭所处的唐初，苗氏家族只是上党的一个地方家族，他本人"器识宏远"意识到科举制对于家族发展的意义，遂"谢绝衣冠，垂训子姪"终身致力于对家族子弟的教育，很快便初见成效，子侄辈二十余人中以明经科及第的达13人之多。科举制对于

---

① 苗缜志云："奉丧归葬河南府洛阳县北邙原陶村"；苗弘本志云："归葬于洛阳城北"。（《唐代墓志汇编》会昌〇三一《上党苗府君墓志铭并序》、大中〇九三《唐故朝议郎守殿中少监兼通事舍人知馆事上柱国赐紫金鱼袋苗公墓志铭》，第2232—2233、2321—2322页）

② 吴宗国：《唐代科举制度研究》第八章《科举在选举中地位的变化》，辽宁大学出版社1992年版，第168—174页。

③ 《唐代墓志汇编》开元三五五《大唐故泗州司马叔苗善物墓志铭并序》，第1401—1402页。

古史专题

苗氏的意义可谓举足轻重。

  自苗善物这一代开始，苗氏家族中几乎每一代都有凭借科举入仕的子弟。例如苗善物的子侄中苗良琼、苗延嗣；苗良琼子侄中的苗晋卿、苗含液；苗晋卿孙辈、重孙辈中的苗缜"笃学敏行，余力能文，累应进士"①；苗绅"会昌初，登进士第"②；苗蕃"少丧父，受业母夫人，举进士第"③ 等等。正是牢牢把握住了科举制这一机会，经过数代人的努力，上党苗氏得以翻身，从一个地方家族到能够在两京立足，逐步完成了"中央化"和"官僚化"的进程。

四　结语

  上党苗氏的崛起为我们提供了一个地方豪族蜕变为两京士族，逐步完成"中央化"与"官僚化"的具体案例，根据苗氏的个案来看，在隋废九品中正制以后，一些失去仕进优势的地方豪族并没有一蹶不振，他们在新的政权逐渐摸索，最终确立了新的仕进优势，这进一步提示我们，唐代的新兴家族大多数恐怕都不是一般的庶民阶层，而很可能是此前门阀体制下长期占据州郡要职的地方豪右。另一方面，随着他们逐渐完成"中央化"和"官僚化"进程，其原本作为地方代表的性质也在逐渐消失，从而变为一个彻底的官僚家族，从长远的角度看，地方根基的消失实际上不利于这些地方大族的生存与发展，科举制带来机遇的同时，新的挑战也在悄然发生，这与魏晋南北朝时期的九品中正制是截然不同的。

---

  ① 《唐代墓志汇编》会昌〇三一《上党苗府君墓志铭并序》，第2232—2233页。
  ② 《全唐文新编》卷七六七（郑畋）《唐故朝散大夫京兆少尹御史中丞苗府君（绅）墓志铭并序》，第9143—9144页。
  ③ 《唐代墓志汇编》元和〇二一《唐故太原府参军事苗君墓志铭》，第1964页。

科举与仕宦

The imperial examinations and the officialdom:
The rise and fall of the Shangdang Miao family
Wang Ling

Abstract: During the period from the Northern Wei Dynasty to the Sui Dynasty, the Miao clan was a major local clan in Shangdang, with most of its members holding local official positions such as zhongzheng、zhubu、gongcao、county magistrates, and the family was in a relatively good financial position, intermarrying with large Shangdang surnames, but generally remaining anonymous. In the early Tang dynasty, Miao Jin, sensing the changes of the times, devoted himself to educating his sons and nephews and joined the imperial court, in the reign of Emperor Xuanzong, members of the Miao clan, led by Miao Yansi, gradually moved from the Shangdang locality to the two capital regions by virtue of the imperial examinations, and the Miao clan began the process of "centralisation" and "bureaucratisation". Through the efforts of two generations of Miao Yansi and Miao Jinqing, the Miao family reached a new level, and the Shangdang Miao family eventually changed from a local family to one of the "two capital clans". In the middle and late Tang dynasties, descendants of the Miao Clan entered the civil service by virtue of their family shade or the imperial examinations, and were married to other bureaucratic families for generations, thus maintaining the status of the Miao family and completing the process of "centralisation" and "bureaucratisation".

Key Words: the Shangdang Miao family, the imperial examination system, Miao Jinqing

新见《朱薯疏》校释与考论

张志斌[1]　李昕升[2]

（1. 南京农业大学；2. 东南大学）

摘　要：苏琰《朱薯疏》作为第一篇番薯专论，具有重要价值，然一般认为全文早已亡佚，仰赖《亦园脞牍》得以部分保存。新发现《金薯传习录》一特殊版本，保存了《朱薯疏》全文，较前者更具辑佚之功。在此基础上，对《朱薯疏》进行了校释，并就史料进行辨析与考证，厘清了关于番薯入华等重大问题。

关键词：番薯；《朱薯疏》；苏琰

作　者：张志斌，南京农业大学中华农业文明研究院2021级硕士研究生；李昕升，东南大学人文学院历史学系副教授。

番薯 [*Ipomoea batatas* (L.) Lamarck]，乃管状花目旋花科一年生草本植物，常见别名有红薯、山芋、地瓜、红苕、白薯等，其早期（明代）别名主要有番薯、地瓜、甘薯、金薯、朱薯、朱薯、红山药等。"朱薯"一称首见于苏琰《朱薯疏》，少见于后世文献，该称谓本身就能反映出番薯传入中国不久。

实际上，番薯原产中美洲，经"哥伦布大交换"（Columbian

---

* 本文为江苏高校哲学社会科学研究重大项目"明清以来番薯史资料集成汇考"（编号：2021SJZDA116）、中国索引学会规划课题青年课题"中国古农书目录、索引编纂研究"（编号：CSI21B01）、四川省哲学社会科学重点研究基地川菜发展研究中心重点项目"中国番薯史资料整理与研究"（编号：CC22W03）阶段性研究成果。

Exchange）传入欧洲，后至菲律宾，辗转进入中国。① 据《金薯传习录》等文献记载，番薯于万历二十一年（1593）经陈振龙传入福建长乐，后经巡抚金学曾迅速推广，成为"救荒第一义"。有明一代由于番薯的救荒价值，迅速在闽、粤传播。徐光启甚至亲自为番薯背书，《甘薯疏》（1608）是徐氏第一部农书，也是第一部番薯专书，总结了番薯在上海一带的种植经验，其内容包括叙源、传种等十三目。

《朱蕷疏》是又一部番薯专论，虽难以将之称为农书，但篇幅甚大，不亚于《甘薯疏》，创作时间更早于《甘薯疏》。传入中国的美洲作物三十余种，唯一拥有多部农书的就是番薯，可见这种外来作物的重要性及时人之推崇。纵览历史时期番薯农书，《朱蕷疏》的农业科学史价值、文献价值都是名列前茅的。

一 苏琰与《朱蕷疏》

苏琰事迹散见于各类明清文献，其中以乾隆《泉州府志》最为翔实：

> 苏琰，晋江人，长乐令，民子，万历己酉举人，癸丑进士，授行人，擢御史，熹宗即位，宗伯孙慎行，追论红丸，罪株及旧辅，方从哲、琰力言事，属暧昧，不可藉，以快牛李之私，罢归，久之复起，巡按贵州，会安酋逆命，特勒为监军，累败贼阵，擒斩巨魁，黔中以宁，未几，谢病归，卒。著有文集二十卷。②

---

① Douglas E. Yen, "Sweet Potato in Historical Perspective", in *Sweet potato*, edited by R. L. Villareal, and T. D. Giggs, Tainan: The First International Symposium, AVRDC, 1982, pp. 17–30.

② （清）怀荫布：《乾隆泉州府志（二）》，上海书店出版社 2000 年版，第 643 页。

结合其他文献可知，苏琰，字伯润，号虹如，晋江人，苏民之子，与何乔远交往甚厚，万历四十一年（1613）进士，初任行人司行人，升任山东道监察御史，因追论"红丸案"被罢官，后起用，相继任河南、贵州监察御史，屡有战功，辞病归家不久后去世。由于并非显宦等原因，苏氏作品虽多，乾隆《泉州府志》记有"春秋传语编注、自猎斋文集、运运甓斋集二十卷、鸳鸯谱六卷、小馔盒一卷"①，但传世不多，仅有《鸳鸯谱》六卷较为完整，今存湖南图书馆；其他诸如《安海建署记》《何镜山著书大略》《朱蓣疏》等散于各处。

苏琰作《朱蓣疏》系明季一篇幅较大（近两千字）、价值颇高的专门针对番薯的诠释，与同时代徐光启《甘薯疏》、何乔远《闽书》关于番薯的记载可以互为补充。《朱蓣疏》涉及番薯形态、生态、来源、典故、用途、栽培、加工等诸多方面，堪称番薯"百科全书"。由于当时番薯传入不久，相关著作比较罕见，因此，《朱蓣疏》是国人第一篇对番薯较为全面的认识，具有里程碑的意义，乃番薯类篇章首创。

一般认为《朱蓣疏》失传已久，仰赖泉州人龚显曾（1841—1885）《亦园脞牍》（1878）卷六辑录才得以保存：

> 万历间，侍御苏公琰《朱蓣疏》，其略曰：万历甲申、乙酉间，漳、潮之交，有岛曰南澳，温陵洋泊道之，携其种归晋江五都乡曰灵水，种之园斋，苗叶供玩而已。至丁亥、戊子，乃稍及旁乡，然亦置之硗确，视为异物。甲午、乙未间，温陵饥，他谷皆贵，惟蓣独稔，乡民活于薯者十之七八，繇是名曰朱蓣。以其皮色紫，故曰朱。朱，国姓也，闽音读"蓣"为"慈"，盖颂蓣之德，而归赐于天子云。②

---

① （清）怀萌布：《乾隆泉州府志（三）》，上海书店出版社2000年版，第619页。
② （清）龚显曾：《亦园脞牍》，商务印书馆2019年版，第243页。

《亦园脞牍》仅能窥见《朱薯疏》之一斑，自然谈不上对其诸多价值的展现，主要停留在番薯入华问题上。毕竟《亦园脞牍》所引《朱薯疏》记载了番薯传入中国的一条路线，即1584年通过南澳岛进入晋江，这是一条有别于其他线路的全新路径，早于《金薯传习录》记载的1593年陈振龙将番薯从菲律宾带回福建长乐这一公认影响最大的路线近十年，那么《亦园脞牍》所引《朱薯疏》有可能是番薯进入中国的最早记录。

泉州人吴增（1868—1945）或是最早发现《朱薯疏》的蛛丝马迹，整理出新路线者，"万历间，侍御苏公琰作朱薯疏，其说甚详……薯栽初到晋江五都灵水乡种之"①，自此以后，特别是改革开放以后，学术界一般将之作为有别于陈振龙的路线，数人为之背书。根据《蕃薯杂咏》（1937）记载，可知吴增亦是取材于《亦园脞牍》，而非《朱薯疏》原文。

近人对《朱薯疏》的认识都是来源于《亦园脞牍》，但《亦园脞牍》本身就是二手文献，"其略曰"的再加工属性已经不言而喻，能在多大层面上忠实原文，要打一个问号。但是《亦园脞牍》已是记录《朱薯疏》的"孤本"，无从考证其记录的真伪缺全。直到笔者发现《朱薯疏》全文。

陈世元辑《金薯传习录》目前通行本为农业出版社1982年影印、福建省图书馆藏"丙申本"。流传最广、知名度最高的乃1939年萨兆寅在友人沈祖牟处发现的南台沙合桥升尺堂刻本②，1960年被吴德铎获悉后大加宣传，引起社会广泛关注，1962年郭沫若特地前往福建省图书馆查阅，1963年福建图书馆抄送油印分发各处，此版本，即"丙申本"，目前海内外绝大多数版本都与《朱薯疏》无涉。

中国科学院自然科学史研究所图书馆（李俨图书馆）所藏《金薯传习录》乃海内孤本，今人多以为与"丙申本"一般无二，

---

① 吴增：《蕃薯杂咏》，泉山书社1937年版，第2页。
② 福建省图书馆编：《萨兆寅文存》，鹭江出版社2012年版，第229页。

包括馆员手写题名其"乾隆四十一年刻本",这正是丙申本的成书年代,隐含意思即将之作为丙申本。但如果仔细比勘,实际上大相径庭,仅就篇幅而言,前者就比后者多出了三分之一的体量,不仅有一套他处没有的完整目录,还首见"七序五跋",在内容上更加丰富,价值更高。

我称此李俨旧藏《金薯传习录》为"目录本",李俨为福建闽侯人,正是《金薯传习录》诞生、流布的发源地之一,所以能获取这一罕见刊本。由于此版本极少有人发现,长期遭到埋没。

《朱蓣疏》全文目前仅见于《金薯传习录》"目录本",从这个意义上来说,"目录本"具有辑佚之功,使我们得以窥见《朱蓣疏》全文,当然由于亦是辑录,我们不能说"目录本"百分百地还原了《朱蓣疏》原文,但已经难能可贵。

二 《朱蓣疏》校释

朱蓣疏

福建泉州府晋江县、赐进士出身、巡按河南贵州、监军、监察御史 苏琰

朱蓣,一名番蓣,又名金蓣,皮红肉白味甘,春夏蔓生,抽藤布叶,叶作三角类牵牛,六七月后开小花,淡红,不结实,根渐大,即蓣也。惟附于本[①]者一蓣或三四斤或一二斤,其从藤间出小根,着土而渐大者小至三四两。赤土肉甘、沙土肉淡,附海之土沙以咸,肉亦如之,生熟皆可食。

种之于三月,刈麦后清麦本而后种之,或于腊月取老藤疏布麦畦中,谓之寄麦,麦刈就畦加壅、灌藤,叶虽稀,根已壮,比之麦后种者先收月余,收时多在十月,逮冬至而尽,入腊近春蓣内之肉

---

① 本:草木的根。

又将化筋而起苗矣。① 然自七月后，农人饥者不俟长，多取食之。

蓣来自番，故曰"番"，既入内地，称其皮色又曰"朱"。甲午、乙未间，温陵②饥，他谷皆贵，而此蓣独稔，活于蓣者十七八，乡语"蓣""慈"同音，朱，国姓也，缙绅、学士、大夫颂蓣之德归赐于天子，云是我朱慈爱遐方③，格于皇天④，爰锡佳种，传者金也，巡抚金讳学曾公通饬各属栽培自今，以始尽舍"番"号"朱"，而民又号"金"。

先是癸巳⑤之春，有征梦于何氏九仙⑥者，云天下何时太平，仙示之梦曰："寿种万年宝、升平遍地瓜"，觉而大骇，及甲午始验。盖自癸巳冬前，市间贸易用宋宝⑦，是年尽，用万历通宝，而朱蓣之无人不种，亦自甲午始也，原其始有此蓣。漳潮之交岛曰南澳⑧，温陵洋舶有福州船出海，陈振龙者往吕宋国觅番蓣种，挟小篮中而来，同舶洋中泉人闻知乞种携来，种在晋江县五都

---

① 最早记录了番薯融入当地种植制度，与当今福建夏薯一般五月种植，八到十月收获大体相当。此时番薯传入不久，就参与了麦的套种，充分利用土地、农时，这些当然是建立在传统中国比较成熟的精耕细作体系之上，同时反映了中国农业的包容性和适应性，但是番薯（即冬薯）与麦的间作，在福建南部勉强可以，但也要小心刨挖番薯损伤小麦，在江南乃至北方就难以成行，盖因热量不足之原因。

② 温陵，泉州古称，《舆地纪胜》引旧田经谓"其地少寒，故云"。泉州市郊九日山东峰上发现有一个高大的北宋摩崖石刻，有"提点刑狱祖无颇夷仲按部温陵……元祐七年二月二十五日"之语，可见至迟在北宋时，泉州就已经出现了"温陵"一称了。

③ 遐方：遥远的地方。

④ 格于皇天：感通上天。

⑤ 万历癸巳：即万历二十一年，1593年。

⑥ 何氏九仙，又称九鲤湖仙，是福建道教中的九位俗神，记载最早见于南宋宝祐五年（1257）《仙溪志·叙县》，流传于福建全境的何氏九仙信仰是以道教九仙文化为基础，综合各地的九仙传说衍化而成的一种民间信仰。其文化构成芜杂，但其核心是道教的仙人神话，秉承了道教文化的羽化登仙的思想，祈梦是何氏九仙信仰最具特征的内涵。详见刘福铸《道教俗神何氏九仙探源》（《福建师大福清分校学报》1997年第4期）、杨秋生《试析何氏九仙信仰的文化构成》（《泉州师范学院学报》2006年第1期）等。

⑦ 宋宝：即宋朝铜钱，宋朝钱币是我国历史上铸量最多、年号、钱文种类特别丰富、金银货币量大、用广，属至今仍无人能将之详尽的币种之一。民间行用前代的钱并不鲜见，明代亦常有夹杂，百姓识字率低，不会刻意去识别朝代，而只在意铜质的优劣。

⑧ 南澳：原分广东、福建管辖，今南澳岛是广东省唯一的海岛县，有"潮汕屏障、闽粤咽喉"之称，为洋船通商必经之地。

167

乡曰灵水①，其人种之园斋，苗叶供玩而已。蕷仅大于指，丙申、丁酉稍稍及旁乡，然亦仅置之硗确，视为异物，至有相诳者曰番物有毒，又曰同醋食者必死，疑者多种者少，忽有农人种之及半亩，乃大颗而多收，遂竞种以当谷，未闻有被其毒者。农人之言曰吾日食蹲鸱②，饱而事桔槔③，乍饱乍饥脚力随惫，食蕷如蹲鸱之数，以事桔槔，脚力不惫，与食稻米同，间测其故，或曰蕷较蹲鸱多乳而甘，或曰皮红为火，火生土，必健脾也，二说似皆可信。

盖农人冬间掘蕷清亩，大者以自食，附藤之根入土作小条者，捣而蒸之以养猪，猪食蕷肚皮倍厚，又极甘脆，其肠则薄甚，当是不去红皮补土克金之证耳。戊戌、己亥之岁，种者亩之所获可七八百斤，其时农人不知种法，地力泄于藤上之小根，而本根遂微，庚子、辛丑农人遵法分畦、治沟、引水、壅粪，又于五六月间，凡作小根着土者，皆拨而断之，于是地力专，而初根长一亩，乃得四五千斤④。当获少时，就亩中随取随尽，不知有可晒、可藏、可粉、可酿种种事。多获以来，或就亩晒颗、伴稻草藏于磁木器中，或切片干之，或去皮捣之澄水滤作粉，每蕷百斤得粉五斤⑤，如玉而甘，方绿豆之粉稍脆，既出粉之渣，仍晒如米，可为粥。至酿酒则红皮削尽，蒸熟拌曲，搅化入缸，日取饭汤益之，烧为酒，无殊于米，所以去红皮而日益饭汤者，饭气多则皮底之荅⑥气自化也。又有自腐之，蕷肉之白者，变成褐色，瀼瀼近于臭气，农人取而洗

---

① 灵水：晋江灵水乡，今灵水社区，灵源山溪涧之山水绕村而流过而得名。
② 蹲鸱：大芋，因状如蹲伏的鸱，故称。《史记·货殖列传》："吾闻汶山之下，沃野，下有蹲鸱，至死不饥。"张守节《正义》："蹲鸱，芋也。"
③ 桔槔：桔槔，利用杠杆原理的一种原始的汲水工具。
④ 虽然关于番薯产量之说可信度不高，但却是最早记录了番薯的高产栽培技术之一——茎蔓管理，通过控制生长，达到生长素抑制的目的，保证养分汇集于块根。
⑤ 番薯入中国不久，苏琰就提到了人食、喂猪之外"可晒、可藏、可粉、可酿种种事"，当是借鉴了薯蕷、芋头等块根类蔬菜的诸多妙用，是最早付诸文字的番薯利用的全方位解说。不过"每蕷百斤得粉五斤"可见其加工技术尚不成熟，对比清末何刚德《抚郡农产考略》"薯百斤有粉二十余斤"，高下立判。
⑥ 荅：《集韵·勘韵》："馅，味过甘也，或作荅。"

之，其所澄滤之粉，乃与蕨粉相似，又复韧而不脆，若蓣留土中，至正月半后，则其白肉多作黄色，黄色之气如生桐油，乃不中食，九十月之交，或久不雨，土中亦有作桐油气者，倘一下雨，过四五日后，黄油自化，肉白味甘如初生。

其嫩叶新苗盐之俱可作茹，倘遇荒年，其青黄不接之时，先取幼叶而食，亦可充饥，及清亩之后，藤蔓晒干，饭牛胜稻草，细数之苗、叶、根、藤一无可弃，真所谓"朱慈"者矣。独其所种之地，明岁不堪，再种即种他谷亦少收，盖其藤蔓小根土膏、粪壅收尽，明岁必覆土加粪，始可望前岁之收耳。① 留种之法，泉中不难，即无麦畦可寄者，但于清亩时折藤尺许，密插于地，待春自作小根，丈地之种分一亩之畦而有余，又有附海乡，天风狂括，只取其藤本小蓣十颗八颗相辍者挂之厨房檐下，日火消寒春到自芽，而可种也。

记琰为诸生时见，有宦于闽者，不胜救荒之念，镌为劝惩条教，台下于司，司下于府，府下于县，县下于乡，乡之里胥，沿门科敛②备纸刷印，家粘一示，又欲回檄申报，谓各乡村无不种蓣之人，纸札之费、稽查之扰、吏卒之脚钱饭食，捐蓣收之半，冗费而不得充腹，嗟乎，彼饥彼急何烦官府涂饰文移之费，诉泣于官而各属造报乃止，若乃操觚之士，或爱嘉名妄附他书，恐非其种，琰寡闻浅识只述所见、所知者如此。

万历甲辰腊月望
朱薯③笔记

---

① 苏琰敏锐地发现，番薯不宜连作，这是因为番薯重茬病虫害（特别是甘薯茎线虫病）现象会严重，所以最好小麦、玉米、谷子、棉花等互相轮作，也不可与烟草、花生、马铃薯轮作，因为有相虫病病害发生，并非苏琰所指出的"土膏、粪壅收尽"，不是施肥就可以的，本来番薯与禾本科作物所需土壤元素就有差异，不会对地力产生过重负担。

② 科敛：凑集或搜刮钱财。

③ 番薯早期（明代）别名主要有番薯、地瓜、甘薯、金薯、朱薯、朱蓣、红山药等。朱蓣一称就是首见于苏琰《朱蓣疏》，此处"朱薯"与标题不同，存在混用，可见"朱薯"也比较常用，该名称首见于万历二十一陈经纶禀帖，在福建较为常见，倒是"朱蓣"后世所见不多，亦见作为一个新作物其名称在初期比较混乱，"朱蓣"很有可能为苏琰自创。

三 《朱蓣疏》考论

据笔者搜罗,《金薯传习录》在国内外尚有一些版本,多数与"丙申本"大同小异,为何仅有"目录本"保存了《朱蓣疏》,我们以为有两种可能:

第一,"目录本"诞生晚于"丙申本",应是"丙申本"增补刷印本,因为无论在序跋、目录还是内容上"目录本"更加完善,但是"丙申本"已经大肆流通,造成一种陈世元有意删减的错觉,而"目录本"可能本身印制不多、流布不广,难以后来居上;第二,陈世元确实有意删之,"丙申本""目录本"之后,《金薯传习录》尚有一支版系、若干版本,但亦不载《朱蓣疏》,猜测可能《朱蓣疏》篇幅过大且无关宏旨,摘录的意义不大,加之过多的内容,无疑会增加印刷成本,因此在保持与"丙申本"基本内容不变的情况下,重新付刻,微调、修正了"丙申本",而不采用"目录本"。

吊诡的是,《金薯传习录》与《亦园脞牍》之《朱蓣疏》对比,差异颇大、异文迭出。除了字里行间的差异,差异主要有二:

一是叙述顺序不一致,《金薯传习录》是先叙述番薯之重要性,以及名称意涵,再厘清其源头,《亦园脞牍》是按照时间顺序阐述番薯的引种、推广历程,最后再介绍其名称由来,虽然叙述逻辑不一,然并无大碍,龚显曾明说这是"其略曰",重新组织语言与原文不一致很是正常。二是引种时间与路线有重大差异,《亦园脞牍》之说是早在万历十二年(1584),番薯就由泉州人从海外携归,来源地不详,料想可能是菲律宾,与陈振龙毫无干系,且比之提前九年,根据此种记载,史家一般将之视作番薯传入中国的九大路线之一(陈振龙从菲律宾引入福建长乐、无名氏从菲律宾传入福建泉州晋江、无名氏或一说张万纪从海外带入福建漳州、陈益从越南引入广东东莞、林怀兰从越南携入广东电白、无名氏从文莱引入台湾岛、无名氏从日本带入舟山普陀、无名氏从南亚传入云南、苏得道从苏禄国到泉州晋江①），但是《金薯传习录》之说则迥异，所谓的泉州一线仅是福建长乐一线的支线而已，孰是孰非似乎难以判断，在出现其他文献得以参校之前，实难盖棺论定，不过至少让我们对福建泉州晋江线也没有那么深信不疑了。

对照《金薯传习录》中《朱薯疏》全文，《亦园脞牍》剪裁、拼接了文本的顺序，并大面积缩写，比较而言《金薯传习录》更加可信，在时间、主角问题上孰是孰非？我们倾向于《金薯传习录》，事件过渡更加自然、合理。

从内容上来看，笔者认为《金薯传习录》中《朱薯疏》的记载还是相当可信的，符合逻辑。首先，《金薯传习录》之《朱薯疏》没有夸大番薯的影响（产量、传播速度等），这是一个新作物应有的情况；其次，1594年福建大旱，旱情主要集中在福建北部，福建南部情况稍好，所以可以解释"丙申、丁酉稍稍及旁乡，然亦仅置之硗确，视为异物"，如果为陈世元杜撰，断不会如此"自相矛盾"，番薯的福建南北传播的细节差异更证明了文本的真实性；再次，陈振龙"挟小篮中而来"，大摇大摆，没有藏着掖着，这也呼应了笔者质疑的"此种禁入中国""捐资阴买"说。

我们对《金薯传习录》中《元五世祖先献薯藤种法后献番薯禀帖》记载的"此种禁入中国""捐资阴买"一直持有疑问，未见其他佐证材料，美洲作物多矣，未闻其他有此情形。如果番薯真具有"禁入中国"的价值，可以料想，中间商西班牙早就用来牟利了，况且菲律宾"朱薯被野"，也是无法限制住的，不排除陈家刻意以此抬高自己的可能性。

当然，我们偏重于《金薯传习录》所载可信性更高，除了再

---

① 详见李昕升、崔思朋《明代番薯入华多元路径再探》，《历史档案》2022年第1期。

现更完整之外，陈世元如果有意窜改，工作量颇大，为了自圆其说往往要修改数处，难免会露出马脚，但《金薯传习录》所辑《朱蓣疏》行文流畅、前后连贯、逻辑缜密，无法看出涂改的痕迹。退一步讲，如果陈世元单纯为了给家族歌功颂德，完全可以不载《朱蓣疏》，正是因为《朱蓣疏》与自我相关，才特地刊刻，否则断没有必要冒被人拆穿的风险行事，毕竟在乾隆年间《朱蓣疏》应该还是具有一定传播范围的，特别是在福建地区。越是后来，《朱蓣疏》影响越小，已经少有人目及了，龚显曾大概是见过的，凭借记忆"其略曰"部分重现，可靠性想必是不如《金薯传习录》的。

此外，通过一些细节，也可以判断《朱蓣疏》全文的真实性。通篇对番薯栽培、利用技术描绘之详细、确凿、先进，完全是番薯传入福建很长一段时间的描绘，也就是说文末之"万历甲辰"成文是可信的，此时距离《亦园脞牍》中所说的"万历甲申、乙酉间"已经过去二十年，苏琰如何知之甚详？道听途说的话，为何在《亦园脞牍》成书之前仅三百年间都未见此种观点？唯有陈振龙一线经过金学曾放大，在福建地方社会已经取得普遍共识，苏琰方可书写，此其一。

关于番薯为何又名"朱蓣"，《亦园脞牍》"以其皮色紫，故曰朱。朱，国姓也，闽音读'蓣'为'慈'"，《金薯传习录》则是更加全面，又言"以始尽舍'番'号'朱'，而民又号'金'"，这也与行文之初"又名金蓣"一说呼应，陈世元如果作假，不会注意该处信息，所以该处信息为真，可见在福建番薯确有"金薯"或"金蓣"一称，该处信息恰恰可以反映，番薯在福建的推广是在金学曾劝种之后，而金学曾的薯种又来源于陈振龙，从侧面验证了苏琰知晓推广番薯首善之功在于金学曾、陈振龙，此其二。

最关键的是，如果番薯早在1584年就传入福建，1594年上半年福建大荒，番薯就会大显神通而不致生灵涂炭，金学曾也就不可能在万历甲午年后才"从外番匀种归"，舍近求远，事实上番薯就是在 1594 年下半年才发挥作用，这是因为陈振龙之子陈经纶 1594 年 7 月方上禀金学曾"先献薯藤种法后献番薯禀帖"，这才是金学曾接触到番薯的契机，此前中国并无番薯，这与万历《福州府志》的记载也是相吻合的，"番薯，皮紫味稍甘于薯、芋，尤易蕃郡。本无此种，自万历甲午荒后，明年都御史金学曾抚闽从外番勾种归，教民种植以当谷食，足果其腹，荒不为灾"①。《亦园脞牍》之说完全没有记载金学曾相关，与万历《福州府志》相龃龉，此其三。

明末以来、乾隆以前，引种番薯之功均是献给金学曾，但是金学曾贵为一方大员，不可能为引进番薯的先行者，必为其他人从南洋引进后，介绍给金学曾，方成就"金薯"之名。《亦园脞牍》的转录内容相对孤立，没有其他史料互为印证，可信度不高。

总之，陈振龙从菲律宾引种番薯到福建长乐一线仍然是迄今为止最早、最确凿、最重要的路线。《朱蓣疏》所反映就是同一条路线。其实包括万历十二年晋江线在内的流行的种种番薯多元路径说，其实多是后人建构的一种"想象力工作"，"最早""第一人"之类的说法不绝于书。虽然新史料有助于我们拨云见日，但是要特别注意加强史料辨析，而不可人云亦云。海登·怀特认为历史叙事"在同等程度上既是被发现的，又是被发明的"②，强调了文字记载的历史可能是虚构的。历史研究的目的在于求真而非求新，所谓的"新发现"并不是越多越好，真实性需要仔细斟酌，在认识深化中不断"祛魅"。诚然，《朱蓣疏》的价值远不止番薯入华问题这么简单，从原文诠释即可反映其多元意义，"冷门"史料也可焕发生机。

---

① （明）喻政修，（明）林烃、谢肇淛纂：《福州府志（万历）》卷 37《物产·蔬之属》，万历四十一年刻本，第 3 页。
② ［美］海登·怀特：《作为文学虚构的历史文本》，彭刚主编：《后现代史学理论读本》，北京大学出版社 2016 年版，第 43 页。

古史专题

On the proofreading and examination of the new Zhu Yu Shu
Zhang Zhibin Li Xinsheng

Abstract: Zhu Yu Shu, as the first monograph on sweet potatoes written by Su Yan, have great value. However, it is generally believed that the full text is lost and depends on the Yi Yuan Zuo Du to be partially preserved. The newly discovered of Jin Shu Chuan Xi Lu is a special edition, which preserved the full text of Zhu Yu Shu, is more valuable than the former. On this basis, the author proofreads Zhu Yu Shu and makes analysis and textual research on historical materials. Through the new Zhu Yu Shu, clarified major issues such as the entry way of sweet potatoes into China.

Key Words: sweet potato, Zhu Yu Shu, Su Yan

东魏南营州英雄城辨析*

崔玉谦[1]　贾子辰[2]

（1. 保定学院；2. 四川师范大学）

摘　要：英雄城系东魏时期于南营州一带侨置的一座城池，通过对不同材料以及《中国历史地图集》相关记载标注的分析，本文认为：英雄城侨置出现的时间不早于永熙二年（533）；英雄城名称来源与侨置于此的营州兵号"雄武"有关；在此后随着行政区划的调整改变，南营州英雄城逐渐发展成遂城县，结合其他地名材料来看，东魏时期的南营州英雄城应在今保定市徐水区釜山村一带。

关键词：东魏；南营州；英雄城；侨置州县

作　者：崔玉谦，保定学院文物与博物馆学院/京津保联动发展研究院副教授；贾子辰，四川师范大学历史文化与旅游学院硕士。

《中国历史地图集（东晋十六国·南北朝时期）》东魏地图部分①，范阳郡与北平郡之间标注有南营州英雄城，关于南营州与英雄城，不同史料有不同记载，在此有必要做相关辨析。《北史·薛修义传》对英雄城有记载：

---

* 基金项目：河北省高等学校青年拔尖人才计划项目"中古时期蒲阴陉沿革变迁及遗迹资料整理研究"（编号：BJS2022038）的阶段性成果；京津保联动发展研究院服务地方研究专项"保定旅游资源开发与建设研究"阶段性成果；保定学院科研创新团队"京雄保特色文化"年度成果。

① 谭其骧主编：《中国历史地图集》（东晋十六国·南北朝时期），中国地图出版社1996年版。

古史专题

> 沙苑之败，徙秦、南汾、东雍三州人于并州，又欲弃晋，以遣家属向英雄城。修义谏曰："若晋州败，定州亦不可保。"神武怒曰："尔辈皆负我，前不听我城并州城，使我无所趣。"修义曰："若失守，则请诛。"①

沙苑之战系东魏、西魏之间的一场遭遇战，时间是天平四年（537），战争结果是东魏失败。高欢采取了迁徙民户的措施，迁徙路线是由河东向定州一线，薛修义认为此举并不可行，太行山屏障若拱手相让，河北平原区域也很难守住。材料中提到了英雄城，但并没有具体讲城址，从强调定州重要性来看，应距定州不远；从时间上来看，沙苑之战时英雄城已经存在一段时间，秦、南汾、东雍三州人口数量应有一定规模，成规模的人口迁徙，迁入地的选择很重要。再看《魏书》的一则记载：

> 南营州（孝昌中营州陷，永熙二年置。寄治英雄城。）领郡五，县十一，户一千八百一十三，口九千三十六。②

显然，南营州在北魏时期已经侨置，侨置对象系营州，英雄城仅是南营州的寄置地所在。南营州整体侨置的规模系不到万人在北魏时期，高欢若要迁徙河东三州的人口到此，总体的人口数量③会有明显的增加。《魏书》提到了两个关键的年号，孝昌为孝明帝元诩的第三个年号（525年六月—528年正月），永熙为孝武帝元修

---

① （唐）李延寿：《北史》卷五三《薛修义传》，中华书局2003年版，第338页。关于沙苑之战，可参考宋杰《两魏周齐战争中的河东》，中国社会科学出版社2006年版。
② （北齐）魏收：《魏书》卷一〇六上《地形二上》，中华书局2018年版，第2458页。
③ 关于这一时期的人口情况，可以参见陶文牛《隋初户口考》，《首都师范大学史学研究（第一辑）》，首都师范大学出版社1999年版。关于河东三州人口数量的估算，也可参见陶文牛《隋开皇大业年间户口盛衰考实》，《首都师范大学历史系建系四十周年纪念论文集（1954—1994）》，首都师范大学出版社1995年版。两篇文章虽是论述隋代的户口情况，但引用大量的北朝户口史料，具有参考价值。

的第三个年号（532—533），结合两个年号来看，南营州的侨置是在永熙二年（533），这一时间点距沙苑之战仅有四年（537），已是北魏政权分裂之时，英雄城的出现不会早于永熙二年。再看《资治通鉴》的一则记载：

> 易州贼帅宋金刚，有众万余，与魏刀儿连结。[易州，上谷郡。宋白曰：易州，六国时燕地，秦并天下，是为上谷郡。汉置涿郡。今州即涿郡故安县。地图经云：隋初，自今遂城县所理英雄城，移南营州，居燕之候台，仍改名易州，取州南易水为名。帅，所类翻。]①

这则材料虽然记载的是唐初史实，但胡三省在注释中引用《地图经》观点，英雄城即为隋代遂城县，《地图经》成书时间应不晚于隋初。关于遂城县，相关材料也有进一步解释：

> 遂城废县（徐水）县西二十五里。战国时燕之武遂也。赵李牧伐燕，拔武遂、方城。又秦破赵将扈辄于武遂，斩首十万，即此。汉为北新城县，属中山国。后汉属涿郡。晋属高阳国。后魏曰新城县，属高阳郡。世谓之英雄城。魏主诩孝昌中，营州陷。永熙二年，置南营州于此，领昌黎、辽东、建德、营丘、乐浪五郡，皆侨郡也。北齐惟存昌黎一郡，领永乐、新昌二县。隋开皇初，废南营州。②

北朝至隋代的遂城县在今徐水（区）以西方向二十五里，按顾祖禹解释，遂城县即是侨置的南营州，同时还有一个别称即

---

① （宋）司马光：《资治通鉴》卷一〇九"隆安元年二月条"，中华书局1956年版，第3460页。
② （清）顾祖禹：《读史方舆纪要》卷一二《北直三》，上海书店出版社1998年版，第102页。

古史专题

"英雄城",南营州一直到隋初还存在,但别称在英雄城北齐时期即已不存在,东魏存在时间有十七年(534—550),北魏永熙二年为公元533年,按此时间,南营州英雄城存在时间不少于十八年。胡三省注解中还提到了"侯台",关于这一地名相关材料也有进一步的解释:

> 侯台在州治西。相传周武王所筑,为日者占候之所。战国时,燕昭王建五楼于其上,更名五花台。辽主隆绪尝驻于此。《图经》:隋初于遂城县,移南营州居燕之侯台,改曰易州,以州南易水为名也。①

侯台与隋代的遂城县应是南北方向,顾祖禹也提到了一份《图经》,这份《图经》在内容上与上文胡三省引用的《地图经》相一致,顾氏论述侯台是在易州部分(不同时期的行政区划有差别),引用的《图经》应是《易州图经》或《易县图经》,按顾氏理解,隋初撤废的南营州即明清之际易州前身,顾氏的解释相较于胡三省更进一步,但二者解释均仅到县一级。再看《元和郡县图志》的一则记载:

> 后魏孝武帝永熙二年,以韩瓒为营州刺史行达此城,值卢曹搆逆,就置南营州。以瓒为刺史,所部三千余人并雄武冠时,因号英雄城。②

关于南营州英雄城名称来历,《元和郡县图志》有明确解释,营州刺史韩瓒率三千余人撤退于此,三千余人号称"雄

---

① 《读史方舆纪要》卷一二《北直三》,第103页。
② (唐)李吉甫:《元和郡县图志》卷二二《河北道三》,中华书局1983年版,第560页。

东魏南营州英雄城辨析

武",撤退到遂城一带,号称英雄城,该城所在地不排除有固有地名,但由于三千军人特殊情况,出现了名称改变,侨置州郡出现这类情况并不罕见。《太平寰宇记》关于南营州英雄城还有时间上的补充:

> 隋开皇元年,自今遂城所理英雄城移南营州,居燕之侯台,仍改名易州。取州南易水为名,炀帝初州废复为上谷郡,遥取汉上谷以为名。①

开皇元年为南营州改名时间,这一时间点也是英雄城不再出现于史料记载的时间点。南营州作为北魏末期的侨置州,位置在隋代的遂城县一带,今徐水(区)西北方向,英雄城即是南营州侨置地的称谓,结合《中国历史地图集》标注,南营州侨置地的选择位于蒲阴陉的北线②,满城故城距南营州侨置地距离上很有限。关于南营州及英雄城,其他的相关材料有必要在此进行对照辨析,先看《大清一统志》的两则材料:

> 《魏书·地形志》:南营州,永熙二年置寄治英雄城,领郡五,昌黎、辽东、建德、营邱、乐浪;县十一,龙城、广兴、定荒、太平、新昌、石城、广都、富平、永安、带方、永乐;《隋书·地理志》:后齐惟留昌黎一郡,领永乐、新昌二县,余并废。③
>
> 按:县城即战国时武遂城也,后魏孝武以韩瓒为营州刺

---

① (宋)乐史:《太平寰宇记》卷六七《河北道一六》,中华书局2005年版,第670页。
② 参见崔玉谦、徐舒《民国时期〈满城县志略〉赵简子筑城地记载分析——兼论两汉时期北平县地望》,《燕赵中文学刊(第一辑)》,社会科学文献出版社2022年版。
③ (清)和珅:《大清一统志》卷六《保定府三》,文渊阁《四库全书》,第474册,第29页。

史，行达此城，值卢曹搆逆就置南营州；以瓒为刺史，所部三千余人并雄武冠时，因号英雄城，《寰宇记》遂城县今理釜山村，《旧志》：废县，今为遂城社。①

方志材料来源广泛，作为地理总志，乾隆时期的《大清一统志》实际成书于乾隆五十年年底，共有四百二十四卷及目录二卷，目前已知至少有四十二人先后参与编修工作，引用史料众多。上面的两则材料，第一注明了系引用《魏书·地形志》《隋书·地理志》，对照相关材料没有出入，仅是相关沿革的介绍。第二则材料则涉及南营州英雄城的具体地点问题，引用的材料为《太平寰宇记》与方志，尤其提到了一点，英雄城即釜山村，关于釜山这一地名（基层行政建制不同时期的名称②有差异，在此不做展开），《寰宇记》中的记载上文已有引用，易州条目下并未提及釜山，但在遂城县条目下有记载：

后魏武帝永熙二年于此置南营州，改为新昌县，隋开皇十六年改为遂城县，今治釜山村。③

按乐史的记载，宋初的遂城县，即在釜山村，但对于釜山村的具体位置未做更多的解释。《方舆纪要》有进一步解释：

釜山（安肃）县西四十五里，以形似名。西接黑山，东临峭壁，中有谷甚宏敞。初入曰釜阳口，内为釜山村，泉甘土肥，物产鲜美。④

---

① 《大清一统志》卷六《保定府三》，第 474 册，第 29 页。
② 关于这一问题，可参见谷更有《中国古代乡村社会的权力体系论略》，《中国史研究动态》2021 年第 2 期。
③ 《太平寰宇记》卷六七《河北道一六》，第 670 页。
④ 《读史方舆纪要》卷一二《北直三》，第 102 页。

结合这则材料，釜山（村）的具体位置即在今徐水区（材料中的安肃县）以西四十五里，已是太行山的沿线区域，南营州英雄城的选址符合侨置的原则，尤其提到的"釜阳口"。关于釜山，相关方志还有记载：

> 釜山在安肃县西四十五里，东临峭壁，中有谷甚宏敞。初入曰：釜阳口，内有釜山村，泉甘土肥、物产鲜美。……其西又有黑山，背阳面阴，土壤深黑，汉末张燕据此号黑山贼。①

尤其最后的解释，釜山村一带曾经是农民起义军的据点。虽然仅是一个村，但物产资源丰富，对于以军人以及军人家属为主的侨置人群而言，基本的异地生存条件是具备的，"釜阳口"的解释为峭壁之下，具有天然屏障。再看《水经注》的相关记载：

> 易水又东届关门城西南，即燕之长城门也，与樊石山水合。水源西出广昌县之樊石山，东流迳覆釜山下，东流注于易水。易水又东历燕之长城，又东迳渐离城南，盖太子丹馆高渐离处也。②

结合水系的情况，易水东流必经釜山村一带，丰富的水资源对于侨置人群的日常生活来说，是有便利的一面。遂城县在此后长时间的建制存在，不能排除有这方面的因素。

---

① 《大清一统志》卷六《保定府三》，第 474 册，第 12 页。
② （北魏）郦道元：《水经注》卷一一《滱水》，山东画报出版社 2004 年版，第 184 页。

古史专题

An analysis of the hero city of southern Yingzhou in the Eastern Wei Dynasty
Cui Yuqian

Absrtact: Hero City is a city established by overseas Chinese in Nanying state during the Eastern Wei Dynasty. Based on the analysis of different materials and the relevant notes in the Historical Atlas of China, the author holds that the hero city was named after the Yingzhou soldier name "Xiongwu", which was placed there, and the administrative territorial entity was changed after that, nanyingzhou City of heroes gradually developed into Suicheng County, combined with other geographical names of the material, the Eastern Wei Dynasty Nanyingzhou City of heroes should be in today's Busan village in Xushui District area.

Key Words: Eastern Wei, Nanying State, Hero City, Overseas Chinese home state county

《圣母帖》与扬州东陵圣母考

姜凌宇

(扬州史可法纪念馆)

摘 要：东陵圣母是起源于东汉末年的传说人物，其传奇故事流传久远，见于诸多文献记载，其中最重要的是唐代怀素草书《重修东陵圣母宫碑》，其中详述了东陵圣母事迹及东陵圣母宫等相关情况。本文据此碑内容，对扬州东陵圣母略作考述，厘清文中有关于"奉上清之教"、"顾召二女，蹑虚同升"、晋康帝"以为中兴之瑞，诏于其所置仙宫观"、隋炀帝"运终多忌，苛禁道侣"等史事，对东陵圣母的姓氏、重修圣母宫背景、东陵圣母与海滨关系进行梳理。

关键词：东陵圣母；怀素；圣母帖

作 者：姜凌宇，扬州史可法纪念馆馆员。

一 东陵圣母与怀素《圣母帖》

扬州江都有仙女庙镇，古有仙女庙，供奉杜姜、康紫霞二位女仙，因而得名。杜姜指东陵圣母，是起源于东汉末年的传说人物，《女仙传》载：

> 东陵圣母，广陵海陵人也，适杜氏，师刘纲学道，能易形变化，隐见无方。杜不信道，常怒之。圣母理疾救人，或有所

诣，杜恚之愈甚，讼之官，云："圣母奸妖，不理家务。"官收圣母付狱。顷之，已从狱窗中飞去，众望见之，转高入云中，留所著履一双在窗下。于是远近立庙祠之，民所奉事，祷之立效。①

她能易形变化，常理疾救人，被后人立庙为祀，民所奉事，祷之立效，致县中不得为奸盗之事。东陵圣母的故事流传后世且影响深远，东晋时期有广陵茶姥的故事，《广陵耆老传》载："晋元帝时，有老姥每旦擎一器茗，往市鬻之，市人竞买。自旦至暮，其器不减茗。所得钱，散路傍孤贫乞人。人或异之，执而系之于狱。夜擎所卖茗器，自牖飞去。"② 广陵茶姥的故事显然受到东陵圣母的影响，如不知姓名、身有道术、因左道妖术而入狱、自狱中窗户飞升等情节，如出一辙。至唐代，扬州东陵圣母庙仍存，其庙主为女道士康紫霞。"自言少时尝梦中被人录去一处，言天符令摄将军巡南岳，遂擐以金锁甲，令骑，导从千余人，马蹀虚南去。须臾至，岳神拜迎马前，梦中如有处分。岳中峰峦溪谷，无不历也。恍惚而返，鸡鸣惊觉，自是生须数十根。"③ 江都仙女庙供奉杜姜、康紫霞，即本于此。

东陵圣母事迹见于诸多文献，如《女仙传》《神仙传》《潇湘录》《洽闻记》《墉城集仙录》等，主要情节基本相同，只是详略不同，最有名者当属唐代怀素草书的《重修东陵圣母宫碑》。《重修东陵圣母宫碑》俗称《圣母帖》，该碑刻立于唐贞元九年（793），后碑毁，北宋元祐三年（1088）据残拓重刻，今存西安碑

---

① （宋）李昉等编：《太平广记》卷六十《女仙五》"东陵圣母"条引《女仙传》，中华书局1961年版，第374页。

② （宋）李昉等撰：《太平御览》卷八百六十七《饮食部二十五·茗》引《广陵耆老传》，中华书局1960年版，第3844页。

③ （唐）段成式撰，曹中孚校点：《酉阳杂俎》前集卷八，上海古籍出版社2012年版，第47页。

《圣母帖》与扬州东陵圣母考

林博物馆。兹据《宋拓陕刻本圣母帖》①,录文如下:

(阙)圣母心俞至言,无(阙)世疾冰释,遂奉上清之教,旋登列圣之位,仙阶崇者灵感远,营功迈者神应速。乃有真人刘君,拥节乘麟,降于庭内。刘君名纲,贵真也。以圣母道应宝箓,才合上仙。授之秘符,饵以珍药,遂神仪爽变,肤骼纤妍,脱异俗流,鄙远尘爱。杜氏初忿,责我妇礼,圣母倏然,不经听虑。久之生讼,至于幽圄,拘同羑里。俄(阙)霓裳仙驾降空,卿云临户,顾召二女,蹑虚同升,旭日初照,耸身直上,旌幢彩焕,辉耀莫伦,异乐殊香,没空方息。康帝以为中兴之瑞,诏于其所置仙宫观,庆殊祥也。因号曰"东陵圣母"。家本广陵,仙于东土,曰"东陵"焉。二女俱升,曰"圣母"焉。遽宇既崇,真仪丽设,远近归赴,倾匝江淮,水旱札瘥,无不祷请。神贶昭兹,人用大康。奸盗之徒,或未引咎,则有青禽,翔其庐上。灵徵既降,罪必斯获。闾井之间,无隐慝焉。自晋暨隋,年将三百,都鄙精奉,车徒奔属。及炀帝东迁,运终多忌,苛禁道侣,(阙)玄元九圣丕承。慕扬至道,真宫秘府,罔不旌建;况灵踪可讯,道化在人,虽芜翳荒郊,而莫祷云集。栋宇未复,耆艾衔悲,谁其兴之?具因硕德。从叔父淮南节度观察使礼部尚书(阙)监军使太原郭公,道冠方隅,勋崇南服,淮河既(阙)蒸氓作而不朽,存乎颂声。贞元九年岁在癸酉五月。

《圣母帖》中详述了东陵圣母事迹和东陵圣母宫的情况,与《女仙传》等早期文献相比,既有差异,又提供了更多新信息,值得我们重视。以下略作考述。

---

① 蒋崇无等编:《宋拓陕刻本圣母帖》,西泠印社出版社2004年版,第2—10页。

古史专题

二　东陵圣母的姓氏

关于东陵圣母姓氏，《圣母帖》中提及"杜氏初忿，责我妇礼"。《女仙传》《神仙传》等文献载"适杜氏""杜氏妻也"，记载基本吻合，只说东陵圣母是杜氏之妻，并未提及其姓氏。然而还有一些其他不同说法。

刘遵之《神异录》记载："广陵县女杜美有道术，县以为妖，桎梏之，忽变形，莫知所之，因以其处立庙，号曰东陵圣母。"①《博物志》记载："女子杜姜，左道通神，县以为妖。闭狱桎梏，卒变形，莫知所极。以状上，因以其处为庙祠，号曰东陵圣母。"②按照这些记载，似乎东陵圣母名为"杜美"或者"杜姜"，推测应是"杜妻"（杜氏妻）之误，"美""姜""妻"形近，在传抄或者刊刻时很容易产生讹误，所以"杜"姓之说并不准确。

东陵圣母姓东陵之说。宋代邓名世《古今姓氏书辩证》"东陵"条云："《风俗通》：秦东陵侯邵平之后。又齐景公时，有隐居东陵者氏焉。《神仙传》有东陵圣母。"③邓名世按语载："《汉地理志》：广陵县东有东陵亭，即盗跖死利于其上之地也。《博物志》曰：女子杜姜左道神通，……因以其处为庙，祠号曰东陵圣母。然则圣母不氏于东陵。特邵氏齐人之说可据。"④认为"圣母不氏于东陵"。

各类文献中均未提及东陵圣母的姓氏，其实也十分正常。在早期民间和道教女仙中，很多都只有姓氏没有名讳，甚至连姓氏也不详。如《墉城集仙录》记载的园客妻"神女也……此女与园客俱去"，汉中关下酒妇"不知何许人也，亦不知姓氏"，女几"陈市上

---

①（宋）乐史撰，王文楚等点校：《太平寰宇记》卷九二《江南东道四·江阴军》，中华书局2007年版，第1852—1853页。

②（晋）张华撰，范宁校证：《博物志校证》，中华书局1980年版，第118页。

③（宋）邓名世撰，王力平点校：《古今姓氏书辩证》，江西人民出版社2006年版，第13—14页。

④《古今姓氏书辩证》，第14页。

酒妇也，作酒常美"，采女"商王宫女也"，西河少女"神仙伯山甫外甥女"，广陵茶姥"不知姓氏乡里"，东陵圣母显然也是这种情况。

东陵圣母之名与其活动地点有关，广陵位于长江北岸的蜀冈上，陵指山冈，如《诗·小雅·天保》"如山如阜，如冈如陵"，故广陵城东之地称为东陵，城西之地称为西陵。隋炀帝墓志说"西陵荆棘"，杜甫《解闷》诗云"商胡离别下扬州，忆上西陵故驿楼"，所指的"西陵"就位于广陵（扬州）城西。根据《女仙传》等记载，东陵圣母是广陵海陵人，东陵圣母祠建于广陵东陵（今江都宜陵镇），均位于广陵之东，同东海圣姑等仙人名称一样，与活动地点相关。

三 重修东陵圣母宫的背景

据《圣母帖》记载，贞元九年重修东陵圣母宫的主持者是淮南节度观察使礼部尚书（阙）监军使太原郭公，郭公名讳不详，淮南节度观察使、礼部尚书则是杜佑。《旧唐书·德宗纪》记载贞元五年（789）十二月"以陕虢观察使杜佑检校礼部尚书，兼扬州长史、淮南节度使"，至贞元十九年（803）二月入朝，杜佑在扬州前后一共十五年。[①]

杜佑、郭公等人之所以要重修东陵圣母宫，《圣母帖》载"栋宇未复，耆艾衔悲"，然"虽芜翳荒郊，而奠祷云集"。既然芜翳荒郊又何以奠祷云集？从重修时间看，贞元年间扬州一带水旱频仍、百姓死伤惨重，《新唐书·五行志二》载贞元六年"夏，淮南、浙西、福建等道大旱，井泉涸，人渴且疫，死者甚众。七年，扬、楚、滁、寿、澧等州旱"[②]。到了贞元八年，江淮等地又大水，数万百姓溺死。《旧唐书·德宗纪》载："河南、河北、山南、江

[①] 《旧唐书》卷一三《德宗纪下》，中华书局1975年版，第368、397页。
[②] 《新唐书》卷三五《五行志二》，中华书局1975年版，第917页。

淮凡四十余州大水，漂溺死者二万余人。"① 江淮一带，尤其是扬州地区百姓信仰东陵圣母，最初主要体现在通过青鸟帮人寻找失物、禁止奸盗等事，后来则进一步扩大神验，以至于"远近归赴，倾匦江淮，水旱札瘥，无不祷请。神贶昭兹，人用大康"，即遇到水灾、旱灾、疫疠、疾病，均到东陵圣母宫进行祷请。所以，贞元六年至八年，扬州等地受到水旱灾害之苦，井泉多涸、疫死者众、人多垫溺而死的情况，必然有为数众多的百姓信众到东陵圣母宫进行祈福祭祀。此时，朝廷派遣使者到扬州等地赈恤，见当时东陵圣母宫"栋宇未复"，无论是为了官方进行求雨、祛灾的斋醮活动，还是为了百姓祷请之需要，杜佑都有重修东陵圣母宫的理由。

四 《圣母帖》所载相关史事分析

《圣母帖》撰作于中唐时期，其时东陵圣母故事已经流传数百年。在流传过程中，东陵圣母的很多信息发生了变化，或者增加了新的故事情节。如果借用顾颉刚先生研究中国古史时提出的"古史是层累地造成"的观点，《圣母帖》对东陵圣母故事也进行了很多"层累地造成"。

第一，东陵圣母"奉上清之教"。东晋时期生活在都城附近茅山一带的信道文人力图超越旧有的天师道，创立的以传播习练《上清经》为主的新道派，称为上清派。② 而东陵圣母的时代早在上清派创立之前。《真诰》记载"东陵圣母诀"，称"刘京亦用此术"，陶弘景注曰："刘京，汉末人。"③ 葛洪《神仙传》也记载：刘京"汉孝文皇帝时侍郎也，……至魏武帝时，故游行诸弟子

---

① 《旧唐书》卷一三《德宗纪下》，第375页。
② 宇汝松：《六朝道教上清派研究》，山东文艺出版社2009年版，第47页。
③ ［日］吉川忠夫、［日］麦谷邦夫编，朱越利译：《真诰校注》，中国社会科学出版社2006年版，第341页。

家"①。那么，东陵圣母生活时代应该略早于刘京，大约也是汉代，而要远早于东晋。东陵圣母信奉上清之教的说法，应该是上清派兴盛以后，将东陵圣母纳入自己神仙体系的结果。

第二，"顾召二女，蹑虚同升"。《女仙传》等均说东陵圣母从狱窗中飞去，转入云中，留双履在窗下，而不言及二女同升之事。唐陆龟蒙《梼李花赋》云："初侍东陵圣母，冶态嫣妍；近辞北烛仙人，愁容委坠。"② 所本之事出自《汉武内传》：武帝闲居承华殿，忽见一女子，著青衣，美丽非常，自言"玉女王子登也"，东方朔说"是西王母紫兰宫玉女，常传使命，往来扶桑，出入灵州，交关常阳，传言玄都。阿母昔出配北烛仙人，近又召还，使领命禄，真灵官也"③。结合《汉武内传》《梼李花赋》来看，似乎西王母紫兰宫玉女王子登即是与东陵圣母一同飞升的二女之一。东陵圣母庙有青鸟，青鸟是传说中西王母的使者，王子登"常传使命"且著青衣，又"初侍东陵圣母"。凡此种种，无不暗示着东陵圣母与西王母信仰的某种联系。但不管如何，二女同升在最初的东陵圣母故事中是没有的，当是六朝以后人们的附会。

第三，晋康帝"以为中兴之瑞，诏于其所置仙宫观"。根据前文分析和《博物志》等记载，东陵圣母大约生活于汉代，在狱中"卒变形莫知所极。以状上，因以其处为庙祠"，则为其立祠应该在海陵县之东陵，时代也大约在汉代。但从《圣母帖》来看，东陵圣母飞升后，康帝即下诏置仙宫观，似乎飞升之事在康帝时（342—344）。我们认为，这一故事发生的时间可能存在"误置"，但反映的建仙宫观却实有其事。因为东陵圣母庙初建后，后代必有复建、改建，而且广陵附近其他地区也有祠，即《女仙传》"于是远近立庙祠之"。晋康帝时改建甚至新建一座圣母祠，也是完全有可能的，甚至是从民间祭祠到官方认可的一个转折点。

---

① （晋）葛洪撰，胡守为校释：《神仙传校释》，中华书局2010年版，第245页。
② 何锡光校注：《陆龟蒙全集校注》，凤凰出版社2015年版，第825—826页。
③ 《太平广记》卷三《汉武帝》引《汉武内传》，第13—14页。

古史专题

第四，隋炀帝"运终多忌，苛禁道侣"。从《圣母帖》来看，认为隋炀帝时打击道教，导致东陵圣母祠"芜翳荒郊""栋宇未复"。据史书记载，隋炀帝是特别推崇道教的一位帝王，在各地设置道场，进行斋醮活动。即以扬州为例，隋炀帝时修建了慧日等道场，巡幸江都时随从了大量道场、玄坛的僧尼道士，并招揽江南等地的有名高道至扬州讲论道法。可以想见，对于巡幸时近在咫尺的东陵圣母庙，隋炀帝必然不会进行打压、破坏，所谓"苛禁道侣"云云，应是隋朝灭亡后唐人贬抑隋炀帝的说辞。目前还没有任何表明东陵圣母庙在隋唐之交时衰败的文献记载。

五　东陵圣母与滨海地域

《圣母帖》与《女仙传》等文献一样，记载东陵圣母的师父为刘纲，并且还特别详细描述了"授之秘符，饵以珍药"等传道细节。刘纲和妻子樊夫人都是道教神仙，刘纲"字伯鸾，仕为上虞令，亦有道术，能檄召鬼神，禁制变化之道，亦潜修密证，人莫能知。为理尚清静简易，而政令宣行，民受其惠，无旱暵漂垫之害，无疫毒鸷暴之伤，岁岁大丰，远近所仰"[1]。刘纲治下"无旱暵漂垫之害，无疫毒鸷暴之伤"，无疑与其道术有关，这正如信众认为东陵圣母"水旱札瘥"皆可祷请是一样的。值得注意的是，刘纲曾任"上虞令"。国学大师陈寅恪曾指出，天师道起源与早期发展和滨海地域关系甚大，这一滨海地域北至齐鲁，南至吴越，如道士于吉"先寓居东方，往来吴会"，吴郡杜氏、会稽孔氏都是尊奉天师道的世家大族。[2] 上虞为会稽郡治，刘纲又奉道，无疑是天师道一脉，与滨海地域有着千丝万缕的联系。

东陵圣母生活的广陵一带，在汉代六朝时也是滨海之地。据

---

[1] （晋）葛洪撰，胡守为校释：《神仙传校释》，中华书局2010年版，第225页。
[2] 陈寅恪：《天师道与滨海地域之关系》，收入《金明馆丛稿初编》，生活·读书·新知三联书店2009年版，第1—46页。

《真诰》记载，东陵圣母还传有口诀，陶弘景注云："今为海神之宗。"① 可见六朝时期，东陵圣母应该是最为百姓所信仰的海神之一。《太平寰宇记》记载："古老相传云：梁武普通年中，有商人乘船，夜梦有妇人曰：'我是东陵圣母神也，随形影逐流来此。今当君船底水里，若能将形影上岸立祠，当重相报。'其人觉悟，视之，果如所梦。将上岸，为立祠。"② 这就是江阴圣母祠的来历。这个故事也反映了东陵圣母与江海之间的关系，说明六朝时人认为东陵圣母就是江海之神。在汉六朝时期的滨海地域，政府往往难以形成直接有效的统治，加之自然条件较为恶劣，容易受到水旱、疾疫等灾害，还常常有"海贼"侵扰，导致所谓"淫祠"等民间信仰十分兴盛，客观上为东陵圣母一类的宗教故事产生、传播、发展打下了良好基础。即使到了现代，扬州地区还流传着一个传说：古代东海有一条黑龙兴风作浪，淹没了东陵一带，加上瘟疫横行，百姓苦不堪言。一条白龙飞来打败黑龙，挽救了东陵百姓，又飞来一只黄鹤，用草药治好百姓疾病。白龙和黄鹤化为人形，就是东陵圣母和康紫霞，后人因此建庙供奉她们二位女仙。从这个故事，我们仍能看到东陵圣母与滨海地域的密切联系。

Studies on "The Calligraphy Copy of the Saint Fairy" and the Dongling Saint Fairy in Yangzhou
Jiang Lingyu

Abstract: The Dongling Saint Fairy is a legendary figure originating from the late Eastern Han Dynasty. Its legendary story has been passed down for a long time and can be found in many literature records. The

---

① 《真诰校注》，第341页。
② （宋）乐史撰，王文楚等点校：《太平寰宇记》卷九二《江南东道四·江阴军》，中华书局2007年版，第1853页。

most important one is the Huaisu's cursive script "Renovation the Stele of the Dongling Saint Fairy's Palace" in Tang Dynasty, which details the deeds of the Dongling Saint Fairy and related information of the Dongling Saint Fairy's Palace. Based on the characters of this stele, this article provides a brief research of the Dongling Saint Fairy in Yangzhou, clarifying historical events such as "believing in Shangqing of Taoism", "summoning two females to transform into immortals together", the Emperor Kang of Jin Dynasty "considered it as the prosperity of Zhongxing and issued an edict in his Taoist temple", and the Emperor Yang of Sui Dynasty "imposed strict prohibitions on Taoist priests which caused the Dongling Saint Fairy's Palace heading towards ruin". It also sorts out the surname of the Dongling Saint Fairy, the background of the renovation of the Dongling Saint Fairy's Palace, and the relationship between the Dongling Saint Fairy and the seaside.

Key Words: the Dongling Saint Fairy, Huaisu, Post of the Saint Fairy

晋藩与州县

——明清时期山西土盐管理体制及其运作研究

李璐男

（东北大学秦皇岛分校）

摘　要：明清时期，与大部分地方的盐政事务由盐政部门专管不同，山西土盐有其独特的管理体系和演变逻辑。明初，山西徐沟、定襄等处土盐生产及其流通由晋藩掌控，而没有被纳入专卖体制。嘉靖以降，为解决河东运司积欠盐课的问题，河东巡盐御史与山西布政司合谋将土盐区纳入专卖区，推行票法，由州县征收票税，抵补河东正课。清初，朝廷撤掉晋藩，废票法，推行引盐法，征收食盐流通税，而没有增设盐场等盐政管理机构。销引、征课等盐政事务责之于土盐产地州县官。负有销引纳课之责的州县官，在招商不利时，常利用职务之便，令民代商纳课，或将盐引摊派给里甲，或摊入丁粮。

关键词：土盐；盐引；盐票；山西

作　者：李璐男，东北大学秦皇岛分校马克思主义学院讲师。

明清时期，盐政关系国家财政收入及地方稳定，因此国家往往设置运司或提举司、盐运分司、盐课司等盐政机构专管地方食盐的生产、流通，征收盐课。[1] 不过，专管之外，明清时期还有其他食

---

[1] 参见刘淼《明代盐业经济研究》，汕头大学出版社 1996 年版，第 193—200 页；陈锋《清代盐政与盐税（第二版）》，武汉大学出版社 2013 年版，第 169—185 页。

盐产销管理模式的存在。在山西、陕西和甘肃等西北地区有着大面积的土盐产区，①然而明清两朝并没有设盐官专管土盐生产，②亦未将土盐生产纳入管理体系。虽未管理生产，但土盐的流通又不是一般所认为的只能在无引岸之地自由流通，或作为被律法禁止的私盐存在于引区。③加藤繁认为山西中北部地方听凭贩卖土盐，官府对盐的贩卖只课以一定的税，不似其他行盐地界那般受到严密的统制。④任建煌、李三谋指出山西太原、汾州等地，"在明代时就是行河东引而食当地土盐的"，清代只是沿袭了这一税则，认为土盐引区虽发行盐引，食盐却是"任凭百姓随意贩卖"⑤。侯晓东、李梅指出清代山西土盐发引是沿袭明末土盐票法而来，土盐区内自由运销，清廷所做的只是限制土盐进入解盐区而已。⑥

现有研究显示国家曾在西北土盐区推行票盐法、引盐法，但二法运行状况又与其他地区不同。这也启发笔者思考以下问题：西北土盐区何以形成无盐政机构设置，不管土盐生产、仅管食盐流通的独特体制？国家又是通过什么办法管理土盐流通，征收土盐流通税的？在无盐政专管机构的情况下，票盐法、引盐法如何在土盐区运行？爬梳史料则可发现，土盐管理模式的形成与演变与明代藩王关系密切，晋藩就曾介入徐沟和定襄盐场之生产管理。⑦故而本文拟

---

① 参见吉成名《中国古代食盐产地分布和变迁研究》，中国书籍出版社2013年版，第425—429页。
② 参见侯晓东、李梅《山西土盐政策变迁述论》，《盐业史研究》2015年第1期。
③ 参见张小也《清代私盐问题研究》，社会科学文献出版社2001年版，第106—107页；程森《光绪初年关中刀客的活动与卤泊滩土盐禁采》，《中国经济史研究》2019年第4期。
④ [日]加藤繁著，吴杰译：《清代的盐法》（原载《史潮》1937年第7卷第1期），[日]和田清等编：《中国经济史考证》第3卷，商务印书馆1973年版，第57页。
⑤ 任建煌、李三谋：《简析清朝河东税盐制》，曾凡英主编：《盐文化研究论丛（第4辑）》，巴蜀书社2010年版，第21—26页。
⑥ 侯晓东、李梅：《山西土盐政策变迁述论》，《盐业史研究》2015年第1期。
⑦ 明代宗藩对地方财政、军政、经济、社会等皆产生深远影响，部分影响及至清代仍然延续。参见梁曼容《20世纪以来的中国明代宗藩研究》，《中国史研究动态》2019年第4期。

在前辈学人研究基础上，利用档案、方志、文集、盐法志、碑刻等各种文献记载，结合明清两朝国家对西北边地的管理模式，藩王的设置与裁撤及其对西北边地的影响，以及国家财政、盐政运作等方面，考察明清两朝国家对山西土盐产销的管理及其演变，以期对上述问题作初步阐释。

明清时期，山西土盐生产地集中于汾河水系的洞涡河流域及滹沱河水系的牧马河流域，以地域而言集中于太原府属徐沟县与忻州属定襄县，此数县之盐供应于广阔的太原府①、汾州、辽州、沁州等地市场（见表1）。

一 晋藩管控、"北虏" 危机与土盐票法出台

明洪武初，朱元璋以其子孙镇守要地。其中晋王受封于太原，是为山西地区势力最盛之宗室。与分封制度同时展开的，还有盐政制度在地方的推行。洪武与永乐年间，晋藩与土盐似乎是两条平行线，并无龃龉。

洪武三年（1370）国家直接继承宋、金旧额，对太原等府征收盐粮米，大口月纳米二升，小口一升。所谓盐粮米，是指太原等地宋、金时期正税米粮上纳不足，但地有咸卤可产盐，于是以盐折纳两税，元、明两朝直接承袭下来作为户口食盐之税。② 洪武初年，朝廷一面在太原等地确立盐米经制，一面因与北元战事而将山后居民内徙。边患频仍、民人流离使得户部于洪武五年（1372）免除盐粮米的征收。③ 停止向太原等地征收消费税形式的盐粮米

---

① 明代与清初的太原府辖后来的保德州、忻州、代州、宁武府等地。
② 方志远：《明代的户口食盐和户口盐钞》，《江西师范大学学报（哲学社会科学版）》1986年第3期。
③ 《明太祖实录》卷七二，洪武五年二月丙戌，上海古籍书店1983年据"中央研究院"历史语言研究所校勘本影印，第1327页；《明太祖实录》卷一三二，洪武十三年六月庚申，第2093页。

后，户部将土盐出产最丰富之"徐沟县盐池"收官，①令岁办66998斤盐，所产入于山西布政司藩库，并不受河东运司管辖。后因"河水泛滥，沙土湮没"，办纳甚艰，在山西按察司副使王骥呈请下得罢除岁办盐课。②

明初，山西土盐区所产土盐没有被纳入开中体系，而是供应边境军士及居民口食。明代开中盐法的设计目的在于服务北部边镇军需。③在山西，仅有河东运司所辖的解池所产之盐用于发行开中盐引。④洞涡河、牧马河流域之徐沟、定襄为太原、汾州二府及附近卫所主要食盐供应地（见表1）。

表1　　　　明清太原、汾州等地食用土盐情形

盐产地	盐销地
徐沟	榆次、太谷、徐沟、平定、乐平、寿阳、汾阳、介休、辽州、和顺、榆社、沁州、沁源、武乡
太原	阳曲、太原、榆次、平定、乐平、寿阳
清源	交城、文水、汾阳、平遥、介休
定襄	盂县、定襄、五台
忻州	盂县、忻州
祁县	祁县
孝义	孝义

材料来源：乾隆元年二月二十日山西巡抚石麟题为查明岢岚州等应食蒙古盐斤地方情形并酌议稽查收税办法事，中国第一历史档案馆藏，题本，档号02-01-04-12849-019。

永乐以后，随着王府政治权势发生变化，藩王在军事和政治方

---

① 明初继承元代杂职官体制，多设未入流的大使等负责不受运司或提举司管辖的盐产地，徐沟盐官当在此列。
② 《明太祖实录》卷七二，洪武五年二月丙戌，第1327页；《明太宗实录》卷一二三，永乐九年闰十二月庚辰，第1553页。
③ ［日］寺田隆信著，张正明译：《山西商人研究》，山西人民出版社1986年版，第78页。
④ 《明太祖实录》卷四七，洪武二年十二月庚寅，第946页。

面的权力遭到极大限制。永乐时期藩王的军事指挥权遭到剥夺，宣德以后藩王更是被禁止参与政治、担任官职，被限制涉足士、农、工、商等职业，亦不能自由出入朝廷、结交官员及与其他地域的藩王会面。① 藩王只被允许依靠拨给的岁禄生活，但宗室人口的迅速增长使得其生存与发展日益受到挤压。② 故而，宗藩开始在地方社会拓展经济、宗教、文化等权势。由此，晋藩开始涉入山西土盐产地。

徐沟、定襄等地食盐生产并非刮取盐碱土兑水煎熬，而是汲取盐井之水摊晒于土场，反复淋卤后再加以煎烧得盐。这与甘肃盐井生产方式类似，③ 而与一般印象中的土盐生产方式不同。如徐沟食盐生产方式为：

> 徐沟水土差甘，盐率由井水取味。盐井又鲜，有凿井得盐泉者，置地亩余为土场，汲水洒土，得日晒水味入土，乃滤盐汁。雨湿则味退，必再洒再晒，乃注水滤汁如前。而汁之淡者，仍置之。煎一昼夜，每锅可得盐七升。④

汲取井水于旁边的土地上摊晒，也就是说只要控制盐井及附近的晒盐地亩即可掌控土盐生产。晋藩也正是通过这种途径介入土盐生产的。

在定襄县，晋藩派护卫管理盐产，向利用定襄土盐的民众收取一定钱物。宣德四年（1429）太原中护卫（即晋府护卫）军士潘

---

① ［美］王岗著，秦国帅译：《明代藩王与道教：王朝精英的制度化护教》，上海古籍出版社2019年版，第32页。
② 有关山西藩府人口的增长情况参见安介生《明代山西藩府的人口增长与数量统计》，《史学月刊》2004年第5期。
③ 参见陈芳芳《没落的民间记忆——甘肃省礼县盐官镇盐神庙及其庙会考察研究》，《民俗研究》2009年第4期。
④ 乾隆《太原府志》卷一五《物产·盐》，《中国地方志集成·山西府县志辑》第1册，凤凰出版社2005年版，第135页。

古史专题

自兴奉命调往宣府右卫担任总旗，他向上呈禀"旧属太原中护卫，于定襄县管办煎盐，今调宣府。缘定襄有盐场未报官者尚多，臣久居其地，熟于煎办"，不肯放弃管理定襄盐场的利益，于是"乞令仍回煎盐办课"①。宣德年间，户部并未于定襄县设专官收税，潘自兴却言其历来于定襄管办煎盐，管办的目的是"办课"。户部仅于定襄收取户口食盐钞，这是一种面向全国的食盐税课，并非针对盐产区而设。潘自兴所谓办课自然不是为户部办课，而是为了其背后的晋王。

在徐沟县，晋藩将盐产最著之南尹村②的地亩设为晋府庄田，并将之拨入太原府城香火兴旺之崇善寺作为寺庙赡田。第一代晋王晋恭王就藩时，于崇善寺为高皇后祝延圣寿，此后凡正旦、冬至、万寿、圣节皆于此寺贺节，崇善寺由此蔚为大观。洪武三十二年（1399）晋府从徐沟县晋府庄田中拨南尹村19顷地亩作为崇善寺的赡田，"洪武三十二年八月内原施拨徐沟县南尹里口所地一十九顷"③。徐沟县食盐生产为汲取井水后在旁边置闲地摊晒，由于太原府并未对晒盐地收取专门的盐课，因而空闲地亩在赋税账册登记中并不会登记为盐地，而仍是普通粮地，④这就为盐地的户头转移提供了便利。部分表面登记为晋府庄田的晒盐地，可借赡寺之名完成所有权的让渡，使州县与运司无从干预。

生产最著的两地之土盐生产为晋藩掌控，其流通亦未受到开中引制的限制。宣德以降，随着全国各盐区开中频次增加，国家对开中之盐的流通管理也愈加严格，各地缉私手段日见严密。而山西土

---

① 《明宣宗实录》卷五三，宣德四年四月癸未，上海古籍书店1983年据"中央研究院"历史语言研究所校勘本影印，第1272页。
② 及至清代，南尹村依然是徐沟县最大食盐产地。参见乾隆五年十二月初十日山西巡抚喀尔吉善题为审理太谷县民郭于巴等贩卖私盐并禁卒阎士威故纵越狱被获案依例杖流等请旨事，中国第一历史档案馆藏，题本，档号02-01-07-14066-004。
③ 《晋府赐拨崇善寺地土四至记》，弘治八年立，碑存太原市崇善寺。
④ 晒盐地在民间交易中，会标明四至与税粮过割。参见《光绪四年徐沟县秦云祥卖地契》，郝平编《清代山西民间契约文书选编（第十一册）》，商务印书馆2017年版，第531页。

盐区并未推行开中法，故而其流通当为土盐商贩在盐场向晋府派出之员纳一定银钱等物后即可运盐自由销售。

国家放任土盐流通与晋藩干预土盐产地的状况在嘉靖朝发生了变化。自成化以来，蒙古驻牧河套地区，对长城以南的内地州县侵扰肆掠。16世纪后半叶开始，为抵御蒙古，国家通过税收大力吸纳内地的白银以支付北部边防。① 开中盐引也由漫无预算、个别执行的临时举措，演变为通盘规划、预先开中的白银定额制。② 与盐引白银化相辅的是，明中期以降赋役折银与边镇军需折银。③ 折银使得户部可以将盐引、民运、京运等项以同一计算单位预先通盘筹划。开中米粮时期，河东盐引用于临时性的九边各镇军需，折银后则用途固定为解宣府、大同及山西藩库。

正德年间，官府议定河东正引42万，每引0.25两，所得引课中8万两解宣府，正课余剩部分及未成常例的余引银皆存留山西藩库，"补岁用之不足，未尝限有定数"。这是因为余引本是运司在户部制定的正额外，依据生产量的盈余程度所发行的，会根据生产条件的变化随时调整。嘉靖二年（1523）户部规定河东正引银中8万两解宣府，正课余剩部分及当年余引银共89350两解山西藩库，再经由山西布政司解往宣府，以抵补本应解往宣府的山西民运粮。④ 此后余引定额抵补山西民运粮成为常制。至嘉靖三十二年（1553），河东正引定额42万引，余引定额20万引，每引0.32两，

---

① ［日］岸本美绪：《"后十六世纪问题"与清朝》，《清史研究》2005年第2期；［日］岸本美绪：《晚明的白银北流问题》，《中国经济史研究》2020年第1期。
② ［日］寺田隆信著，张正明译：《山西商人研究》，第77—83页；卜永坚：《盐引·公债·资本市场：以十五、十六世纪两淮盐政为中心》，《历史研究》2010年第4期。
③ 梁方仲：《明代赋役制度》，中华书局2008年版；赖建诚：《边镇粮饷：明代中后期的边防经费与国家财政危机，1531—1602》，浙江大学出版社2010年版；邱永志：《"白银时代"的落地：明代货币白银化与银钱并行格局的形成》，社会科学文献出版社2018年版。
④ （明）崔涯：《巡按山西谨题为清理河东盐法以裨国计事》，崔涯：《笔山崔先生文集》卷一《奏疏》，《四库全书存目丛书》集部第94册，齐鲁书社1997年版，第26页。

盐课银中8万两解宣府，74259.2两解山西藩库抵补民运粮，43116.8两解大同用于支付代王府禄粮。①

在蒙古驻牧河套侵扰频次增加、边军粮饷积欠甚至激发兵变的情形下，② 这一规定对于户部及山西布政司而言，意味着能够将因应时局而新增的边饷筹集与起解任务交由河东运司定额分担。但对生产条件深受气候限制的河东而言，盐生不常，满足正引任务已是勉强应求。为凑足新增之盐课银，河东巡盐御史先是抬高引价，"嘉靖四年，御史初某定价每引先三钱七分，后减至三钱，彼时盐科犹六十五万余引耳。至嘉靖五年，御史沈某见得时价颇高，增至每引七钱之数"。引价激增，使得"人皆不趋"，于是又陆续降至六钱、五钱、三钱七分。③ 引价浮动使得商民皆受其累。

巡盐御史由都察院派出，权责极重，然年年更换。初上任时，于法多不了解，及稍入状况，任期已满。④ 因而巡盐御史上任后，若遇盐课积欠之情况，多有"转借太仓银库等银以补额数"之情，将积欠之银留待下任官员补还。嘉靖四年至十年（1525—1531），河东解池因"池水为患"，盐花不生，积欠太仓银库462303两、宣府军饷银160000两、山西布政司民运银357400两。至巡盐御史崔涯上任时，池盐生产情况略有好转，便面临"各项催征责其必集……银则一时之并取实难"的窘况。⑤ 崔涯提出"今后盐课惟以额定引数为准，不当预以银数为准"的建议，但并未被计臣采纳。⑥

---

① （清）冯达道：《重修河东运司志》卷二《盐法》，《北京图书馆古籍珍本丛刊》史部第22册，书目文献出版社1996年版，第539页。
② 钱仲安：《明代嘉靖年间山西大同镇五堡兵变的研究》，硕士学位论文，东吴大学，2019年。
③ （明）崔涯：《巡按山西题为陈言地方灾伤乞赐少宽盐价兼利官民事》，崔涯：《笔山崔先生文集》卷一《奏疏》，《四库全书存目丛书》集部第94册，第19页。
④ 徐泓：《明代的盐务行政机构》，《台大历史学报》1990年第15期。
⑤ （明）崔涯：《巡按山西题为陈言地方灾伤乞赐少宽盐价兼利官民事》，崔涯：《笔山崔先生文集》卷一《奏疏》，《四库全书存目丛书》集部第94册，第21页。
⑥ （明）崔涯：《巡按山西谨题为清理河东盐法以裨国计事》，崔涯：《笔山崔先生文集》卷一《奏疏》，《四库全书存目丛书》集部第94册，第27页。

晋藩与州县

河东盐课任务增加，但行盐引地相对固定。于是嘉靖年间河东盐臣提议将河东引盐销售于土盐区太原、汾州等处，"嘉靖中有请行河东盐于太原、汾州等处而禁民私煎者"①。为了配合河东解盐于太原等处售卖的构想，嘉靖元年（1522）发布谕令禁止"晋府屯军私占盐场"②。山西境内解池东、中、西三场皆有运司分司驻场管理，晋王不可能派屯军占据解盐场，所谓的盐场当指太原府的土盐产地。户部此议是为了扩大河东解盐销区，维持河东盐课收入。由于史料阙如，我们未能详细知悉晋藩对此事的反应，不过嘉靖朝以河东盐行于太、汾等处之事"终未行"，可以想见晋藩为维持土盐利润而做出的反抗。

嘉靖后期，解池产盐之法由"捞采法"改为"垦畦浇晒"后，河东盐池产量相对平稳，③ 河东运司并未再次提出对太、汾等处征收盐课之议。然隆庆元年（1567）起，河东盐池进入"大水灾时期（the Great Flood）"④。盐课空悬，户部与运司推出预收盐课之法，"隆庆间池盐不生，盐院具奏以帑藏空竭而边供甚棘，本部乃创为预责商办，待池盐盛生补给之说"。商人缴纳盐课却无法领盐，造成"环中条数百里间，富家无故破产者，十室九空矣"⑤。池盐歉产还造成河南各府陆续改食淮盐与芦盐，钱穆在《国史大纲》中指出河东引地缩减的危害，"中州旧食河东盐，以改食淮盐，河东引遏不行，边饷因此大绌"⑥。

---

① 《明穆宗实录》卷三五，隆庆三年七月丁亥，上海古籍书店1983年据"中央研究院"历史语言研究所校勘本影印，第896页。
② 《明世宗实录》卷一五，嘉靖元年六月乙酉，上海古籍书店1983年据"中央研究院"历史语言研究所校勘本影印，第494页。
③ 陈永升：《从纳粮开中到课归地丁——明初至清中叶河东的盐政与盐商》，博士学位论文，中山大学，2002年。
④ Helen Dunstan, *The Ho-tung Salt Administration in Ming Times*, Doctoral Dissertation, University of Cambridge, 1981.
⑤ （明）张四维：《复邢知吾书》，张四维：《条麓堂集》卷一八《书三》，《续修四库全书》第1351册集部别集类，上海古籍出版社1995年版，第556页。
⑥ 钱穆：《国史大纲（下）》，九州出版社2011年版，第756页。

古史专题

　　隆庆年间，河东引课空悬，宣府边饷绌乏。隆庆三年（1569）河东运司提出在山西中北部太原、大同等地征收盐税，巡盐御史赵睿声称太原"原属河东行盐地方，以有土盐，故官盐不行"，提出令各州县查覆户口食盐之数，计口定盐，给票收税，所得税银"或解济边储，或留补禄饷"①。在具体运作中，太原、汾州二府各州县被派发固定数量的盐票，每票100斤，纳税6分，盐票由土盐商人销盐完毕后交回州县，知县将退票按季解赴运司销缴，税银则"解布政司交纳"②。可见，盐票并非像盐引那般由南京户部印刷，而是在河东运司内部完成印刷、发放、回缴的程序。盐票设立的目的是将土盐税银"竟［径］解山西布政司，抵河东正额"③，而非在向户部奏销中新建一项独立于河东引课的税目。至于大同府，赵睿原本一并奏请给票收税，"务使地无遗利"。后任御史余一贯体察大同地瘠民贫，认为与太、汾等处利源繁衍者不同，于是"乞免抽税"④。

　　颇为玩味的是，为何河东运司与山西布政司只在太、汾地界推行盐票，却不将盐产地控制起来？嘉靖以降，两浙、山东、四川、福建、长芦等地亦行票盐，但共同特征是对官商不通之盐场放松运销限制，是"利用民间商人资本收购灶户余盐"，而非对盐司系统外的盐斤设票。⑤ 可山西土盐区却是不控制盐产地而发行盐票、征收盐税。这很可能与嘉靖以降晋藩在山西地方社会权势的扩大有关。在晋水水利秩序和宗教网络中，嘉靖至万历年间皆可见晋藩势力的增长。

---

① 《明穆宗实录》卷三五，隆庆三年七月丁亥，第896页。
② 万历《汾州府志》卷五《地税徭役》，中国国家图书馆编：《原国立北平图书馆甲库善本丛书》第340册，国家图书馆出版社2013年版，第324页。
③ （清）冯达道：《重修河东运司志》卷二《盐法》，北京图书馆古籍出版编辑组编：《北京图书馆古籍珍本丛刊》史部第22册，第540页。
④ 《明穆宗实录》卷六七，隆庆六年闰二月壬戌，第1607页。
⑤ 参见［日］佐伯富「明代の票法：明代盐政の一齣」『史林』第37卷第4号，1954年，311—336页；刘淼《明代盐业经济研究》，第307—321页。

就盐业资源而言，自明初以降，晋藩就已介入土盐生产。嘉靖年间朝廷禁止晋府屯军私占太原府盐场，然晋藩并没有放弃对其掌控。在徐沟县，晋府采取将更多盐地寄入崇善寺名下的办法来规避朝廷的监管。嘉靖年间，崇善寺于南尹村另设"庄院"，为普照寺（也称崇善寺普照院），[①] 同时另拨南尹村地亩 9 顷为赡寺地。[②] 对于这个小村庄而言，前后总计 28 顷的土地几乎为整个村庄的全部土地。[③] 在土地转入寺院赡田的过程中，晒盐地也包含在其中寄在寺院名下，晋藩得以规避直接占据盐场带来的风险，却仍然实现对盐地的攫利。

基于此，山西布政司与河东运司在民运银与盐课银积欠的情况下，共谋将原由晋藩控制的土盐场在不干预生产的情况下征收流通盐税。如此既不影响晋藩势力对土盐生产环节的利润攫取，又可对流通环节征收票税抵补河东正课。

综上所述，明前期山西土盐并未纳入开中盐法体系，亦无设盐引。永乐年间取消徐沟盐池实物盐课后，就由晋藩控制场产与税收。嘉靖以降，北部边镇军需增加与河东池盐歉收，使得河东运司与山西布政司共谋于隆庆间推行土盐票法，只对流通环节征税，盐税用于抵补河东正课。

二 清初撤藩及战时财政体制下土盐改票为引

1644 年，清军攻入山海关，进驻北京，取代朱明王朝，建立

---

① 《重修崇善禅寺记》，嘉靖四十二年五月，张正明等辑：《明清山西碑刻资料选（续一）》，山西古籍出版社 2007 年版，第 394 页。

② 原文载"先王拨给赡寺地二十八顷，命僧自行耕种，常住以用"，到了万历清丈时南尹村的赡寺地增长为 28 顷，相比洪武时增加了 9 顷。参见《府崇善寺普照院重立上刹建寺拨地缘由并启告免征地粮给领帖文备数碑记》，万历十一年立，碑存太原市崇善寺。

③ 如时至今日南尹村人亦认为其村庄土地几乎都为普照寺之地产。参见万青云《南尹普照寺》，杨拴保主编《清徐古寺庙》，北岳文艺出版社 2010 年版，第 74 页。

对汉地的统治秩序。但顺治年间大清的统治并不安稳,李自成率部盘踞西安,广西有南明朝廷,福建沿海有郑氏势力,嘉峪关外有卫拉特蒙古,局部地区有强盗趁机作乱。清军继续南征北战需要钱粮补给,投降的明朝将领和官员亦要求得到切实的奖赏,然而此时清廷初掌中原,尚未全面把握赋税来源。在此背景下,如何在接收明代财政格局的基础上,适当调整,使其及时高效地为新王朝的运作提供稳定的经费来源,成为户部考虑的重点。

前朝宗室禄田钱粮在清理藩勋逆产的行动中与民田一体起科,不再享有特权。① 宗室群体享有的各项经济、社会特权随着王朝的更替不复存在,宗藩派员直接管控土盐生产的局面亦不存,不过宗藩体制对社会经济遗留的影响仍部分存在。

顺治二年(1645),清廷派直隶沧州人刘今尹担任清代河东首任巡盐御史,清理河东盐税,向户部奏销。为节省行政成本,对明代旧额或沿袭或增加或删减是可行之法。刘今尹注意到河东除解盐正引外,太、汾等处食用本地煎盐,旧例按票行销纳税。但"清朝盐法统归户部,不用票而用引,诚有深虑",于是上奏"伏祈圣明敕部早为酌议画一通行之法……候颁引到日,票即停止",即改票为引(明末盐票与清初盐引数额见表 2)。② 明末解布政司的盐票银在更为盐引银后"归并本司(引者注:指河东运司)征解"③。在清代盐法体制下,土盐课税不再是抵补河东解盐之盐课,而是另立税项,领取户部印刷的河东正引 21671 道,④ 按照与河东池盐相同的税率纳课。清代裁撤宗藩,满蒙联盟下北部边镇兵饷亦

---

① 盛承:《清初清理藩勋逆产的政策演变》,《清史研究》2015 年第 3 期。
② 河东盐政刘今尹:《揭请定引票通行之法》,顺治二年四月,张伟仁主编:《明清档案》第二册,A2—185,台北"中央研究院"历史语言研究所 1987 年版,第 855—856 页。
③ (清)冯达道:《重新河东运司志》卷二《盐法》,北京图书馆古籍出版编辑组编:《北京图书馆古籍珍本丛刊》史部第 22 册,第 542 页。
④ 《康熙四年六月山西总督白秉真为敬陈盐引偏苦之累设法疏通以苏民困》,佚名:《盐法考》卷一二《河东事例》,清抄本,国家图书馆藏,第 62 页 a。

减，于是土盐与池盐引课银解河东运库后，再"解京库以备急需"。①

表2　　　　汾州府万历盐票与康熙盐引数额对比

州县	万历盐票额（每票100斤）	盐税银（两，每票0.06两）	康熙盐引额（每引200斤）	盐课银（两，每引0.320166两）
汾阳县	9000	540	1040	332.97264
平遥县	4100	246	1355	433.82493
介休县	2500	150	1128	361.147248
孝义县	1300	78	242	77.480172
临县	600	36	107	34.257762
永宁州	600	36	263	84.203658
宁乡县	200	12	81	25.933446

资料来源：万历《汾州府志》卷五《地税徭役》，中国国家图书馆编：《原国立北平图书馆甲库善本丛书》第340册，第324—344页；康熙《山西通志》卷一三《盐法》，《中国地方志集成·省志辑·山西①》，凤凰出版社2011年版，第318页。

纵使清代裁撤宗藩，徐沟等处盐产不再直接受晋藩干预，但河东运司并未考虑在土盐产地设分司及盐课司来管辖盐场。从行政成本角度来考虑，清初盐法重在收拢一切可得资金，而非新增机构提高管理成本。如果增设盐课司来管理，则势必要增加盐场大使与相应书吏和差役，增加行政人员开支。为节省行政成本，清廷并未设专官管理土盐生产。

关于徐沟土盐生产情形与所有权情况，《徐沟县志》记载到：

　　徐邑水性土脉有盐味者，止洞涡河，南六七村皆从井中取味以煎盐。屑贫者无地穿井，其有地土者凿井得盐。泉旁置地亩许为土场，估其地与井之所出盐，租与穷民，每岁两分其利。②

---

① 《顺治二年五月河东巡盐御史刘今尹为河东盐法创始祈酌立定制以裕国计》，佚名：《盐法考》卷一二《河东事例》，第33页b。
② 康熙《徐沟县志》卷二《盐法》，国家图书馆藏，第31页b。

古史专题

在官方话语下,徐沟盐产令洞涡河南面之村庄民人依据资本与技术自行支配。现存乾隆十六年(1751)徐沟县盐民为白云寺(今位于太原市迎泽区南十方街)所刻碑铭,可为方志所谓"有地土者"的身份提供更细致的证据。石碑关键信息摘录如下:

施盐碑记

徐邑之西有出盐之地红沟,自建丛林以来,累年食盐俱蒙檀护之力所施之盐,经今八十余年矣。维众檀护施心久远,又承大生师、严宝师亦为给盐之领袖。予甚敬其事,欲再立石铭之。感德昌师乐然为之,出资镌石,惟冀悠裕永远,于常不朽云耳。

徐沟南尹村经理纠首侯琰、侯璧、侯域、李大臣、张弘绪、贾世旺、侯国定各施盐一斗。供盐信士侯元业、贾太发、王遇、贾红然、张登甲、曹永富、贾世明、贾若谊、贾晋钦、贾晋魁、贾大贤、贾晋臣、张廷位、张名伦、张登春、薛名世、刘成麒、侯国柱、贾栋唐、贾绍业、侯玿、赵存仁、赵存智各施盐一斗,侯元亨、贾世兴、侯珙、侯国玺、侯元宏、贾国柱、王思聪、贾大福、侯国治、李仁、贾晋旺、贾世太、贾怀元、王思敬各施盐五升……①

白云寺位于太原府城南,俗名红土沟,相传为狄仁杰所建。有据可考之历史见于明崇祯年间,陕西蒲城天泽和尚于此立净业庵,逐步发展为一座十方寺院。清康熙至乾隆年间,备受文人雅士推崇,曾有户部侍郎刘鸿儒、太原知府刘崇元等为其立碑颂咏。白云寺发展兴盛之际,以距离白云寺 80 余里的徐沟南尹村为首的食盐生产者以灵验庙宇为活动场所,共同举行仪式,祈求生产兴旺。除南尹村外,还有北尹村、赵家堡、大寨村、常家庄、马家庄及清源

---

① 乾隆《施盐碑记》,刘文华主编:《三晋石刻大全·太原市迎泽区卷》,三晋出版社 2014 年版,第 205 页。

县东罗白村，各村庄又以大家族为主导。华北社会生活中常见的"社"并未在盐业组织中出现。①

出生于徐沟县王答村的李有义指出"农村中的领袖或最有势力的，亦大半是大族大户的领袖，整个农村生活中几乎没有一方是和家族组织脱离开的"②。在李有义生活的民国年间，南尹村最大的家族是贾家，北尹村是韩姓、李姓、杜姓，常家庄是常姓单姓村，大寨村是张姓。③ 这与乾隆年间各村庄施盐檀越之姓氏分布吻合，可以佐证李有义所称的同蒲铁路修筑之前徐沟县农村是闭塞的这一说法。

明清鼎革之际，太原地区未经较大动荡，或许正是明代为晋藩掌管盐产之徐沟县盐民在清代继续掌握食盐生产。④ 在地方有一定势力的盐民入清以后通过为士大夫郊游的寺庙供盐来与势要取得联系，从而延续他们在盐业生产中的优势地位。这也可以解释徐沟县南尹村村民愿意前往80余里外的寺庙供盐的缘由。对于交易、祭祀、婚姻等活动范围基本在一日往返之10里范围内的山西村民来说，⑤ 愿意不辞辛劳前往府城供奉神灵必然有着超乎寻常的利益吸引。

综上所述，清初对明末行票之土盐区太原、汾州等地改行盐引，土盐引课独立于解盐引课，一并由河东运司向户部奏销。明末未行票法之大同，清代亦未行引，而是将户口食盐银统归于地丁项

---

① 社的含义、功能、地位等参见杜正贞《村社传统与明清士绅：山西泽州乡土社会的制度变迁》，上海辞书出版社2007年版；姚春敏《清代华北乡村庙宇与社会组织》，人民出版社2013年版。
② 李有义：《山西徐沟县农村社会组织》，学士毕业论文，燕京大学，1936年，北京大学图书馆藏，第33页。
③ 李有义：《山西徐沟县农村社会组织》，第34—36页；刘文炳撰、乔志强等点校：《徐沟县志》，山西人民出版社1992年据1942原版整理，第37—39页。
④ 胡英泽有关汾河水权的研究证实晋藩所塑造的用水格局在清代依旧延续。参见胡英泽《晋藩与晋水：明代山西宗藩与地方水利》，《中国历史地理论丛》2014年第2期。
⑤ 参见韩茂莉《十里八邨：近代山西乡村社会地理研究》，生活·读书·新知三联书店2017年版。

古史专题

下，不受河东运司管辖。土盐产地依旧由明时大户所据，而非纳入盐司系统下。

三 州县负责"销引纳课"与土盐区盐务运作

清初山西土盐区发行盐引，引课奏销户部，却并未像其他盐区那般由盐司控制盐产地。

这意味着运司无法以所控之盐吸引商人前来认纳引课，那么土盐区盐务运作如何？是否如前辈学者所言是自由流通，只要不销往解盐引地即可？答案是否定的。

河东运使蒋兆奎指出土盐引区"向设土盐商，每遇更换，由地方官自行招充，仍报运司转院备查"①。传世刑科题本中亦存在大量土盐引区因贩卖私盐而发生的巡役过失杀人案件。这表明山西土盐引区亦存在官盐、私盐、引岸之分。

土盐区盐引由州县官领自运司，盐课银亦由州县解往运司，运销完毕截角之残引亦由州县汇解运司。② 招商、领引、征课之责皆由州县官负责，正所谓"行解池商盐者，州县止有督销之责，而纳课之责在商；若行土盐并花马池盐之处，则销引、纳课之责成并在州县"③。如此，土盐区州县不仅负有销引考成，还受征课考成之限。顺治十三年（1656）忻州知州于荣、太原西路管粮厅署按察司经历④郑廷才因盐课十分未完被"例应革职"。⑤

"引"在盐法中，不仅意味着要征收足额盐课，还意味着要将

---

① （清）蒋兆奎：《河东盐法备览》卷七《引目》，三晋出版社2018年影印本，第560—561页。
② 乾隆《平定州志》卷五《食货志·盐法》，国家图书馆藏，第59页b。
③ （清）蒋兆奎：《河东盐法备览》卷七《引目》，第542页。
④ 清初卫所亦发行盐引，太原西路管粮厅负责宁武、振西等卫所的盐引征纳事宜。
⑤ 顺治十三年七月初二日河东监察御史朱绂为岁课经征息玩请旨严定考成之法以重国课事，中国第一历史档案馆藏，题本，档号02-01-02-2070-011。

食盐按照固定数量与行销地售卖。为完成盐引任务，土盐区知县招募盐商负责本县境内的食盐运销，盐商向知县缴纳一定数量的盐课银及截角的盐引，以使知县可在指定日期派员将课银和引张解往河东运库以备查核。介休县有商人任佶将徐沟、清源之盐运回介休售卖。① 汾阳县亦有商人前赴清源，将土盐以车载回汾阳，置于城中盐铺内销售。②

与其他地区运司控制盐场，商人根据认纳盐额掣盐，有盐场铺兵核实商人是否按照引额运盐不同。在土盐区，食盐产地不设分司，运司无以根据盐引对盐商掣盐进行管制，也不会在产盐地设官查核商人的官商身份。以徐沟县南尹村为例，负责食盐交易的盐牙交代，"本县是产盐的地方，不论什么人都可以来买得，有无引票小的向不稽查，只知道平价量盐"③。

生产食盐与负责中介交易之人并不会核实是不是其他州县所招募的官商来买盐，但认纳盐课的商人却要保证自己的垄断地位。因此各州县和盐商会设巡役，在各路口盘查是否存在其他人运销食盐的情况，如果有就被认定为私盐，按行销私盐律予以惩治。乾隆四年（1739），太谷县郭于巴、郭海前往徐沟贩卖粮食，回程时在南尹村集上买盐458斤由驴装载运往榆社县集上发卖，在榆社县白壁村被该村盐店商伙杨希福盘获。④ 乾隆二十三年（1758），繁峙县知县李凤集招商承办本县盐引，设巡丁八名维护盐商垄断经营权。繁峙县范荣于应州受雇种田，回乡时在应州胡家寨刘信盐厂内买盐60斤，分装两口袋意图挑回繁峙县零星拆卖。回乡路上遭到巡役

---

① 乾隆《介休县志》卷四《盐法》，国家图书馆藏，第18页b。
② 康熙《汾阳县志》卷七《盐课》，国家图书馆藏，第21页a—b。
③ 乾隆五年十二月初十日山西巡抚喀尔吉善题为审理太谷县民郭于巴等贩卖私盐并禁卒阎士威故纵越狱被获案依例杖流等请旨事，中国第一历史档案馆藏，题本，档号02-01-07-14066-004。
④ 乾隆五年十二月初十日山西巡抚喀尔吉善题为审理太谷县民郭于巴等贩卖私盐并禁卒阎士威故纵越狱被获案依例杖流等请旨事，中国第一历史档案馆藏，题本，档号02-01-07-14066-004。

陈有才盘问袋中所装为何,被发现贩卖私盐。① 由此可知,土盐区只要不是州县招募之盐商及其伙商贩卖的盐,即被判定为私盐。巡缉私盐的工作依赖于州县官与盐商的共同配合。

商业繁荣之地,盐商易于招徕。然穷乡僻壤之地,专营盐业获利不高,会存在无商认纳之情况。若无商认纳,因州县负责征引纳课,故而州县可利用掌握地方人丁土地之便,利用征收地丁税之组织来征收盐课。在州县赋役核算体系形成的时期,② 对于土盐区州县而言,来自户部的引课任务相当于加增了一项数量固定的每年应征额。而在田赋为主的明清赋役结构下,盐课可以被州县官依据掌握的田赋额,将负担分配到具有相应承担能力的对象上。将盐课负担均派各里,以里甲为单位和对象进行摊派征收,是一种情形。石楼县知县袁学谟指出本县盐引办纳方式为:

> 其旧商贩三名贾金吉、刘凤、孟应儒者,历年久远。原系从前设立商名,即四里现年催粮之里老,因办粮兼以办课,能知粮额,便知课目。照地丁之多寡,匀盐课之输将,不致偏苦,不致累民,此因地制宜,立法之良规也。非统征分解,亦无另疑派收名色,则随粮之语,益可知矣。至于本地不出煎盐,民无私贩,即值役之粮长承旧商之户役,运米粟于汾郡变卖银钱,就清源等处之近置盐回石,以资民食,引赴清源截角,从无夹带之弊。所卖之原本足完原额之盐课,所获蝇头以充往返之脚费,递年轮流,时代相承,习惯已成自然。③

袁学谟指出石楼县在招商不至后,将里老捏作原商名,承办

---

① 乾隆二十三年十一月十二日山西巡抚塔永宁题为审理繁峙县民人范荣贩盐拒捕殴死巡役陈有才一案依例拟斩监候请旨事,中国第一历史档案馆藏,题本,档号02-01-07-14171-006。

② 参见申斌《赋役全书与明清法定财政集中管理体制的形成——兼论明清国家财政治理焦点之转移》,《中国经济史研究》2021年第1期。

③ (清)袁学谟:《居易堂文集》卷二《盐课照粮征税民运民销》,《清代诗文集汇编》第224册,上海古籍出版社2011年版,第62—63页。

引课。前赴清源购买土盐回境运销，但所得收益只抵脚费，不足引课。引课由里老征粮时随丁粮带征。他认为如此征收偏苦累民，上言如此办纳不经胥吏之手，不会对民众带来不好的影响。但随后袁学谟向县内出具的《禁革食盐陋规》则显示有奸民索取截角杂费、盐引陋规。① 可见将盐课派及里甲是土盐区州县可供选择的手段。至于将里老捏作原商名，是因为自顺治十年（1654）始户部责令河东革除照户口派盐之弊。② 未免公然声称盐课派及里甲对仕途带来不利影响，于是石楼县选择依旧每年向运司上报旧商之名。

孝义县清初有土商尚好义领引，赴清源等处买盐运至本县销引纳课。③ 至乾隆初年已是"商不办税，而征于民，仍虚捏商名，每岁赴盐宪领引五百五十三张，销盐办课，岁终解税缴引，实则随地丁银按数摊征"。孝义县不赴清源买盐，引得清源产盐之人告扳，"乾隆六年……清源县武生控孝义商人不赴清、徐买盐"④。乾隆《孝义县志》的编纂者曾发出疑问，"孝义实准民纳官解，不知何以仍有土盐商名?"⑤ 这其实是因为令民代商纳课有违盐课设计之本源。清代律法明文规定"行盐地方各官，有私派户口勒买销引者，州县官革职"⑥。于是土盐区即使在州县实际运行层面派及里甲，在文书行政层面仍需保留商名，每年向运司汇报。

因里甲征收容易滋生贪腐揩勒之弊，于是亦有州县在招商不至后，由地方势要与知县协商推行盐课按丁、田摊派之法，令花户自封投柜缴纳盐课。康熙年间，介休县盐商任佶将徐沟、清源之盐运

---

① （清）袁学谟：《居易堂文集》卷五《禁革食盐陋规》，《清代诗文集汇编》第224册，第165页。
② 《顺治十年六月河东巡盐御史刘秉政为户口凋残题》，佚名：《盐法考》卷一二《河东事例》，第45页b。
③ 雍正《孝义县志》卷八《贡赋·盐法》，国家图书馆藏，第33页b。
④ 乾隆《孝义县志》卷三《田赋积贮》，国家图书馆藏，第9页a—b。
⑤ 乾隆《孝义县志》卷三《田赋积贮》，第10页a。
⑥ 参见陈锋《清代盐法考成述论——清代盐业管理研究之一》，《盐业史研究》1996年第1期。

古史专题

回介休售卖。徐沟集上每斤食盐约 5 文钱，[1] 但任佶运回后，则卖至 9 文，"土盐价同运城"[2] 以致"价值腾贵，贫民不敢食盐"。盐价高昂到阖邑士民聚讼，于是"商人畏罪遁去"。商人离去后，康熙六十、六十一两年（1721—1722）盐课无着，时任知县萧蕙召阖邑里民佥议，若要食用价格低廉之土盐，就要不设商人，但不设商人盐课无着，对自己仕途有损。于是议定以邑之地粮 27920 石，每石征盐税银 0.0165 两，共征银 460.68 两；再按丁 46763 丁，每丁征盐税银 0.0165 两，共征银 771.58 两。两项合计每年征银 1232.2 两，抵补每年引课 1167.82 两，剩余 64.43 两则"充倾销、脚费、领引、缴引等费"，盐课银摊入地粮和丁银征收，自封投柜时另设一柜征收。[3]

综上所述，山西土盐区盐务运作权限由运司下放至州县，州县负责招商、征课、督销之责，可称之为州县盐政。各州县具体负责辖境内的食盐运销与盐课征解，亦要按照招商认引、划地行盐之法专营盐业。土盐区州县盐政的出现，是地方对中央制定盐法的未备之处进行补充、发展，解释性实施细则由州县政府与民间势要协商试行，构成对中央制定盐法实质性的再创造。

四　结语

盐业史研究中，运司机构在食盐产销中的作用已基本明晰，然其他机构对食盐产销秩序的影响尚有待进一步研究。明清时期山西土盐产销制度有着较为特殊的演变脉络。从生产角度讲，永乐九年户部所派之专管土盐的杂职官撤罢后，晋藩通过直接控制生产盐井

---

[1]　参见乾隆五年十二月初十日山西巡抚喀尔吉善题为审理太谷县民郭于巴等贩卖私盐并禁卒阎士威故纵越狱被获案依例杖流等请旨事，中国第一历史档案馆藏，题本，档号 02-01-07-14066-004。

[2]　乾隆《汾州府志》卷一一《宦绩·萧蕙》，《中国地方志集成·山西府县志辑》第 27 册，凤凰出版社 2005 年版，第 189 页。

[3]　乾隆《介休县志》卷四《盐法》，国家图书馆藏，第 18 页 b—19 页 a。

和摊晒卤水盐地来介入土盐生产，并通过向商贩抽取一定额度的钱银来实现获利。终明一世，晋藩的影响一直施加于土盐生产。及至清代，宗藩裁撤，但明代形成的南尹等村居民主导徐沟盐产的格局依然存在，国家为节省行政成本，亦未设专官管控土盐生产。

盐司机构于土盐生产管控方面的缺席，使得盐司无法以通行的招商认引制来管理土盐运销。明前期，盐贩于藩王盐地购盐后可自由运销土盐。明后期，随着边镇粮饷压力的增加，及河东运司自身供给盐课能力的不足，负有钱粮征调任务的河东巡盐御史与山西布政司共谋对土盐流通以州县为单位收取票税，即只干预运销而不介入晋藩涉及的生产领域。入清之后，全国推行盐法副区与纲法相结合的运销体制，土盐票也相应改为土盐盐引，只是仍以州县为单位进行征课和行销。在这样的基础上，商人运销也是以州县为单位，缉私等事宜亦以州县为界。不过，有清一代对州县盐法考成相当严格，同时肩负销引与纳课任务的州县官通常选择在招商不至的情况下将盐课派及里甲或摊入丁粮。

Yin and Piao System in Shanxi During the
Late Ming and Early Qing Period
Li Lunan

Abstract: The salt production areas of Xugou and Dingxiang in Shanxi were not included in the Kai Zhong system during the Ming Dynasty, but were controlled by the Jinwang. Since the Jiajing period, the Hedong Salt Transport Department owed a great deal of money to the Xuanfu and Datong and to the Shanxi Minyun, so the Hedong salt inspector and the Shanxi Chief Secretary conspired to implement the piao 票 system. At the beginning of the Qing Dynasty, the piao was changed to yin 引, but the Department of Transport still did not control the salt production. In order to effectively collect the full amount of salt taxes, the responsibility of selling yin and collecting taxes was assigned to the counties. Under the system of county being responsible for selling and levying, salt merchants were recruited by county, and if they were not recruited, the salt taxes were assessed into the land. In the late Ming and early Qing period, the primary objective of the Shanxi local salt areas was to increase the revenue of salt taxes in Shanxi, rather than to regulate the circulation of salt.

Key Words: Local Salt, Salt Yin, Salt Piao, Shanxi.

民族文化史

满族萨满文化中的虎崇拜考略

穆鲣臣[1] 胡紫薇[2]

(1. 辽宁师范大学；2. 东北大学秦皇岛分校)

摘 要：在自然环境和生产生活方式的长期作用下，虎逐渐成为满族人民心目中值得尊崇和具有祈福护佑作用的山神。萨满教是满族的传统宗教，可以视为满族文化的百科全书，笔者主要选择"母卧虎神""飞虎神"以及"虎闹家安"三个例子较为系统地梳理、发掘满族萨满教神歌中的虎崇拜文化，剖析满族萨满教虎崇拜流传至今的文化表现、信仰特点以及典型形式。同时，总结出满族萨满文化中的虎崇拜具有一定的传承性和特殊性，具有保护开发的重要意义。

关键词：满族；萨满教；虎崇拜

作 者：穆鲣臣，辽宁师范大学历史文化旅游学院教授；胡紫薇，东北大学秦皇岛分校民族学学院2021级硕士研究生。

满族萨满教对动物神的崇拜可谓源远流长，其中虎崇拜具有重要地位。文章梳理了目前学界对于满族萨满文化中虎崇拜的研究概况，以满汉文本为研究对象，总结归纳虎崇拜这一精神文化特质，深入挖掘虎崇拜与自然、社会的内在联系，以期对推进东北民族史、民俗史的发展和研究有所助益。

---

* 本文为中央高校基本科研业务费项目（编号：N2223005）及黑河学院俄罗斯远东智库专项项目"黑龙江流域暨远东民族文化遗产研究"（编号：18YD2KCJC08）阶段性成果。

民族文化史

　　首先，学者们对满族虎崇拜的研究从满族文明发祥地考古、满族生存地区远古岩画、满族文献经典记载和满族民间神话传说中论证了其历史起源，阐述了满族虎崇拜的来源和文化特点，并密切结合满族群众各个阶段的生产生活方式进行分析。郭静云《天神与天地之道：巫觋信仰与传统思想渊源》一书从礼器的视角观察，推论虎开始受古人崇拜或成为保护神的起源地主要有江汉上游西岭、长江中游江南山脉和东北山脉[①]。辛学飞《红山文化中的虎图腾崇拜》认为在红山文化早期，虎图腾作为一种带有宗教崇拜色彩的典型观念，其存在是具有普遍性和连贯性的，这里为后来包括满族在内的东北民族虎崇拜文化起到了重要的孵化作用[②]。其次，学界的主流研究从满族普遍信仰的萨满教角度出发，统筹考虑萨满教发展与满族虎崇拜之间互相促进的关系，立足萨满教最初的社会生产生活背景，阐明了满族虎崇拜和民间宗教信仰之间的相向发展。如张丽梅、张燕《东北狩猎民族的精神文化——萨满教》认为，以满、赫哲等为主的东北地区狩猎民族在长期狩猎生存的艰难过程中，逐渐产生了简朴的自然、动物和祖先崇拜，萨满教也随之产生[③]。这说明萨满教的萌芽和产生来自狩猎民族与大自然、与动物的斗争，后来又逐渐对动物，尤其是威猛的动物产生了敬畏，虎崇拜是至关重要的一部分。张丽红《萨满女神的显圣物——东北虎崇拜的文化谜底》指出，远古神话、萨满仪式和考古"文献"无可辩驳地证明了虎在史前文化中的象征意义，在满族人民生活的东北地区中，虎崇拜是东北远古女神宗教的文化遗留[④]。此外，学界还从包括满族

[①] 郭静云：《天神与天地之道：巫觋信仰与传统思想渊源》，上海古籍出版社2016年版，第307页。
[②] 辛学飞：《红山文化中的虎图腾崇拜》，《吉林师范大学学报（人文社会科学版）》2018年第1期。
[③] 张丽梅、张燕：《东北狩猎民族的精神文化——萨满教》，《吉林师范学院学报（人文社会科学版）》1997年第4期。
[④] 张丽红：《萨满女神的显圣物——东北虎崇拜的文化谜底》，《吉林师范大学学报（人文社会科学版）》2018年第1期。

在内的东北民族民俗文化中的虎崇拜仪式、活动等出发，阐明虎崇拜对满族人民祈福避灾的重要意义。民俗学家乌丙安在《中国民间信仰》中提到，在东北和华南地区，尤其是虎活动和生存的广大地区，人们崇拜虎和虎神是一种长久的文化传统。从民俗方面来看，满族跳虎神是对由来已久的东北地区先民虎崇拜的承袭①。长白雁《黑龙江宁安满族"跳玛虎"和"玛虎戏"》提到，20世纪初以前，在东北的宁安地区，一直存在着一种具有宗教意味的民俗仪式，即满族跳玛虎和由之发展而来的玛虎戏②。上述仪式是满族族群中小范围流传的珍贵的非物质文化遗产，其历史文化价值较高，但需要持续发掘和抢救。可见，在满族的民间信仰中，虎崇拜表现更为浓烈。

基于此，本文将立足满族萨满教虎崇拜产生的自然因素和心理因素，较为系统地梳理、发掘满族萨满教神歌中的虎崇拜文化，剖析满族萨满教虎崇拜流传至今的文化表现、信仰特点以及典型形式。

一 满族萨满教虎崇拜的由来

东北各民族自古崇虎，满族称老虎为"塔斯哈"，通古斯系统的各民族统称虎为"塔斯哈"，但他们忌讳直称"塔斯哈"，而各有自己民族的尊称。赫哲人称虎为"萨格迪玛发"，意思是"大老虎老爷""兽中之王"；鄂伦春人称虎为"乌塔其鄂吐恩"，是"老头子"或"王爷"之意；达翰尔人称虎为"诺颜古热斯"，是"兽王"之意，他们把老虎视为山神供奉与其自然环境有着密切的联系。

---

① 乌丙安：《中国民间信仰》，上海人民出版社1995年版，第59页。
② 长白雁：《黑龙江宁安满族"跳玛虎"和"玛虎戏"》，朱恒夫、聂圣哲主编：《中华艺术论丛》（第9辑·中国少数民族戏剧研究专辑），同济大学出版社2009年版，第369—372页。

民族文化史

　　虎是东北地区狩猎中常见的动物，以虎为形象的山神，是从狩猎采集文化层发展而来的，与其自然环境有着密切的联系。① 据学者所论，大约在更新世中晚期距今 100 万年前，最早的中国虎从黄河流域来到东北的松花江流域，后逐渐栖息在东北地区的广大山林之间，成为"东北虎"。② 北方民族的原始先民就是在这样的自然环境当中保持长期的狩猎生存状态，也随之产生了具有鲜明当地自然特色的原始宗教信仰，这其中即包括对东北虎的崇拜。满族先民在山林间狩猎食物、打柴取木等生存行为，与自然界的联系始终非常密切，不论心理层面还是精神层面都会受自然界的影响。先民们很早就认识到虎是一种难以战胜的动物，由敬畏恐惧而生崇拜，希望能得到虎神的佑护，虎崇拜在满族先民群体中具有从畏惧到祈求护佑的变化趋势。③

　　结合诸多研究来看，在东北地区的满族民间神话也对虎崇拜起到了催化作用，虎虽然不是唯一受满族及其先民崇拜的神灵，但是作为当地力量最为强大的生灵，在长期的狩猎生存过程中，对其有着最为重要的影响。这是因为满族以及东北各少数民族作为狩猎民族，在生存繁衍当中对虎产生了敬畏，很多神话中记载着虎有恩于人的故事，在各种因素的作用下，虎也就逐渐成为满族人民心目中值得尊崇和具有祈福护佑作用的山神。

　　早在满族祖先神话《武笃本贝子》中就讴歌了满族的祖先神、守护神、萨满祖神、佛多妈妈等众多英雄及祖先神祇，在这则神话中，虎是凌驾于百兽之上统管山林的大神。值得提及的是，在这则神话叙事的结尾，还解释了满族萨满教"放野神"祭礼的由来。此处所谓"放野神"祭礼即东北满族一直沿袭到近现代的萨满教

---

① 才小男：《论白那查、虎神、老把头等山神形象》，《华章》2012 年第 6 期。
② 孔祥羽、宁国利：《中国北方民族虎崇拜溯源》，《吉林师范大学学报（人文社会科学版）》2018 年第 1 期。
③ 江帆：《符号隐喻与文化逻辑建构：东北满族口头叙事中的虎形象解析》，何晓芳主编：《满学研究》（第 3 辑），民族出版社 2019 年版，第 91—110 页。

祭礼"跳老虎神",是满族萨满文化中虎崇拜的重要依据。

二 萨满教与虎崇拜

在东北人民传统聚居区,虎作为"百兽之王",是狩猎民族心中极其崇敬的守护神。在杨阳、林芳、周佳的《中国"虎"》中讲到东北地区有"虎"文化的活态遗存。如辽宁地区仍旧保留有墓前安放石虎的习俗①。除此之外,满族的民间故事中也记录了大量虎崇拜情节,集中在祈福避灾、增强生存力量等方面。其中,萨满教是满族虎崇拜的重要部分,下面将重点对满族萨满文化中的虎崇拜进行分析。

《吉林、宁古塔等处郭宸瓜尔佳氏旗族佛满洲祭祀学萨玛程序规则》载:"溯我族,当同治七年时,家萨玛惟前叙倭什珲一人也,……继光绪二年有我族第十一辈丰字,名丰春,单又学萨玛一次,学很娴熟有二人也,城乡祭祀不感困难也。……丰春继而病故,倭什珲年己老矣,恐萨玛接续无人。于斯,于光绪十四年,……先令楼克锦之二子丰顺学成萨玛,及光绪十六年,又令楼什环之子丰仪学习萨玛。先后二人学得萨玛,城乡祭祀跳神颇为顺利,全族无不乘兴。"②记述了在民间萨满跳虎习俗的存在,并且详细地介绍了当时的现状。

清代满洲官方辞书《御制清文鉴》对萨满有这样的介绍,"enduri weceku de jalbarime niyalma be saman sembi",意为"向神灵祝祷之人谓之萨满"③。辞书中较为全面地记载了萨满教祭祀的众神,也阐释了萨满教对诸多神祇的崇拜特点,即从祭拜自然神到

---

① 杨阳、林芳、周佳编著:《中国"虎"》,清华大学出版社2013年版,第194—201页。
② 赵志忠:《满族萨满神歌研究》,民族出版社2010年版,第265页。
③ (清)马齐等:《御制清文鉴》卷五,第6页,康熙四十七年武英殿刻本,中央民族大学图书馆藏。

民族文化史

动物神再到祖先神。萨满教祭祀体系和神祇类型是较为宏大的，各类辞书记载的神祇也仅仅是其中的小部分，再如虎、熊等萨满教典型动物神所处地位也十分紧要。以萨满教中常见的跳虎神为例，其承载着治病救人、祈福避害的重要作用，辞书记有"urge faitambi""siren faitambi""fudesembi"等满文表述，这其实就是萨满作为医者进行治疗的独特方式。《清文汇书》对应三词的解释分别为"巫师跳老虎神时剪纸人"、"跳老虎神时，在病人身上缠的纸人线索割断"、"跳老虎神治病"，可见，萨满教中的虎神崇拜，是人民虎崇拜信仰中的重要一环，是人们祈福治病的精神寄托。

现存满文神歌较多，主要包括乾隆年间的《钦定满洲祭神祭天典礼》《尼山萨满》《吉林九台石克特立氏萨满祭祀神本》及《祭祀全书巫人诵念全录》等。自乾隆十二年，觉罗哈拉神本《钦定满洲祭神祭天典礼》被官方定为爱新觉罗氏神本并得到广泛使用后，满族民间祭祀活动的仪礼趋于一致，各姓氏祭祀时诵念的神歌也多参照钦定文本①。这些记载对探讨满族萨满神歌和研究满族萨满虎崇拜意义重大。

《宁古塔纪略》载："有跳神礼，每于春秋二时行之。……衣服外系裙，裙腰上周围系长铁铃百数。手执纸鼓敲之，其声镗镗然。口诵满语，腰摇铃响，以致接应。旁更有大皮鼓数面，随之敲和。"②

据石光伟、刘厚生《满族萨满跳神研究》可知，满族石姓所祭祀的动物神26位，其中虎神就有6位：飞虎神、母卧虎神、公卧虎神、悬犁虎神、金虎神、大黑虎神等③。满族萨满在祭祀仪式当中，有着卧虎神、飞虎神等形象和相关仪式，通过各种模仿虎的

---

① 吴雪娟：《舒舒瓜尔佳氏满文神歌〈神坛〉翻译研究》，《满语研究》2015年第2期。
② 吴振臣著，李慧娟点校：《宁古塔纪略》，姜维公、刘立强主编：《中国边疆研究文库·初编·东北边疆（第8卷）》，黑龙江教育出版社1993年版，第147—148页。
③ 石光伟、刘厚生：《满族萨满跳神研究》，吉林文史出版社1992年版，第174页。

行为来表现出虎神的勇猛和战斗能力，这些满族萨满不仅会去模仿再现虎的咆哮与腾跃，而且还会贴近的虎习性，比如表演出母虎嬉戏虎崽的动人场景，这是满族萨满文化中虎崇拜的重要体现。

笔者主要选择"母卧虎神""飞虎神"以及"虎闹家安"三个例子进行分析。

1. "母卧虎神"

母卧虎神（必棱他思哈）神词

Ai i mene jalin de wei

是什么原因，为谁家之事，在此时请神？

Mene erin de soojung alin hada tehe soojung holo ci

居住在杓中山山峰上，沿着杓中山谷，

Wasika ulhu falan de duleme jifi bilume toron jihe biren

经过芦苇地降临了，慈祥地走来了，母卧虎神啊！

Tasha endure kai murime wasika muhan tasha enduri

扭动着降临了。公虎神！

Kuri tasha endure kai amba sanyan tasha

斑花纹虎神啊！大白虎神！

Kai uheri bilume toron jihe

统统慈祥地行走着降临了。

Baksan hiyan be daburengge nadan naihu fonjire de ai aniya saman ejen de ejen beye de singgefi enenggi oci yamji de ajige bailisi niyakuraha imcin jilgan solime deni jilgan ulame

萨满何属相？附萨满之身，今日夜晚，小求福人跪地祈祷，敲抓鼓宴请，鼓声传四方。

cin be duka dosifi geren duka guribure

从正房门进入，在门前跳动舞蹈。

Uju be tukiyeki ayan dengjan gereke saraha

蜡烛灯光照亮了四周，抬头看见：

Julergi alin ci buya boo amcame amargi alin ci dosi sarhu amcame

223

民族文化史

taibu de tafa wesihun wesika faksa faksa tata

从南山上小房子里赶来，从北山上草棚中赶来，越过山梁，爬过高地。

ci farhun ci maktaki ujen ujen tata

从幽暗中下来，威严庄重地下来，

ci ujen amargi

从北山上稳重地降临了。

De makta be halba be jafi senggi de giranggi yali mila be hehe tasha surgan

手执琵琶骨肉，带着许多虎仔降临了。

De ajige bihasa tasha kai uhei gurgu asarafi baksan bedereki

受祭后，一起走吧，一伙伙回山去吧。

母卧虎神，满文是"必棱他思哈"。表演中萨满扮演母卧虎神会生动地表现与虎仔玩耍，教它们食肉的场面。卧虎形象出于哺乳的需要，并不影响母虎战斗形象，相反因护仔而益凶。其实，"母卧虎神"中萨满所表演的动作就是被卧虎神附体后，萨满学着老虎的姿势，一边战斗一边保护着（或是寻找着）小老虎。据汪玢玲先生所说："这时早已准备好的两个小孩立刻躺在庭院中所设的七星斗前。萨满学着虎的样子吼叫一声，慈祥地向小孩走去，并一手抓一个，将小孩带进房内西炕神堂前，这一情节叫'抓虎仔'。两个小孩躺在地上母虎神便用嘴亲吻小虎仔的头和身上，又口含馒头，喂小虎仔。"[1] 曾有老萨满石宗轩进行这一模拟性表演，精彩逼真、引起轰动。神歌中手执琵琶骨肉满文为"哈立叭 博折胩"这一情节是老虎食肉的真实写照，跳神中用馒头代替琵琶骨肉。母卧虎神充分显示了雌性生育母神的伟大母性，极富生活气息。在东北地区长久的社会发展和变革中，跳虎神逐渐进入人们的日常生活

---

[1] 汪玢玲：《东北虎文化》，吉林人民出版社2010年版，第138页。

中，家家户户复杂的祈福话语汇集于隆重的跳虎神仪式，将虎这一大自然的威严动物与人们祈福和生存密切结合，从而展现了更强的话语生命力，逐渐形成一种宗族间流传的仪式话语。

2. "飞虎神"

飞虎神（德热他思哈恩都里）神词[1]

ai imene jalin de wei mene erin de hasuri hala

是什么原因，为谁家之事，在此时请神？众姓之中的哪一姓？

Hala oci sekderi hala juse omolo uksun mukun huwaliyasun ulan boo dorolome halame saman

石姓子孙，全族和顺兴旺，宗族的传统礼仪，不能丢掉。

seme tacifi ajige jalbarime iliha enenggi yemji

今日夜晚，求福人立于旁，萨满学习跳神。

de baksan hiyan be daburengge ilan gargan tondo oci unenggi yargiyan baihangge

点燃了把子香三炷，端端正正地供献于神灵，真诚地乞求。

Mukun geren akdafi jakuci bailisi yongkiyaha

全族人信赖的八位求福人全齐了。

osohon haha boigon oci ai aniya aniyangga kai buraki na de bukdaha hengkileme niyakuraha sekderi hala baimjihe alibure jari atiburengge

东家何属相？为东家之事，石姓子孙，屈身跪尘地，叩头祈祷，侧立侍神周到。

angga gisun hulahangge imcin jilgan

萨满身系腰铃，抓坡声传四方。

ulame siren sisa husi de amba jilgan aname ajige jilgan Solime

口中诵唱神歌，大声逐句诵扬，小声祈祷。

deye tasha enduri

---

[1] 此《飞虎神》及《母卧虎神》神歌译文，采自宋和平《满族萨满神歌译注》，社会科学文献出版社1993年版，第155、166页。

飞虎神啊！

Asha fiyaju tasha kai soojung sanyan alin tehe aisin holo ci wasika

长着花纹翅膀，居住在杓中山谷，从金沟中降临。

ulhu falan de duleme jifi bilume durun jihe uju be tukiyeki assara de ayan dengjan gereke saraha

慈善地下来了。点燃了蜡烛，光芒四射。

julergi alin ci tafafi amargi alin de amcame faksa

飞虎神抬起头，攀登上南边的山，又赶到北边的山，怒气冲冲地下来了。

Tata ci falan huji maktaki ujen tata ci

庄重地下来了，来到了庭院内。

Ujen amargi de makta be halba be jefi senggi de giranggi yali weile be

趴卧在庭院中，众人哄起趴着的虎神，它手执琵琶骨肉，撒腿跑了。

Jahu dai ilan dade fodoho gargan de cokcihiyan moo abka geren gargan de abtalaha

石姓祖先，原为三大支，三兄弟三只船。

sekderi hala baime jihe erin oho wasire deye tasha enduri

飞虎神爬上了参天大树，在树枝上飞快地攀登着。石姓全族来乞求，飞虎神啊！

"飞虎神"，满文为"德热他思哈想杜立"，此神也正像神词中所记述：长着两个有花纹的翅膀。当然，此处的飞虎并非真正会飞翔，而是用"飞"来形容此虎行动迅速。它的形象画在神案和一杆大黄旗上，即是七星斗前，插有一杆一丈多长的旗杆，上挂一面大黄旗，旗上画有长着两个翅膀的老虎，即飞虎。在大神案子上，也画有两个翅膀的飞虎，同样是表示飞虎神，用老虎长翅膀，来形容其行动迅速，这的确是满族石姓对于虎神所独有的创举。直到20世纪40年代，东北地区仍有萨满教跳虎神仪式的表演。九台市小韩乡的大萨满石清山（1987年去世）曾表演过此神，而且迄今仍流传着他表演此神的故事。据《东北虎文化》一书所述："当时石清山20多岁，当飞虎神请下来后，他便从院子里飞快地向外跑去。这时事先安排好一个本乡屯中跑得最快的小伙子，与他同时跑，想试试他能跑多快。当小伙子快要追上石清山萨满时，他却爬上屯外一棵最高的大树，在树枝上攀枝飞翔。当时，正值严冬天气很冷，滴水成冰。石清山萨满只穿单裤单褂，在树上呆了一个多小时还不下来。此时族长着急了，同全村的老老少少都跪在大树下，乞求他下来，他也不理睬。石清民、石清泉等侧立，也跪在大树下祈祷，经过全村老少跪下祈求多时后，石清山才从树上下来。"①

由此可见，满族飞虎神有一套完整的神词，萨满祭祀跳虎神仪式已经成为一些满族人的宗族传统礼仪，具有长期且稳定的信仰体系，方使跳虎神流传至现代。

3."虎闹家安"

满族有句俗话"虎闹家安"就是虎年跳虎神的原因。满族野祭中有虎神，汉军旗香中也有跳虎神，叉玛敲起太平鼓唱道："打打鼓哇撞撞金钟，请虎神老爷下山峰哎嗨哎哟。"一个扮演大虎，两个扮演小虎，头戴虎头软帽，身披虎皮。表演猛虎下山。攀岩越涧，大虎手捻黄香摇头摆尾，小虎身前身后翻跳腾挪。三位虎神表演后进入屋内，跃上供桌，将供品饱餐一顿。然后表示一定要为香主驱邪保宅②。之后便跑回山林，掌坛叉玛再击鼓唱送神歌："送你千道河，送你万道岭，回到深山去修行哎嗨哎嗨哟……"还有记载提到在跳虎中由神匠和帮军击单面皮鼓对虎神唱"恭迎歌"，把虎神迎进院内，接着神匠前引，再继续唱神歌，众虎神则随唱词在红布上翻滚起舞。歌舞毕，神匠引虎至家堂门前，击鼓唱神歌，经过这一系列的步骤最后夺门而入，这段称为

---

① 汪玢玲：《东北虎文化》，吉林人民出版社2010年版，第135页。
② 关云德：《满族萨满教中的虎崇拜》，《满族文学》2010年第2期。

"虎神入堂"。

三　结语

满族人崇拜虎在东北少数民族史上具有一定的传承性。直到 20 世纪 40 年代，东北地区仍有萨满教跳虎神仪式的表演。虎形象的绘画常被挂在墙上以护家门，乃至后世衍生为儿童戴虎头帽、穿虎头鞋用以驱邪，睡虎头枕以期望强壮身体。近年来有学者不断地从虎崇拜给人类带来的巨大文明出发，呼吁保护传承虎文化，这对于我们对东北民族史的探索和护虎文化的发起是十分有益的。

同时，它也具有一定的特殊性，老虎是我国上古时期就存在的一种野兽，被人称为"野兽之王"，是中国图腾文化的重要组成部分。与其他动物崇拜不同，人们对老虎既崇拜又畏惧，被当作权力和地位的象征，更将能力强大的将领称为"虎将"，把能够调兵遣将的兵符称为"虎符"，甚至用虎皮包裹成只有地位尊贵的首领才能入座的椅子，清朝凡是与虎有关的官职或者兵器都象征着强大的权力与地位，是极其具有威慑力的一种存在。

除此之外，在人们心目中，虎是神的化身，赋予它人性的美德和智慧，既是神兽又是义兽。满族萨满教虎崇拜中极为典型的"跳虎"给满族人精神生活带来了诸多深刻影响，其中蕴含的虎崇拜特质不仅造就了东北地区民间勇敢拼搏的风气，还在民间扮演着祈福消灾、趋利避害的"定心丸"角色，对于满族民间文化的形成和发展起到了一定的塑魂作用。

综括上文，满族萨满文化中的虎崇拜作为满族文化的重要组成，有着鲜活的文化印记，在诸多文献中都有记载，通过对文献中虎崇拜具体活动的分析可以发现其中充分体现的崇虎精神特质，进一步印证了虎崇拜对满族信仰萨满教地区人民产生了神秘、深远、极其重要的影响。

Research of Tiger Worship in Manchu Shaman Culture
Mu Yinchen; Hu Ziwei

Abstract: Under the long-term influence of the natural environment and the production and life style, the tiger has gradually become a mountain god worthy of respect and blessing in the minds of the Manchu people. Shamanism is the traditional religion of the Manchu people and can be regarded as an encyclopaedia of Manchu culture. The author mainly selects three examples of "The Lying Mother Tiger God", "The Flying Tiger God" and "Tiger Making Home Peace" to sort out, explore the tiger worship culture in Manchu shamanism sacred songs in a more systematic way, and analyse the cultural manifestations, belief characteristics and typical forms of Manchu shamanism tiger worship which has been spread so far. What's more, it is of great significance for protection and development to find out the inheritance and particularity of tiger worship in Shaman culture.

Key Words: Manchu; Shamanism; the tiger worship

北魏平城宫各阶段殿堂营建情况

王 琪

（扬州大学）

摘 要：平城宫是北魏平城时代的核心建筑群，其地位极其重要。建国之初，北魏建筑水平极低，缺乏宫室营造经验，平城宫建设明显滞后于苑囿、离宫。随着邺城、凉州、黄龙、洛阳、建康等因子的相继融入，其营造水平逐步提高，开工时间渐趋合理，殿堂功能更加固化。在汉化的大背景下，平城宫的建筑风格同样烙上了相关印记，而汉式的东宫制度及朝寝制度之确立，更是明确反映出北魏从模仿汉人建筑样式向模仿汉人建筑礼仪规范过渡的趋势。作为平城时代的统治中心，平城宫是很多重要历史事件的空间背景，这些历史事件又与平城宫殿堂的设置及使用情况密切相关。

关键词：平城宫；北魏；太华殿；太极殿

作 者：王琪，扬州大学社会发展学院2021级博士研究生。

天兴元年（398）七月，北魏"迁都平城，始营宫室，建宗庙，立社稷"[1]，至此开启了它的平城时代。建都伊始，北魏便着手建立文物典章制度，并开始修建宫城。然而，"国自上世，迁徙为业"[2] 的拓跋氏，基本没有宫室营造经验，因而初期建设十分粗糙。

---

[1] （北齐）魏收：《魏书》卷二《太祖纪》，中华书局1974年版，第33页。
[2] 《魏书》卷一三《皇后列传》载："（平文皇后王氏）闻之，曰：'国自上世，迁徙为业。今事难之后，基业未固。若城郭而居，一旦寇来，难卒迁动。'"（第323页）

在持续的探索、模仿、继承和发展中，北魏建筑水平有了长足进步，对汉人建筑的模仿也从样式层面深入至制度层面。本文欲通过对相关史实的梳理，归纳北魏平城宫不同时期营建情况，尝试阐发各阶段平城宫建设特点，试论这些特点产生的原因及其背后隐含的历史及文化意义，并推究某些重要历史事件与具体宫殿之内在联系。

一　道武帝时期的平城宫建设

道武帝时期，平城宫的营建逐步展开。这一时期，《魏书》有明确记载的工程有天文殿、鹿苑、鸿雁池、天华殿、太庙、东西鱼池、中天殿、云母堂、金华室、紫极殿、玄武楼、凉风观、石池、鹿苑台、犲山宫、西昭阳殿、西宫（部分工程）、代园山之五石亭、漯南宫、武要北原石亭、北宫垣等。属于平城宫的建筑主要有天文殿、天华殿、中天殿及云母堂、金华室、西昭阳殿、西宫等。这一时期的工程，看似总量不少，但工期很短，开工时间的选择十分随意。此间工程的重点在苑囿及各地离宫，平城宫内工程相对较少。

（一）北魏前期营造水平很低，《南齐书》所述基本属实

天兴元年（398），北魏自盛乐徙都平城[1]，而实际大兴土木的时间应略晚一些。根据《南齐书·魏虏传》记载，道武帝定都平城之时，北魏"犹逐水草"[2]，明元帝时才逐步用夯土修建房屋。太武帝"破梁州、黄龙（指北凉沮渠氏、北燕冯氏）"[3]后，"徙

---

[1] （北宋）司马光：《资治通鉴》卷一三九，齐明帝建武元年（494）三月壬申条："昭成皇帝更营盛乐，道武皇帝迁于平城。"（中华书局1956年版，第4352页）《魏书》卷二《太祖纪》载：天兴元年（398）七月"迁都平城，始营宫室，建宗庙，立社稷"。（第33页）

[2] （梁）萧子显：《南齐书》卷五七《魏虏传》，中华书局1972年版，第984页。

[3] 在陈寅恪先生的《隋唐制度渊源略论稿》二《礼仪》附《都城建筑》中标注此处凉州为北凉沮渠氏，黄龙为北燕冯氏（生活·读书·新知三联书店2015年版，第72页）。《南齐书》站在南朝人视角记录史实，而沮渠无讳被宋文帝刘义隆封为凉州刺史，故以凉州代称。刘宋称北燕为黄龙国，盖因其都龙城，又名黄龙而得名。

民族文化史

其居民①,大筑郭邑"②。

　　有人认为此种说法是南朝对北魏的贬损,但山西大同 2005 年曾出土一处墓葬,其壁画内容可证《南齐书》所述基本属实。2005 年,大同沙岭北魏墓葬 M7 号出土了破多罗太夫人墓③,墓主人卒于太延元年(435),由于其修建质量较好,不可能于短期内完工,推测其修建年代应在太延元年(435)之前。而太延元年(435)恰为太武帝"诏长安及平凉民徙在京师"④ 的时间,若《南齐书》所述属实,此时北魏正处于"土著居处"⑤ 时期,考虑到不同时期建筑应有一个逐步迭代过程,此时的平城正应处于"犹逐水草"⑥ 与"土著居处"⑦ 兼而有之的状态。而该墓葬壁画恰好清晰地呈现出毡帐、庑殿并存之景⑧,与《南齐书》所记十分吻合,由此可以断定《南齐书》所述基本属实,北魏前期的营造水平的确很低,是以"逐水草"⑨ 为起点的。

　　《魏书》缺乏相关记载的原因,应该与《国史》之狱有关。《国史》狱后,"东观中圮,册勋有阙"⑩,"遗落时事,三无一存"⑪,

---

① 拓跋焘迁徙凉州、黄龙居民的时间分别为太延元年(435)和延和元年(432),见《魏书》卷四上《世祖纪上》载:"(太延元年,435,二月)诏长安及平凉民徙在京师,其孤老不能自存者,听还乡里。"(第 84 页),及《魏书》卷四上《世祖纪上》载:"(延和元年,432,九月)徙营丘、成周、辽东、乐浪、带方、玄菟六郡民三万家于幽州。"(第 81 页)
② 《南齐书》卷五七《魏虏传》,第 984 页。
③ 大同市考古研究所:《山西大同沙岭北魏壁画墓发掘简报》,《文物》2006 年第 10 期。
④ 《魏书》卷四上《世祖纪上》,第 84 页。
⑤ 《南齐书》卷五七《魏虏传》,第 984 页。
⑥ 《南齐书》卷五七《魏虏传》,第 984 页。
⑦ 《南齐书》卷五七《魏虏传》,第 984 页。
⑧ 大同市考古研究所:《山西大同沙岭北魏壁画墓发掘简报》:"(南壁)东面场景以主人居住的庑殿顶房屋为中心。"(《文物》2006 年第 10 期)"(南壁壁画)西面场景有粮仓、车辆、毡帐和杀羊等劳动场面。"(第 20 页)"沙岭 M7 壁画中既有形状与陶质模型相同的毡帐,还有中国传统建筑的屋宇。"(第 23 页)
⑨ 《南齐书》卷五七《魏虏传》,第 984 页。
⑩ 《魏书》卷六二《李彪传》,第 1394 页。
⑪ 《魏书》卷六二《李彪传》,第 1381 页。

不只崔浩所著不能流传，其余史料也有缺失，而有关"国恶"的记载，更是《国史》狱后清洗的重点。破多罗太夫人下葬于太延元年（435），略早于《国史》之狱（450）①，因此未成为"清洗"目标。墓葬修建之时，鲜卑人并不以毡房建筑为耻，壁画所绘应为写实，是《南齐书·魏虏传》所述之"佛狸已来，稍僭华典，胡风国俗，杂相揉乱"②的真实写照。

（二）莫题主持不力，"模邺、洛、长安之制"亦难实现

天赐元年（404）前后③，"太祖欲广宫室，规度平城四方数十里"④。由于缺乏宫室修建经验，道武帝决定"模邺、洛、长安之制"⑤，并选用"一个农业与草原文化接触过渡时期的'媒介人物'的后裔"⑥——莫题作为监造者。⑦

---

① 《资治通鉴》卷一二五，宋文帝元嘉二十七年（450）四月壬子条："浩书魏之先世，事皆详实，列于衢路，往来观者咸以为言。北人无不忿恚，相与谮浩于帝，以为暴扬国恶。帝大怒，使有司案浩及秘书郎吏等罪状。"（第3942页）
② 《南齐书》卷五七《魏虏传》，第990页。
③ 此时间为推测时间，《魏书》在卷二三与卷二八有两处《莫题传》，对照两传所载内容，均记有莫题随太祖征讨慕容宝一事，且人物结局均是被孝文帝赐死，故两传中所述应为同一人。《魏书》卷二八记有莫题被赐死的具体时间，为天赐五年（408年）（第683页）。根据《魏书》卷二三《莫题传》"栗坐不敬获罪，题亦被黜为济阳太守。后太祖欲广宫室……以题机巧，徵令监之"（第604页）的记载，推知道武帝任命莫题建造宫城的时间，应在莫题因李栗获罪之后，而李栗被诛杀时间为天兴三年（400）。那么，莫题被启用监造宫殿一事应该发生在天兴三年至天赐五年之间（400—408），推测莫题受命监造宫城时间为天赐元年前后。由于莫题"被黜为济阳太守"，推断其受命监造的时间应该距天兴三年（400）有一段间隔。而道武帝既然选择信任莫题，授其宫殿修建重任，应该不会刚刚任命就立马赐死。故道武帝宣布启用莫题，并模仿三城宫殿修建平城宫的时间，应在天赐元年（404）前后。
④ 《魏书》卷二三《莫题传》，第604页。
⑤ 《魏书》卷二三《莫题传》，第604页。
⑥ 逯耀东先生在《从平城到洛阳》之《北魏平城对洛阳规建的影响》中指出："拓跋珪在规建平城时，启用了一个农业与草原文化接触过渡期的'媒介'人物的后裔，负责主持平城兴建工程。充分表示拓跋珪在规制平城时，虽欲模仿长安、邺、洛阳，但却没有完全放弃草原文化的企图。所以这些草原文化的色彩，被保留在平城的建筑之中。"（中华书局2006年版，第167页）
⑦ 《魏书》卷二三《莫题传》："后太祖欲广宫室，规度平城四方数十里，将模邺、洛、长安之制，运材数百万根。以（莫）题机巧，徵令监之。召入，与论兴造之宜。"（第604页）

233

民族文化史

在莫题主持下，工程进展缓慢，从天赐二年（405）到天赐五年（408），《魏书》中有记载的工程①几乎都在平城宫外。这与莫题本人的营造能力有关，他的祖父虽曾身处两种文化之间，但其自身已是文化意义上的鲜卑人，既未见过华丽宫室，又无丝毫营造经验，哪怕再"机巧"，也难以胜任。天赐五年（408）②，莫题被以"久侍颇怠"的罪名赐死③，可见其未能按照道武帝的预期完成工作。

而道武帝给出的方案——"模邺、洛、长安之制"④，其指导意义也非常有限。邺城、洛阳、长安均为北方重镇，也都曾被立为都城，但北魏初年的实际情况却限制了该方案的实施。天赐元年（404）之际，只有邺城在北魏版图之中⑤，其他两城是在之后十几年中被北魏攻克的⑥，因此，洛阳、长安之制难以作为营造平城宫的参考。天兴元年（398）的邺城宫尚有部分宫殿建筑保留，所以道武帝才能"巡登台榭，遍览宫城"⑦，但邺城曾几经战火，部分损毁在所难免，北魏前期又采取"后无资粮，唯以百姓为命"⑧的作战补给方式，在被接管五六年之后，邺城宫的保存情况应该并不乐观。

（三）道武帝时期主要宫殿修建情况

天文殿是平城宫兴建的第一个建筑，其修筑过程非常仓促，只

---

① 包括代园山之五石亭、灅南宫、武要北原石亭、北宫垣。
② 《魏书》卷二八《莫题传》："天赐五年（408），有告题居处倨傲，拟则人主。太祖乃使人示之箭，告之曰：'三岁犊，能胜重载不？'题奉诏，父子对泣，诘朝乃刑之。"（第683—684页）
③ 《魏书》卷二三《莫题传》，第604页。
④ 《魏书》卷二三《莫题传》，第604页。
⑤ 《魏书》卷二《太祖纪》："天兴元年（398）春正月，慕容德走保滑台。仪克邺，收其仓库。"（第31页）
⑥ 《资治通鉴》卷一二〇，宋文帝元嘉三年（426）十二月条："（奚）斤入长安，秦、雍氐羌皆诣斤降。河西王蒙逊及氐王杨玄闻之，皆遣使附魏。"（第3790页）又见《资治通鉴》卷一一九，宋营阳王景平元年（423）正月辛丑条："魏于栗磾攻金墉，癸卯，河南太守王涓之弃城走。魏主以于栗磾为豫州刺史，镇洛阳。"（第3751页）
⑦ 《魏书》卷二《太祖纪》，第31页。
⑧ （梁）沈约：《宋书》卷七四《臧质传》，中华书局1974年版，第1912页。

用了不到三个月①，且为冬季施工，以北魏当时的国力和营造水平推测，其工程质量应该很差，天文殿实是道武帝为尽快举行登基大典而草草搭就的。天兴三年（400），北魏又"起中天殿及云母堂、金华室"②，云母堂等三殿曾被作为太武帝的居住场所③。此外，由于史料中缺乏有关天华殿、西昭阳殿、西宫修建情况的相关记载，通过仅有材料难以窥探更多信息。

道武帝时期的工程，在开工月份的选择上非常随意，经常会面临冬季施工。天文殿十月开工，十二月竣工，工期全部在冬季；④ 天华殿七月开工，十二月竣工，工期多半在冬季；⑤ 西昭阳殿起建于天兴六年（403）十月，同样是冬季开工，虽然其竣工时间不详，但第二年九月该殿即已开始使用，可知其同样面临冬季施工；⑥ 西宫冬十月开工，一个月后即初步投入使用⑦，工期亦在冬季。雁北地区，冬季苦寒，⑧ 持续低温作业对工程进度及质量影响较大。

---

① 《魏书》卷二《太祖纪》：天兴元年（398）"冬十月，起天文殿……十有二月己丑，帝临天文殿，太尉、司徒进玺绶，百官咸称万岁"。（第33—34页）

② 《魏书》卷二《太祖纪》，第36页。

③ 《南齐书》卷五七《魏虏传》："佛狸所居云母等三殿，又立重屋，居其上。"（第984页），但"等三殿"中其他两殿是否中天殿、金华室，受史料所限无法推断。

④ 《魏书》卷二《太祖纪》：天兴元年（398）"冬十月，起天文殿……十有二月己丑，帝临天文殿，太尉、司徒进玺绶，百官咸称万岁"。（第33—34页）

⑤ 《魏书》卷二《太祖纪》：天兴二年（399）"秋七月，起天华殿……十有二月……天华殿成"。（第35—36页）

⑥ 《魏书》卷二《太祖纪》：天兴六年（403）"冬十月，起西昭阳殿……天赐元年（404）……秋九月，帝临昭阳殿，分置众职，引朝臣文武，亲自简择，量能叙用"。（第41页）

⑦ 《魏书》卷二《太祖纪》：天赐元年（404）"冬十月辛巳，大赦，改元。筑西宫。十有一月，上幸西宫，大选朝臣，令各辨宗党，保举才行，诸部子孙失业赐爵者二千余人"。（第42页）

⑧ 根据中国天气网（http://www.weather.com.cn/index.shtml）统计的大同基本气候情况表（根据1971—2000年资料统计）。大同地区11月、12月、1月、2月（大约是农历10月、11月、12月、1月）的平均气温均在0°C以下。其中平均气温最低在1月（约为农历12月），达到零下10°C以下。竺可桢在《中国近五千年来气候变迁的初步研究》中对我国温度变化进行了研究，从图三《一千三百年来世界温度波动趋势图》估算，在北魏平城时期（398—495）的温度总体上比现在低1.5°C左右（《考古学报》1972年第1期）。

(四) 道武帝时期平城宫营建特点及原因分析

道武帝时期，新建宫殿看似不少，却极为简易，工期很短，常在冬季施工。从数量上看，该时期由皇家主导的工程大多分散于周边苑囿及各地行宫，此种修建顺序有别于大多数汉族王朝，这应该与鲜卑族的生活习惯、建筑水平及心理状态有关。

从生活习惯来看，鲜卑在入主中原之前长期生活于广阔草原，对于宽敞的苑囿有着比汉人更强烈的需求。从建筑水平来说，北魏初期尚不具备修建大型宫殿的能力，而苑囿、离宫的修建相对简单，是其能力所及。再从拓跋部建国之时的心理状态分析，此时的统治者，心怀征服者之优越感，并没有通过建立汉家宫室制度来证明自身正统性的迫切要求，加上政权并不稳固，拓跋氏始终担心"一旦寇来"[1] 的情况，因而对宫城建设的要求与一般中原王朝不同。

太宗明元帝继位之后，北魏有记载的宫室营建工程几乎全部集中于离宫别苑，平城宫内的工程只有泰常八年（423）"广西宫，起外垣墙，周回二十里"[2] 而已。由于这一阶段的宫城建设较少，对应史料数量也很少，本文不做专门论述。

二　太武帝时期的平城宫建设

太武帝时期，《魏书》有明确记载的宫室营建工程有旧东宫[3]（扩建）、太学、马射台、柞岭坛、承华宫、新东宫、小城、昆明池、广德宫、瓜步山行宫等，其中只有扩建旧东宫和营建新东宫的工程在平城宫内。《南齐书·魏虏传》所述之"大筑郭邑"[4] 所

---

[1] 《魏书》卷一三《皇后列传》，第323页。
[2] 《魏书》卷三《太宗纪》，第64页。
[3] 平城宫中先后有两处"东宫"，为了行文方便，也为了更清晰的辨别，在本文中按其称"东宫"的先后顺序称其为"新东宫""旧东宫"。
[4] 《南齐书》卷五七《魏虏传》，第984页。

指，应为此间两东宫的建设。这一阶段的工程重点仍集中于苑囿、离宫，但其质量有了进步，开工时间的选择更趋合理。

（一）扩建旧东宫为万寿宫，以万寿宫永安殿为平城宫正殿

旧东宫为前代遗留建筑，太武帝即出生于此①。始光二年（424）三月，太武帝"营故东宫为万寿宫，起永安、安乐二殿，临望观，九华堂"②。同年九月"永安、安乐二殿成，丁卯，大飨以落之"③。此次扩建旧东宫的工程自春季开始，至秋季结束，历时六个多月。

完工之后的万寿宫永安殿为平城宫正殿，其他附属殿宇为皇帝主要的生活地点。文成帝时，高允就曾以"今建国已久，宫室已备，永安前殿足以朝会万国，西堂④温室足以安御圣躬，紫楼临望可以观望远近"⑤的话语来驳斥给事中郭善明"大起宫室"⑥的主张。

从世祖、高宗之交的宫廷政变，亦可看出万寿宫永安殿的正殿职能。"正平二年（452）⑦，（宗）爱杀（太武）帝于永安宫⑧，左仆射兰延等以建议不同见杀。（宗）爱立吴王（拓跋）余为主，寻

---

① 《魏书》卷四上《世祖纪上》载："世祖太武皇帝，讳焘，太宗明元皇帝之长子也，母曰杜贵嫔。天赐五年生于东宫。"（第69页）
② 《魏书》卷四上《世祖纪上》，第70页。
③ 《魏书》卷四上《世祖纪上》，第71页。
④ 北魏前期"西堂""西室"的称呼并不甚固定，若不注意考察时间节点，容易产生错讹，例如《资治通鉴》卷一二三，宋文帝元嘉十六年（438）三月辛未条："（魏主）于是大集公卿议于西堂。"（第3871页）该处有胡三省注："魏平城太极殿有东、西堂。"而438年北魏尚无太极殿，甚至还没有太华殿，可知胡注有误，《资治通鉴》此处之西堂很可能是万寿宫永安殿西堂。
⑤ 《魏书》卷四八《高允传》，第1073页。
⑥ 《魏书》卷四八《高允传》，第1073页。
⑦ 有关此事的具体月份，《魏书》卷一五三《天象志三》记载为"二月"（第2406页），而《魏书》卷四下《世祖纪下》记载为"三月"（第106页），《魏书》前后两处记载有异。
⑧ 此处永安宫即永安殿，应是北魏前期史料用词不准确所致。

民族文化史

又贼之。"① 直到兴安元年（452）十月②，长孙渴侯、陆丽、刘尼③等人"奉高宗于宫门外，入登永安殿"④，政局方才稳定。太监宗爱两度弑君，擅行废立之事，其弑杀太武帝的地点即万寿宫永安殿，最终文成帝登基，乱局结束，而文成帝登基的地点，亦为万寿宫永安殿。由此可证该时永安殿为平城宫正殿。

万寿宫永安殿的正殿职能一直持续至太安四年（458）九月，彼时"太华殿成"⑤，继而成为平城宫新的正殿。有关太华殿的问题，后文会具体论述，而对于万寿宫永安殿后期不再承担正殿职能之事，可从献文帝之死中探知一二。承明元年（476）"（献文帝）崩于（万寿宫）永安殿"⑥，《资治通鉴》记载死因有疑，为"魏冯太后内行不正，以李弈之死怨显祖，密行鸩毒"⑦。献文帝被废之后已无实权，应该不会居于正殿，而文明太后之所以选择永安殿作为鸩杀献文帝的地点，有两种可能，第一，永安殿是献文帝被废之后的居所，第二，为避人耳目，文明太后选择了一处稳妥的地点"密行鸩毒"。但无论何种原因，均说明该时永安殿已非正殿，甚至被逐渐废置。

（二）营建新东宫，"东宫"一词始具储君居所之意

《南齐书·魏虏传》载："伪太子宫在城东，亦开四门，瓦屋，四角起楼。"⑧ 此处所指"伪太子宫"即延和年间所筑之新东宫⑨，新东

---

① 《魏书》卷一〇五之三《天象志三》，第2406页。
② 《魏书》卷五《高宗纪》：正平二年（452）"十月戊申，即皇帝位于永安前殿，大赦，改年"。（第111页）
③ 《北史》卷二《魏本纪》："于是殿中尚书长孙渴侯与尚书陆丽奉迎世嫡皇孙。"（中华书局1974年版，第65页）又见《魏书》卷三十《刘尼传》："尼与丽迎高宗于苑中。"（第721页）
④ 《魏书》卷三〇《刘尼传》，第721页。
⑤ 《魏书》卷五《高宗纪》，第117页。
⑥ 《魏书》卷六《显祖纪》，第132页。
⑦ 《资治通鉴》卷一三四，宋苍梧王元徽四年（467）二月条，第4187页。
⑧ 《南齐书》卷五七《魏虏传》，第984页。
⑨ 《魏书》卷四《世祖纪上》：延和元年（432）"秋七月……筑东宫"。（第81页）

宫选择在七月开工，工期达两年①，建成之后，即"备置屯卫"②，立马投入使用。虽然此宫亦称"东宫"，但不同于旧东宫之"东"只代表方位，新东宫之"东"具备了新的衍生意义——太子东宫。

太平真君元年（440）六月，文成帝在这座新东宫出生③，其时，文成帝之父拓跋晃为太子④；正平元年（451）六月，皇太子拓跋晃薨逝于斯；高祖的母亲李氏入东宫时⑤，其夫拓跋弘为太子⑥，她在新东宫生下了高祖⑦。从这些事例均可看出，新东宫即北魏太子宫。虽然两处东宫在北魏不同时期都曾使用同一名称，但新东宫建成之后东宫一词才开始具备储君居所的内涵，这从一个侧面反映出北魏汉化的逐步深入。

（三）北魏前期"先易后难"的建筑顺序

正平二年（452），群臣建议"更峻京邑城隍"⑧，太武帝推说："古人有言，在德不在险。屈丐蒸土筑城，而朕灭之，岂在城也？今天下未平，方须民力，土功之事，朕所未为，萧何之对，非雅言也。"⑨这则史料反映出两个问题，一是太武帝爱惜民力，在天下未平情况下不愿耗费民力加强京邑城隍。二是正平二年（452）之时，平城城隍并不坚固，远远不及赫连屈丐蒸土所筑之

---

① 《魏书》卷四《世祖纪上》：延和元年（432）"秋七月……筑东宫"。（第81页）《魏书》卷四《世祖纪上》：延和三年（434）"秋七月辛巳，东宫成"。（第84页）
② 《魏书》卷四《世祖纪上》，第84页。
③ 《魏书》卷五《高宗纪》："高宗文成皇帝，讳濬，恭宗景穆皇帝之长子也。母曰闾氏。真君元年（440）六月生于东宫。"（第111页）
④ 《魏书》卷四上《世祖纪上》："延和元年（432）春正月丙午，尊保太后为皇太后，立皇后赫连氏，立皇子晃为皇太子。"（第80页）
⑤ 《魏书》卷一三《皇后传》载："献文思皇后李氏……年十八，以选入东宫。显祖即位，为夫人，生高祖。"（第331页）
⑥ 《魏书》卷五《高宗纪》：太安二年（456）"春二月丁巳，立皇子弘为皇太子，大赦天下"。（第115页）
⑦ 《魏书》卷六《显祖纪》：皇兴元年（467）八月"戊申，皇子宏生，大赦，改年"。（第128页）
⑧ 《魏书》卷四下《世祖纪下》，第107页。
⑨ 《魏书》卷四下《世祖纪下》，第107页。

城。北魏前期的工程质量的确很差，从《南齐书·魏虏传》有关太武帝时"门不施屋，城又无堑"①，以及《魏书·灵征志》"京师暴风，宫墙倒，杀数十人"②的记载中均可看出。

虽然北魏前期连内城墙及宫墙都不甚牢固，但泰常七年（422）就已开工修建外郭③，这种先外郭再内城的顺序，以及前述北魏早期工程重点在苑囿、离宫的现象，均与大多数中原王朝有异。出现这种情况的主要原因，应该是建国初期营造水平有限，无力修建复杂宫殿，只能先开展一些力所能及的工程，而苑囿、离宫的修建较为简单，因此成为首选。至于修筑城墙，虽难度不大，却颇费人力，因此在劳动力不甚充裕的情况下，只能搁置，待后期领地扩大，有能力征调更多人口之时，北魏方才着手修建城墙。这样的修建顺序实是北魏在能力有限的情况下做出的"先易后难"的选择。

（四）太武帝时期"大筑郭邑"原因分析

《南齐书》记载太武帝"大筑郭邑"④的时间为"佛狸破凉州（指北凉沮渠氏）、黄龙（指北燕冯氏），徙其居民"⑤之后，对照《魏书》，可知其具体时间为太延元年（435）⑥和延和元年（432）⑦，那么，为何会是这个时间节点呢？陈寅恪先生曾在《隋唐制度渊源略论稿》中指出："西晋永嘉之乱，中原魏晋以降之文

---

① 《南齐书》卷五七《魏虏传》，第984页。
② 《魏书》卷一一二上《灵征志上》："世祖太延二年四月甲申，京师暴风，宫墙倒，杀数十人。"（第2899页）
③ 《魏书》卷三《太宗纪》：泰常七年（422）九月"筑平城外郭，周回三十二里"。（第62页）
④ 《南齐书》卷五七《魏虏传》，第984页。
⑤ 《南齐书》卷五七《魏虏传》，第984页。
⑥ 《魏书》卷二《太祖纪》：太延元年二月（435）"诏长安及平凉民徙在京师，其孤老不能自存者，听还乡里"。（第84页）
⑦ 《魏书》卷二《太祖纪》：延和元年九月（432）"徙营丘、成周、辽东、乐浪、带方、玄菟六郡民三万家于幽州"。（第81页）

化转移保存于凉州一隅，至北魏取凉州，而河西文化遂输入于魏。"① "魏徙凉州之人民于平城，建筑雕刻艺术受其影响。"② 可见，凉州一地的文化传入对北魏建筑水平之提高颇为重要，一方面引进了经验丰富的工匠，另一方面为工程建设提供了大量劳动力。而从空间上看，攻克凉州、黄龙之后，北魏开始与中原腹地接壤，有了更多机会接触中原先进文化，这其中当然就包括中原的建筑技术。由此看来，《南齐书》不止所言不虚，还提及了问题的实质。

（五）太武帝时期宫城建筑特点

太武帝时期工程数量较少，开工项目延续了前代"先易后难"的选择，但质量有了进步，动工时间更为合理，工期也更长。随着凉州等地相继被北魏攻克，当地移民的迁入带来了富有建筑经验的工匠以及大量劳动力，北魏营造水平进一步提高。太武帝时期，平城宫最主要的工程是两东宫的建设，旧东宫经修缮改名为万寿宫，其永安殿成为平城宫正殿，新东宫建成之后为太子居住场所，至此，新东宫之"东"始具储君居所之意。东宫内涵的变化，从一个侧面体现出北魏汉化之逐步深入。

三 文成帝时期的平城宫建设

随着国力的增长和持续的汉化，北魏建筑水平不断提升。文成帝时期有记载的工程有天渊池、黄山宫、太华殿，总体数量较少，且只有太华殿在平城宫内，但这仅有的工程却颇为重要。

（一）起太华殿

太华殿是北魏中期最重要建筑之一，工程的主持者有可能是郭

---

① 《隋唐制度渊源略论稿》一《绪论》，第4页。
② 《隋唐制度渊源略论稿》二《礼仪》附《都城建筑》，第72页。

民族文化史

善明①，历时六个月②，太华殿最终建成，文成帝宴"飨群臣"③并"大赦天下"④，老臣游雅作《太华殿赋》⑤歌颂之。从太安四年（458）⑥至太和十六年（492）⑦，太华殿一直是平城宫正殿，承担了继位⑧、宣诏⑨、慰问⑩、宴飨⑪等礼仪性质的功能。

大致从新东宫开始，平城宫殿堂的开工时间渐趋合理，基本选择上半年开工，尽可能避免冬季施工，这与汉族的一般建筑习惯相同，太华殿的修建亦是如此。相比建国初期随意选定开工时间的情况，这是建筑水平的一大进步，同时也从一个侧面反映出拓跋部汉化水平的提高。

（二）正殿功能固化，朝寝制度开始萌芽

太华殿建成之前，一些宫殿曾陆续承担过正殿职能，例如天文殿、西昭阳殿、西宫、万寿宫永安殿等，但始终不甚明确。到太武

---

① 逯耀东先生在《从平城到洛阳》之《北魏平城对洛阳规建的影响》注中将两则材料放在了一起，应该是猜测修建太华殿的主持者有可能是郭善明，但史书中未见十分直接的证据。（第172页）两则材料分别是：《魏书》卷五《高宗纪》：太安四年（458）三月"车驾还宫，起太华殿"。（第116页）及《魏书》卷九一《蒋少游传附郭善明传》："初，高宗时，郭善明甚机巧，北京宫殿，多其制作。"（第1971页）

② 《魏书》卷五《高宗纪》：太安四年（458）三月"起太华殿"。（第116页）《魏书》卷五《高宗纪》：太安四年（458）九月"辛亥，太华殿成"。（第117页）

③ 《魏书》卷五《高宗纪》，第117页。

④ 《魏书》卷五《高宗纪》，第117页。

⑤ 《魏书》卷五十四《游雅传》："诏雅为《太华殿赋》，文多不载。"（第1195页）

⑥ 《魏书》卷五《高宗纪》：太安四年（458）三月"起太华殿"。（第116页）

⑦ 《魏书》卷七下《高祖纪下》：太和十六年（492）二月"坏太华殿，经始太极"。（第169页）

⑧ 《魏书》卷七上《高祖纪上》：（皇兴）"五年秋八月丙午，（孝文帝拓跋宏）即皇帝位于太华前殿，大赦，改元延兴元年"。（第135页）

⑨ 《魏书》卷七上《高祖纪上》载：太和元年（477）九月"乙酉，诏群臣定律令于太华殿"。（第144页）

⑩ 《魏书》卷七上《高祖纪上》载：太和元年（477）"冬十月癸酉，晏京邑耆老年七十已上于太华殿，赐以衣服"。（第144页）

⑪ 《魏书》卷七上《高祖纪上》载：太和九年（485）正月"癸未，大飨群臣于太华殿，班赐《皇诰》"。（第155页）《魏书》卷七下《高祖纪下》载：太和十有六年（493）"春正月戊午朔，飨群臣于太华殿"。（第169页）

帝时期，正殿开始逐步固定，而太华殿建成之后，不仅其正殿职能更加明确，还从中萌芽出北魏的朝寝制度。

（三）文成帝时期平城宫修建特点

文成帝时期工程不多，但建筑水平较之前有了更大进步，开工时间基本选择上半年，尽量避免低温作业。太华殿为这一时期主要建筑，其工程质量较好，建成后替代万寿宫永安殿成为平城宫正殿，北魏朝寝制度由此萌芽。

献文帝执政时间，《魏书》中未见有关宫殿营造方面的记录，故本文不做具体论述。

四 孝文帝时期的平城宫建设

孝文帝时期，工程数量较多，《魏书》有明确记载的营造工程有七宝永安行殿、太和、安昌二殿、朱明、思贤二门、永乐游观殿、神渊池、坤德六合殿、乾象六合殿、文石室、灵泉殿、远佛寺、思义殿、东明观、永固石室、鉴玄殿、皇信堂、明堂、辟雍、宣文堂、经武殿、圆丘、寿陵、太极殿、滑台宫、邺西行宫等。其中，属于平城宫的建筑有太和、安昌二殿、朱明、思贤二门、坤德六合殿、乾象六合殿、皇信堂、太极殿等。这一时期工程的主持者有李冲、穆亮[①]、蒋少游、董尔、王遇[②]等人。

（一）起太和、安昌二殿

太和、安昌二殿为同时修建、同时完工的两座殿宇，《魏书》

[①] 《魏书》卷五三《李冲传》："尚书冲器怀渊博，经度明远，可领将作大匠；司空、长乐公（穆）亮，可与大匠共监兴缮。其去故崇新之宜，修复太极之制，朕当别加指授。"（第1182页）可知李冲、穆亮都参与了兴建太极殿一事。

[②] 《魏书》卷九一《蒋少游传》："少游又为太极立模范，与董尔、王遇等参建之，皆未成而卒。"（第1971页）

记其事曰：太和元年（477）二月"起太和、安昌二殿……（七月）太和、安昌二殿成。起朱明、思贤门"①。《魏书》有关两殿的记载很少，涉及安昌殿的记录仅上则材料，而有关太和殿的记载仅多了太和殿为文明太后崩逝及设祔祭地点。②

（二）有关乾象六合殿的记载有讹

史料中有关乾象六合殿和坤德六合殿的记载很少，仅涉及其建成时间，而这仅有的记载还存在明显冲突。《魏书》记曰：太和三年（479）"春正月癸丑，坤德六合殿成……二月……壬寅，乾象六合殿成……四年（480）春正月癸卯，乾象六合殿成"③。文中有两处乾象六合殿的建成时间，其间相差近一年。之前也有学者注意到这个问题。武英殿本《魏书》卷七上考证曰："按本卷前云太和三年二月壬寅乾象六合殿成，此处又云四年正月癸卯乾象六合殿成，何句为正何句为重不可考矣。"④ 清人洪颐煊也曾指出："案四年正月癸卯，乾象六合殿成，此不应重出。《北史》卷三高祖孝文帝纪无此句，当是衍文。"⑤ 参看《北史》，关于乾象六合殿建成时间的记载有且只有一次：太和四年（480）"春正月癸卯，乾象六合殿成"⑥。雍正版《山西通志》同样只有一处："乾象六合殿，太和三年二月建，四年正月成"⑦，虽然《山西通志》成书时间较晚，无法作为直接证据，但其所记与《北史》一致，可作为佐证。结合《北史》及雍正版《山西通志》，推测《魏书》中太和三年

---

① 《魏书》卷七上《高祖纪上》，第143—144页。
② 《魏书》卷一三《皇后列传》：太和十四年（490）"（文明太后）崩于太和殿，时年四十九……设祔祭于太和殿，公卿已下始亲公事。高祖毁瘠，绝酒肉，不内御者三年"。（第330页）
③ 《魏书》卷七上《高祖纪上》，第146—148页。
④ （北齐）魏收：《武英殿二十四史魏书》卷七上，五洲同文书局。
⑤ （清）洪颐煊：《诸史考异》，中华书局1991年版，第101页。
⑥ 《北史》卷三《魏本纪》，第95页。
⑦ 雍正版《山西通志》卷五八《古迹》："乾象六合殿，太和三年二月建，四年正月成。"（中华书局2006年版，第1356页）

二月（479）"壬寅，乾象六合殿成"①之句，或是衍文，或是将兴建年代与建成年代混淆的讹文，乾象六合殿的建成时间应为太和四年（480）春正月。

（三）皇信堂成

太和七年（483）十月，"皇信堂成"②，自落成起，其使用率颇高。孝文帝与齐郡王拓跋简一同拜见文明太后，"行家人礼"③的地点就在皇信堂；高祖和文明太后"引见公卿"④的地点也是皇信堂；将军出征⑤、还朝⑥时被接见的地点也曾选用皇信堂；议政之所有时也是在皇信堂⑦。

（四）"坏太华殿，经始太极"，深层原因可疑

太和十六年（492）二月，孝文帝决定"坏太华殿，经始太极"⑧，谈及此事，孝文帝颇为感伤，回忆"此殿乃高宗所制，爰历显祖，逮朕冲年，受位于此"⑨，认为"土木虽复无心，毁之能不凄怆"⑩，于是"徙居永乐，以避嚣埃"⑪。大臣穆崇等人极力反对⑫，

---

① 《魏书》卷七上《高祖纪上》，第146页。
② 《魏书》卷七上《高祖纪上》，第153页。
③ 《魏书》卷二〇《拓跋简传》："高祖尝与简俱朝文明太后于皇信堂，简居帝之右，行家人礼。"（第528页）
④ 《魏书》卷一四《拓跋丕传》："高祖、文明太后引见公卿于皇信堂。"（第358页）
⑤ 《魏书》卷一九下《拓跋桢传》："征赴讲武，高祖引见于皇信堂。"（第493页）
⑥ 《魏书》卷一九中《拓跋澄传》："后转征东大将军、开府、徐州刺史，甚有声绩。朝于京师，引见于皇信堂。"（第463页）
⑦ 《魏书》卷五四《高闾传》："议政于皇信堂。"（第1203页）
⑧ 《魏书》卷七下《高祖纪下》，第169页。
⑨ 《魏书》卷二七《穆崇传》，第669页。
⑩ 《魏书》卷二七《穆崇传》，第669页。
⑪ 《魏书》卷二七《穆崇传》，第669页。
⑫ 《魏书》卷二七《穆崇传》："兴建之功，事在不易，愿陛下讯之蓍龟，以定可否。又去岁役作，为功甚多，太庙明堂，一年便就。若仍岁频兴，恐民力凋弊。且材干新伐，为功不固，愿得逾年，小康百姓。"（第669页）

民族文化史

但孝文帝执意动工，同年十月"太极殿成"①，孝文帝"大飨群臣"②以庆贺。但是，仅在第二年（494）八月，北魏就"车驾发京师，南伐"③，史载孝文帝此举"意在谋迁"④，不久之后，北魏正式迁都洛阳，新建的太极殿也连同整个平城宫一起失去了其政治中心地位。然而，太极殿并非寻常建筑，其工程量很大，颇耗民力，且需将太华殿拆除再建，如此大费周章兴建的工程，却在完工不久旋即废置，实在可疑。

迁都之事，貌似突然，但一定经过深思熟虑和仔细谋划，否则定无成功可能。既然在太极殿建成仅十月之后，孝文帝就发起了"意在谋迁"⑤的"南讨"⑥，推知"坏太华殿，经始太极"之时⑦，迁都的谋划应该已然开始。在这个关键时间节点，孝文帝不顾大臣反对，强忍"凄怆"⑧修建太极殿，只能说明启动这项工程的真实目的并不简单，兴建太极殿一事很可能是孝文帝密谋迁都的一项重要手段。

逯耀东先生曾指出："孝文帝决定定都洛阳的计划，是很突然很机密的，甚至于连当时被视为左右手的元澄、李冲事先都不知道，所以定都洛阳与全身披挂准备发兵南征策略的制定，很显然出于另外一批人之手，后来张彝、郭祚、崔光都因'以参迁都之谋'而进爵。这幕戏剧性的演出，很可能是由他们在幕后制作的。"⑨迁都之事如此机密，需在安全隐秘的场所商讨布局，"坏太华殿，

---

① 《魏书》卷七下《高祖纪下》，第171页。
② 《魏书》卷七下《高祖纪下》，第171页。
③ 《魏书》卷七下《高祖纪下》，第172页。
④ 《魏书》卷一九中《拓跋澄传》，第464页。
⑤ 《魏书》卷一九中《拓跋澄传》，第464页。
⑥ 《魏书》卷一九中《拓跋澄传》，第464页。
⑦ 《魏书》卷七下《高祖纪下》：太和十六年（492）冬十月"庚戌，太极殿成，大飨群臣"。（第171页）
⑧ 《魏书》卷二七《穆崇传》，第669页。
⑨ 《从平城到洛阳》之《北魏孝文帝迁都与其家庭悲剧》，第135页。另外，据《魏书》卷一八《拓跋提传》："后诏（拓跋）提从驾南伐，至洛阳，参定迁都之议。寻卒。以预参迁都功，追封长乡县侯。"可知参与谋划迁都的还有拓跋提（第419页）

经始太极"① 正是一个很好的借口,通过这项工程,孝文帝借口"今欲徙居永乐,以避嚣埃"②,达到了移宫的目的③。永乐宫位于平城宫外,是北苑的一处宫室,该处随侍人员较少,较为安全隐秘,便于孝文帝接近迁都集团的核心分子,进而从容布局迁都事宜。

至于迁都的经过,不是本文考察重点,兹不赘述,但迁都的正式决定,也是在太极殿中颁布的。太和十八年(494)三月,孝文帝于太极殿"谕在代群臣以迁移之略"④,北魏平城时代正式结束。至此,平城宫连同刚建成的太极殿完成了它们大部分的历史使命,而"坏太华殿,经始太极"⑤之事,实乃迁都准备的关键一环。

(五)三寝制确立,北魏朝寝制度正式形成

自建成之日起,太极殿便成为平城宫新的正殿,其名称亦沿用魏晋洛阳宫正殿之名。太极殿完工次月,北魏宣布"依古六寝,权制三室,以安昌殿为内寝,皇信堂为中寝,四下(疑)⑥为外寝"⑦,自此,北魏朝寝制度正式确立。

据《周礼》记载:"六寝者,路寝一,小寝五……是路寝以治事,小寝以时燕息焉。"⑧可见六寝分有主次,其中路寝最为重要,兼具休息与理政功能,其余五个较次要的小寝,则只有休

---

① 《魏书》卷七下《高祖纪下》,第169页。
② 《魏书》卷二七《穆崇传》,第669页。
③ 《魏书》卷七下《高祖纪下》:"移御永乐宫。"(第169页)
④ 《魏书》卷七下《高祖纪下》,第174页。
⑤ 《魏书》卷七下《高祖纪下》,第169页。
⑥ 《魏书》此处注有"疑"字,应为早期版本讹误所致,而"四下"具体所指不甚明确。
⑦ 《魏书》第七下《高祖纪下》,第171页。
⑧ (汉)郑玄注,(唐)贾公彦疏,赵伯雄整理,王文锦审定:《周礼注疏》卷六《宫人》,北京大学出版社2000年版,第170—171页。

息功能。既然北魏是"依古六寝，权制三室"①，其三寝很可能也分主次。对照史料，皇信堂确实承担了许多召见②、议政③的职能，甚至连孝文帝正式亲政，都以"帝始听政于皇信东室"④作为标志，应该可以确认为平城宫"路寝"，由此推知安昌殿、"四下（疑）"应为仅具休息功能的小寝，可惜北魏史料有限，而三寝制确立不久北魏即迁都洛阳，故而难以找到有关小寝使用情况的记载。

虽然史料有限，仍可从"依古六寝"⑤看出孝文帝时期在礼制上刻意模仿汉族，这与前述太武帝时期"东宫"始有"太子宫"之意情况类似。自北魏早期模仿汉族建筑样式，到中后期刻意模仿建筑背后的汉族礼制，可见北魏汉化程度之不断加深。

（六）洛阳、建康、河西因子相继融入平城宫建设

前文提到，道武帝曾下令"模邺、洛、长安之制"⑥，但受客观情况所限，难以真正施行。孝文帝时期，条件较之前成熟，于是派"（蒋）少游乘传诣洛，量准魏晋基址"⑦，魏晋因子逐渐融入平城宫建设，而在"（蒋少游）副李彪使江南"⑧之后，平城宫建设中又融入了南朝因子。逯耀东先生就曾指出："平城太极殿建筑的形式，是综合了洛阳与江南的形式而成，更由于李冲主持这件工

---

① 《魏书》第七下《高祖纪下》，第171页。
② 《魏书》卷一四《拓跋丕传》："高祖、文明太后引见公卿于皇信堂。"（第358页）；又见《魏书》卷一九下《拓跋桢传》"（拓跋桢）征赴讲武，高祖引见于皇信堂。"（第493页）；又见《魏书》卷一九中《拓跋澄传》"（拓跋澄）转征东大将军、开府、徐州刺史，甚有声绩。朝于京师，引见于皇信堂。"（第463页）
③ 《魏书》卷五四《高闾传》："议政于皇信堂。"（第1203页）
④ 《魏书》卷七下《高祖纪下》，第167页。
⑤ 《魏书》第七下《高祖纪下》，第171页。
⑥ 《魏书》卷二三《莫题传》，第604页。
⑦ 《魏书》卷九一《蒋少游传》，第1971页。此处"量准魏晋基址"一语亦表明当时洛阳宫的地面建筑所剩无几，只有"基址"可供"量准"。
⑧ 《魏书》卷九一《蒋少游传》，第1971页。

程，而渗入了某些所谓'河西因子'。"①

至于《南齐书》认为蒋少游出使之后"虏宫室制度，皆从其出"②的说法，实在有些武断。陈寅恪先生就曾在《隋唐制度渊源略论稿》中指出："史言：'虏宫室制度皆从此出'，则言过其实，盖北魏洛阳新都之全体计划中尚有平城、河西二因子，且其规划大计亦非少游主之。然则不得依南齐书魏虏传之文，据推断北魏洛都新制悉仿江左之建康明矣。"③的确，蒋少游出使的时间是太和十五年（491）④，彼时已处于平城后期，许多宫殿已然完工，加上蒋少游是以使臣身份前往建康宫，其活动范围有限，不可能观摩到宫内全部的建筑情况，实在不可能"皆从其出"⑤。

（七）孝文帝时期平城宫修建特点

《水经注》成书于北魏末年，其中对平城宫的记载应更接近迁都前的景象⑥。从郦道元描述可知，历经近百年的营造，平城宫已达到相当的规模，且有章有法、错落有致。在北魏洛阳时代，平城作为陪都存在，而平城宫作为陪都宫殿，保留了迁都前的基本形

---

① 《从平城到洛阳》之《北魏平城对洛阳规建的影响》，第175页。
② 《南齐书》卷五七《魏虏传》，第990页。
③ 《隋唐制度渊源略论稿》二《礼仪》之《附都城建筑》，第72页。
④ 《南齐书》卷五七《魏虏传》：永明九年（491）"遣使李道固、蒋少游报使"，第990页。注：南齐永明九年即北魏太和十五年（491）。
⑤ 《南齐书》卷五七《魏虏传》，第990页。
⑥ 《水经注》卷一三《漯水》："魏天兴二年，迁都于此，太和十六年，破安昌诸殿，造太极殿东、西堂及朝堂，夹建象魏、乾元、中阳、端门、东、西二掖门、云龙、神虎、中华诸门，皆饰以观阁。东堂东接太和殿，殿之东阶下有一碑，太和中立，石是洛阳八风谷之缟石也。太和殿之东北，接紫宫寺，南对承贤门，门南即皇信堂，堂之四周，图古圣、忠臣、烈士之容，刊题其侧，是辩章郎彭城张僧达、乐安蒋少游笔。堂南对白台，台甚高广，台基四周列壁，阁道自内而升，国之图箓秘籍，悉积其下。台西即朱明阁，直侍之官，出入所由也。其水夹御路，南流径蓬台西。魏神瑞三年，又建白楼，楼甚高竦，加观榭于其上，表里饰以石粉，皓曜建素，赭白绮分，故世谓之白楼也。后置大鼓于其上，晨昏伐以千椎，为城里诸门启闭之候，谓之戒晨鼓也。"［（北魏）郦道元撰，陈桥驿点校：《水经注》卷一三《漯水》，上海古籍出版社1990年版，第259—260页］

制,直到毁于末年战乱①。统观整个平城时代,孝文帝时期的工程数量最多,平城宫的建设也最多,一些殿堂的建造曾借鉴魏晋洛阳宫基址及南朝宫殿,并融入了河西因子。这一时期,建筑水平较之前有明显提高,宫殿位置格局更有章法,朝寝制度逐步成型并最终确立。

五 总结

综上所述,建国之初,北魏建筑水平很低,即便到了太延年间,平城之内仍可见庑殿毡帐并存之景,有关初期平城宫营建情况的记载,《南齐书》较《魏书》更为可信。平城宫建设前期的开工时间十分随意,工期也很短,随着后期北魏建筑水平不断提高,开工时间和工期渐趋合理。北魏前期的建设重点在苑囿、离宫,平城宫内的营造相对滞后。随着邺城、凉州、黄龙、洛阳、健康、河西等诸多因子的不断融入,北魏建筑水平不断提高,平城宫逐渐成型。无论是延和年间新建之东宫始具储君居所之意,还是太和年间朝寝制度正式确立,均反映出北魏从最初单纯模仿汉族建筑样式向后期模仿建筑样式背后的礼仪、制度的过渡,也从一个侧面反映出北魏汉化水平之不断提高。另外,作为皇帝上朝起居的重要场所,平城宫是众多历史事件发生的空间背景,太武帝末年动乱、献文帝之死、孝文帝迁都等事件均与平城宫殿堂存在一些互证关系。

虽然平城宫的中心地位随着后期迁都洛阳之举而丧失,但如陈寅恪先生所言:"平城旧都规划必有影响于洛阳新都,自无疑义。"② 逯耀东先生也说:"许多平城建筑色彩,被涂抹在洛阳的设计之中,这些色彩分别表现在洛阳的宫殿建筑与都市计划的坊里制

---

① 《魏书》卷一〇六上《地形志上》:"孝昌之际,乱离尤甚。恒代而北,尽为丘墟。"(第2455页)
② 《隋唐制度渊源略论稿》二《礼仪》附《都城建筑》,第72页。

度方面。"① 迁都之后，洛阳时期宫殿的营建较平城时期更为顺利，这在很大程度上得益于平城宫近百年的建设经验。

The Construction of the Palace Hall in Various Periods of the Pingcheng Palace in Northern Wei Dynasty
Wang Qi

Abstract: As the core architectural complex of the Pingcheng era in the Northern Wei Dynasty, the position of the Pingcheng Palace is extremely important. At the beginning of the founding of the Northern Wei Dynasty, the architectural level of the Tuoba tribe was very low and lacked experience in palace construction, presenting the characteristic of Pingcheng Palace construction lagging behind the garden and detached palace. With the integration of factors such as Yecheng, Liangzhou, Huanglong, Luoyang, and Jiankang, the level of architecture in the Northern Wei Dynasty continued to improve. Not only did the construction time become more reasonable, but the functions of the halls also became more solidified. The gradual establishment of the Eastern Palace System and the Imperial Dormitory System in the Northern Wei Dynasty indicated that the Northern Wei Dynasty shifted from imitating Han architectural styles to imitating architectural etiquette norms. As the ruling center of the Pingcheng era, the Pingcheng Palace was the spatial background for many important historical events, which were closely related to the setting and use of the Pingcheng Palace Hall.

Key Words: Pingcheng Palace; Beiwei; Taihua Hall; Taiji Hall

---

① 《从平城到洛阳》之《北魏平城对洛阳规建的影响》，第180页。

辽朝僧侣石刻的书写

鞠 贺

（东北大学秦皇岛分校）

摘 要：辽朝僧侣墓志、塔记与世俗人士墓志铭书写模式存在较高相似度，大多数石刻的行文是按照时间顺序依次进行，但也存在倒叙情况。相比较于世俗人士墓志中对于志主郡望、世系和家族成员的重视，僧侣墓志、塔记对于俗家情况显然无意着太多笔墨。但石刻书写者对僧侣出家后履历却给予了高度关注，尤其重视突出僧侣对佛教的精勤修持和虔诚信奉以及佛学造诣、影响力等问题，并有意无意地对佛教做出宣传。对于僧侣所获荣誉，如获赐紫衣、师号、德号等问题，墓志及塔记也会有所体现，并视为极高殊荣，体现出了对辽朝皇帝的认同心理。僧侣墓志、塔记的书写受僧侣身份影响，也与世俗人士墓志的书写体现出了某些差异。

关键词：辽朝；僧侣石刻；书写特点

作 者：鞠贺，东北大学秦皇岛分校马克思主义学院讲师。

在辽朝遗留至今的大量石刻中，僧侣石刻占相当大比重。通过石刻记录僧侣生平及其所获荣誉蔚然成风。所谓僧侣碑刻，包含僧侣墓志铭、塔记等。僧侣群体墓志铭的书写呈现出一定共性，且与

---

* 本文为辽宁省社会科学规划基金项目"10—13世纪辽宁地区佛教与民族共同体意识关系研究"（编号：L21CMA002）阶段性成果。

世俗人士墓志在文风、书写重点等方面既存在共性也存在差异。在具体书写过程中，一般按照人生时间顺序进行书写，大体会涉及俗家情况、庙宇师承、所奉经典、佛学造诣、紫衣、师号和德号等，但对于俗家情况着墨有限，对于僧侣出家后的佛学造诣及影响力，则会极尽溢美之词，体现出了浓厚的佛教信仰色彩，呈现出了迥异于世俗人士碑刻的文风。目前学界对于辽朝碑刻的书写已出现了一批研究成果①，但专门论述僧侣墓志塔记书写者还相对较少。辽朝僧侣石刻在书写上具有与僧侣群体身份相符合的特点，也透露出诸多历史信息，如辽朝僧侣及石刻撰写者对辽朝皇帝的认同心理等问题。这对于探讨辽朝佛教史、信徒观念史具有重要意义。本文拟对辽朝僧侣石刻的书写，及这一书写背后所隐含的历史信息进行挖掘、梳理和研究，不足之处，敬请斧正。

一　对僧侣基本情况的书写

辽朝僧侣人生的大部分时间都是以佛教信仰职业修行者身份度过的。此种人生经历和特殊身份导致在僧侣石刻的书写中，僧侣本人未出家前的世俗家庭生活、家庭成员等相关情况未能成为石刻书写重点。即便部分僧侣出身显贵，对于世俗家庭情况的记载也极其简略。这与世俗人士动辄书写郡望，追溯至高祖父母、曾祖父母相比，存在明显不同。

相比较于世俗人士墓志铭，僧侣墓志铭一般只记载家乡在何处，以及父母为何人，甚至个别碑刻中对于僧侣父母信息也不涉及。如在《妙行大师行状碑》中，对于出身显赫的后族高僧妙行大师的父母并未加以记载，只一句"国舅大丞相楚国王之族，

---

① 如刘春燕《书写、传播与政治：辽代汉文墓志书写研究》，中央民族大学，硕士学位论文，2021年；王铸、唐博闻《辽代奉敕撰文墓志留白探讨》，《白城师范学院学报》2021年第1期；于秀丽《辽代墓志盖概述》，载辽宁省博物馆、辽宁省辽金契丹女真史研究会编《辽金历史与考古》，辽宁教育出版社2014年版。

民族文化史

其祖久随銮辂"① 简单介绍其出身。相比于非僧侣后族成员的墓志，如太平九年（1029）《萧仅墓志》、咸庸五年（1069）《秦晋国妃墓志》以及大康元年（1075）《萧德温墓志》，动辄涉及郡望"兰陵萧氏"、大王父母、王父母以及父母等情况，《妙行大师行状碑》中对于妙行大师家族的介绍极为简单，却用大量篇幅介绍妙行大师在具体修行过程中所遵守戒律，称其"胜愿检洁二十一种"，②并对二十一种胜愿进行了逐一介绍。在该石刻中，甚至对其门徒中被授予左僧录的道谦之介绍也占有一定篇幅。相比之下，对其俗家情况的介绍显得尤为简略。再如《纯慧大师塔幢记》对于俗家情况的介绍，仅限于"俗姓张氏，其先范阳人"③。先祖、父母情况俱不载，主要着墨于纯慧出家后所任僧官、所撰经典及赴阙情况，"八年冬，有诏赴阙，兴宗皇帝赐以紫衣。十八年，敕授上京管内都僧录。秩满，授燕京管内左街僧录。属鼎驾上仙，驿徵赴阙。今上以师受眷先朝，乃恩加崇禄大夫、检校太保。次年，加检校太傅、太尉"。"清宁六年春，銮舆幸燕，回次花林。"④ 毫无疑问，这样的书写意在突出僧侣纯慧出家后风光履历。《法华上人卫奉均灵塔记》对法华上人情况的介绍也仅为"俗姓卫氏，本析津人也"⑤。再如《沙门志果等为亡师造塔朝幢记》《沙门可训造幢记》等对于僧侣俗家情况的介绍也相当简略。这一现象暗示出在对僧侣墓志铭进行书写的过程中，书写者并不重视僧侣俗家情况。但僧侣因自身原因使家族成员受到恩荫者，家族情况则会被更多地介绍。如《鲜演大师墓碑》在碑文开篇处，对于父母二人的记载颇多，"其父讳从道，性聪善虑，辞辩能书，隐而不仕，逝于中年。其母杨氏，素蕴贞姿，夙怀淑德。先以儒典诱师之性，次以

---

① 向南：《辽代石刻文编》，河北教育出版社 1995 年版，第 584 页。
② 《辽代石刻文编》，第 585 页。
③ 《辽代石刻文编》，第 317 页。
④ 《辽代石刻文编》，第 317 页。
⑤ 向南、张国庆、李宇峰辑注：《辽代石刻文续编》，辽宁人民出版社 2010 年版，第 254 页。

佛书导师之情"。不但介绍了父母姓氏，还对人物个性品德进行了赞美。可知，鲜演大师之父为白丁。鲜演大师与妙行大师的出身存在巨大差距，但《妙行大师行状碑》中不载其父母，鲜演大师父母却在《鲜演大师墓碑》中被大加赞誉，这当与鲜演大师的佛学成就得到了天祚帝的肯定有一定关系，鲜演大师的父母也因此而获得殊荣，"其父追封太子左翊卫校尉，其母追封弘农县太君"①。在碑刻中作为荣誉的象征，鲜演大师父母的信息得到了一定程度的体现。

僧侣墓志中轻视对俗家情况的介绍，大抵出于两方面原因。一是此类碑刻书写更重视僧侣出家后的履历，更着意突出僧侣出家后的经历和成就，这从《妙行大师行状碑》《纯慧大师塔幢记》《宝胜寺前监寺大德遗行记》《六聘山天开寺忏悔上人坟塔记》中并不难看出，以至于造成对世俗家庭情况着墨不多。二是虽然辽朝僧侣出身贵族者占有一定数量，但大多数僧侣仍然是平民出身，并不十分显赫，如严慧大德"俗姓李氏，燕京析津县庞村人"②。再如法均大师"其幼稚踪迹，与拾得上人陆羽高士相类，故乡闾族望，此莫得详"③。《非觉大师塔记》载"俗姓刘氏，析［津］府之良乡（下缺十七字）师导圣宗之故，累官至武定军师（下缺十七字）官，师即宣判之仲子"④。可知，非觉大师出身显赫，与其他僧侣石刻相比，对于俗家情况介绍相对较多，但也只是极个别案例，并不具有代表性。

僧侣所投庙宇及师门是石刻中多会提及的内容，但一般不会着墨太多，相对简单明了。如《感化寺智辛禅师塔记》载智辛"礼创兹寺降龙大师门人彻禅师"。《为先师志延造陀罗尼经幢记》载

---

① 《辽代石刻文编》，第 667—668 页。
② 《辽代石刻文编》，第 571 页。
③ 《辽代石刻文编》，第 437 页。
④ 《辽代石刻文编》，第 398 页。

民族文化史

志延"礼在寺僧□□转提点为师"①。《为法遍造真言幢记》载法遍"礼天开寺□季如为师",但也存在只记载所投寺院或师门者,对于僧侣师门的记载,大有宣传僧侣师出名门的意味。

总之,僧侣石刻在以时间为主线的人生履历书写上,呈现出极不对称的特点。书写者并不热衷于对僧侣世俗家庭进行过多介绍,尽管部分僧侣出身显贵。而对于僧侣出家后履历的梳理和介绍,无形中蕴含了着意将僧侣打造成优秀佛教信徒的意图。

二 套用佛经内容神化僧侣

僧侣是佛教职业修行者,在僧侣石刻中出现宣传僧侣与生俱来对佛教的皈依之心,死后又出现与佛经记载相吻合的灵验现象,更有利于美化甚至神化僧侣形象。因此,在石刻中多会有对于僧侣生来具有释子之心和亡故后出现灵验现象的书写。

突出僧侣稚年时就对佛教信仰有向慕之心的书写模式意在强调僧侣佛缘深厚,是对僧侣于佛教信仰天赋异禀的宣传。甚至在带有官方宣传意味的辽朝帝后哀册中,也出现了对帝后佛学造诣精深的记载,如《兴宗仁懿皇后哀册》称其"崇大雄之妙教""精穷法要"②。《道宗皇帝哀册》称其"妙该玄理,博达空宗"③。在《宣懿皇后哀册》中提到作为俗家信众的萧观音"佛法本生知之性"④赞扬其生而通晓佛法。可知,这一"神化"的赞美模式也常见于世俗佛教信徒相关石刻中,甚至得到辽朝官方的重视,成为对其进行赞美的主要内容之一。兹列举部分僧侣石刻文如下:

---

① 《辽代石刻文编》,第581页。
② 《辽代石刻文编》,第376页。
③ 《辽代石刻文编》,第514页。
④ 《辽代石刻文编》,第517页。

辽朝僧侣石刻的书写

序号	书写	出处
1	以师夙愿潜启，意在舍家，虽钟爱偏尤，不可夺其志也	《沙门积祥等为先师造经幢记》
2	岁近龆龀，有异常童，进止施为，皆出家相	《崇昱大师坟塔记》
3	自为幼童，天分灵异，不为髻发。尔后厌居俗室，志乐空门	《忏悔正慧大师遗行记》
4	生而神明隽远，宇量昭融。诚专白业，志乐空门	《宝胜寺僧玄照坟塔记》
5	师甫三岁，未解语言，见邻舍家严设佛像，师就地俯伏，合掌虔敬，哀啼忘返	《妙行大师行状碑》
6	未言而不食荤茹，始言而勤好佛乘。遂听其出家	《刘庆为出家男智广特建幢塔记》
7	幼而敏悟，具释子相	《宝胜寺前监寺大德遗行记》
8	自为童好善，有家厌居，不食茹荤，不留髻发，轻浮俗赏，爱重空门	《澄湛等为师善弘建陀罗尼幢记》
9	肇从幼稚，□厌誼哗，素有出家之念，年未踰笄，遂以落发	《广宣法师塔幢记》
10	生而神明隽远，宇量昭融。诚专白业，志乐空门	《宝胜寺僧玄照坟塔记》

石刻中对于僧侣与生俱来对佛教的尊重和向往，与佛经中所载佛本生典故中释迦佛敬佛情况相似。如《佛说太子瑞应本起经》卷上载"锭光佛时，释迦菩萨名儒童，见王家女曰瞿夷者，持七枝表莲灯，以五百金钱买五茎莲奉佛。又见地泥泞，解皮衣覆地，不足乃解发布地，使佛蹈之而过。佛因授记曰：'是后九十一劫，名贤劫，汝当作佛，号释迦文如来。'"[1] 尚处稚年的儒童就已体现出了对佛的敬重并进行供养，以鲜花奉佛，并用皮衣、头发为锭光佛铺路，最终得到锭光佛授记，成为若干劫后娑婆世界教主。佛经中的记载也影响到了僧侣石刻的书写，僧侣石刻撰写者力图使僧侣

---

[1] 支谦译：《佛说太子瑞应本起经》（卷上），《大正新修大藏经》（第3卷），大正新修大藏经刊行会，昭和三十九年（1964），第473页。

与佛本生典故中佛陀的人物形象和性格特点相吻合。毋庸置疑，此举意在对僧侣进行神化，突出僧侣与生俱来的佛性，在信仰上天赋异禀，异于常人。显然，石刻中对僧侣幼年进行神化，并着意体现出僧侣释子之相是受佛经记载的影响，石刻文撰写者对于佛经典故也应有一定了解。

除此之外，石刻还对僧侣亡故后的灵验事迹大书特书，尤其是僧侣尸体火化后舌不变灰的记载，俨然成为石刻书写中的一种风尚，可见于不同地域不同时期的僧侣石刻中。具体事例参见下表：

序号	书写	出处
1	舍利光中，涣如莲之舌相	《澄赞上人塔记》
2	积薪焚□火□禁其舌乃不灰矣	《奉为没故和尚特建陀罗尼塔记》
3	数尽而终，舌乃不灰	《沙门可训造幢记》
4	及收骨，舌根不烬，如青莲色	《普济寺严慧大德塔记铭》
5	牙舌不灰	《妙行大师行状碑》
6	惟舌具存，白而不烬	《宝胜寺前监寺大德遗行记》
7	焚无异气，舌不变灰	《崇昱大师坟塔记》
8	没后焚骸，众人共见白莲舌不灰	《寂照大师并门资圆湛身铭》
9	感头之不坏，舌之不灰，牙齿尽变曼陀之花	《慈会大师塔幢实德记》

总之，石刻中常会出现僧侣亡故后舌不变灰的记载，这也是对佛教殊胜力的宣传和对僧侣修行成就的肯定。尤李指出类似的表述出自《法华经》卷六《随喜功德品第十八》。[①] 该部分经文宣称受持《法华经》可产生"口气不臭，舌常无病"的功效，石刻文宣传与佛经记载相合。

值得一提的是，在受佛经内容影响外，僧侣石刻也会出现

---

① 尤李：《论辽代密教的来源》，袁行霈主编：《国学研究》（第27卷），北京大学出版社2011年版，第241页。

辽朝僧侣石刻的书写

其他类似神话内容,如《纯慧大师塔幢记》载纯慧大师"婴脚疾,乃遁匿盘山。敷课于白伞盖,每宴坐诵持,常有山神敬侍,寻克痊"①。相关石刻书写中类似的神化方式也出现在普通佛教信众墓志中,乾统四年(1104)《龚祥墓志》中提到,龚祥去世后"亡始未旬,有二妇人所梦皆同,见祥秉卢鲜服,处道场中,回翔举步,皆金莲捧足,言曰:'余得生净土矣!'告讫,乃隐隐正西而去"②。显然这是受佛教中净土信仰的影响。"金莲捧足""正西而去"象征着净土信仰中的西方极乐净土。与僧侣石刻中频繁出现的灵验事迹相比,普通信众墓志中类似的书写并不多见,且不似僧侣石刻般具有共性,只是偶然出现,并不具有代表性。

辽朝僧侣石刻中频繁出现受佛经影响的灵验事迹,与佛教灵验事迹在辽朝的盛行直接相关。辽朝社会上流行着各类灵验事迹,比较具有代表性者,当属感应舍利的大量出现。《特建葬舍利幢记》:"于设饭之所,遂复感应舍利一粒,不踰数日,大小自至二十余粒。"③《靳信等邑众造塔记》:"先去大安三年二月十五,兴供养三昼夜。火灭已后,邑长靳信等收得舍利数颗。"④ 正是由于灵验事迹的流行,同时也为进一步宣传佛教,辽朝还出现了专门介绍历朝历代灵验感应事迹的佛教典籍,如纯慧大师辑录的《三宝感应要略录》。该书中甚至提到了辽朝唯识宗大师释诠明经历的灵验事迹。《三宝感应要略录》卷下第十四条为《释诠明造菩萨檀像感应》:

> 释诠明法师发愿造三寸刻檀慈氏菩萨像,祈誓生兜率天,著《上生经抄》四卷以明幽玄。梦其像渐长大,金色光明赫

---

① 《辽代石刻文编》,第317页。
② 《辽代石刻文编》,第754页。
③ 《辽代石刻文编》,第351页。
④ 《辽代石刻文编》,第427页。

灼，对明微笑。明白像言："我等愿求生兜率天，将得生不？"像言："我既得释迦文大师要势付属，不念尚不舍之，况有念愿。"作是言已，还复本像。明秘不语他人。没后，见遗书中，知其感应。临终之时，傍人梦见百千青衣人来迎，明指天而去矣。①

释诠明是辽朝著名的唯识宗大师，曾在圣宗朝组织编修契丹《大藏经》，其大量著作甚至被高丽僧人义天所熟知，被收录到其所编的《新编诸宗教藏总录》中。而其所经历的灵验事迹甚至被在生活时代相差甚远的道宗时期僧侣纯慧所熟知，表明这一灵验事迹在当时的流行时间之长和影响之大。灵验事迹的广泛流传对于宣传佛教、神化并美化僧侣形象有着重要意义。

总之，僧侣石刻书写过程中出现神化色彩，与佛经的宣传和灵验事迹在辽朝社会上的流行有着直接关系。而僧侣遗体被火化后，舌头不化为灰烬的书写，一方面是彰显了僧侣修行所取得的成效，另一方面也与《法华经》在辽朝流行一时且流行范围广泛的历史事实相吻合。② 石刻中类似书写，在致力于塑造僧侣美好形象的同时，也突出了佛教信仰的"殊胜力"，对佛教信仰做出了变相宣传。

三　突出僧侣勤学苦修及佛学影响

在僧侣石刻中，撰写者更倾向于用大量笔墨对僧侣的佛学造诣以及影响力进行介绍。撰写者这一举动更有利于塑造出符合信众心中佛学水平精深、信仰虔诚的僧侣形象。而对于僧侣所获辽帝认可的记载和宣传，无疑展示了僧侣本人及石刻撰写者对于辽朝皇帝的

---

① （辽）释非浊编，邵颖涛校注：《三宝感应要略录》，人民出版社2018年版，第331页。
② 鞠贺：《辽朝佛教信仰研究》，吉林大学，博士学位论文，2021年。

认同心理。

僧侣墓志书写的重点内容是僧侣在佛教信仰上取得的成就及个人影响力。辽朝佛教发展至圣宗时期，逐渐出现了一大批对后世影响深远的高僧大德，尤以道宗时期居多。目前辽朝传世佛教文献大部分出自道宗时期。僧侣对于佛学经典的勤学苦修也就成为被书写的重点。如《易州马头山善兴寺花严座主塔记》称座主"读□四万六百卷，念大悲心唯提与支□□涿等真言共一百三十六万遍因□一万尽其余志"①。《僧思拱墓幢记》载思拱"勤心口海，致解玄源之理；探迹奥业，乃讲华严经，玄谈金光明经并诸律论不可备矣。心依三宝，惠度群生"②。《志莹坟塔记》载志莹"恒持经业，少曾有阙"③。碑文中对于僧侣精心修持、孜孜不倦的书写在僧侣石刻中频繁出现，体现了书写人或辽朝佛教界对于个人修行情况的重视。值得关注的是，墓志等相关石刻更倾向于通过以某位僧侣为中心的佛事活动所吸引信众数量来突出该僧侣的威望和影响力，间接歌颂该僧侣的成就和声名。如《□□禅师残墓幢记》载禅师曾"于香山寺敷唯识之论焉。首启之际，辟屋皆来，蚁聚风趋未之如也"④。在《大安山莲花峪延福寺观音堂记碑》中，分别提及了三位僧侣，其中通圆大师"至于燕京紫金寺开坛，含灵步礼而来受忏灭罪者，日不减二十余万"⑤。通理大师"度菩萨戒弟子一佰五十余万，皇储已下及百官等八十余人，公主国妃已下等五十余人，并礼为师善字训名上首学资一百余人，剃度门徒四十八上"⑥。通悟大师曾受邀到中京讲解佛法"中京檀信□奇师解行，坚请下山，入京开化。学徒闻风齐至，

---

① 《辽代石刻文编》，第678页。
② 《辽代石刻文续编》，第211页。
③ 《辽代石刻文续编》，第211页。
④ 《辽代石刻文续编》，第246页。
⑤ 《辽代石刻文续编》，第287页。
⑥ 《辽代石刻文续编》，第288页。

民族文化史

日不减七千之数。其余中□前□□□众不减五千徒"①。同一碑刻中，在论及不同人物时，均提到了受其影响信徒数量之多。可知，这一问题在墓志书写过程中得到了书写者的高度重视，但也带有一定程度的夸张成分。再如《纯慧大师塔幢记》载"明年二月，设坛于本寺，忏受之徒，不可胜纪"。《慈慧大师塔幢实德记》载"届长春州讲演，约被徒众千人"，"七众咸钦，二乘归仰，超远公于卢山，越罗什于秦代"②。通过僧侣所度信徒数量之多、影响之大，并与历史上知名僧侣进行对比来烘托僧侣在佛教信仰上的修行程度。

此外，在僧侣群体中，得到皇帝认可者大有人在。被皇帝"赐紫""赐师号""赐德号""赴阙"以及担任僧官情况是僧侣个人得到皇帝认可的重要表现，更是极高荣誉的象征，故在碑文的书写过程中也会得到体现，《非觉大师塔记》载其"由是励力工四分一宗"，"诏入内殿，赐紫"。《法均大师遗行碑铭》载其"岁满始授紫方袍，赐德号曰严慧"。甚至对僧侣门人的介绍也会言简意赅称其为"赐紫沙门××""讲经律论沙门××"，被赐予德号、师号者也会有所体现。但由于不同僧侣获赐时间不同，因此在僧侣履历中，对于这一情况的记载位置也相对灵活，"赐师号""赐德号""赴阙"以及僧侣担任僧官情况亦是如此，不一而足。撰写者将僧侣"赴阙"，受赐"紫衣""师号""德号"诸如此类的来自辽朝皇帝的认可，作为僧侣的个人荣誉书写在碑文中，也蕴含了书写者和相关僧侣对辽朝皇帝的认同心理。在辽朝僧侣群体中，主要以汉人为主，辽朝皇帝大范围地在僧侣群体中进行表彰，以及僧侣将辽帝表彰视为极高荣誉，反映了二者之间的认同心理和辽朝契丹人与汉人以佛教为媒介强化彼此间"共同体意识"的历史事实。

---

① 《辽代石刻文续编》，第288页。
② 《辽代石刻文续编》，第313页。

对于僧侣勤学苦修、所获荣誉以及佛学影响的记载乃至夸张描述，与世俗人士墓志中对志主进行赞美的情况极为相似，但更侧重于通过明显夸张的数字突出僧侣的佛学造诣和所度信徒数量，借以彰显僧侣在僧俗两界的强大影响力。

四　结束语

辽朝僧侣碑刻、塔记与世俗人士墓志在书写方面存在一定差异，并体现出与僧侣身份相吻合的特点，碑文中体现出迥异于世俗人士墓志的文风。僧侣出家后的人生履历是被书写的重点内容，这一方面与僧侣的特殊身份和信仰存在直接联系。另一方面也是因为僧侣获皇帝认可，如获赐紫衣、师号、德号、赴阙乃至编撰佛教典籍都是在成为僧侣并具有一定佛学造诣之后，故使僧侣碑刻在以出家时间为界限的世俗生活和出家生活的书写上呈现出了极不对称的特点。对于僧侣个人影响力及其所吸引佛教信徒数量的介绍，则从侧面反映出了辽朝佛教信众数量之大和佛教信仰在辽朝的流行。从中也可以看出僧侣在宣传佛教、凝聚信众方面发挥的重要作用。与世俗人士墓志高度相似的是，僧侣墓志塔记也十分重视对志主进行虚美，力图塑造出符合大众理想中的僧侣形象。而佛经对于相关石刻内容的渗透，则体现出了相关佛经在辽朝影响之大，如实地反映出辽朝佛教信徒重视研读佛教经典的一个侧面。

相关石刻将辽帝所赐作为极高荣誉书写进碑文中，体现皇权对佛教领域的渗透和强大的影响力。在辽帝所赐荣誉的激励下，辽朝佛教信徒极力讴歌辽朝皇帝。这一情况是辽朝佛教界认同并支持辽帝统治历史事实的真实反映。可知，辽朝佛教信仰与王权统治、辽朝政权稳固之间存在着互利互惠的互动关系，即使在僧侣石刻书写这一细节层面也有体现。

民族文化史

Writing Chracteristics of Monk Epitaphs and Pagoda Records in Liao Dynasty
JU He

Abstract: There is a high similarity between the writing patterns of the epitaphs of monks, and seculars and pagoda records in the Liao Dynasty. Most of the inscriptions on stone carvings are in chronological order, but there are also flashbacks. Compared with the importance of the epitaphs of secular people on the governor, lineage and family members, the epitaphs of monks and recoreds obviously have no intention of writing too much about the situation of laity. In the writing of monks' biographies after becoming a monk, the writers are mostly committed to highlighting the monks' diligent practice and devout belief in Buddhism, as well as their Buddhist attainments and influence, and propagandize Buddhism intentionally or unintentionally. The epitaphs and pagoda inscriptions will not be written in a special book, but they will also be reflected, which is regarded as a special honor for monks to be grantted and be given purple clothes, tutor's name and virtue titles The writing of monk epitaphs and pagoda inscriptions is affected by the status of monks, which reflects a certain difference from the writing of secular epitaphs.

Key Words: monks of Liao Dynasty; epitaphs, pagoda records; writing characteristics

金朝尊孔崇儒教育举措初探*

孙凌晨

（长春师范大学）

摘　要：金朝女真民族入主中原后，统治者为赢得中原广大民众对其统治的认同，通过"尊孔崇儒"之举来重建新的价值文化体系。尤其在世宗和章宗两朝，通过一系列教育举措使儒学思想在国民之中得到充分的尊重和认可，有力地促进了社会风俗发生变化，在提高女真民族文化素质和道德修养的同时也加速了女真政权和女真社会的封建化进程。

关键词：金朝；尊孔崇儒；教育

作　者：孙凌晨，长春师范大学教授。

金朝统治者入主中原后，为赢得广大民众对其统治合法性的认同，重视通过"尊孔崇儒"之举来重建新的价值文化体系进而获得民众的心理认同。尤其在世宗和章宗两朝，金帝通过一系列教育举措，使儒学思想在民众中得到充分尊重和认可，有力地促进了社会风俗发生变化，为金朝的社会稳定、经济发展、文化繁荣奠定了

---

* 本文为中国学位与研究生教育学会立项课题"新时代专业学位研究生职业能力塑造——产教一体化模型构建"（编号：2020MS1020）；吉林省教育科学"十三五"规划课题"孔子仁学思想融入研究生思想政治教育的改革实践研究"（编号：GH20199）；社会科学研究项目"立德树人背景下教育硕士创新培养模式研究"；吉林省教育厅产学合作协同育人项目"基于AI背景下历史文化类学生创新能力构建的研究与实践"研究成果。

坚实基础。为更好地促进尊孔崇儒政策的实施，金朝统治者推行建立全国范围内的儒学教育体系、重用儒学人才、推广儒学经典以及礼义劝民等一系列教育举措。

一 金朝帝王尊孔崇儒的教育举措

中国古代帝王出于对"欲化民成俗，其必由学"的理解，非常重视学校教育，认为学校是统一思想的重要场所。其中，儒学教育在金朝深受重视，尤其是世宗和章宗倡导的两次卓有成效的兴学活动，使金朝成为古代少数民族政权中推行崇儒教育的典范。

金朝京师六学之中的国子学、太学、女真国子学、女真太学都直接与儒学相关[①]。历经几代帝王扶持，至海陵王时期金朝国家教育体制已初具规模。海陵王天德三年（1151）置国子监，其长官是祭酒和司业，其职责为"掌学校"，即管理学校的行政事务。国子学则从属于国子监，设有国子博士、助教、教授等职位。国子学对于生员有严格限制，以贵族子弟为主，人数也极为有限。国子监的出现标志着金朝中央官学的建立。金朝国子监还负责为各级学校刻印教材，同时刊印了大量经史子集著作，其统一教科书的版本发挥了统一思想的作用，是金朝规范教育的重要环节。

海陵王之后即位的世宗在兴办各级学校方面做出了突出贡献。大定六年（1166），"始置太学，……后定五品以上官兄弟子孙一百五十人，曾得府荐及终场人二百五十人，凡四百人"[②]。太学属中央官学系统范畴。大定十六年（1176）"又置府学，全国……共有学生千人"[③]。但具有入学资格者多为官宦子弟。《金史·选举制》载金朝"初以尝与廷试及宗室皇家袒免以上亲、并得解举人为之。后增州学，于是加以五品以上官、曾任随朝六品官的兄弟子

[①] 薛瑞兆：《金朝科举制度》，中国社会科学出版社2004年版，第77页。
[②] 《金史》卷五一《选举志一》，中华书局1975年版，第1131页。
[③] 《金史》卷五一《选举志一》，第1131页。

孙，……经府荐及终场免试者不得过二十人"①。府学现状反映出两个问题：一是学校数量少，且生源多为高级官员子弟。二是重点培养目标为科举人才，对有该方面潜力的人也可以被吸收入学。不难发现，金朝官办学校的等级性非常严格，学生都要通过考试入学，太学由礼部主持，州府学以提举学校学官主持。此外，女真和汉族学生的教材都由国子监印制；三日作一道策论；休假制度、学规、纪律等等都有明确规定。在管理方面，"凡京府镇州诸学，各以女真、汉人进士长贰官提控其事，具入官衔"②。地方官学只到府级，州县学多为官督民办的庙学。金朝教育经过世宗发展，基本完成了制度化。女真和汉族两套学校系统得以确立，并且目标都是为了培养适应时代发展需要的实用型人才，儒学教育在整个教育体系中占据了十分重要地位。

  章宗时期学校的发展建设主要体现在两方面，一是增加地方官学。如大定二十九年（1189），"上封事者乞兴学校，欲推行宋的三舍法，……没有实行。于是计州府户口，增养士之数，……置节镇、防御州学六十处，增养千人，各设教授一员，……使府学达到二十四个，学生九百零五人；节镇学三十九个，有生员六百一十五人；防御州学二十一个，学生二百三十五人。养士数额近一千八百人"③。该举措使得民族人口数量与设学养士比例的不协调的现象得到缓解。二是在各州县督促兴办庙学。因为财政压力，官方学校数量远不能满足学子就学要求。故章宗更加注重鼓励督促地方官员发展县级庙学。《郏县文庙创建讲堂记》记载"自大定累洽重熙之后，政教修明，风俗臻美，及明昌改元，尝诏天下兴学，刺郡之上，官为修建，诸县听从士庶自愿建立，著为定令。由是庙学在处兴起"④。可见政府对于庙学发展的鼓励。庙学对金朝教育事业发

---

① 《金史》卷五一《选举志一》，第1131页。
② 《金史》卷五一《选举志一》，第1134页。
③ 《金史》卷五一《选举志一》，第1133页。
④ （金）赵秉文：《闲闲老人滏水文集·补遗》，中华书局1985年版，第251页。

民族文化史

展有着重要贡献。由于官学系统仅到府级，而且对于生源的出身要求较高，且单一的教育目标难以承担全部的教育责任，因此庙学承担了提高民族素质的重任，发挥了教育和启蒙的功用。尤其对于汉族学校的教育系统而言更是受益良多。政府对于多数的庙学并不进行资金上投入，从《金文最》中的一些记载可知，庙学的兴建多是地方官出资或是地方士人和民众集资共同完成。

在地方学校建设方面，金政府投入了相当的精力，重视对儒学进行弘扬。金初，地方学校被破坏，但太宗"兴庠序，设选举"①，海陵于天德年间委派"随路转运司差佐贰官或幕官一员专一管勾，遇有损坏，即便检修"②。之后，"又命天下州县，许破系省钱，修盖文宣王庙"③。到了世宗大定十六年（1176），仿汉制创办各级地方官学，并于大定二十九年（1189）增加学校数量。"经过几次大规模的兴学举措，形成了金朝较为完整的地方官学系统。"④ 至章宗时，"尝诏天下兴学。刺郡之上，官为修建，诸县听从士庶自愿建立，著为定令"⑤。显然，到了这一时期，地方官学制度更为完备，儒学教育也大受裨益。

金朝皇帝也始终重视通过学校教育培养出的儒学人才，并通过科举考试为学生提供入仕机遇。金朝科举侧重词赋和经义考试，其中，经义科考察所治策论和经义各一道，主要考察应试者对儒学经典的掌握，这是仿照北宋王安石制定的考试形式。策论进士始于大定十一年，是专为选拔女真进士而设定的，该科"每场策一道，以五百字以上成，免乡试、府试，止赴会试、御试"。此外，还开设经童科，选拔十三岁以下强识博闻的少年，不仅能诵经书，还能通过府试会试。这无疑会督促众多学子从小便接触儒家经典，从而

---

① 《金史》卷七六《宗干传》，第1742页。
② （金）张玮：《大金集礼》，中华书局1985年版，第309页。
③ （清）张金吾：《金文最》，中华书局1990年版，第971页。
④ 兰婷：《金朝教育研究》，吉林大学，博士学位论文，2008年。
⑤ 《金文最》，第372页。

奠定金朝儒学发展的基石。除律科外，金朝几乎所有的考试都与儒家经典有关，在参考书的选择上承袭前朝，沿用北宋科举之法，覆盖《论语》《孟子》《诗经》《周礼》《左传》《易经》《尚书》《礼记》等文献，这可视为金朝统治者对以儒学取士态度的认可。

金朝的这种考试制度自然会对学子产生影响。国子监印制经史书籍后授诸学校，并直接从其中出题考试，使之成为官方教育重要的书目。这既肯定前朝官方对儒学经典的诠释，也为本朝士子界定了儒学文献的学习范式，保证了金朝儒学按照传统方向有序发展。

金朝统治者也极其重视对儒士的任用，使得崇儒之风进一步盛行。

首先，重用大量异代儒士。金初，由于疆土的开拓，大量职位空缺，需要众多人才协助管理各级地方事务。故太祖下诏："宜选善属文者为之。其令所在访求博学雄才之士，敦遣赴阙。"同时，国书诏令均由"善属文者"撰写。在文化还较为低下的情况下，金朝统治者只能招揽辽宋儒士以为己用，刘彦宗、韩企先、宇文虚中等可视为代表人物。

其次，金中后期对于进士的重用。词赋、经义以及策论考试承袭传统，中举者为推行文治发挥了至关重要的作用。党怀英于大定十年（1170）任《辽史》刊修官，且制诏最善，其为金朝文治政策的推行发挥了不可忽视的作用。承安二年（1197），王若虚也任要职。正大初著《宣宗实录》，后入为翰林直学士。世宗时期，增设策论进士，择取女真儒士。世宗认为出身刀笔者少受儒家思想熏陶，希望能有更多如徒单镒等贤良者助其一臂之力。故使得大量女真进士担任要职。

金朝统治者加大对传统文献的整理力度，使得传统的儒学文献受到良好的保护并得以续传。建炎元年（1127），"遣鸿胪卿康执权、秘书省校书郎刘才邵、国子博士熊彦诗等押监书及道经板、馆阁图籍纳敌营"，大量典籍被金人所掠夺。世宗、章宗时期，又组织了众多文官进行儒学文献的整理、编订。世宗时期，以女真文翻译多种儒家经典，有力促进了儒学在女真部族之中的广泛传播。章宗时期，还"置弘文院，译写经书"①。

同时，刊刻技术也对金朝统治者进行儒学教育起到了助推作用。海陵王时期设立的秘书监和国子监即为专门印制图书之处，印版均承北宋，包括二十余种儒家经典②。天德年间，国子监印制了《尚书传注》和《易经注》等书籍。国子监将这些儒学文献分发到各级学校，有力地促进了儒学文献的传播。世宗朝一次便印制千部《孝经》赐予亲军，从中也可以想见当时的印刷规模。

二 金朝官员尊孔崇儒的教育举措

在尊孔崇儒之风影响和金朝皇帝带动下，诸多地方官员积极修建孔庙和学校。太宗时，贾霆至冀州出任节度使，"州旧有学，悉为将兵毁折，……仅存先圣十哲神像，当日教官为权置于郡谯门之上，实有待贤牧守之来也"，贾霆感叹"大殿巍然，廊庑兼备，设为官学，则先圣有次，庙食有依，生徒斋馆讲习有所。斯可以不劳于力，不费于财，事则济矣。其为我亟望视以报"，建好之后，"公又出己俸三十万，……收其赢余，以供祭祀"③。这一事例体现了贾霆对于孔庙和学校的重视。再如赤盏晖任归德军节度使时，"宋州旧无学，晖为营建学舍，劝督生徒，肄业者复其身，人劝趋之"④。尹莘致任章邱县令时发现，"旧有学在城西南隅，……廊庑门庭，萧然一空，殿堂仅存，颓檐败壁"，"乃出己俸，……相与鸠工度材，曾不踰时而告成"⑤。诸如此类不胜枚举。地方官员的这些举措，必能提高一方民众的文化素质，为更好地推行儒学教育

---

① （宋）李心传：《建炎以来系年要录》，中华书局2013年版，第1476页。
② 罗树宝：《中国古代印刷史》，印刷工业出版社1993年版，第203页。
③ 《金文最》，第934—935页。
④ 《金史》卷八〇《赤盏晖传》，第1807页。
⑤ 《金文最》，第1046页。

创造了条件。

地方官员在倡修庙学的同时还积极与他人合作建学。绛州曲沃县县学毁于战火，皇统年间，宋公上任，认为"学校……今乃若此，岂不贻乡老吏民之羞乎"①，于是自己拿出俸禄并带动同仁来修建新学。新乡庙学也是因为战乱而破败，于是县尹段希颜连同主簿，"遂首举是役，……共相协力经营，而人乐为其用。……购良材，取旧废刹加润之，不阅岁而介大成"②。万全县令刘从谦也对该地区的庙学进行重新修缮，"公则罄其俸给所余，……以佐经费。于是邑中之民，富者助材，贫者助力，……则富民大家之所乐输也；如持畚荷锸之劳，赴工服役之事，则闾巷少年之所乐为"③。高元在威县任主簿时，"叹学校之不修，非所以仰副圣君崇儒重道化民成俗之意"，遂"与同事赵君劝诱进士魏选等诣漕司，……肇造新学"④。李大成任文登县令时发现本地区没有庙学，"公于是首出圭俸，募工鸠役，……又取南山之石，琢以为柱，……邑中之士，争相出力，左右其事。公每退食，即亲督其役，……栋宇穹窿，屹起于海滨山峤之间。……配食从祀之贤，像设绘事，涣然争丽"⑤。高璪任鸡泽县令时，"当谒先圣，吏白以无所"，"于是县令出己俸百千，主簿、县尉各五十千。……至于邻境好义者闻之，皆乐助功"⑥。李景道任栖霞县令，县无庙学，"巡检魏伯雄牒来，廨西有隙地，请舍诸公廨于州。……各捐廪粟以助费。不徒而役，不赋而征……，一鼓而成"⑦。宋鹗为清丰县主簿时"与县尉斡勒义叹学校之久废，非所以仰副圣君崇儒尚德、化民成俗之意。亲破

---

① 《金文最》，第301页。
② 《金文最》，第1000页。
③ 《金文最》，第958—959页。
④ 《金文最》，第972页。
⑤ 《金文最》，第1008页。
⑥ 《金文最》，第1142页。
⑦ 《金文最》，第1185页。

己俸，……创修斋廊挟厦二十余间，经之营之，不日成之"①。地方学校的修建有利于对学员直接教育，然后通过其继续在民间进行教育的推行。

地方学校建成后，地方官员需春秋两季主持释奠，邀请当地耆老乡贤和学生参与，并且对外开放，允许本地民众观看。在此过程中，地方官员常宣扬儒家思想来教育民众。如冀州，"一日，饬有司将行释奠之礼。……公（贾霆）亲率诸生夙兴讲礼，动容周旋，曲中仪式，士林仰服。……彬彬然已乡古之制矣"②。尹莘修建庙学，落成时，"黄童白叟争先睹为快，始知有礼义之风"③。足可见，推动庙学发展对于传播儒家文化的重要性。

在主政地方时，还有一些官员常亲自到学校对学生进行督导。如张国纲任行唐县主簿"辄复躬亲训迪而奖励之"④；刘从益"率乡民之秀者，日省而月试之"，故"民服其化"⑤。澄城县令艾侯，"择里中贤子弟教育做成之，俱有规式"⑥。潞州节度使李公在兴建庙学后，"督勉进修，曲为诲谕"⑦。王础任唐县县令时，"慨然叹曰：'养士之源，发于乡党。……是岂风厉之不至耶？'乃大修庙学延集诸生，亲为指授、检责其日课"⑧。可见，这些地方官员不仅兴建庙学，而且亲自授课，教育一方，体现了对儒学教育的重视。

金朝地方官员的职掌中都明确规定有宣风导俗或宣导风化的责任。从根本而言，良好社会环境的形成取决于人们思想觉悟的提高。地方官员通过道德教育来规范人们的行为，能够在一定程度上消除犯罪动机，预防违法犯罪行为的发生。

---

① 《金文最》，第 1170 页。
② 《金文最》，第 935 页。
③ 《金文最》，第 1048 页。
④ 《金文最》，第 394 页。
⑤ 《金文最》，第 371 页。
⑥ 《金文最》，第 1133 页。
⑦ 《金文最》，第 1126 页。
⑧ 《金文最》，第 1620 页。

金朝尊孔崇儒教育举措初探

作为金朝的鼎盛时期,世宗章宗两朝尤为注重民风教育在稳定统治秩序方面所发挥的作用。在人才的使用上,世宗主张"凡士民之孝弟姻睦者举而用之,其不顾廉耻无行之人则教戒之,不悛者则加惩罚"①;章宗谕尚书省:"官吏有能务行德化者,擢而用之,则教育可行,孝弟可兴矣"②。甚至律科考试除要考法律之外,还有《论语》和《孟子》。因而金朝的许多地方官员都清醒地认识到,除了要以刑罚手段惩治犯罪外,更要注重通过利用儒家伦理来移风易俗,导人向善,实行教育,礼义劝民,以此平息纠纷,减少狱讼,使有可能出现的一些危害社会之举消弭于无形之中。如威戎县令任天宠在任期间,以废署建文庙学舍,"有兄弟诉田者,天宠谕以理义,委曲周至,皆感泣而去"③;邢州平乡县尉曹溥,"方抚之初,但以德训民。民知礼义,……一境底宁"④;蒲察郑留为顺义军节度使时,"西京人李安兄弟争财,府县不能决,按察司移郑留平理,月余不问,会释奠孔子庙,郑留乃引安兄弟与诸生叙齿,列坐会酒,陈说古之友悌数事,安兄弟感悟,谢曰:'节使父母也,誓不复争'。乃相让而归"⑤;"尚鬼道"本为栖霞县民风,李景道在任时大力推行教育,于是,"扼腕之方士,知仁义之学;垂髫之小儿,有揖让之风"⑥。从以上诸例能够看到,地方官员的教育之举能够以仁安民,有助于地方秩序的维系。

金朝官员秉承帝王意志推行尊孔崇儒教育,使金朝崇儒之风在从中央到地方教育系统中占据了重要地位,极大地推动了儒学发展,进而使儒学提倡的行为方式成为民众的行为,对于稳定社会秩序起到了重要作用。

---

① 《金史》卷八《世宗纪下》,第187页。
② 《金史》卷一○《章宗纪二》,第227—228页。
③ 《金史》一○五《任天宠传》,第2323页。
④ 新文丰出版公司编辑部辑:《石刻史料新编》,新文丰出版有限公司1982年版,第299页。
⑤ 《金史》卷一二八《蒲察郑留传》,第2768页。
⑥ 阎凤梧主编:《全辽金文》(下),山西古籍出版社2002年版,第2623页。

三 简短结语

总体看来，金朝统治阶层大力倡导尊孔崇儒教育，使金朝的文化面貌也随之发生了翻天覆地的变化。金朝皇帝与地方官员由于身份上存在差异，在推广尊孔崇儒教育方面的具体举措也各有侧重。但毫无疑问的是，金朝统治阶层的有意推动，使尊孔崇儒教育在金朝成为最主要的教育。同时也正是由于尊孔崇儒教育的推广，女真人的文化素养得到了较大幅度提升，汉人也加深了对金朝皇帝的认同心理。进而使女真及汉人拥有了共同的文化认同，对于稳固金朝统治具有不可替代的积极意义。

A Preliminary Study on the Education Measures of Respecting Confuciusand Advancing Confucianism in the Jin Dynasty
Sun Lingchen

Abstract: After the Jurchen people of the Jin Dynasty took control of the Central Plains, the rulers rebuilt a new value and cultural system by respecting Confucius and Confucianism in order to win the recognition of their rule from the general public. Especially during the reigns of Emperor Shizong and Emperor Zhangzong, a series of educational measures were taken to fully respect and recognize Confucianism among the people, effectively promoting changes in social customs. While improving the cultural quality and moral cultivation of the Jurchen people, it also accelerated the feudal process of the Jurchen regime and society.

Key Words: Jin Dynasty Respecting Confucius and Confucianism Education

辽朝文化自信的构建途径[*]

孙国军

(赤峰学院)

摘　要：辽朝通过不断地构建，在文化发展方面建立起了强烈的自信心。在辽朝构建文化自信的过程中，辽朝皇帝对契丹族优秀历史文化的继承和发展、重视对中原文化的引入，重儒学、兴科举，将燕云十六州纳入版图内，以及辽朝在与周边政权外交往来中占据的优势地位，对整个辽朝社会产生了深远影响，成为激发辽朝构建起文化自信的重要因素。

关键词：辽朝；文化自信；文化发展

作　者：孙国军，赤峰学院报刊社教授。

以契丹为统治民族建立的辽朝在文化上取得了辉煌成就。辽朝文化发展鼎盛时期的道宗皇帝曾自信地表示："吾修文物，彬彬不异中华。"[①] 然而，对于究竟哪些因素影响了辽朝文化自信的构建，仍需进行探讨。

辽朝建立后，契丹本民族独具特色的优秀文化被辽朝继承和发扬，成为辽朝优秀文化的重要组成部分，使辽朝文化在整体上呈现

---

[*] 本文为内蒙古哲学社会科学规划项目红山文化暨契丹辽文化研究基地专项重点项目"'一带一路'视阈下的辽朝中西文化交流研究"（编号：2020ZJD024）阶段性成果。

① （宋）洪皓：《松漠纪闻》，赵永春辑注：《奉使辽金行程录》，商务印书馆2017年版，第318页。

民族文化史

出了多样化特点,是推动辽朝人构建起文化自信的重要因素之一。契丹人重视传承和发展本民族文化,而文字的出现是文化发展进步的重要表现。在太祖时期,辽朝开始出现作为传播文化、政令载体的契丹大字和小字,客观上对于改善辽朝文化发展落后形象起到了积极作用。在契丹的礼俗方面,辽朝在进行继承的同时,还将其某些内容与中原文化对接,注入了新鲜的活力。如"太宗幸幽州大悲阁,迁白衣观音像,建庙木叶山,尊为家神。于拜山仪过树之后,增'诣菩萨堂仪'一节,然后拜神,非胡剌可汗之故也"[1]。在辽朝建立后,这些固有习俗被继承了下来。类似习俗文化的继承、改良和革新,在一定程度上改变了辽朝粗犷、奔放,不在乎礼仪的形象,有利于提升辽朝人的文化自信。对契丹传统文化的保护和传承,使辽朝文化整体上呈现出了更加多样化的特点,激发了辽人的文化自信。

除了对契丹族优秀文化进行继承和弘扬外,重视对中原文化的引入,也是辽朝能够构建起文化自信的重要因素。引入中原文化对于改造契丹政权的原旧面貌产生了不可替代的作用。辽朝建立初年,就十分重视引入中原文化,尤其是儒家文化、典章制度以及汉人知识分子。在引入中原文化后,辽朝民众及社会整体的文化水平得到了提升,呈现出了全新面貌。辽朝也出现了一批契丹人知识分子,最具代表性者当属太祖之子人皇王耶律倍,其本人曾"起书楼于西宫,作乐田园诗"[2]。这表明耶律倍酷爱汉文化,具有较高的文化素养,就连南逃后唐时,也是"载书浮海而去"[3]。随着辽朝对汉文化引入程度的不断加深,至圣宗时期,就连《辽史》本纪开篇处也开始着意突出辽朝皇帝的文化素养,提到"帝幼喜书翰,十岁能诗。既长,精射法,晓音律,好绘画"[4]。展示出了辽

---

[1]《辽史》卷四九《礼志一》,中华书局2016年版,第929页。
[2]《辽史》卷七二《耶律倍传》,第1334页。
[3]《辽史》卷七二《耶律倍传》,第1335页。
[4]《辽史》卷一〇《圣宗纪一》,第115页。

圣宗的不凡的文化水平。类似记载也出现在宋人叶隆礼所撰《契丹国志》中，其中载辽圣宗"好读唐贞观事要，至太宗、明皇实录则钦伏"，"又亲以契丹字译白居易讽谏集，召番臣等读之"①。可知，辽圣宗不但自身推崇中原历史文化，还身体力行，进行大力推广。以辽帝为代表的统治阶层高度重视传承契丹、汉文化，同时通过科举制度，进一步推动了文化发展。

在辽朝构建文化自信的过程中，渤海国和燕云十六州入辽起到了相当大的推动作用。渤海国典章制度仿效唐朝，②被誉为"海东盛国"。燕云十六州为农耕区，具有丰厚的文化底蕴，尤其是在佛教文化发面。燕云十六州入辽，使辽朝直接占据了一块文化发达区域。伴随着燕云十六州入辽的不仅是十六个州的土地，还有大量的汉族人口，为辽朝文化注入了新鲜的活力。对此，宋人评价道："自契丹侵取燕、蓟以北，拓跋自得灵、夏以西，其间所生豪英，皆为其用。得中国土地，役中国人力，称中国位号，仿中国官属，任中国贤才，读中国书籍，用中国车服，行中国法令，是二敌所为，皆与中国等。"③ 燕云十六州保留了隋唐以来兴建的大批量庙塔，涿州更是历经几个朝代持续刻房山石经的所在地。辽朝将燕云十六州纳入版图，也使其佛教获得了更好的发展，燕云地区鼎盛的佛教文化也被辽朝所继承。燕云十六州入辽使辽朝文化发展迎来了历史性的转折，燕云地区丰厚的汉文化底蕴成为辽朝文化的组成部分，为辽朝更好地推动汉文化的发展提供了助力，使辽朝文化取得了飞跃性的进步。中原文化的引入，改变了辽朝相比较于中原王朝时文化发展相对落后的面貌，在辽朝社会渲染了重视文化发展的气氛，使辽朝民众的整体文化水平得到了极大提升，同时获得了构建文化自信的基础，

---

① （宋）叶隆礼撰，贾敬颜、林荣贵点校：《契丹国志》卷七《圣宗天辅皇帝》，中华书局2014年版，第80页。

② 王孝华、刘晓东：《渤海德里府、德理镇与边州军镇设防问题考》，《中州学刊》2022年第7期。

③ （宋）李焘：《续资治通鉴长编》卷一五〇，庆历四年六月戊午，中华书局1979年版，第3640—3641页。

民族文化史

对于辽朝民众构建文化自信起到了不可替代的作用。

此外,随着辽朝与北宋、高丽和西夏关系的逐渐稳定,辽朝在外交过程中的优势地位也逐渐凸显,尤其是辽宋之间"澶渊之盟"达成后,出现了"倒过来的朝贡(逆向朝贡)",宋朝不得不向辽朝"纳贡"的现象①。无形之中,使辽朝处于了较高的外交地位,成就了辽朝的"上国"形象,为辽朝人建立文化自信提供了底气。在契丹建国前传统的朝贡体系中,契丹一直扮演者"纳贡"者的角色。② 但是,澶渊之盟的签订彻底扭转了这一局面,辽宋两国约为弟兄之国的同时,宋朝每年要向辽朝"绢二十万匹、银一十万两"。在兴宗朝关南十县之争结束后,北宋向辽朝所交纳的银、绢更是增加十万两、匹。这种"逆向朝贡"使契丹在外交往来中经历了一次大变革,使边疆民族政权对中原政权有了更高的政治姿态,这种历史性的变革鼓舞了辽朝人的自信心。

影响辽朝人构建起文化自信的要素并非单一的。随着辽朝对中原文化的引入程度的不断加深、对契丹传统文化的继承和弘扬,以及在东北亚封贡体系中核心地位的建立,使辽朝民众在多个维度给予了自身高度评价。尤其是在封贡关系中据有的特殊地位,使辽朝人由落后的、向中原王朝朝贡的边疆民族一跃成为多个政权的宗主国。但无论是积极引入汉文化抑或是重视对契丹民族文化的保留,均体现了辽朝统治阶层对文化发展的重视。但结合辽朝的历史可知,并非仅仅作为统治民族的契丹族的文化对辽朝民众的文化自信起到了绝对的支撑作用,中原文化在构建辽朝文化自信方面似乎发挥了更大的作用。在辽朝构建文化自信的过程中,以"礼法"为代表的中原文化发挥了极大的作用。这表明辽朝契丹族建立的政权,对中华文化充满向慕和认同心理,在一定程度上反映了中华民族多元一体的发展轨迹。

---

① 赵永春:《试论"澶渊之盟"对宋辽关系的影响》,《社会科学辑刊》2008 年第 2 期。
② 《魏书》卷八《世宗宣武帝》,中华书局 1974 年版,第 211 页。

The Way to Build Cultural Confidence in the Liao Dynasty
Sun Guojun
(Chifeng College)

Abstract: The Liao Dynasty established strong self-confidence in cultural development through continuous construction. In the process of building cultural confidence in the Liao Dynasty, the Emperor of the Liao Dynasty inherited and developed the excellent historical and cultural heritage of the Khitan ethnic group, attached importance to the introduction of Central Plains culture, emphasized Confucianism and promoted the imperial examination system, included the sixteen prefectures of Yan and Yun in the map, and the advantageous position of the Liao Dynasty in diplomatic exchanges with neighboring regimes had a profound impact on the entire Liao society. This gave the Liao people enough confidence in their own "refined and refined" image of the upper kingdom, becoming an important factor in inspiring the Liao Dynasty to build cultural confidence.

Key Words: Liao Dynasty; Cultural confidence; Cultural development

生态规范的民间所见：
友好互惠型精怪故事与传统文化

伊 涛

（山东师范大学）

摘 要：志怪故事属于中国文学的一大门类。尤其随着《西游记》的广泛传播，精怪故事早已被各界熟知。它们是百姓用来理解世界的一套民间话语，属于人们言说怪异动物的一种叙事文体，甚至还能算是人们描摹天地万物所形成的基本图景。解读人与精怪的友好互惠型故事，至少可以揭示出三种生态规范，即不欺动物、尊重动物和帮扶动物，无不让人以谦和乃至谦卑的姿态面对大自然。精怪故事的历史起源跟道教相关，叙事还牵连着儒家文化。它们的生发和流传，刻画着民间是传统文化的故乡，而民间风貌的形成蕴含着各种力量和成分的混杂涤荡。精怪故事即使出自虚构，但言之有物。到了生态环境不尽如人意的时代，那些生态规范越显珍贵。

关键词：精怪故事；生态规范；民间；传统文化；天人合一

作 者：伊涛，山东师范大学法学院讲师。

志怪故事历来属于中国文学的一大门类。尤其随着《西游记》的广泛传播，动物成精化妖的故事，各界早已熟知。前往民间调研，仍能听到不少类似故事。在生态环境不尽如人意的当今时代，若能透过精怪故事解读出背后的生态规范，无疑能助益于人和动物

生态规范的民间所见：友好互惠型精怪故事与传统文化

共生。近年来，由于国家持续推动，各界越发认识到绿水青山就是金山银山。于此可以追问，生态维护是否只能依赖国家？因精怪故事属于民间原有事物，由此决定着那些生态规范无需获得任何推动，即可直接立足于民间的认知观念规制着人们应当如何看待大自然。文化人类学的研究指出，民间的信仰世界往往暗藏着动物崇拜。在人们的理解中，动物只要成精化妖，便是凶恶的，有害于人类，总会让人感到恐惧。[1] 翻阅《西游记》，始自第二十七回，每有精怪出现，恰恰都会表现出贪婪本性，渴望食用唐僧肉。我们不免要追问，难道民间当真全无精怪与人类友好互惠的典故？

有学者指出，现代化来临会推动人们祛除对各种事物的魅惑式理解。[2] 依循此论，追索精怪故事的生发根基，恐怕不宜把目光投向各种现代化理论，而是要投向传统文化。儒家《论语·述而》记言："子不语，怪力乱神。"道教《抱朴子内篇·黄白》则记言："飞走之属，蠕动之类，禀形造化，倏忽而易旧体，改更为异物者，千端万品，不可胜论。"就此看来，精怪故事以道教为依托。畜生果木等一切有形，无不可以被视为皆有道性。需要探讨的是，儒家文化到底能否从精怪故事中全身而退？尤其是人与动物互动，恐怕无法确保不带丝毫儒学色彩。总体来说，若要深度透视生态规范的民间所见，除了必须立足于故事本身，还需要借用儒道传统文化。

本文立意作一调研报告。限于篇幅，只讲述几例具有代表性的故事。调研地域集中在山东省沂源县农村。调研方法主要是融入式深度访谈，访谈对象则是普通百姓。故事讲述若跟其他著述雷同，并非抄袭，恐是因为不同作者曾获知相同的故事。况且有些故事原本就并非只在沂源流传。因不同的故事蕴含着不同的生态规范，故此可以依据生态规范对故事做出整理，最后总结全文。

---

[1] 林惠祥：《文化人类学》，上海古籍出版社2013年版，第252页。
[2] [德]韦伯著，钱永祥等译：《学术与政治》，广西师范大学出版社2004年版，第142页。

民族文化史

一 村庄的生态构造与不欺规范

据访谈对象讲述，离某村不远的地方，山脚下或树林里，有一座土堆，底部直径可达十几米，高可达五六米，底下有洞。无论谁家，若有事，需使用大量桌椅板凳和碗筷炊具组织酒席，但自己家没有那么多，前往邻里家零散挪借又恐耗时耗力，傍晚或晚上便可前往土堆焚香烧纸坦陈来意，回家等待，第二天早晨再去，就能看到所需器物，搬回去使用即可。用完要洗刷干净，如数且及时归还，以便于其他人家求借，断不可私自据为己有。奉还时间同样要选在傍晚或晚上，再次焚香烧纸，算作答谢。说不清何年何月，有人因贪财而未能如数奉还。自那以后，再无借到者。缘何如此神奇？据传，洞中住着某种动物，一说是狐狸，一说是黄鼠狼。再至后来，因雨水冲刷和修路，就连土堆都已消失，人们掀翻底洞，并未发现各种器物，便盛传动物早已带着器物搬走。

显而易见，本故事的叙事核心是动物助人。奉还时烧纸，具有报偿寓意。一摞黄纸一经燃烧，便可充当纸币，[①] 运载着人们以信仰打底的符号化叙事，而黄纸本身就属于信仰叙事的符号。付之一把火，无疑是促使黄纸变为纸币的一种转化机制。焚香的意义在于招引或呼唤。求借时烧纸，则意在示以虔诚。潜台词便是，只要你方帮助我方，而我方日后必将回报，足见双方之间是一种友好互惠关系。故事中还凸显着有借有还的互动规则。各家毕竟只是借用，哪怕器物的所有者是动物，都不能通过借用改变器物的归属，透露着不宜欺侮动物的寓意。唯有如数奉还，方能确保诚信。规则一旦被打破，就表明贪财者全无诚信可言，难免会引来惩罚，即动物引以为戒，任凭各家日后是否还会因为缺少器物而犯难，都不会再出

---

① 相关研究，可参见［美］柏桦著，袁剑、刘玺鸿译《烧钱：中国人生活世界中的物质精神》，江苏人民出版社2019年版，第168—169页。

生态规范的民间所见：友好互惠型精怪故事与传统文化

借。要接受惩罚的又绝非只是贪财者自己，动物明显会把账算在全村村民头上。貌似表明动物只是算了一笔糊涂账，实际上并非如此简单。稍加追索，只要有人贪财，恐怕就会表明人人都有可能会贪财，并且一次贪财若有收获就极易引来类似事件日后频发，指向人们的规则操守并不具有稳定性，构成了动物不再出借的深层次原因。如此说来，动物希望看到的是全体村民能在规则操守上保持一致，断不接受因个别村民举止不善而致使村民集体的规则意识出现瑕疵。由此反衬出全体村民理应相互监督，确保大家都能保持较高的规则操守。

经访谈获知，因求借和奉还无需与动物面对面交接，故此无人看见动物搬运器物，倒有人见过确有动物出入洞穴。问及是谁最早发现可以在土堆那里借到器物，则无人能说清。就故事来看，动物世界并不与人类世界完全叠合，尽管土堆离村庄不远，却仍是隔着一段空间距离，象征着两种世界可以各自独立。动物被视为有情有义，其实只是做了拟人化理解。故事流传还能引发人与动物交往秩序的重新塑造。具体言之，土堆属于村庄的外延地带，跟各家耕种的土地共同围绕村庄。村内是人居，外延则是野生动物的天地，皆属于村庄地域的空间组成部分。人们在村内定居，无法阻挡野生动物在村庄外延活动。若要阻挡，那就无异于剥夺野生动物的生存空间，透露出人类的狂妄自大。甚至可以说，唯有允许野生动物在外延地带栖息，方能表明村庄的生态结构比较完好。村内居民和外延动物相加，构成了同一村庄的生命共同体。村庄生态的维护，除了要确保动物群体具备一定的存量，还要确保动物群体在质量上优良。此类故事在民间流传，恰恰会透露出人们应当善待动物的寓意。故事中的动物能助人，无异于要以自己的灵性与人交往。一旦有人破坏人类世界人人共知的规则，就连动物都会予以贬视。如此说来，动物早已被重新定义成了人们是否遵守规则的审视者。况且此类故事还会对村庄内居民的集体道德操守释放寓意，因而动物还被重新定义成了人类反思自身道德操守的督促者。

据访谈对象讲述，村民曾目睹有只鸟落在街头树上，竟能口吐人言，喋喋不休："挪挪吧，挪挪吧……"大半天时间，嘴角直流鲜血。人们并未认真对待。只有一位老汉悟懂了鸟说人话的用意是劝乡亲们搬家，便领着自己的孙子出了村。到了晚上，天降大雨，山洪暴发，村内各家或死或伤。几天后，人们纷纷言说，那只鸟是提前赶来报信的。动物能发现人类发现不了的事，尤其对祸事将近颇有灵性感知。鸟不负人，人却负鸟。尽管它们平时爱啄粮食，不受待见，但到了关键时刻就会帮助人们，可以算是对平时食用各家粮食的回馈。此类言说，无疑把人类与鸟类的共存奠定在了有所取与有所予的认知框架上。一旦认为鸟类会在取与予之间寻求平衡，即可扭转人们认为鸟类只是爱啄粮食的原有判断，更会断定鸟类亦有奉献精神。既然鸟对人有所给予，人则需要立足于已经获取的收益再回馈爱护，因而生态维护便可搭接上取与予的无限循环。

按照道教的说法，天地乃父母。天者主生，称人父。有度数时节，故天因四时而教生养成。地者主养，称人母。泉者，地之血；石者，地之骨；良土，地之肉。子当敬事其父而爱其母。[①] 关键问题在于，天地间包罗万物，人以天地为父母，一切畜生有形亦复如是。人若欺侮动物，必不符合天地对万物的养育，因而不欺动物就构成了人类应遵循的基本规范。儒家《礼记·中庸》曾言："惟天下之至诚，为能尽其性。能尽其性，则能尽人之性。能尽人之性，则能尽物之性。能尽物之性，则可以赞天地之化育。可以赞天地之化育，则可以与天地参矣。"无可辩驳的是，只要人们始终都能摆正至诚的姿态，通过尽人之性缀合尽物之性，那便是对天地且赞且参，岂能有欺。

二　作为符码的动物与尊重规范

访谈对象曾讲述，某户人家只有婆媳二人，两位男性要么失

[①] 杨寄林译注：《太平经》，中华书局2013年版，第397—398页。

生态规范的民间所见：友好互惠型精怪故事与传统文化

踪，要么早已亡故。婆媳以养鸡和卖烤鸡为业，常见一只鹰在半空盘旋。婆婆无心理睬，儿媳却总把鸡的内脏掏出来放在院门外，供鹰降落啄食。天长日久，相安无事。有男性逐步靠近儿媳，发展至私通，历经婆婆阻挠，儿媳在树林里上吊。鹰飞去，落至尸体头部，转眼哈哈大笑，还频喊那男性的名字，音色与死者生前无异。有人赶来收尸，鹰却始终不让靠前。更惊奇的是，那男性晚上坐在家中屋门口抽烟，突然听到一句："让我抽一口。"除了烟头上的火光，全然看不清周围还有何物，声音从何而来？那男性稍作思考，回屋拿来了一枚爆竹，缠在烟上，递了出去。只见烟头上的火光在夜幕中移动，随即就是一声炸响，鹰出现在了面前，浑身毛色顿时由黑变白。那男性回屋躲避，鹰整晚未曾离去。村内无人不知，若非那男性当初挑逗，女方就不会红杏出墙，又怎会发展至自杀。故事的结尾便是那男性经受不了鹰的持久纠缠，在同一棵树上上了吊。村民一并收尸二人。鹰飞向天际。

　　用当地百姓的话来说，鹰在高空飞行，俯视众生，早就看透了世间的生灵法则。谁对谁错，岂能逃过它的眼睛。况且它的毛原是黑色，在空中飞行像极了苍天的眼睛。苍天正是通过它，审视世间。它的每一声鸣叫，恰似替苍天发声。儿媳喂食，它怎会不知感恩报恩。深究此论，鹰居高空，人在地面，一上一下，原是自然法则。一旦搭接上巧妙构思，即可把鹰塑造成高高在上的判官，甚至认为它会秉承苍天的意志公正断案。关键问题是，认定鹰会知恩图报，纠缠那男性，便又会释放出要替死者鸣不平的寓意。当前的鹰报恩与此前的儿媳施恩，固然可以两分，但双方毕竟能结成友好互惠关系，因而为死者鸣不平牵连着于己于私的报恩。整体来说，本故事在民间流传，极易引导人们要以公私兼容的姿态思索世间的是非对错。动物和人类并存，原本就是大自然展现出来的基本图景，人们难免会借用其中的某些片段来揣摩人类社会的秩序。当人类社会出现乱象时，人们便会瞄向大自然取景取材，以此获知可以用来平定乱象的起始筹谋。人们认定鹰会知恩图报，更为万物有灵的观念提供了极具说服力的佐证素材。

　　访谈对象还曾提到，某户人家一贯积德行善，从来不与人相争，喜欢帮扶老弱，哪怕自家财产不多，都不惜花费。若遭遇他人强占，仍会忍让再三。眼前固然吃亏，却会引来黄鼠狼给偷偷添财。比如说，明明从自家米缸中取出了一些粮食食用，时隔几天，竟发现缸中粮食并没有少，便认定是黄鼠狼给填满了。再比如，自家不曾养鸡，却总能发现家里有鸡，而且鸡腿已被咬断，估计是黄鼠狼给送来的。甚至有人曾眼睁睁地看着黄鼠狼进门送鸡。它会用嘴咬住鸡脖子，蜷缩在鸡身下，无需自己走路，用尾巴拍打着鸡背，只要鸡往前走，就会被带着一起往前走，用尾巴拍鸡还能起到指挥方向的作用。

　　另有一户人家，同样喜欢帮扶老弱，女儿要穿裙子，但父亲无力购买。某日傍晚，黄鼠狼竟拖着一个盆子走到了父亲面前。父亲看后念叨了一句："家里不缺盆子，只需裙子。"转过天来，黄鼠狼果然又送来了一条裙子。女儿甚喜欢。父亲左思右想，女儿正处在换牙的年纪，说话不清，吵着要裙子，极有可能被黄鼠狼听成了要盆子。各种器物肯定是黄鼠狼从某些富裕却不喜欢行善的人家所窃。反面故事又说，某家颇有家资，却从来不会仗义疏财，夜半三更，总能听到厨房里有动静。第二天发现家里的锅碗瓢盆不翼而飞，寻找至院门口，看见铁锅竟扣在地上，拿起时发现锅下藏着一只黄鼠狼，立即就明白了，肯定是黄鼠狼想要把锅偷走再送到某家。

　　此类故事明显是在渲染动物参与着人类世界正义体系的构建。调研期间，经常听到一句俗语，"各人修路各人走"，意指人生路向原本不同，你我皆可按照自己的意愿选择一条。关键问题是，无法确保不会发生任何交集乃至争执。人若能彻底解决所有问题，那就没有必要再向神兽求助。学界时常提到的獬豸，就擅长分辨曲直，见人斗，触不直者，闻人争，啃咬不正者。[①] 故事中的黄鼠狼

[①] 獬豸的历史来由，可参见梁治平《法辨》，中国政法大学出版社2002年版，第64—66页。

生态规范的民间所见：友好互惠型精怪故事与传统文化

堪称低配版的獬豸，同样被视为能审视人类世界的善恶。

据故事透露，行善者总能被善待，即使不曾被周围人群善待，仍可被天地间的某种精灵善待。忍一时吃亏，并不等于一直吃亏，不妨拓宽眼界，拉长时空距离，且等来日补偿今日付出。就连动物都会认可人类世界的善举，那便说明动物和人类分享着相同的善恶判断，以至于可以把积德行善确立为天地万物都应认同的主流价值。把乏善人家的财货偷运到积善人家，更是属于对人类世界财富分配的再度调配。且不论乏善人家此前如何积累财货，都不容忍他们高度自私，更不忍心看到积善人家贫寒，方为公道，于是就以友好的姿态惠及积善人家。乏善人家财产流失，甚至可以被视为遭到了惩罚。不少访谈对象曾言，苍天有眼，但无法亲自做工，于是就会派遣各种使者。据此看来，动物代表天地惩罚乏善人家，便具有了可被理解性和可被接受性。况且它们的行为原本就属于天地间主流价值一直在涌动的象征符码。积善人家获得了动物送来的财货，更会认识到自己此前的善举获得了天地的认可，哪怕没有回报动物，仍会提醒自己日后仍需行善，以便于惠及天地间主流价值的继续涌动。

整体来看，从远古神兽獬豸到当代精怪故事中的黄鼠狼，凸显着古往今来各种版本的神兽总能以鲜活的形象出现在人们对公平正义的构思中。动物跟人们亲密互动，甚至还曾把人言中的裙子二字听成了盆子，但原因又并非出在动物身上，可见人与动物在故事中能突破语言壁垒，于是动物难免就会被视为具有了人性。又因为它们被视为能解决人类难以解决的问题，即能力超越人类，故此还会被视为具有神性。就在它们守卫人类正义的同时，一并获得了作为正义守护者应该具有的尊严。此类故事在民间流传，动物自然会成为受益者，何止能受到人们的喜爱，恐怕还能受到高度尊重。村庄生态的维护在此就成为人类正义体系构建的一部分。

既然人们曾拿天地说事，在撇开精怪的层面上，那就契合儒家的论断。《周易·乾卦》曾言："夫大人者，与天地合其德，与日月合其明，与四时合其序。"所谓大人，概指一切知天命的人，而天命就是自然规律。说大人有天德，便是言表其人做事跟自然规律相合，即天人合一。① 稍加申述，人们需要仔细观察天地，用心揣摩，找出其中能永恒有序的规则，再放入人群，即是与天地谋合，促使人际交往像季节循环那般有条有理。宋儒程颢曾言："若夫至仁，天地为一身，而天地之间品物万形，为四肢百体。人岂有视四肢百体而不爱者。"② 就此看来，天地集合万物于一身，人在其中，应如同天地那样爱戴万物，而万物中必然包括各种动物。搭接上道教，动物作为精怪，既然会被视为天地叙事的象征符码，人们对其表示尊重，其实就是对天地表示尊重。无可辩驳，儒道两家可以在人们对精怪故事的理解中实现会通，促使人们对动物表示尊重，属于人在天地间妥当存身的必备条件。

三 动物的情感付出与帮扶规范

据访谈对象讲述，某家住在村庄外围，竟有狼跳入院内。老人拿起菜刀想把狼赶走。狼却走到近前，像狗那样咬住了老人的衣服，后退着朝院门方向拉拽。老人并未挥刀。出了院门，狼松了嘴。老人念叨："狼归山神掌管，就如同村里各家要管好自己的狗。若没有得到山神的指令，狼怎会轻易伤人，而我家并没有不尊重山神，更没有做过伤天害理的事情。不妨先看看狼到底有何意图。"一路前行，走至山上。狼跪了下来。老人发现草丛里还有一匹狼，趴在地上呻吟，细看方知母狼难产。老人索性蹲到跟前，左手摁住狼头，把右手食指和中指伸进狼的产道，帮忙接生。等狼崽落地，回了家。后续几天，院内每晚必有动静，第二天早晨就会看到院内放着几只半腐的鸡鸭。老人轻声念叨："估计是狼想报恩，

---

① 金景芳、吕绍纲著，吕绍纲修订：《周易全解（修订本）》，上海古籍出版社2017年版，第38—39页。
② （宋）程颢、程颐著，王孝鱼点校：《二程集》，中华书局1981年版，第74页。

生态规范的民间所见：友好互惠型精怪故事与传统文化

便送来了鸡鸭，但人怎会吃腐食。"次日院内没再出现死鸡死鸭，而是换成了被咬断腿的野兔。老人又念叨："我不知道你在哪里，难道你昨天听到了我说的话？可我轻声念叨时，并没有看见你在我面前。你若当真能听到，那就说明你早已成了精，要么便是山神了解我们人的心思，告诉你应该送些什么。我帮忙接生，举手之劳，你不必重谢，以后不要再来给我送东西。"万万没想到，每天早晨院内出现野兔竟长达半年，足见狼对恩人的情感付出甚笃。

在沂源，描摹狼凶狠残害牛羊家畜的故事颇多，本故事却以人与动物友好互惠作为叙事主题，展现出了狼的深情和脆弱。遇到自己不能解决的问题，就找人类帮忙，甚至就差开口说话了，其他方面并不与人类存异。受人帮扶，同样知晓要回报。把死鸡死鸭换成野兔，难保不是因为再无死鸡死鸭可供寻来，养殖场怎会每天都往野外抛垃圾，因而狼就只能捕兔报恩。道教《太上洞玄灵宝智慧上品大戒经·智慧度生上品大戒》第三条曾言："含血之类，有急投人，能为开度，济其死厄，见世康强，不遭横恶。"[①] 前四句言表的正是人们应尽己所能地帮扶动物；后两句言表的则是人们能得到福报。到了本故事中，给人带来回报的恰是狼本身，全然不再带有动物作为天地叙事符码的色彩，于是便让帮扶和福报通过肉眼可见的方式实现了无缝隙对接。儒家同样倡导感恩图报。《孟子·离娄上》曾言："不得乎亲，不可以为人；不顺乎亲，不可以为子。"一得一顺，即是有得有报。亲子固然具有血缘关系，但得与报并非只能搭接着血缘。人若像故事中的狼那样遇险，恰被非亲人搭救，无异于生命的第二次获得，免不了仍要回报。得与报一旦摆脱了血缘关系的绑定，就会呈现出泛化状态。即使在人和非人的跨物种互动中体现出来，都不能算作意外。在狼仅为动物的层面上，它向人报恩，未必不能获得儒家认可。

既然儒道都高扬回报论，那么人们若搭接着对后续回报的预期

---

① 王卡主编：《中华道藏》（第三册），华夏出版社2004年版，第260页。

去帮扶动物就不能算是无理要求。如此一来，人们预见到后续有可能会获得回报，极易成为一种激励机制，催生出人们应当积极帮扶动物脱困的生态规范。在故事中，人与狼的关系还可以转化为人与山神的关系。既然人们会把狼视为精怪，如何确保它不会为所欲为害人，自然需要凸显出它会受到山神掌管的情节，助益于人们降低对狼的恐惧。甚至可以说，此类情节在故事中浮现，属于人们面对强悍动物乃至精怪而化解恐惧的一种叙事策略。以村内有人养狗比附山神管狼，无异于言表狼是山神的饲宠。人们既要尊重山神，还不能做坏事，那就不能伤害狼，由此便可以最大程度地确保人和动物在生态系统中友好共存。

据访谈对象讲述，某家养了一头牛，始终善待。后因家中有人生病，资财耗尽。再无他法，就想卖牛，但恋恋不舍。某天早晨，边给牛喂草料边念叨："吃吧，吃吧，我最后一次喂你，你可一定要吃饱。等你吃饱了，就把你卖掉。多年来，你在我们家下地干活，任劳任怨，早就是我们的家庭成员了，我怎么舍得卖你，但我实在是没办法了。"话到此处，牛不再吃草，直流眼泪，扭头看了看那人，紧接着后退几步，迅猛跳起来，把头撞到了墙上，未发一声，直至死亡。那人看了看，埋怨道："你可真不让我省心，牛头被撞烂了，还让我怎么去卖。"左思右想，扒皮卖肉。收拾内脏时发现了玄机，牛的体内竟藏有大量牛黄。卖了肉，再卖牛黄，而牛黄的价格更高。因量大，所得资财足以抵得上整头牛。至此反思，牛活着时应是知晓自己的身上有牛黄，主动撞墙寻死，便是不想被卖掉。若把牛卖掉，那牛黄可就到了买主的手里。想来牛通人性，寻死的目的是要给自己的家里留财。

家牛历来被视为具有奉献精神，本故事恰恰对此做了极致演绎。自杀其实未必不是因为体内不适。牛黄毕竟是长在胆囊、胆管或肝管中的结石，大量堆积，会让牛颇感不适，甚至痛不欲生。若只做如此解读，牛的奉献精神就会大打折扣。一旦认定牛属于家庭成员，故事的寓意便会大改。所谓家庭成员，通常意味着彼此奉

生态规范的民间所见：友好互惠型精怪故事与传统文化

献。若非不得已，岂能随意卖牛。家人冲它念叨，可以解读为深度沟通。牛便选择了牺牲自我，换来家人安康。不容否认的是，人和牛属于不同种类的生命体。面对沟通，牛作何感想，人岂能尽知，但只要把牛视作家庭成员，种类区隔就被打破了。一人一牛便可以转变为家庭关系中的你我。况且牛随着人居于一家，共同下地衣耕，故此它被视为家庭成员具备充足的条件。年复一年，人除了会对它产生感情，耕作时还会产生默契，催生着以我之心揣摩你之心的互动逻辑。甚至会让人认为，你不能开口发声，我完全可以代为发言，宛若我无力从事重体力劳动，而你可以为我代劳，彼此保持友好互惠。以你我心意相通作为前提预设，我向你倾诉难处，你怎会不理解，于是就连缀起了你我的感同身受乃至彼此共情。

追索感同身受何以能发生，儒家最有发言权。据《论语·阳货》记载，孔子曾强调："性相近，习相远。"既然人性相近，那就为"人同此心和心同此理"奠定了前提。牛尽管不是人，却能为人付出生命，因而极易被视为成了精，高度类似于人，催生出了以人际共情来理解人牛共情。正如有的人因极度精明，时常被戏称为人精，一旦认为牛成了精，那便是认定它极度精明。到了故事中，一则表现为它自知身上长有值钱物件，可以助家人渡过难关，二则表现为它知晓人类社会的买卖规则，以死在家中的方式确保牛黄不会流入买方之手。综合来看，故事讲述以牛是家庭成员但又不是人作为统领主线，各种情节凸显着一人一牛不存在种类区隔却又存在区隔的对撞。尽管本故事没有表现出人对动物的必要帮扶，但展示出了动物对人类的情感付出。人以哀矜相待，亦可算是双方友好共存的一条生态规范，引导着人们要关切动物的情感付出，而不宜冷漠。

四　结语

天地间包罗万物，人们通过故事言表非人类，必会促使故事成为人们理解和描摹天地万物的基本图景。各种事情的发生一旦脱离常理，难免会激发想象。精怪故事无疑对天地生机做了放大化和极致化的描摹，构成了人们言说怪异动物的一种叙事文体，亦可把它视为百姓用来理解世界的一套民间话语。调研时曾询问访谈对象是否了解儒道传统文化，回答了解者几乎没有。就此可以断定，人们只需按照自己的思考讲述故事和理解世界，无形中就会契合道教和儒家的相关论断，刻画着传统文化在民间生发且长成，即以民间为故乡。

曾有访谈对象指出，在20世纪80年代以前，每逢春节，各家都会用面粉制作圣虫。制作方式便是把面团揉成长条状，两头相接，盘着放在盘子里。在其中一头用红色的染料画出嘴唇、鼻子和腮部，用黑色染料画出眉毛和眼睛，在另一头画出黑色的尾巴。整体来看，的确像是一只大虫。放在锅里蒸熟，再放入粮缸或粮囤，埋在粮食底下，焚香烧纸祭拜，祈求当年粮食满缸满囤。按理说，圣虫全无生命力，但在故事中它能飞至街上玩耍，还能出现张家圣虫飞入王家的情形，演绎成精怪故事。自80年代以来，人们越发依赖科技种田，早已无人相信一只圣虫能让粮食满缸满囤，促使圣虫故事逐渐成为历史记忆。就连圣虫的制作方法，知晓的人都越来越少。不难看出，科技兴农与精怪故事去留各有其宜，混杂并现，透视出民间风貌的形成蕴含着诸多成分的交织涤荡。至于双方还能如何对勘，只能交由日后的社会发展去呈现。

透过人和精怪的友好互惠型故事，可以揭示出人们面对动物至少应遵循三种规范，即不欺、尊重和帮扶。三者都要求人们应以谦和乃至谦卑的姿态面对动物。不欺原本就等同于不能贬视。若要贬视，无形中就塑造出了人类高高在上的架势，但动物并非只能处在低于人的位置，故此不欺便等同于谦卑。如何表示尊重，就是要确保动物在生态环境中始终具有一定的位置，不宜贸然驱赶。在它们向人类表示友好时，人类若示以不友好，终会对人们的仁心善念乃至生存命运构成考验，因而尊重动物便可以等同于人类应具有谦和的姿态。如何帮扶，更是意味着人们应以谦和的姿态面对动物。各种生命体皆是有血有肉，人类的情感表达未必能像动物那样情真意切。若高高在上而无视动物的情感，反倒说明人类只是徒具血肉。即使把精怪故事视为荒诞不经，但它们毕竟言之有物。如果只是把它们视为祛魅未尽的残余，难免会致使它们的存在和流传趋于无意义。反倒正是那些生态规范，引导人们在天地间安身立命，确保人和动物的生态共存，避免失序。

Folk Perspectives on Ecological Norms: Friendly and Reciprocal Sprite and Monster Stories and Traditional Culture
Yi Tao

Abstract: Sprite and monster stories constitute a significant genre of Chinese literature. Especially with the widespread dissemination of "Journey to the West", they have long been well-known in various circles. These stories represent a set of folkloric discourses used by the common people to understand the world. They belong to a narrative style that depicts bizarre animals and can even be considered a fundamental representation of the universe. Interpreting friendly and reciprocal stories between humans and sprites and monsters reveals at least three ecological norms: not deceiving animals, respecting animals, and helping animals. These norms encourage a humble and modest attitude towards nature. The historical origins of sprite and monster stories are related to Taoism, and their narratives are intertwined with Confucian culture. Their emergence and circulation depict the folklore as the birthplace of traditional culture, and the formation of folklore encompasses a mixture of various forces and elements. Although sprite and monster stories are fictional, they convey substantial meanings. In an era where the ecological environment is not satisfactory, these ecological norms become increasingly valuable, making these stories more than just remnants of disenchantment.

Key Words: sprite and monster stories, ecological norms, folklore, traditional culture, harmony between nature and humanity

"苗湖书会"的文化演变和审美价值探绎[*]

焦迎春[1]　赵士城[2]

(1. 阜阳经贸旅游学校；2. 新疆师范大学)

摘　要："苗湖书会"根植于皖北民间，经历了数百年的风雨沧桑，它作为民间口头音乐的集成，蕴含着当地人民朴实的文化诉求和丰富的地域人文气息，具有重要的文化价值。口述史研究自20世纪中期兴起以来，逐渐成为史学研究中收集和重建史实的一种重要方法，近些年对非物质文化遗产传承人口述史研究则成为非遗研究保护中的一个重要视角与领域，通过口述史的方法来探究"苗湖书会"的发展脉络，有利于对书会更好的保护与传承。

关键词：非物质文化遗产；苗湖书会；口述史

作　者：焦迎春，阜阳经贸旅游学校教师；赵士城，新疆师范大学中国语言文学学院讲师。

非物质文化遗产是我国优秀传统文化的重要组成部分，而对非遗项目的传承和保护，一直受到我国政府和相关文化部门的重点关注。安徽皖北地区（包括蚌埠、淮北、阜阳、宿州、亳州、淮南6

---

[*] 本文为国家社科基金项目"文学空间批评研究"（编号：17BZW057）；安徽省人文社科重点项目"国家非遗传承人口述史——以'苗湖书会'为研究个案"（编号：SK2017A0304）及安徽省教育科学规划一般项目"皖北红色文化在中职生德育中的运用研究"（编号：JK23037）阶段性成果。

市）有着悠久的历史文明，文化底蕴十分深厚，不同文化的碰撞融合，孕育了诸多的民俗曲艺文化资源。这些曲艺文化既蕴含着皖北地区人民的精神内涵、思维方式及文化追求，又体现了皖北地区人民丰富的想象力和创造力。其中不少传统曲艺项目已跻身国家级、省级非物质文化遗产名录，具有良好的发展潜力和传播效应。而其中具有代表性的界首市"苗湖书会"在词谱唱本、唱法技艺方面，以及艺人群体在道德示范、社会伦理方面，都在皖北地区享有很高的美誉度和传播度。

"苗湖书会"大概起源于清朝嘉庆年间，距今已有 200 多年的历史，最早是民间艺人在麦收后农闲时自发聚合的"说唱会"，以琴书、坠子、大鼓等说唱形式来给群众表演耳熟能详的曲目，如《金鞭记》《响马传》等等，形成"说唱书会"的雏形。之后，其在时代变迁中历经浮沉而延续传承。1947 年，艺人苗元谱把"说唱书会"接传下来，并发扬光大，对皖北周边形成文化辐射。但之后其在特殊时期受到冲击而被迫停演，一度又陷入沉寂。1979 年，界首市恢复曲艺组织。1985 年，著名艺人苗清臣（第六代传人）联络周边市县的著名艺人，在政府的扶持和帮助下，正式举办了第一届"苗湖书会"，并将会期定为每届五天左右，每届参加书会的人也从曾经的二三十人扩展到几千人。参演民间艺人也从界首周边各县扩大到安徽省周边各地，包括山东临沂、河南周口、湖北孝感等地。书会的文化影响力逐年增强，发展成为皖北地区具有标志性的文化盛会。"书会吸引了真正民间曲艺传承者的介入，并因此在特定文化群体的参与者中唤起文化记忆的认同感，这一集体渴求通过对传统的片段记忆来完成对文化空间的重新建构。"[①]《人民日报》《光明日报》《安徽日报》、中央广播电视台、安徽电视台等多次刊登、报道"苗湖书会"的演出盛况。2008 年 3 月，"苗湖书会"顺利入选国家第二批非物质文化遗产保护名录。

---

① 高小康：《都市发展与非物质文化遗产传承》，北京大学出版社 2009 年版，第 3 页。

就文化的生成语境而言,皖北民俗文化深受特殊地理和农时气候的影响,苗湖位于界首,在皖西北边陲,地处东经 115°15′—115°32′,北纬 30°0′—33°0′。整体上处于暖温带与北亚热带之间的过渡区,四季明显,气候温和,雨量适中,光照充足,无霜期较长,年平均气温 14.7℃。每年农历五月份为丰收时期,六七月份为农闲时期。而"苗湖书会"的发端正是蕴含农民庆祝丰收之寓意,民国时期就已经将每年农历的六月六日定为"苗湖书会"的表演时节,曲艺艺人群聚与此,登台献艺,定期性庆祝和规模性集会原本就是对文化传统以及身份认同的一种储存和保留,多年的延续与重复更是对这种文化认同的巩固。正如阿斯曼所说:"假如巩固群体身份认同的知识没有储存于文字中的可能性,那么它只能储存于人的记忆中。这类知识要实现其在构建统一体、提供行动指南方面(即规范性和定型的)的推动力,就必须首先具备这三个作用:储存、调取、传达,或者说是:诗的形式、仪式的展演和集体成员的共同参与。"[①] 他认为仪式和节日是文化记忆的首要组织形式,节日和仪式的定期重复巩固了认同性知识的传达与传承,并由此延续了文化意义上的再生产。

除了空间地理的因素之外,"苗湖书会"的形成与发展与其历史文化背景密不可分。阜阳历史悠久,戏曲繁荣,在安徽地区享有"曲艺故乡"美称,特别其随着南宋戏、元杂剧、明传奇、清代地方戏的兴起,颍州城内(今阜阳)庙台、戏楼、茶园如雨后春笋般出现。声名远播的有明清时期的城隍庙戏楼、岳阳楼戏台、汇龙池戏台等。比较受欢迎的有京剧、评剧、曲剧、越调、梆子戏等,这都为阜阳地方戏剧和曲艺的发展营造了优秀的文化氛围。"苗湖书会"发源于界首东南部的任寨乡苗湖村,地处豫皖交界的偏远地区,抗日战争开始后,由于津浦、陇海两铁路交通中断,界首成

---

① [德] 扬·阿斯曼著,金寿福、黄晓晨译:《文化记忆》,北京师范大学出版社 2015 年版,第 51 页。

民族文化史

为沦陷区进入内地的第一门户,当时军商群聚界首,人口剧增,灯红酒绿,车水马龙,成为战时的"小上海",戏剧和曲艺文化也呈现空前繁荣局面,各种戏园、游艺场林立。京剧、豫剧、评剧、曲艺等各派名角蜂拥而至,安徽史料中就曾有"马金凤三进界首"[①]的记载。此外,"在抗日战争时期,在苗湖书会的故乡界首就有过集商业与娱乐为一体的类似于宋代瓦子的场所——小天桥游艺场"[②]。正是这时期经济文化的发展以及各地艺术家的互动交流为皖北民间曲艺的繁荣创建了广阔的文化空间。

"苗湖书会"属于皖北民间曲艺集会的一种,它的嬗变过程与宋代以来的书会有一定渊源关系,但却有本质上的不同。首先是形式上的差异,宋代之后的书会、书场或者瓦市等,都以营利为目的而存在,而当下的书会却是艺人们相聚切磋交流技艺以此达到娱乐大众的目的,虽然艺人也会拿到部分补贴,但实际上还是远达不到维持生计的地步。其次是功能上的差异,宋代之后的书会是人们休闲娱乐的主要场所之一,而当今的书会却是对传统文化继承的一种文化活动,同时又发挥着"寓教于乐"的教化作用。最后是目的上的差异,宋代之后的书会中从事曲艺表演的艺人大多是为了生计,而如今的艺人从事表演大多因个人爱好,包括对传统文化的尊崇感以及对传承优秀文化的责任感等。

"苗湖书会"作为具有皖北特色的民俗文化活动,在上百年的流传中保留着浓郁的地方特色,譬如书会中艺人唱腔与音调大多数受皖北方言的影响,和普通话有很大差别。但是在历史的演进嬗变中也保持着与时俱进的文化生长态势。此外,它是一种"活态"的演唱风格,每个演唱者都有个性标识,都有自己独特的起落音,譬如书会中最常见的表演形式——界首渔鼓,又被称为道筒子和坠子嗡,最早源于明中期叙事性道情,后由道士以道教为演唱题材,

---

① 界首市地方志编纂委员会:《界首县志》,黄山书社1995年版,第47页。
② 《界首县志》,第58页。

"苗湖书会"的文化演变和审美价值探绎

教化人们遵守纲常孝道,从此逐渐流行于民间。界首渔鼓真挚朴实的说唱深受普通群众的喜爱,其唱腔大起大落,或喜或悲,自然流畅且朗朗上口,说唱者眉目传情,声情并茂,听唱者神情贯注。独特的音调与唱腔是艺人在自然嗓音条件允许下,随着不同的环境心境以及喜好随意转变的。它不同于当前的流行音乐,有基本的伴奏、固定的音调等。"苗湖书会"中同一曲词,不同的艺人总能唱出各异的音调与韵味,唱腔、音阶和音域更可能相去甚远。书会中的渔鼓表演重要的不是简单模仿既定的旋律,而是不断地创新与变通。唱词涵盖内容广泛,美妙的听觉体验中不仅包含日常生活的人际关系,还包含各时期的政策动态,能够真实记录并反映出时代生活方式和历史文化特色,生动呈现出皖北地区特定的社会历史和人文环境,为听众提供一个动态的历史感知维度。

那么,我们今天应该如何去看待"苗湖书会"的审美价值呢?这很大程度上取决于其所在空间的"艺术观念"。"艺术观念"受特定时期的文化传承、历史背景、地理空间等因素影响,对其界定更是各执己见。纵观中西方"艺术观念"叙事传统中,民间艺术似乎都不被重视,而只有基于人类的理性意识与精神以及完成对物质层面的超越的文化才会被承认和推崇,这种偏见使得民间艺术终究是难登大雅之堂而被排除在艺术史之外。这种文化偏见并非因为民俗文化走向了文化意识形态的对立面,事实上,民俗文化的实用性并非只适用于田间的曲艺集会,还广泛适用于各种婚、丧、嫁、娶的文化仪式。这种实用性不仅没有破坏其文化审美性,反而维护了艺术文化的多样性,成就了其民间曲艺的"接地性"。日本学者柳宗悦在论其"杂器之美"时就说过:"如果器物不被使用,就不会成其美,器物因用而美,人们也会因其美而更愿意使用。"[1] 所以说用"纯粹"与"实用"来界定文化审美性难免失之偏颇。从

---

[1] [日]柳宗悦著,孙建君等译:《民艺论》,江西美术出版社2002年版,第169页。

接受主体来看,民间艺术在审美方式和文化取向上不同于精英艺术。首先,就审美方式而言,民间艺术通常是融入日常生活中的,它并不强调视觉与听觉经验在审美中的优先性,而是各种感官的共同参与,全身心融入地去获得一种综合性的审美体验。"苗湖书会"亦是如此,艺人们对舞台并没有特殊要求,甚至可以混入人群中来演绎说唱,类似于书会中的自由演唱区域就是这样的形式。对于审美主体来说,既不需要有隆重正式地装扮,也不需要正襟危坐地垂听。而是可以自由走动或拍手叫好甚至是沉浸式参与中的手舞足蹈。陶思炎先生曾说过:"民间艺人的精彩说唱,扣人心弦的传说故事,欢愉的儿童歌谣等,他们那身心合一的神态、激扬高亢的情感、张弛有度的动作,无不诉说着这种美感体验所带来的对人的心灵的强劲冲击或浸润。这早已不是单纯的形式美,不仅仅是感官的愉悦,而是进入了心意相承的体悟世界。"[1] 所以,对于"苗湖书会"来说,它主要的审美不仅是听觉与视觉的愉悦,而是各种感官共同融入的综合审美体验。

其次,就文化取向来看,"苗湖书会"无法存在于日常生活空间以外,它是一种无距离的审美。而艺人并非只是在舞台上献艺,他们也可以在和观众的交流中临时性做出新曲改编,演出的艺人们会引导观众们共同参与到其表演互动中,使得观众成为艺术体验中的沉浸式审美主体。对于不同的故事,艺人们也根据现场情境的不同和氛围的差异来添枝加叶,受众群体却丝毫不会计较其艺术真实性。相较而言,传统艺术分离式、对象化的审美方式对于受众群体的文化内涵和艺术修养都有一定的要求,而民间艺术的审美经验却具有很大的普适性。所以只有充分理解"苗湖书会"审美经验的特殊性,我们才能正确衡量书会曲艺的精神内涵和审美价值。

最后,我们坚信通过田野调查和整理归纳来完成民间艺术审美经验的重塑将有助于促进对皖北文化记忆的重新建构,包括考镜源

---

[1] 陶思炎:《民俗艺术的审美阐释》,《西南民族大学学报》2010年第5期。

流关于"苗湖书会"的产生及其生态演进、传承人艺术成长的文化价值及其守正创新,了解传承人技艺学习历程以及传承人群体生活状况,探索在新时期下"苗湖书会"等非遗文化如何活态传承等,这些无疑将有助于文化的再生产,扩大文化的多样性,对皖北传统文化的创新传承与发展有着举足轻重的作用。

The Cultural Evolution and Aesthetic Value Exploration of Folk Art Gathering of Miaohu
Jiao Yingchun; Zhao Shicheng

Abstract: Folk Art Gathering of Miaohu is rooted in the folk culture of North Anhui, and has experienced centuries of wind and rain. As an integrated folk oral music, it contains the simple cultural aspirations of the local people and rich regional humanistic atmosphere, and has important cultural value and significance. Oral history research has been popular since the mid-20th century, and has gradually become an important method for collecting and constructing historical materials in historical research. In recent years, the study of oral history of non-material cultural heritage inheritors has become an important perspective and field in the research and protection of non-material cultural heritage. Using the method of oral history to explore the development of Folk Art Gathering of Miaohu is conducive to better protection and inheritance of the fair.

Key Words: intangible cultural heritage, Folk Art Gathering of Miaohu, oral history

近代史专题

近代滏阳河水运与码头市镇经济的发展

——以衡水地区为例*

蔡禹龙

（东北大学秦皇岛分校）

摘　要：滏阳河是海河水系的重要支流之一。在铁路运输尚不发达的近代中国，滏阳河是加强河北境内经济联系的重要通道。随着津磁航线的开辟，滏阳河客货运输的功能更加凸显。在其影响下，衡水县城的码头市场及境内码头李镇、官道李镇、小范镇等典型码头市镇的经济继续发展。滏阳河水运为码头工人和船民提供了谋生途径。但在国民政府和日伪统治时期，他们仍处在艰难困苦之中。抗日战争胜利后，中国共产党领导的民主政府采取保障措施，改善了他们的生产、生活状况。

关键词：滏阳河；水运；码头市镇；衡水；近代

作　者：蔡禹龙，东北大学秦皇岛分校马克思主义学院副教授。

海河是华北地区最大的水系，是中国七大河流之一。滏阳河是子牙河（海河支流）水系的重要支流之一。考察沿河地区社会经济的发展，水系、水运是不可忽视的因素。沿河码头市镇经济的发

---

* 本文系国家社会科学基金一般项目"近代海河水运与沿河城镇社会经济变迁研究"（编号：21BZS109）的阶段性研究成果。

近代史专题

展更与滏阳河水运息息相关。本文通过考察近代衡水境内码头市镇经济的发展，分析滏阳河水运的突出作用。

一　滏阳河水系简况

滏阳河历史悠久，为《禹贡》所称九河之一，初名"滏水"。"滏阳"原为县名（今磁县）。据《元和郡县志》载：滏阳县，"本汉武安县之地，魏黄初三年，分武安，立临水县，属广平郡。以城临滏水，故曰临水。以城在滏水之阳，亦曰滏阳"①。此处的"滏水"乃指滏阳河。滏阳河发源于邯郸市峰峰矿区，其源有二：北源出自磁州境西北的滏山；南源出自磁州境西神麕山下的龙泉洞。两支交汇于临水镇，经东武仕水库后向东南流经磁县城南，再向东北流经邯郸、永年、曲周、鸡泽、平乡，再流经任县大陆泽，过隆尧流入宁晋泊。自宁晋县艾辛庄闸流经新河县境，再从冀县境耿家庄流入新河县境、故城县境，流经码头李、灵藏口、范家庄，再由衡尚营、东兴村流入衡水县境，流经武邑、武强，至献县枢纽的桥头村附近与滹沱河汇合，汇合后的河段被称为"子牙河"，再向北流至天津，汇入大清河，向东流入渤海。②

滏阳流经河北省19个县（市、区），河长410多千米。其中，衡水段全长130多千米。③滏阳河流经冀州区的码头李镇、门家庄乡、小寨乡、官道李镇、西王庄，流经桃城区的赵家圈镇、郑家河沿镇、何庄乡、河东办事处、河西办事处，流经高新区的大麻森乡、苏正办事处，流经武邑县的赵桥镇、圈头乡、龙店镇，流经武强县的豆村乡、开发区、武强镇等县（市、区）及其所辖乡（镇、

---

① （唐）李吉甫：《元和郡县志》，文渊阁《四库全书》第468册，台湾商务印书馆1986年版，第354页。
② 河北省冀县地方志编纂委员会编：《冀县志》，中国科学技术出版社1993年版，第84页。
③ 衡水市地方志编纂委员会编：《衡水年鉴2016》，河北人民出版社2016年版，第56页。

街道)。① 在铁路运输尚不发达的近代中国，滏阳河是加强河北境内经济联系的重要运输通道，滏阳河水运促进了沿河区域社会经济的发展。

二 不容忽视的滏阳河水运

滏阳河是一条航运河道，从明代起就是贯穿河北的南北大动脉。在河流正常流淌的年代，滏阳河河面宽 40—50 米，水深 5—7 米，可航行 50—100 吨的木帆船，是衡水上达邯郸下至天津的水路交通要道。除了每年的五、六月份外，该河基本上常年有水。一年之中，从"惊蛰"节后开航至"大雪"节止，有 9—10 个月的通航时间。丰水季节，百吨以上的大木船可在河面上畅行无阻。即便是在枯水期，该河也能通行渔船和小型驳船。

清末民国时期，随着造船技术的发展及内河河道的进一步治理，内河航运事业迅速发展。1915 年，津磁航线开通，以水路运输的方式沟通了天津至磁县间的客货运输。滏阳河航线是津磁航线的重要一段。船只在下游航行于子牙河，在上游航行于滏阳河。滏阳河航线绵亘数百里，河流畅旺，颇利行轮，且沿河码头鳞次栉比，旅客络绎，货物充牣。津磁航线主要经过天津、杨柳青、高庄子、独流镇、霸台、王口、子牙、姚马渡、南台埠、白洋桥、双摆渡、刘各庄桥、范家疙瘩、念祖桥、沙河桥、康宁屯、沙窝桥、臧桥、贾庄桥、范屯桥、小范镇、赵桥、龙店、圈头、衡水、范庄、岭闸口、李家庄等码头。除了货运外，津磁航线还承担着重要的客运功能。客船从天津出发，上行先达献县、武强、武邑、衡水，再至冀县李家庄。1915 年，"河达"号、"安澜"号二艘轮船运营时，月可往返 20 个航次。按实际客票收入推算，津磁航线上，每

---

① 《衡水市市级总河湖长、河长湖长调整名单及主要河湖名录》，《衡水日报》2022 年 2 月 23 日第 A3 版。

年的客运量可达5万—7万人次。①

民国时期，滏阳河的水路运输一直发挥着重要作用。直到新中国成立以后，随着陆路交通的发展，滏阳河航运的地位才骤然下降。另受华北气候变化之影响，滏阳河水位下降、河沙淤积，航道越来越不利于船只通行。昔日千帆竞运、百舸争流的景象逐步消失。尽管如此，直到20世纪五六十年代，河中仍有小型货船往返穿梭。每值大雪节气以后，很多船户和渔民都在衡水休养、修补船只。但因上游工农业用水急剧增加，河流水量大幅减少，河道淤积越发严重，除汛期外，滏阳河时有断流现象发生。至20世纪80年代，河道常年干涸，全线断航。②

三 滏阳河水运促进衡水码头市镇经济的发展

清末，漕运废止，大运河的传统水运功能大大衰退。在海河水系连通的华北内陆地区，虽有铁路运输的渐渐兴起，但传统内河水运仍然发挥着重要作用，对沿河码头市镇经济的发展仍起着重要作用。滏阳河的客货运输促进了衡水县城的码头市场及境内码头李镇、官道李镇、小范镇等典型码头市镇经济的发展。

（一）衡水县城码头市场的经济发展

衡水是千里滏阳河上唯一一座港口县城，内河水运曾是衡水沟通南北经济的大动脉。以水旱码头著称的衡水县是滏阳河沿岸的码头重镇。清朝末年，衡水码头十分繁荣。从春天河面解冻到冬季结冰以前，河面上来往船只络绎不绝。滏阳河"上自临水（磁州），下达津沽，来往商船，帆樯如林"，城区"街市宏敞，贸易繁多。彭城之缸碗，清河之竹器，山东西部之绢帛铁类，天津之洋货，唐

---

① 王树才主编：《河北省航运史》，人民交通出版社1988年版，第134—135页。
② 《中国河湖大典》编纂委员会编著：《中国河湖大典·海河卷》，中国水利水电出版社2013年版，第146页。

近代滏阳河水运与码头市镇经济的发展

山开平之烟煤,无不荟萃于此,以供枣强、冀县、深县、武强等地区取求"①。水运季节到来之时,上游的煤、缸瓦、瓷器、山货,下游的食品杂货、五金、煤油、卷烟、布匹、木材、芦苇等纷纷运抵衡水码头。当地的粮食、油料、烧酒、蔬菜等,又沿水路运到天津、邯郸等城市或港口。来往衡水码头的船只,都装满了货物,绝无空返之现象。产自邯郸的瓷器、缸瓦、煤炭沿滏阳河顺流而下,运至衡水,供百姓生产生活使用。每到秋季,来自邯郸西部山区的柿子,堆满了衡水城外的滏阳河码头,红彤彤一片,煞是壮观。②

在全面抗战爆发以前,衡水码头十分繁荣。春天河水解冻以后,尤其是在七月份汛期到来以后,直到封冻以前,河面上的船运十分繁忙。许多货物吞吐量大的商号专门选择亲仁、问津、阜丰、集贤、西隆庆等沿河地点,或距码头较近的地点开设店铺。为了方便装卸,大多数店铺专辟直通码头的后门。如早年的德源涌酒店,义庆隆酒店,诚兴酒店,庆畲增酒店,增庆裕煤炭缸瓦杂货店,裕记煤油庄,双盛号杂货庄,泰和、隆信、德诚、复兴成等缸碗、炸炭店等较大商号,都选在近河地带开设店铺。③

1939年,日本侵略军占领衡水,商号全部停业,昔日繁荣的场景不复存在。1945年12月,中国共产党领导下的八路军解除伪军武装,成立民主政府。民主政府采取了一系列恢复工商业生产的措施,组织群众对滏阳河河道进行清淤。滏阳河水运再现生机,内地货物经过滏阳河可直达天津,五十多只航船终日往来衡水、天津之间。在衡水码头生活了数十年的五百余码头工人,也全部复业。他们增加了工资,组织了水脚、旱脚总工会,每个工人平均可以分

---

① 耿宝元:《滏阳河衡水码头话旧》,衡水市政协文史委员会编:《衡水经济史料》,河北人民出版社2002年版,第24页。
② 赵云旺:《云旺走笔:衡水人文掬萃》上册,河北人民出版社2015年版,第47页。
③ 耿宝元:《滏阳河衡水码头话旧》,中国人民政治协商会议河北省衡水市委员会编:《衡水市文史资料》第3辑,1988年,第62页。

到 15—20 斤小米。① 解放区秩序安定，滏阳河的水运复活了。1946 年 4 月 1 日，《冀南日报》载：从衡水至天津的船只，络绎不绝。大批粮食与土产品、油类、土布等能够出口。外来的铁器、纸张、火纸、杂货运到衡水。并建立了城关交易所，现城内各处正打扫街道，拆除残破炮楼，修理门面，划分市场，城市日见繁荣，特别每逢二、七、五、十集上，河东河西各街来往行人非常拥挤。老百姓的谈笑声中洋溢着和平民主的新气象。② 由于船少货多，整个船业利市三倍。从邯郸到衡水，如不遇到水势大涨、大落的意外情形，单程至多需时一个月。一条货船可载 15 万斤货物，可挣 75 万元。若以一只船配有 10 个水手计算，每人每月伙食花费 3 千元，合计不过 3 万元。水手工资需五六万元。再除去其他开销，船主可剩三四十万。船主们笑逐颜开，每年跑四、五趟衡水至天津的船运，可赚 100 多万元。若情况再好些，跑一年的船，船主所赚钱数可购一条新船。③ 河西大街，席棚里每天满摊商货，他们互通冀中、冀南之有无。每当炊烟四起之时，停泊在滏阳河的大船与渔船宛如一条狭长村落，横在滏阳河水面。④

大石桥、西关是衡水县城两处著名的码头市场。每到夜晚，远远望去，石桥上灯光闪烁，叫买叫卖声不绝于耳，市场气息颇为深厚。⑤ 有的商人在附近的德源涌、恒兴等酒坊豪饮，来了兴致就结伴去河边的书馆听书，到附近的戏楼看戏。小吃夜市一直持续到深夜。如果是个月夜，橙色的月光照着河上星星点点的渔火，泊船上偶尔传来一阵悠扬的笛声，伴着石桥上的灯火和叫卖声，形成了一幅令人陶醉的衡水月夜。⑥

---

① 《冀南衡水益繁荣，工商业超过战前》，《冀南日报》1946 年 6 月 25 日第 2 版。
② 《衡水工商业日趋繁荣，坐商增到三百四十九家》，《冀南日报》1946 年 4 月 11 日第 3 版。
③ 李庄：《今日的滏阳河》，《人民日报》1946 年 6 月 14 日第 2 版。
④ 《衡水解放一年，商业繁荣两倍》，《人民日报》1947 年 1 月 1 日第 2 版。
⑤ 政协衡水市桃城区委员会：《桃城史话》，花山文艺出版社 2016 年版，第 131 页。
⑥ 赵云旺：《云旺走笔：衡水人文掬萃》下册，河北人民出版社 2015 年版，第 90—91 页。

近代滏阳河水运与码头市镇经济的发展

民国时期，衡水县城西关的繁荣更是得益于滏阳河水运之利。西门外的东隆庆、西隆庆、北仁街、南华街、集贤街，以及河西的问津街、观澜街统称"西关"。据载："县城西关，为齐晋及畿南诸郡通衢。车马辐辏，商贾云集，而滏阳一流，贯穿南北，上自临水，下达津沽，来往商船，帆樯如林。""全境商业以县之西关为中心。街市宽敞，贸易繁多，彭城之缸碗，清河之竹器，山东西之绢帛铁类，天津之洋货广货，唐山开平之烟煤，无不荟萃，以供束冀深武各地取求。"① 据统计，1929 年，西关共有商铺近 500 家，其中烧酒作坊 33 家、饭庄 51 家、杂货庄 70 家、钱庄 7 家、粮栈 31 家、点心作坊 20 家。② 许多商号争相在距离码头较近的街道开设店铺。沿河两岸街道的店铺设有通向码头的后门，有的花钱买下专用胡同，他们凭借靠近码头的优先条件，都得到较快的发展。桥西亲仁街的衡水酒店、问津街的福聚兴和义庆隆酒坊、西明街西头的德诚号碗店、安济桥东头路北的双盛杂货庄等都发展成有着一定经济实力的商号。德诚号碗店在桑园镇和德州设有分号，双盛杂货店自己备有载重 30 吨的大货船，利用衡水码头吞吐货物。这些码头市场的繁荣是衡水经济发展的主要体现。③

（二）码头李镇经济的发展

滏阳河从宁晋泊流出后，在广袤的冀东南平原上流淌 50 余千米，进入衡水境内滏阳河上游第一个码头——冀州码头李镇。

码头李是冀县西部物资交流、农资集散的重要码头市场。滏阳河像一条洁白轻灵的玉带，在临河的李家庄、王家庄、韩马庄、李后院四个村落中穿行。在清朝中期，河南岸的李家庄首先出现了码

---

① 耿宝元：《滏阳河衡水码头话旧》，衡水市政协文史委员会编：《衡水经济史料》，河北人民出版社 2002 年版，第 24 页。
② 赵云旺：《云旺走笔：衡水人文掬萃》下册，河北人民出版社 2015 年版，第 90 页。
③ 政协衡水市桃城区委员会：《桃城史话》，花山文艺出版社 2016 年版，第 133 页。

头,该村遂被乡民改称"码头李"。随着码头和商业的繁荣,四个村子逐渐连成一片,形成了今天的码头李镇。

清末,从上游邯郸等地开来载着核桃、柿饼、缸瓦等山货的木船,和从下游天津驶来满载着布匹、百货、煤油等洋货的船只都在这里停泊。货物在码头李镇集散,运往束鹿、深州、新河、冀州、南宫、威县等地。繁忙时,停泊在码头等待装卸货物的船只连绵几华里。与河上帆樯如林的景象相映衬,码头附近出现了鳞次栉比的店铺,如与天津连号的"泰庆恒""泰义恒"等字号,本地独资的"泰和兴""裕记煤油公司"等字号。滏阳河水运把身处内陆的码头李小镇和沿海大都市天津紧紧联系在一起,使码头李有了"小天津卫"的称呼。①

民国《冀县新乡土教科书》载:"码头李镇,当滏河之冲,由码头李镇开船,顺流而下,三四日可抵津。由津埠起运,逆流而上,七八日可返冀。水道往来,素称便利。唯春夏之交,水浅流细,而上游各县,往往设闸筑埝,截水灌田,致使航路不通。"②直到20世纪五六十年代,码头李镇繁荣的景象仍在。

(三)官道李镇经济的发展

河北民间曾流传着"一京、二卫、三官道李"的说法,反映了官道李镇在冀东南商业活动的重要地位。官道李偏居冀州西北一隅,不是县治所在地,也非政治文化中心。该镇能成为闻名于世的商贸重镇,地利之便是其原因之一。在官道李南约八华里处,坐落着盐厂码头。滏阳河航运发达,往来商船如梭,上游邯郸等地的煤炭、缸瓦、山货,下游天津的煤油、广货、洋货在这里下船,用马车或人力车运到官道李,再向四方集散。有的货物向西过了束鹿可达太行山里的集镇。滏阳河北岸的平原地带盛产粮食、棉花、小杂

---

① 《民俗文化集萃之五·码头李春节习俗》,《衡水日报》2011年5月24日第B3版。
② 马维周:《冀县新乡土教科书》第3册,冀县赞化石印局1923年版,第5页。

粮，又远离县域中心城市。这种独特的地理位置、发达的水陆交通使官道李成为这一带的商贸中心。出产的粮食、棉花等农产品和手工艺品从这里集散，运往各地。在方圆 30 里之内，没有一个集镇可与之匹敌。①

（四）小范镇经济的发展

小范，本名"小饭店"，亦作"小范镇"，位于武强县境。该镇濒临滏阳河，商业颇繁盛。滏阳河水运时期，小范镇是从天津沿滏阳河上溯到衡水境内的第一个码头。北牌、南牌、东牌三个村子的村民傍水而居，形成了小范镇。清末民初，小范镇已发展成滏阳河下游的繁华码头。来自天津的洋货和来自邯郸的山货在码头上集散，运往深县、武强、饶阳、安平诸县以及井陉、束鹿及山西等地，武强的部分年画也从这里走水路运往天津，和杨柳青年画去争夺市场。码头附近店铺林立，成为小范镇最热闹的地区。② 水运工具多为木帆船，船上行有人工拉纤。小范镇有搬运工三四百人之多。直至 20 世纪 70 年代，每年通过滏阳河水路运输的物资仍然达到 24000 多吨。③

衡水县城码头市场的繁荣以及码头李镇、官道李镇、小范镇社会经济的发展，已然彰显出滏阳河水运的突出作用。

四 滏阳河水运为码头工人和船民提供了谋生途径

滏阳河水运促进了沿河码头市镇经济的发展，也为码头工人、

---

① 赵云旺：《云旺走笔：衡水人文掬萃》上册，河北人民出版社 2015 年版，第 160 页。
② 赵云旺：《云旺走笔：衡水人文掬萃》下册，河北人民出版社 2015 年版，第 258 页。
③ 河北省武强县地方志编纂委员会编：《武强县志》，方志出版社 1996 年版，第 280 页。

近代史专题

船民提供了谋生途径，他们的生产、生活与滏阳河水运密切相关。

（一）码头工人的生产、生活状况

衡水码头历史久远，长期以来，船舶沿河堤停靠，货物由码头工人人抬、肩扛。码头工人装卸货物全靠人力，劳动工具也极其简陋，除了跳板、箩筐和少量大小车辆外，工人还要带搭肩布、杠棒和绳子。上千斤重的货物也都靠"脚行"人力搬运，劳动条件十分恶劣。从事这种行业的多半是城镇中的贫苦市民和失去土地的农民。在旧社会，对于一般百姓而言，能找到适合自己的谋生方式已是不易，在码头做搬运工，也不失为一个不错的选择。据老码头工人回忆，仅东明街、西明街和南华街就有码头工人数十名。

搬运工人每人自备一块苫巾，劳作时将其缠在腰中或披在肩上，用它擦汗拂尘。一根杠子和一个红荆条编的筐是他们常用的工具。码头工人搬运货物时，有双人抬或单人扛。装卸煤炭、石灰、瓷器等一般都是双人抬。双人抬时，货物总重多在 100 公斤以上。单人抬时，每件货物也在 100 公斤左右。装卸、搬运费价格由领头的和雇主协商。繁忙季节每人每天可收入 40 吊铜钱，折合银元 5 元左右。[①] 站在大石桥上看码头上一队队忙碌搬运工人，他们每人扛着一二百斤的麻袋，从大船上沿着颤悠悠的木跳板踏上河岸，再顺着弯弯曲曲的小道爬上陡峭的河坡，在一个平台上堆起大方垛。也有两人抬着一只满装货物的大箩筐，在河畔上下忙个不停。

日伪时期统计，衡水有约 500 名码头工人，他们全都处于失业状态。抗日战争胜利后，中国共产党领导的民主政府对船只航运采取了保护措施，组织码头工人建立了码头工会。工会把码头搬运工人组织起来，统一安排劳动场所，统一定价和收费。扣除管理费用后，一天一分账。当时，虽然还没有脱离旧的分配形式，但在工会

---

① 政协衡水市桃城区委员会编：《桃城史话》，花山文艺出版社 2016 年版，第 131—132 页。

的领导、组织、教育下，码头工人的收入有了保障。特别是水脚总工会的成立，保证了工人利益。码头工人每天每人平均可以分到15—20斤小米。河西街有位工人全家五口，不但能维持生活，每天已能剩余小米10余斤。失业的顾虑已成过去，码头工人全部复业。① 1947年1月1日，《人民日报》介绍了衡水码头工人的生活状况：每个脚行工人每年能收入7万元，家中可有多余之粮米2000—3000斤。衡水码头202名水号工人，连同家属老幼834口，当年丰衣足食。某蒋姓工人说，现在和过去比，足实天堂地狱的差别。日伪统治时，三天中，有两天挨饿。现在，多时，每天能挣一千二百元。今年，挣的钱买了3亩好地。他说："老爹壮了，老婆孩子也胖了，半辈子也没过过这样的好日子了。""蒋介石进攻解放区以来，我已经动员好几十个工人走上了前线，拼命也得保卫住这翻身的好光景。"②

（二）船民的生产、生活状况

全面抗战爆发前，瓷器、煤炭、熏枣、山货、鸡蛋等沿滏阳可从上游运至下游。再把海盐、杂货等从下游运至上游。俗语说："百里不运粗。"粗笨的东西走水路，运费比火车贱得多。数万人靠着滏阳河生活，沿河居民也靠着它购买比较便宜的货物。那时候，船民极为清苦，但还能勉强维持最低的生活。一个掌船的除了吃饭，每年还可赚100多块钱，其他水手也可以拿到几十元。③

衡水沦陷后，日本人"征用"了大部分船只，把船拆了盖房子。当时，河路不靖，船主、船夫都不敢冒险运输。昔时据以为生的船只，都成了累赘。船主在敌人未及"征用"以前，有的忍痛

---

① 《民主政府扶导下劳资融洽，济宁衡水工商业繁荣》，《人民日报》1946年6月21日第2版。
② 《衡水解放一年，商业繁荣两倍》，《人民日报》1947年1月1日第2版。
③ 李庄：《今日的滏阳河》，《人民日报》1946年6月14日第2版。

把船毁了烧火，有的偷着沉在水里，等待着打捞的那一天。几年之间，滏阳河中看不见船的影子。据当时的船户说："像我们这些使船的，苦熬一辈子，不过是想弄一条船。就是赚些钱入个股也好。日本人在的时候，这么好的东西，都白白的糟踏了。"①

1945 年 12 月，中国共产党领导的民主政府对船只航运采取了积极的保护措施，船民运输环境与生活条件大大改善。船民们依靠水运都获得了巨大利润。天津船只亦纷纷来滏阳河运货，五十多艘运船，整日来往衡水天津间。数百里的滏阳河上，到处可以听到船夫们所唱"痛快的日子到来了"的歌声。1947 年 3 月 6 日，《东北日报》报道了两家船户的状况。张曹中一家四人从事船运，三个月内每人赚洋 8 万多元。崔玉泉一家七口依靠一只七丈长的小船运货，一年赚 20 余万，他说："我像庄户人分了地一样翻身了。"当时，开载重 8 万斤的大船，将货物从衡水运往冀中地区，每斤运费 4 元，运输一趟便可赚 32 万元。②

纵观码头工人和船民的生产、生活状况，滏阳河水运无疑成为他们赖以生存的重要条件。然而，在拥有水资源、水路运输等条件下，国民政府统治时期、日伪统治时期，他们终日忙碌，却处于艰难困苦之中。抗日战争胜利后，中国共产党领导的民主政府以人民为中心，采取保障措施，改善了他们的生产、生活状况，赢得了强烈拥护。

五 结语

近代，在铁路运输尚未深入的衡水地区，水路运输的作用仍然尤为突出，且与沿河码头市镇社会经济的发展息息相关，并为码头工人和船民提供了谋生途径。如今，滏阳河沿岸码头市镇昔日繁华

---

① 李庄：《今日的滏阳河》，《人民日报》1946 年 6 月 14 日第 2 版。
② 《田免灾粮食增产，冀南治河成绩卓著，衡水滏阳河运空前发展》，《东北日报》1947 年 3 月 6 日第 3 版。

之场景已不复存在，但滏阳河及其水运却在衡水的社会变迁中留下了珍贵而深刻的记忆。

The Development of Fuyang River Shipping and Its Wharf Town Economy: A Case Study of Hengshui Area
CAI Yvlong

Abstract: Fuyang River is one of the important tributaries of the Haihe River system. While railway transportation was not yet developed in modern China, the Fuyang River was an important channel for strengthening economic ties between Hebei and Tianjin. With the opening of the Tianjin-Cizhou route, the function of passenger and cargo transportation on Fuyang River had became more prominent, also the wharf market in Hengshui County and typical wharf towns such as Wharf Li Town, Guandao Li Town and Xiaofan Town continued to develop. The Fuyang River shipping provided a livelihood for dockers and boatmen, whom were still in hardship during the rule of the National government and Japanese puppet government, but their working and living conditions were improved by the government led by the CPC after the victory of the anti-Japanese war.

Key Words: Fuyang River, shipping, Wharf town, Hengshui, modern China

顾振研究资料汇编（一）

张 阳[*]

（东北大学秦皇岛分校）

引　言：顾振，江苏无锡人，1914年由庚款资助赴美国康奈尔大学学习，是中国科学社、中国工程学会等学术团体的早期会员，第一批资助《独立评论》创刊会员，并分别发表过论文和政论文章。回国后顾振先供职路政界，然后进入开滦矿务总局工作，后任该局首任华人总经理，与英国总经理共同为企业最高领导。顾振在开滦工作期间加入南京国民政府国防设计委员会，并于1936年以资源委员会代表团主任身份访德，签订《中德信用贷款合同》，1938年意外逝世。笔者在研究相关档案资料过程中偶然发现顾振档案一二，循此线索开始广泛搜集其研究资料，从中发现顾振出身及人生经历绝不寻常，对于这一人物的关注在一定程度上可以丰富对民国历史的认识，故不揣简陋，把近年搜集整理的顾振相关资料汇编成文，庶几可以较为完整呈现这位典型人物的生平，希禅益于民国人物研究。限于集刊版面及相关资料仍须不断充实，拟先依照顾振生平以时间为线发布第一部分资料。

顾振家族信息

顾泾白，名自成，是明代东林领袖顾宪成的仲兄，他是恢复东

---

[*] 张阳，东北大学秦皇岛分校外国语言文化学院讲师。

林讲学时书院屋舍修建事务的主要承担者，也为讲学作了许多保障性工作，《泾皋藏稿》载他曾蓄有家班，聊以"习梨园之戏寄意耳"，这在无锡昆曲史留下了一笔。《顾氏泾里支谱》中有一篇高攀龙撰写的泾白墓碣，文中提到泾白曾收留接济过一名抱琴而来的福建琴人陈九野，这也是无锡琴史里的一则佳话。虽然不能和泾里长房和三房相比，顾泾白的后裔也不乏精英，如其嫡孙顾杲（字子方）为著名抗清烈士；十二世孙顾澄（字养吾），是著名数学家，历任清华大学数学总教授、学部编译馆数学总纂等职。

（《江南晚报》2018年1月28日A15版 顾颖《怀德驳岸上》）（顾澄为顾振兄长，笔者注）

顾振父亲顾信成信息

"尤桐（1867—？）原名廷桢，小名慧莲，亦曰汇，字千臣，一作感诚，别号日新居士，江苏无锡人。光绪十年（1884）补博士弟子员。十二年入江阴南菁书院，肄业。十四年中乡试副榜，十九年馆于阳湖刘度来家，后办理务实学堂，又任商部上海高等实业学堂教员。三十一年东游日本，归后就职教谕，改主事。民国间在交通部供职十七年。归里不久染病，半身不遂。卷首有民国六年（1917年）1月值年丁锦、尤桐撰"例言"，谓："是录以在京各机关为纲"。所录项目包括姓名、别号、职务、住址、电话号数。所录人员有顾信成……"

（《无锡旅京同乡录》1917年版，铅印本1册，南图 MS/C23/5 丁锦，尤桐编）

挽张之洞联（清 顾信成）

奏议数万言，千古文章大手笔；驰驱四十载，三朝宏济老臣心。（http：//www.haoshici.com/4e5kagy.html [2020-03-15]）

《澹远轩文集》序

无锡窦晓湘先生，余之挚友也。余与先生长同里闬，所居去余家不半里，而近少壮时过从甚密，每至日斜散学，相约啜茗、剧谈。余性通脱喜诙谐，而先生蕴藉风流，吐属隽雅，以故朋辈皆爱敬之。既而先生登癸酉贤书，角逐名场，往来南北，余亦随侍家大人游宦皖越诸邦，遂不相见者十余年。中岁以后，先生息影邱园，值余岁时返里，偶尔良觌，同话古欢，不改畴昔谦游之乐。比年，余就养京师，复与先生契阔，窃谓湘乡有言，本朝京生才子，都享大年，余他日归家，不难与先生再见。不图去年秋传骑箕之耗，为之震悼者累日作诗数百言哭之。今年春省亲南，还遇先生高足弟子华紫垂刺史于里门，知为先生谋梓诗古文辞遗集。盖华君学问文章传先生衣钵，今纠合同门诸君成此盛举，固见酬报师门之风义，而先生不朽之业亦由此炳然表襮人间，闻之不觉蹲蹲起舞。余虽不文，辱先生一日之雅，何敢不一言序之。先生天才亮特，汲古功深，尤工制举文，有国初诸老风骨。一时耆宿，以才士目之，佥谓凤举鸿轩，腾跃霄汉，乃甲科以后三上春官，即角巾归里后，以羔雁载道，设教四方。于是北走燕郊，南游瓯越，去乡国者垂十年，至老始设绛帐于家，而问奇玄亭箸弟子籍者，数百辈里中，彬彬称大师焉。先生家本华腴，藏书甚富，终日手不释卷，于学无所不窥，大而朝章国故、兵制河漕、盐铁茶马，小而壬遁风水、医卜星命之学莫不通晓，而溯厥源流。虽所著只皇朝掌故三卷、读书偶得四卷、澹远轩文集六卷、绮云楼诗集四卷、杂著一卷，其余虽未成书，亦各有心得。而时艺二十四卷，尤先生精力所萃稿，为先生嗣子俊甫所收藏，异日再谋付梓。今所刻者，皇朝掌故以下数种而已，先是先生存时，华君紫垂由金陵寓书同门诸君，属请先生将诗文诸稿镂版行世，而先生谦让，未遑不蒙采纳。迨至易箦之日，先生神明湛然自起，处置家事外将稿出诸箧中，并遗言命华君作序。先生殁后，及门诸弟子恪遵末命，料量付剞劂氏刊行而沮尼百端，费尤支绌，势将败于垂成。幸先生侧室江孺人撤环瑱、节衣食，拼挡百金，付董理者曹君敦促成之。远近闻风，皆叹美江孺人之明大义、尚风雅，异于庸脂俗粉之所为，是足与前明虞山尚书簉室河东君之报主，地下辉映后先。呜呼！可不为贤乎！信成获交先生自少至老，垂数十年居恒，上下议论，知古今事变，尝忆泛江淮、走燕赵，游踪万里，所交非黄散旧家即青云仙客。当时高门鼎盛，华藻云飞，迄今访之，或极盛难继，或子孙椎不知书，姓名磨灭、寂寂无称者，十人而九。独道诣文章之士，著述哀然，声华炳耀，虽百世如新以。是知古昔名贤若唐之韩昌黎、柳柳州，宋之苏眉山、曾南丰，邃学雄文著称。当代如日星之丽天，河岳之峙地，昭垂于宇宙之间，千载下犹知宗仰。然韩、苏两贤贬谪荒徼，窜迹蛮烟，而柳、曾辈亦忧危侘傺，放废湖山，未尝有一日之乐，殆造物者有意丰其才、啬其遇而磨厉以成之也。先生有伯道之戚，中年三赋，悼亡伤于哀荣。晚岁惸独孤身，一姬侍侧，栖迟于荒烟老屋之中，尘杂满其前，药炉列其右，苍凉寂寞，颓然老儒，见者不知其为文献所宗，鸿才硕学之乡先达也。今撰述数种，由门弟子华君辈梓行当世，藉以传先生身后之名，犹之韩柳诸贤。天能厄期遭际，不能厄其文章，所谓诎于前而伸于后，此理数之自然者。先生既有此数卷之书，如剑气珠光，终烛云汉，他日遇右文之世，搜访遗编，则山泽丛残，上登秘阁。先生之高文雄詠，安知不为金匮石室所收藏，媲美古之作者如是。先生之灵庶可无憾，而爱先生者讽诵斯编，知必肃然起敬，宝若图球。况信成忝附交契之末，俯仰今昔，枨触黄垆，追想昔时风月谈笑之欢，裙屐追随之雅，泫然不知涕泪之何从也。故于集成，而为是序。宣统二年岁在庚戌仲春月，金匮世愚弟顾信成顿首拜撰。

（顾信成序，清 窦士镛《澹远轩文集》，宣统二年，第3—6页）

近代史专题

顾振母亲华太夫人信息

哀启

吾母同邑华子湘先生之长女也，习于庭训自归。先考信成府君，上侍翁姑，相夫教子，克勤克俭，乐善好施，家虽小康，除家庆外，荆钗裾布终其身。平素信佛，晚年益甚，常诵经，终日无倦容。两年来，时头晕，经儿辈及诸媳劝，始少诵，而头晕仍间作，二、三月一发。今年五月三十日，晨起更衣，足软小，侧跌坐于地，急经扶起，已神志不清，后虽稍□，惟右手足终不善屈伸，舌亦僵□。虽仍语言，而音已异于常时。干食不能下，日仅饮牛奶、鸡汤之类四五次，且必扶起方能进，否则气呛。但□□如常，神智甚清。卧床四月有半，每遇节气，语言失常，虽旋即恢复，而体力益弱。本月十四日，气忽微逆，似气管发炎，精神顿衰，多方施治无大效，十五日下午有进为肺炎之势。医者皆云，年高无良药，除注射强心剂外惟有善为看护而已。十六晚，气喘有痰，声不复能言。至十七日竟一瞑不视，弃不孝等而长逝矣。哀哉！不孝等侍奉无状，不能延吾母天年，虽皆愧悔万状，夫复何益？终天之痛，伏惟。□人　顾振　顾澄　顾洵　泣述

不孝承重孙子峻等侍奉无状祸延

显祖妣华太夫人痛于民国二十一年十一月十七日寅时寿终平寓内寝，距生于清咸丰元年辛亥八月十二日亥时，享年八十二岁。不孝承重孙子峻，不孝男澄、振、洵亲视含殓，即日尊礼成服。谨于国历十一月二十七日领贴，二十八日成主家祭，二十九日恭奉灵衬，权厝于宣外法源寺，择期扶柩回籍安葬。哀此讣。

承重孙顾子峻泣血稽颡　孤哀子振、澄、雨、洵，媳顾温玉、李蕙孟、孙诵昭、顾婉怡泣血稽颡　齐衰期服孙子玟、子□、□□、子□、子□、达诚、子□、子□、子凤、子□泣稽首　齐衰期服孙

女子口、子元、子亭、子口、子婉、乐诚、子贞、孝诚泣稽首　期服孙媳俞静婉抆泪稽首　齐衰五月曾孙慰会慕抆泪稽首　功服夫弟必成、寿成拭泪顿首　期服夫侄宝然、口然、栗然、教然、卓然、皓然抆泪稽首　期服侄孙继会、继昌抆泪稽首　祖免服侄女毂若抆泪稽首

（顾澄　顾洵　顾振之母　华太夫人　哀启　孔夫子旧书网拍品，http：//book.kongfz.com/1504/115277406/?force_pc=1[2020-03-15]）

以下为顾振相关信息

1906 年

同学姓名录　四十八

顾振　湛然　三十八　江苏无锡　丁英　京奉铁路管理局总务处处长　上海开滦矿务局　上海海格路 676 号

（京师译学馆：《京师译学馆校友录》，1925 年，第 78 页）

1910 年

考试留美学生草案（亦即第二批庚款留美学生复试名单）（1910 年）

傅骍	朱进	张福运	陈延寿	陆守经	张元恺	易鼎新
戴芳澄	程延庆	胡适	吴康	林斯鍪	王预	张江林
成功一	陈天骥	宋庆瑞	朱菉	谭颂瀛	陆懋德	杨锡仁
程闰运	苏明藻	赵元任	徐仁铫	胡宪生	金振	邓鸿宜
何斌	沈艾	张景芬	叶建柏	郑达宸	许先甲	孙庆藩

近代史专题

梅光迪	江山寿	胡继贤	李松涛	区其伟	席德炯	王　谟
卫挺生	沈溯明	郭守纯	刘寰伟	张谟实	谭德圣	刘崇勤
徐中晟	邝翼堃	王绍礽	史　宣	施　璿	周厚坤	邬忠桢
黄宗发	施赞元	韩作辛	柯成楙	邓树声	计大雄	钱崇澍
裘维堃	徐志艻	王松海	卓文悦	周象贤	吴家高	陈福习
徐志诚	陈茂康	徐　墀	沈祖伟	陈　藩	杨维桢	解显宗
许世箴	周开基	李蔚芳	顾维精	周明玉	张传薪	虞振镛
吴眙絜	郭尚贤	施　鎣	何运煌	高崇德	顾宗林	王文元
杨光弼	李　平	许彦藩	陆元昌	罗邦杰	谭其蓁	胡宣明
霍炎昌	陆鸿棠	张彭春	孙学悟	邓宗瀛	杨　哲	陈雄飞
赵　毅	王景贤	稽　铨	过宪先	李录骥	吴　宪	廖　烈
孙　恒	黄国栋	邱崇彦	陈　器	严　昉	高大纲	钟心煊
乐森壁	司徒尧	车志成	陈长蘅	史译宣	马官敬	郑辅华
黄材勋	赵文锐	黄明道	侯学成	宋建勋	杨伯恧	梁杜蘅
杨炳勋	叶建梅	杨孝述	竺可桢	高建壁	蔡　翔	丁恩溥
吴观光	王鸿卓	胡博渊	王承熙	张贻志	殷源之	何传骝
鲁邦瞻	凌启鸿	孙士俊	包锡年	刘乃予	张宝华	赵喜森
解尔康	金剑英	刘长卿	侯　襄	孙星詹	杨景松	陆汝匡
叶其菁	刘大（天）成		梁基泰	康（唐）榕赓		陈承拭
吴宾驷	徐　书	朱德展	龙　夷	杨丙吉	顾　振	吕信之
李祖光	程拱宸	盛廷元	欧阳燿	朱　禧	卓乐（荣）思	
何　穆	原廷桢	江鸣歧	陆品琳	戈　中	胡国兴	孙继丁
张竹（行）恒		崔有濂	钱治澜	李盛豫	李锡之	陈福淇
吴大昌	谌　立	周中砥	谢维鳞	王湛中	廖虑（慰）慈	
许　珍	胡仕鸿	盛　柱	周伦元	张（黄）霭裕		马仙峤
王克权	刘祖乐	朱颂明	陈明寿	王福坚	鲍锡藩	董邦霖
朱起蛰	徐乃莲	周　铭	沈德先	周文勋	何庆曾	陈庆宗
郭　翔	庄　俊	陆费垲	费宗藩	郝叔贤	严宏谟	申致坤
路敏行	董成武	黄　拓	毛文钟	祝　方	姜蒋佐	鲍锡瓒

过科先	倪征昜	陈荣鼎	陈 树	史泽波	胡 达	孙慎修
黄衍钧	陆凤书	柴春霖	刘兆声	王家楹	薛次功	蔡业修
吴寿山	王元懋	朱 铭	章元善	顾景升	戴芳澜	钟文滔
程宗阳	阮宝江	陈嘉勋	徐宝谦	马祈善	简焕华	张承隆
王大猷	唐天民	程绍伊	符宗朝	徐 震	王 夏	陈德芬
彭嘉滋	周 仁	王裕震	（周均）	（胡明堂）		

（《考试留美学生草案》，《申报》1910年8月5日，第一张，第5、6版）

游美学务处考取肄业馆高等科学生姓名单

周 均	周抡元	陆志棠	吴 康	裘维莹	张行恒	顾维精
杨孝述	张福运	沈德先	王元懋	虞振镛	吴 宪	徐 书
简焕华	周明玉	崔有濂	史 宣	陈明寿	杨炳勋	顾宗林
黄明道	顾 振	刘崇勤	梁杜蘅	陈德芬	严 昉	杨景松
张传薪	史译宣	黄国栋	陈承拭	黄霭裕	张贻志	郑辅华
苏明藻	姜蒋佐	徐仁铿	杨丙吉	宋建勋	江山寿	黄材勋
吴寿山	罗邦杰	蔡 翔	胡博渊	何庆曾	邓宗瀛	张景芬
郭象贤	金 振	刘天成	杨光弼	陆守经	钟心煊	朱 禧
陆品琳	孙学悟	黄宗发	王 谟	何 穆	鲍锡藩	何运煌
陈长蘅	高大纲	陈福淇	施 璹	龙 夷	卓文悦	梁基泰
郝叔贤	徐乃莲	王承熙	阮宝江	凌启鸿	原廷桢	赵 毅
韩作辛	梅光迪	卓荣思	孙继丁	杨 哲	车志成	邱崇彦
李录骥	陆贸堭	叶建柏	司徒尧	赵喜森	廖 烈	倪征昜
金剑英	吴大昌	卫振生	周中砥	陆懋德	吴贻榘	吴宾驷
赵文悦	宋庆瑞	鲍锡瓒	胡明堂	陈 藩	解尔康	许世桢
许彦藩	乐森壁	朱起蛰	钱治澜	陈荣鼎	张承隆	杨伯焘
胡仕鸿	费宗藩	戴芳澜	鲁邦瞻	朱德展	廖慰慈	章元善
陆凤书	徐 震	谭其蓁	唐榕赓	唐天民	谢维麟	程宗阳

近代史专题

王景贤　严宏谟　叶建梅　何转骝　李祖光　彭嘉滋　刘乃予
李盛豫　黄衍钧　薛次功　朱　铭　戈　中　程绍伊　柴春霖
叶其菁　周文勋　陈嘉勋

（《政治官报》1910年，7月告白1—2页）

1913年

1913年留美预备部毕业同学

王文培　王景贤　王锡昌　何运煌　李绍昌　阮宝江　余日宣
余曹济　吕彦直　邱培澜　范　铎　徐允钟　梁传玲　唐　钺
桂质廷　张绍连　陈立廷　黄　光　黄纯道　黄汉和　陆凤书
陆锦文　郭承志　许鼎基　程宗阳　程瀛章　钮树棻　杨永清
杨锦魁　叶桂馥　潘文炳　潘毓安　乐森璧　蔡星五　邓少萍
鲍明铃　钱天鹤　薛绳祖　戴芳澜　关颂声　应尚才　顾子毅
顾　振

［清华大学校史研究室编：《清华大学史料选稿第四卷解放战争时期的清华大学（1946—1948）》，清华大学出版社1994年版，第638页］

1916年

介绍新书

科学杂志第二卷第二期兹已出版，展读一过，内容如杨铨之《科学与共和》、赵元任之《地船》、顾振之《旋体》、胡明复之《潮汐》、李□身之《水在静力学上之性质》、竺可桢之《中国雨量及风暴说》、秉志之《昆虫发达论》等篇均为一时杰构，他如杂俎之搜罗宏富，社事之记载详明，尤其余事爱书，数语以当介绍。

《时事新报（上海）》1916年3月31日第9版）

旋　体
顾　振

定　名

旋体之名，从英文 gyroscope 而来，凡物体之旋转者，皆为 gyroscope。初富哥氏（Foucault）曾以一速转之轮证明地球旋转之原理，而名其器曰 gyroscope。又现时通常所用之 gyroscope 上皆有轮，因是人有译为速转轮者，此与德国学者之称是为陀螺（俗名地黄牛）"Der kreisel"者无异。物体之有旋转之运动者，皆可有旋体之运动（gyroscopic motion）。速转轮及陀螺固为旋体，然旋体非尽为速转轮或陀螺，如太阳、地球、飓风、火车、飞艇之属，莫非旋体，岂可尽谓之速转轮或陀螺乎？

今人又有称旋体为 Gyrostat 者，译意谓能永保其旋转之平面之器，此亦非是。旋体受外力之作用，并非能永保其旋转之平面者。不过于其旋转时有旋转惰力（rotational inertia），故其平面之变易较之不转之体为迟（其变易之情形亦不同）。若以一极小之偶力（couple），加之一旋体之上，少时即可大变其旋转之平面也。

（编者按：原文较长，此截取部分略见一斑。全文可参见：《科学》1916年，第2卷第2期，176—184页）

1918 年

中国科学社、中国工程学会联合年会记事
杨　铨

中国科学社之有常年会以民国五年（1916 年）秋始，中国工程学会之常年会则自今秋始，故此联合年会在科学社为第三次常年

会，而在中国工程学会则为第一次常年会也。到者五十四人，假美国康乃耳大学校舍与其大同会所为会址。会期凡四日，以民国七年八月三十日始，九月二日终。

本记专为报告两学社社员以联合年会之开会情形及过去一年之社务大要而作，故记事从简，一切演说谨述大旨，其详见后。

八月三十日，星期五。会员注册以是日下午二时始。先期到者二十余人与继续来者十余人皆以是日下午在大同会所注册。下午八时二十分开欢迎会，是为联合年会之正式开幕。主席者为赵元任博士。赵君先道欢迎辞，次略述两社之历史与科学社常年会三年来之进步，遂介绍唐乃耳大学文科科长铁勒教授（Prof. Thilly）演说。其演说大旨，谓中国人最弱之点在轻科学，西方人最强之点者重科学。中国之进化离科学而独行，其极不能越希腊学术之范围，盖同偏于形而上之学也。然欲脱天然界之束缚，役万物，服天下，舍科学未由达。西方科学发达不过近百年事，其源流因果可得而考也。末复言偏重科学之弊，人与物当并重，乃为真文明。

演说毕，主席请汤霭淋女士奏琴，一曲既终，掌声雷起，女士谦谢，不肯复奏。次为中国科学社社长任鸿隽君致辞，略言东西学术不同之点，在一凭悬想，一重归纳的方法。中国科学社之设立实以矫正中国弱点。今世强权即公理，故救国当从昌明科学始。末代科学社会体谢康乃耳大学与大同会襄助开会之盛谊。继为中国工程学会会长陈体诚君致辞，首述工程会成立之略史，次言中国工商所以不振与科学教育所以不兴之故。陈君退，汤女士奏琴，周若安女士唱歌。歌竟，主席介绍班斯教授（Prof. Barnes）演说。教授为大同会之会计，亦为始创建筑此间大同会所者也。其辞略谓今日得中国两学会于此室开会，使吾益觉此屋不虚筑。外国学生常生吾钦慕奋发之心，以其志远大也。诸君能成科学社，吾国学子能以科学进步为念者少矣。教授辞毕，已夜十时五十分，主席遂宣告闭会，请会员与来宾进饮食，尽谈笑之欢。

八月三十一日，星期六。今日上午九时廿五分开中国科学社社务会，由社长任鸿隽君主席，首由书记赵元任君查点人数。赵君宣布按章须得社员全数十五分之一到会乃足社务会法定人数，今到者廿五人，已过法定人数。次为社长任鸿隽报告（所有职员报告全文皆见本社别特专刊）。报告毕，由杨铨君动议通过，刘树杞君赞成，众一致同意。继由主席介绍范静生先生发表先生对于本社前途之意见。先生首言极钦本社维持科学杂志之精神，科学实为开导国人之唯一利器；继言办事不难，难在无恒，果能坚持到底，筹款亦易。况科学社在中国，为此类学社之仅有，故无与人竞争之虞。末略言尚志学社之历史与性质，并此社对于科学社之态度。次为书记赵元任君报告，由刘树杞君动议通过，杨铨君赞成，众同意。次为代理会计裘维裕君报告。照章次由常年会派员查账后始能通过，故由社长指定何运煌君为查账员，众同意。分股委员会会长孙昌克君未到会，其报告由主席代读，由杨铨君动议通过，黄有书君赞成，众同意。次为期刊编辑部长杨铨君报告，由陈体诚君动议通过，罗英君赞成，众同意。继为新编辑部长赵元任君略述来年办事方针。次为选举董事报告，因司选委员三人皆未到会，故由何运煌君代读报告。读毕，主席云报告中有两事须由常年会公决，（一）被选董事陈藩君因已先辞推荐，故不受职。（二）被选董事会函牍书记之孙洪芬君辞不受任。何运煌言对此两事仅有两办法，或任其辞职以次多数补缺，或坚请其受任。主席言陈藩君未承认推荐，照章有不受职之权，惟次多数当选者过探先、侯德榜两君同票数，如许陈君不受任，将以何法定次多数当选者。杨铨君主张由常年会投票决之，陈体诚君赞成，众同意。投票结果过探先君得十三票，侯德榜君九票，故过君当选为董事。至孙君辞书记一节，众意不可，须坚请就任。继由主席宣告分股选举结果。新分股委员会长为陆费执君，陆君因众请宣布政见，遂起立略致谦辞。

次议选举民国八年司选委员。赵元任君言，明年司选委员应由国内社员中举出。杨铨君言，无论国内国外，惟举出之三人必在一地乃可办事。继付众决定，赞成由国内社员中举出者十七人为大多数。主席因请到会者推荐，被荐者共六人，其各人票数如下：

胡敦复 十九票　杨　铨 二十票　朱少屏 十票

尤乙照 十一票　程孝刚 七　票　金邦正 六票

照章当举司选委员三人，故杨铨、胡敦复、尤乙照三君当选。

次讨论与尚志学社交涉及与各书局买书交涉。对尚志学社交涉事，会员意见不一，大多以请资不损名义为是。与书局交涉，在美原由王徵君经理，现所难者，不能得人专办购书细务耳，继由会众同意，以此事付董事会斟酌办理。时已午后十二时三十分，主席因宣告闭会。

是日下午二时为范静生先生演说，由任鸿隽君主席。任君言人性可分为三大类，一为美术的，一为科学的，一为实行的。合科学与实行则为教育家，或教育行政家，范先生其人也。先生之教育事业为世所知，不待言说，今将聆先生对于中国教育前途之意见。

范先生先述严范孙与孙子文两先生因不能来嘱吾传语。严先生有三语告诸君，（一）读书之外当观察社会情形。（二）宜时时留心国事，研究应用所学之道。（三）中国之恶劣习惯必痛改。孙先生则盼望诸君为译书报。次述己见，先言对于中国政局之见解。略谓中国之亡不亡，各人问心便知。吾信其不亡，努力做事，便不亡矣。今日南北所争为宪法问题，久必自决，实不足深忧。次言中国之根本问题实在社会，社会中之最大问题则为工人问题，因痛论工人自有史以来所受之虐待无告，与其对于中国存亡之影响，及所以补救之方。末于留学生归国办事立身之道复深切言之。

演说毕已三时五十分，主席遂宣告开讨论会，请范先生先述其对于教育之意见。范先生言有三事愿与诸君相讨论，（一）此行所欲研究者为小学高等学校及师范学校之办法，愿诸君以所见中美两国诸校之短长见教。（二）中国学生最苦无参考书，诸君能各以所习科中要书之目抄示，则辅助中国教育界不浅。（三）中国留学生宜与国内教育界联络，惟中外须有一机关为执行此事之媒介。

汤震龙君言，联络感情莫若交换报纸。陈体诚君言高等小学以下不宜读英文，当以此时先治国学。中学所习太普通，应加以技艺诸科，则不入大学之学生可投身实业界。任鸿隽君言中国教员太重讲义，轻参考书，故其成绩劣。又言审定名词当赖各团体之力。顾振君言，（一）中国教员程度太低。（二）中国学生缺保存秩序与自治两德。（三）大学生当有世界的知识。刘廷芳君言，（一）中国学校重读书，美国学校重为人。（二）教员教书钟点宜少，使有自修之时。（三）中小学校卒业生宜多补习机会。（四）编译书籍当先从通俗者着手。任鸿隽君复言，外国教员人才多，因多大学，中国人不重高等教育安望有好教员，愿范先生于此稍留意。又中国现在大学重文哲不重科学，故学生少用五官，亦当匡正者也。任君言毕已五时十分，遂宣告闭会。是日下午五时原定常年会全体照像，因天忽阴雨，遂改期明日。

下午八时为电影演讲，由杨铨君主席。演讲者为康乃耳大学电机科教授格雷（Prof. Gray）与陈体诚君。教授题为美国中央电厂发达史，于近五十年长途传电与水汽生电之源流，言之綦详，举凡重要之发电机械无不现之影片。陈君题为钢铁传，盖以活动影戏述钢铁由矿块成制造品所经诸阶级之情形也。演讲终已夜十一时矣。

九月一日，星期日。上午十时常年会全体照像，下午一时三十分全体乘小汽轮舟游凯游佳湖（Cayuga Lake），至湖畔克罗巴村（Crowbar）登岸。散坐水边进小食，至四时复乘舟归绮城。

下午八时举行交际会，由陈体诚君主席。首由金岳霖、杨铨两君为滑稽翻译。次为金岳霖君说笑说。继由潘玉梅女士奏琴，汤爱琳、周淑安两女士合唱。唱竟，刘廷芳、马育骐两君实验催眠术。演毕，主席因言范静生先生明晨将赴中美学生年会，欲得诸君道别。范先生遂起言此行得益良多，谢诸君相邀厚意。继由赵元任君执行答问竞争，洪深君得首奖，杨铨君得次奖。时已夜十时，主席宣告散会，进冰食。

近代史专题

　　九月二日，星期一。上午九时为工程学会议事会。下午二时宣读论文，由杨铨君主席。论文共十二篇，本人亲读者五篇，为刘廷芳之"美国教科书对华态度之研究"，陆费执君之"诱鸟谈"，颜任光君之"测量光速新法"，顾振君之"电话"（影灯演讲），汤震龙君之"克尔雷每小时行百英里火车之发明"。其本人未到会请人代读者共五篇，为程孝刚君之"工业之标准"（陈体诚君代），钟心煊君之"植物之应用"，王善佺君之"选择棉种术"（以上两篇皆由陆费执君代），张名艺君之"复性盐对于电流分解之作用"（黄有书君代），卫挺生君之"国外资本输入问题"（金岳霖君代）。又内容太专深，故仅宣读题目者两篇，为茅以升君之"Transition Curves"，与王金吾君之"家畜传种秘法"。今年因论文稍多，故讲时多谨述大意，讨论亦极少。会终时已下午四时五十分矣。

　　晚八时请康乃耳大学代理校长金姆保教授（Prof. Kimball）演说，由秉志博士主席。秉君言教授演说本定期星期一晚，继教授因国事赴华都，故改期今晚，教授演说首言自存为人类第一急务。欲国自存遂与自然战，而科学由此萌芽。谚云"急需为发明之母"，可以释科学源流。继言科学的与非科学的之异当以能定性与定量而决。徒能析事物之性质不得谓为科学的，必能析其量然后为科学的。继言工业标准之益，标准定则甲厂之轮乙厂之轴可以成车而纳于丙厂之轨，分工之利由是意矣。末言应用科学为今日欧战之基。战后各国果仍将以科学预备战争与否，不可得知。中国素好和平，助世界以离战争之祸，是所望于中国者也。教授退，主席请赵元任君奏琴。奏毕，主席言今夜为两学社联合年会正式闭会之夕，愿自此日各努力图中国科学与工程之发达。今当代表全体谢康乃耳大学与其教职员襄助本会之厚意。并谢本会之干事办事之热诚。辞毕遂宣告闭会，进冰食，时夜九时三十分。

　　（《科学》第 4 卷第 5 期，1919 年，第 496—501 页）
　　以下英文资料及翻译为顾振在康奈尔大学档案资料

332

Chinese Students' Club（康奈尔大学）
中国学生会（部分翻译）

GRADUATES（毕业生）

CHEH YAO CHANG   SZE VOO FANG   CHENG LING LIU
CHEUK KWAN CHEUNG   YUN HUANG HO   CHI PING（秉志）
CHIH LAN CHIEN   CHIA CHI HUANG   WILIAM KIA SHEN SIE
HSIEH CHUN CHIU   CHIN YANG KAO   CHUN WONG
WEI YUNG CHIU   YANG MO KUO   CHARLES ROBERT YIH

SENIORS（大四学生）

SIU-ON AU   CHENG-CHIH KUO（郭承志）   LIANG HUA SHEN
LU CHOO CHAN   KWAI CHEUK LAU   YU FONG SUN
KEA-HIN CHU   CHUAN HENG LI   MING KAO TANG
KWUNG HSU   ABRAHAM SANG LIU   FANG LAM TAI（戴芳澜）
CHEN KU（顾振）   FENG SHU LU   SIH CHUNG YEUNG

JUNIORS（大三学生）

KUO TUNG CHAO   YUEN SHUEN CHOW   LO NAAM LAU
CHE KWAI CHEN   HONG KWONG KWAN   YU CHI MA
FREDERICK WOO MING   KAM YUEN WONG

SOPHOMORES（大二学生）

MISS HELEN HUIE   CHENG FANG LIU   YU-FONG RUSSEL SUN
SHAO FANG TAN   CHEN LONG TANG

FRESHMEN（大一新生）

MISS PING-HAI CHAI   MING SIN KWEI

近代史专题

ASSOCIATE MEMBER（准会员）
MRS. CHEH YAO CHANG

CHRISTIAN ASSOCIATIONS
（康奈尔大学）信徒会

OFICERS（官员）

Elbert Parr Tuttle,'18	President
Sherman Trowbridge,'19	1stVice-President
Horace Ellsworth Shackelton,'19	2ndVice-President
William Morgan Kendall,'19	Secretary
Professor Henry Sylvester Jacoby	Treasurer

CABINET（内阁成员）

1918

Clarence Ferdinand Ackerknecht	Harold Joseph Karr
Holden Manchester Dougherty	Harold Peter Kaulfuss
Leslie Townley Hand	Chen Ku（顾振）

1919

Stewart Allerton Cushman	Laurence Brigham June
George Earl Gillespie	Leo Chandler Norris
James Rufus Gordon	Walter Edwin Rex, Jr
Benjamin S. Hubbell, Jr	Elmore Becker Stone
Peter Vischer	

1920

Alexander Buel Trowbridge	Colston Estey Warne

'94 Memorial Speakers
（康奈尔大学）'94 最佳辩手

Winners of the '94 Memorial Prize in Debate 历年 '94 最佳辩手

1895	William P. Chapman, Jr	1907	Francis L. Durk
1896	Harley N. Crosby	1908	Roscoe C. Edlund
1897	Daniel H. Wells	1909	Charles R. Hugins
1898	Gale Laughlin	1910	Heber E. Grifith
1899	James B. Nolan	1911	Gay H. Brown
1900	Frank H. Hausner	1912	Ralph E. Pierce
1901	Sidney S. Lowenthal	1913	Harold Riegelman
1902	Floyd L. Carlisle	1914	Wiliam Dudley Smith
1903	George D. Crofts	1915	Louis Yurlic Gaberman
1904	William L. Ransom	1916	Ralph Harris Blanchard
1905	Neal D. Becker	1917	Jacob Gould Schurman, Jr
1906	George W. Roesch	1918	Daniel Thomas Gilmartin, Jr

Speakers in 1918　　1918 年辩手

Daniel Thomas Gilmartin, Jr　　Chen Ku（顾振）

William Pierce Herman　　George Loomis Loveridge

Theodore Burton Karp　　Alfred Morton Saperston

CHEN KU, "Rackety," Peking, China Mechanical Engineering Age: Twenty two. Prepared at Tsing-Hua School Four years at Cornell Cosmopolitan Club, Rifle Club; A. I. E. E.; Fuetes Stage C. U. C. A. Cabinet; President Polity Club

顾振，"喜欢热闹的"，中国北平，机械工程，22 岁，清华学校预备生，在康奈尔学习四年，世界大同会；射击俱乐部；A. I. E. E.；福特斯奖；康奈尔大学信徒会内阁成员；政治会主席

近代史专题

(Cornel Alumni News Vol 26, number 16, 1, 196; 17th Jan. 1924，源于蔡缨女士所藏档案照片)

' 18 ME—Chen Ku is in the Railway Department, Ministry of Communications, Peking, China. He studied factory management for two years after graduation, with the Western Electric Company, and returning to China in December, 1919, joined the China Electric Company as production engineer in May, 1920, he resigned from that company to be secretary to the director of the Chuchow-Chinchow Railway. Later he was transferred to the Ministry of Communications as chief of the division of foreign affairs in the railway department. He is also a member of the committee on the formulation of workshop accounts and a special delegate to inspect the store accounts of five governmental railways.

1918届机械工程——顾振。就职于中国北平交通部铁路局。毕业后在西方电气公司学习两年工程管理，于1919年12月回国，入中国电气公司，任产品工程师。1920年5月辞职后，任株钦铁路主任秘书。后调任交通部铁路外事办，任主任。顾振还担任帐目制定委员会委员、五铁路库存特派监察。

(康奈尔校友新闻，第126期，16，1，196，1924年1月17日)
1922年

中日胶路评价相差八百万元
土地所有权问题另案解决
矿山偿价不定期交付
铁路接收委员已派定

前日午前，鲁案中日联合委员会在外交部开第一部第四十七次会议，午后续开第一部四十八次及第二部十三次会议。中国王委员长，徐、陈、颜、陆各委员，日本小幡委员长秋山出渊、大村委员出席。至八时散议，所议事项如左。

（一）矿山偿价问题。决定由中日合资公司补偿日本政府日金五百万元，日本政府允不取利息，俟公司分配利息能过年利八厘时，以余利半数，缴纳日本政府。至公司组织及其他问题，双方大体一致。（二）就青岛外人士土地所有权问题，日本坚持永租主张，中国仅允照德租胶澳年限以内无偿租用。双方争议，不能一致，决定作为悬案，俟将来两国政府解决。至出租官地一层，决定于现在租用期满后，许其续租三年。（三）讨论青佐海线问题，仍未决定。（四）胶济沿线财产保留问题，决定俟沿线开埠地方解决后，再定处置及备偿方法。（五）就公产、邮电、码头、盐业各项偿价问题，日本委员提出偿价总额日金三千万元案，最后让至一千七百万元。中国委员允给银一千二百万元，后又增至一千四百万元，仍未解决。（六）日本委员提出铁路评价答案及德国遗留财产折旧反驳书。（七）中国委员提出铁路偿价总额二千七百万元案。日本委员主张不能采用该案为付议妥协之基础，仍未决定。

昨日午前十时，委员会又在外交部开第二部第十四次会议。中国王委员长，陆、颜两委员，日本小幡委员长，秋山、大材两委员出席，所议事项如左。

（一）续议铁路评价问题。讨论二小时之久，双方让步，中国委员主张银三千二百五十万元，日本主张日金四千五百万元，仍无结果。(约合华银四千余万元)（二）决定指派下列人员为铁路准备移交及接收委员。(中国委员名单) 颜德庆、唐恩良、萨福均、顾宗林、马廷燮、王承祖、孙继丁、顾振、宋锵鸣、施恩曦（原文为"牺"，笔者注）。（日本委员名单）秋山雅之介、大村卓一、户田直温、佐伯彪、斋藤固、船田要之助、平井新六、节岛繁弥、有野学、大浦寿清。

[《时事新报（上海）》1922年12月1日第5版]

近代史专题

胶济铁路之接收委员
中日两国均已派定

　　胶济铁路定于明年一月一日举行接收,迭见前报。王正廷原定昨日（二十六日）由京赴青,准备接收事宜,兹因代阁延期,一时不克分身,惟闻其他关系职员,则已陆续赴青,并将接收委员长及委员等派定。日本方面亦已将移交委员派妥,一俟接收期至,即当如仪接收,兹将中日两方委员名单录左。

　　（甲）中国方面接收委员　委员长颜德庆,委员陆梦熊、徐东藩、嵇镜、朱庭（原文为"廷",笔者注）祺、萨福均、唐恩良、顾宗林、扬毅、马廷燮、孙继丁、顾振、宋锵鸣、施恩曦。

　　（乙）日本方面移交委员　委员长秋山雅之介,委员大村卓一、入泽重囗、户户田直温、佐伯彪、松田要之助、斋藤固、平井新六、岛繁弥、有野学、半田盛次郎、大浦寿清。

（《时事新报（上海）》1922年12月29日第5版）

1923年

胶济路危机之报告
刘堃在京活动
路局收入丰裕

　　津保方面有提取胶济路盈余、充大选经费消息,经筹赎胶济铁路委员会开会,议决通电反对。昨该会又接北京方面报告云,局长刘堃入京后,进行甚力,唯恐路局副局长朱庭祺为其掣肘,而会计处长顾宗林,颇刚直自用,材料处长顾振本与刘意见极深。刘此次入京,除报效巨额大选费外,尚借此要挟交部,并具说贴,请撤会计、材料两长,交吴批会计顾宗林撤任,材料顾振调赴沪宁路局。

现刘尚在设法调去朱庭祺，以便私图。理事会虽无大用，彼方亦甚嫉视。胶路自接收以来，营业日盛，旺月可收百万，淡月亦七八十万，如能不受军阀蹂躏，官僚侵蚀，内部开支稍稍节俭，十五年内预算，能以余利偿还日债，前途甚可乐观。此层极望国民注意，并盼有力团体，竭力监督云云。

（《时事新报（上海）》1923年8月31日第9版）

反对胶济路款报效大选之再接再厉 赎路会昨发通电 提出办法四项

上海筹赎胶济铁路委员会前因津保有提用胶济铁路盈余，充作大选经费，即由该路局长刘堃入京商议，并先排除异己以便取携等情，曾经委员会议决，急电交通部即该路理事会设法阻止。兹该会昨得电讯，胶济路局会计处长顾宗林，已由交部令撤，另以吴毓麟之侄接充，是津保第一步谋路计划，已经得手，此后行动，国民必须加以注意。该会昨特提出紧急办法四条，通告全国共谋对付。原文云，胶济铁路经巴黎和会、华盛顿会议两次之奋争，全国国民数年之呼号，幸得十五年内筹款赎回之结果，而此一年内热心志士奔走提倡，爱国人民节衣缩食，皆曰储金，曰集股，必求有以贯彻此民有民办之初衷者，诚以国际信用之重要，煌煌命令之不可视为具文也。然则当此民有公司未曾成立以前，政府暂行管理之职，办事人员应如何追念收回之艰难，关系之重要，切实整理，以为全国铁路之模范。乃本会迭据各方面报告，该局局长刘堃受津保提拔，思以巨款献媚固宠，又以该局职员不乏深明大义刚强自守之人，竟秘密入京，以报效大选经费，要挟交通部，排除异己，藉快私图，并思设法取消理事会，以免掣肘。消息传来，何胜愤慨。查该路自接收以后，营业甚佳，旺月可收百万，淡月亦七八十万，本年上半年收入，超过去年上半年四分之一，综核算能超过半倍之多，除付去利息及营业用费之外，约存三百三十余万。刘堃处心积虑，即欲以此百余万元报效军阀，对于该路前途丝毫不加考虑。现闻交通部已容纳刘堃条陈，将会计处长顾宗林撤换，材料处长顾振，调任沪宁，即以现充津浦账务课吴毓麟之侄调任，此刘堃第一步之计划已售，将来沆瀣一气，暗中挪移提用盈余之不足，必更进一步任意抵押借款，不出一年铁路必非我有。呜呼，我国民数年来不惜牺牲，以百折不回之精神，誓死力争之山东问题，其结晶仅在胶济铁路，而胶济铁路之险象如此，是可忍孰不可忍。尤有进者，该路即以现在营业状况而论，年可得盈余二百万强，十五年后，即可得盈余三千余万，以之赎路，本有余裕。今坐令局长任意取攘，则十五年转瞬期满，以何取赎。言念及兹，益觉寒心，本会同仁奔走赎路，二年于斯，呼号提倡，不敢言劳，区区苦衷，惟知为国。当此该路危机一发之际，非有坚强之保障，不足以图有力者之觊觎。仅以所及，条列办法如下。（一）胶济铁路营业状况，应请该局按月公告一次，实得盈余若干，亦须明白宣布俾供明瞭，庶于民有公司组织前途，亦多便利。（二）所有该路盈余，应由该局提存上海殷实银行，严为保管，无论任何方面，用何名义，丝毫不得动用支借。（三）现时该局重要职员，不得任意更动，以资熟手。（四）万一该局重要职员，有必须更动之理由时，应秉承理事会处理之。以上四项，仅言治标，深望全国各界，共起表示，一致主张，督责该路当局，切实履行。至根本办法，仍望国民踊跃投资，迅将民有公司，组织成立，接管铁路，实行民办，危机既去，康庄自在。掬诚奉告，希鉴察焉。

[《时事新报（上海）》1923年9月4日第9版]

部　　令
交通部令第五二三号

胶济铁路管理局材料处处长顾振着调部任用。此令。
部印
中华民国十二年九月七一日（原文即为"七一日"。笔者注）

交通总长吴毓麟

(《铁路公报 胶济线》1923年第11期第8页)

胶济铁路报效选费
刘塇与顾振或将对簿公堂

胶济铁路变卖旧机车及各项废铁料，得款报效津保，宣传已久，并经公私团体，通电指斥，其非空穴来风，原可想见，兹由交通界探悉此事，初由该局总务处某课课长李某，承局长刘塇之意旨，与日商中村秘密接洽，由中村转介绍于某日商，双方协议，表面以贱价出售，暗中以一部分入经手者之私囊。但机车铁料，均系粗重物品，非可私相授受者而铁路材料，归材料处专管，现任该路材料处长，适为与刘塇势不两立之顾振，当然起掣其肘。刘塇憾之谋借交通部势力，以压迫之。于是中村赴京，托参谋院某秘书向部说项，刘亦追踪入都，为之吹嘘。当局正值点金乏术之际，故不数日而着即查明损坏机车及废乐铁料之皇皇部令发现矣。讵得意忘形，事机泄漏，公私团体，群起诘责，以至不能立时成交，饱其私囊，乃转憾顾振之中梗，逗留京津，及今一月，日□□于吴毓麟之前，为排顾运动。吴氏利该路之多金，容纳要求，将顾撤换。顾振以洁已奉公，反受排挤，心不甘服，闻已将刘塇指使私党，捏词诋毁，勾结奸商，通同舞弊之各项证据，收集多种，向交通部呈控云。

[《时事新报（上海）》1923年9月14日第5版]

训令第一二一一号
令材料处处长顾振

前据该处长呈请转呈，准予辞职。即经具文呈请，部示在案。兹于本年九月十五日奉交通部第三六三五号指令内开据，第一六五号呈悉，查该路材料处处长顾振，前于接收材料等事颇著勤劳，深资倚畀，兹据以青岛地气不宜，感患疾病，呈请辞职，情辞恳切，应予照准以资调摄。此令。同日又奉交通部第五二三号令开，胶济铁路管理局材料处处长顾振着调部任用。此令。各等因奉此合行令，仰该处长即便遵照此令。

中华民国十二年九月十五日

训令第一二一三号
令材料处

查该处顾处长振呈请辞职已奉，部令照准，并另令行知在案。兹派车务处商务课课长史译宣代理材料处处长，除令派外，合行令。仰该处知照此令。

中华民国十二年九月十五日

（《铁路公报 胶济线》1923 年第 11 期）

部　　令
交通部委任令第八九号
令顾振等

查材料账目则例及格式实行已九阅月，曾经本部派员分赴各路调查实行情形在案，此次第九次统一铁路会计会与会人员，均以此项则例及格式施行未久，各路员司尚未娴熟，应再派员分赴各路讲解指导，以利进行等情。兹派顾振、徐家楣、薛笃烈、阮宗和前往京汉正太道清汴洛湘鄂等五路，对于料账切实指导，并会同各该路主管人员督促进行。除令知各该路先期预备以资接洽外，仰即遵照。此令。

中华民国十二年十一月十日

（《交通公报》1923 年第 399 期第 1 页）

济南特约通信
胶济路收回后之两大问题
刘局长位置摇动 日本人求开八埠

当胶济路接收之时，一般自谓铁路人才者，对于局长一职，颇事竞争。鲁案善后督办王儒堂以外有外交系之援助，内有理事会之阿附，亦思将该路纳之掌股，故自段长以上，完全由彼一手订列名单，由理事会出面，请交通部以命令发表。不意洛吴忽要求该路局长非用山东人不可，于是朱庭祺遂由正局长降而为副。唐蜀眉以赴华会代表之资格，所得之位置，亦被牺牲。局长一席由赵德三充任，王正廷系虽未取得局长，然其部属人之在该路各站段散布殆遍，故赵德三终被朱庭祺排挤而去。嗣刘堃以大军阀之势力来任局长，不知内中暗幕重重，尚老气横秋，欲将该路同京绥路一例经营，种种设施，颇为严刻，致该路风潮时有酝酿。迨材料处长顾振之赴京控诉，该路南方派遂恨刘刺骨，故攻击之者，有进无退。即前次加入局长运动之赵蓝田，现在亦欲一试身手，继续运动。赵为山东人之与铁路事业人才之一，较有关系，但亦不敢放胆而为。当刘堃与顾振之在京互相攻击时，交通部确已有意用赵，曾密电烟潍路，召赵入京，磋商条件。赵氏当时未敢奉召，（因曾供某项费用三十万元，恐招清议故）此次出而运动，或亦有七八成希望。但最近消息，交通总长吴毓麟之子吴小塘，亦加入斯缺之运动。又颜德庆亦将挟乃兄颜惠庆之势力，及理事会理事资格，来东一试。至何者能如愿以偿，此时尚难断定，而该路局长之日在竞争中，刘堃之不能久于其位，概可想见。

至沿胶济路开放八埠问题，原发生于与日前熊省长自京回济时，与日领之晤谈。当时省长谓日领曰，胶济沿路日侨甚多，沿路各埠既非商埠，且境内时有土匪，官府防范不易，贵国宜早设法结束，或遣其回国，或迁居已开之商埠云云。日领答以沿路商业萧条，侨民多陆续回国，现下人数颇少云云。对于如何结束一节，并未表示。不数日驻京日使之催用商埠照会，送达我外部矣。夫日本提出沿路开放商埠意，在安置侨民，且保存其在山东已获得之商业位置。我外交当局，理应抗议，先结束日侨，再议开埠问题，乃因循敷衍，作为悬案，且现下沿路各埠并商埠，匪患时闻，地方如防范不及，危及日侨，将来又必引起重大之外交，倒持太阿，授人以柄，国家前途，何堪设想。近闻驻京日使又复发出通牒于外交部，内容略谓关于胶济沿线地点开放为商埠事件。近闻该地人民有反对之举，中国政府不免有所顾虑，迄今未见诸实行。惟此系根据中日间条约规定，若竟因此而延搁，与日本侨民之居住营业大有影响，用特唤起中国政府之注意，速即履行条约，以便早日结束悬案云云。至济南方面消息，据交涉署某科长言，日前驻济日领曾到署，对于开埠问题，问及能否实行、及实行日期，当答以胶济路开埠，即无人民方面之反对，置法律问题于不顾，而实事上亦万办不到，日领当时亦未有表示云云。后事如何后当续报。

[《时事新报（上海）》1923年11月28日第5版]

1925年

部　　令
交通部委任令第三七号
令办事员顾振

案据津浦铁路管理局敬电称，本路标售废料开标日期兹改定为四月九日下午四时，仰祈届时派员来局监视等情前来。兹派该员届时前往监视，并将当时开标情形详细呈报，除电知该局外，仰即遵照。此令。

中华民国十四年四月七日

（《交通公报》1925年第870期第1页）

1926 年

部　　令
交通部第三零零号

派罗述祎、顾振在秘书上办事。此令。
部印
中华民国十五年六月二十二日
交通总长张志潭

（《铁路公报 胶济线》1926 年第 111 期第 2 页）

1926 年底，中国科学社社址南京成贤街，广州社友会地址广州九曜坊，上海事务所大同大学，图书馆和生物研究所都设在南京成贤街；……社友会北京理事长赵元任、理事李四光、顾振……

（张剑：《赛先生在中国——中国科学社研究》，上海科学技术出版社 2018 年版，第 156 页）

1927 年

部　　令
交通部令第七一号

署京奉铁路管理局副局长邹致权现办理军运事宜，在未结束以前，所有副局长职务派总务处处长顾振暂行代理。此令。
中华民国十六年七月　日
交通次长代理部务　常荫槐

（《交通公报》1927 年第 1641 期第 1 页）

近代史专题

公牍　呈
京奉路局代理副局长顾振呈交通总长、次长报就职日期乞鉴核文

交通部直辖京奉铁路管理局呈，为陈报就职日期仰祈鉴核事，本月十四日奉。

钧部第七一号令开署，京奉铁路管理局副局长邹致权现办理军运事宜，在未结束以前所有副局长职务派总务处处长顾振暂行代理等。因奉此，振于本月十四日就代理副局长职务，理合呈报仰祈鉴核。备案谨呈交通总长、次长。

暂行代理副局长职务　总务处处长顾振

中华民国十六年七月十五日

（《交通公报公牍》，1927年7月19日第1643期第4页）

交通部整理路政会议

京讯云　交通部整理路政十大要纲，业登前报。前日（二十五）上午十时，为该部整理路政局长会议开幕之期，与会者除交通部长常荫槐，路政司长刘景山，帮办胡口猷，参事汤中等以外，有柴士文（京汉局长）、周培炳（京绥局长）、班廷献（京绥副局长）、顾振（京奉代理局长）、梁兆清（津浦副局长）、赵蓝田（胶济局长）、魏武英（吉长局长）、沈家祯（道清局长）及各处长科长共约三十余人列席。首由常部长致词，大致谓鄙人承乏交通，谬管部务，当此时会艰难，路政垂危之余，亟期协商整理办法，用特召集路政会议。今日得与诸君，共集一堂，研究商榷，非惟路政前途，开一线之曙光，抑亦鄙人之厚幸也。查自民九以后，路政破坏日甚，若详细计算，则破产尤觉有余，惟吾人对此，不可稍怀畏缩之念，应以毅力与决心，团结一致，俾恢复从前原有之良况，且外来

之障碍，亦自可以排除，惟与诸君实利图之云云。继由路政司长刘景山发言。（一）报告召集路政会议之宗旨。（二）解释议案之性质。略谓民国六年，许总长曾经首次召集交通会议，而今日之整理路政会议，则为本部第二次之盛会，惟民国六年其时时局宴定，与今日情形迥然不同，目下应亟从消极的与补救的方面着想。就铁路而言，全国路线达六万余公里，北方约占六分之五，在铁路左右，一百公里以内之居民，达一万五千万人，大江以南，路线约占一千二百余公里，其左右一百公里以内之居民，约五千万人，较之北部，仅及三分之一。第南方除铁路运输之外，尚有水运，而北方则惟陆运。现在南北铁路既已重遭破坏，此两万万人民所受之痛苦，经济所受之损失，自可不言而喻。兄弟现在部数年，深感政令时更，局长时易，从未有由国民经济上设想以言监理者。又细察民国十年以后之路政状况，日减一日。言挽救之策，大抵系从部分着手，从未有具体的、整个的、透澈的办法。但如言改良运输，则另支配车辆，修理车辆，维持路基工程问题有关。言整理财政则与节俭支出，增加收入问题有关。故告人商榷整理，又不可不通盘筹划，是为此次召集路政会议之所由。其次则此议案颇多。（一）大纲所定本属概括，非必各路均能适用。（二）各路有特殊之情形者，于大纲之外，另须提案。（三）本议案性质，系采救急治标办法，各路互相协助，以力量较强之路，扶助力量较弱之路，固为原则，但亦应有限制，所期各局长、处长，多加考核，协定办法，应予实行上，毫无障碍也。刘司长报告毕，随时讨论。（一）恢复商运案。（甲）减免捐税由津浦、京汉、京奉、京绥提出讨论。于是吉局长魏武英、京奉代理局长顾振、参事庞作屏、胶济局长赵蓝田、津浦局长梁兆清、京绥副局长班廷献等，相继发言，议论风生。末由常部长决定一种折衷办法，减轻商民担负，统一征收手续，期于军事捐及商运，双方并顾，闻当即呈大元帅明令施行。恢复商运案，遂告一段落。适闻该会，定于每日下午四时至七时，增加会议一次，出席于会议之会员，几忘炎暑，亦盛夏中甚形热闹之会议也。

（《盛京时报》1927年8月1日第1版）

会友通讯
本路管理局代理局长顾湛若先生来函

迳复者接展

大函并会章会刊各一份复承

贵会同仁公推（鄙人）为名誉会员，自惭简陋，夫何敢当。本月四日举行年会，满拟躬逢其盛，适值大部开会，入都未及遄返，无任怅歉。

嘱寄照片，缓日再行奉上。特先耑函复。

谢 此致

技术员学会

顾振启（五日）

（《京奉铁路机务处技术员学会会刊》第 1 期第 165 页 1927 年 9 月）

中比赔款发行公债问题
比国方面确已承诺

京讯云 政府拟以中比赔款，发行公债五百万，并设立中比委员会各节，久见报载。而外间对于此项借款之经过，以及其中之内容，多不明瞭，故外传有暂归停顿之说。每日社记者采访财政部某要人，询以究竟，承其详细答复如左。

比国，庚子赔款，按当初中比双方之协定，原系用以修建黄河铁桥工程之需。现下比国政府以历年以来，京汉路线俱在军事期内，黄河铁桥永无兴建之望，遂允中国政府之请，以该款作为发行公债担保之用。但比方殊讳言以该款借与中政府挪作他种用途，然为从中取利之故，遂允以修建黄河桥工之款，移作整理陇海铁路之用，并由比方先借现洋一百廿万与中政府，任中政府自由支配，其余之五百万元公债，则作为中比文化事业、及其他交通事业之用，此即以比款发行公债成立之由来也。但双方商定之后，即须组织中比委员会。该项委员系定中政府六人，比方六人，但中比两方虽各有委员六人，然各方只有一权。中政府方面财部原派张弧（前财政总长）、孙鸿钧（即孙仲由大中银行经理）、黄厚成（税务处职员）、郭则范（财政部库藏司会办）四人，加以教育部之委员一人，共计九人。所余缺额只有一人，而关系之部分甚多，各方皆须派人列席，故当时颇有争执。外传谓因委员问题，引起纠纷一节，未始无因嗣经屡次协商，以及调停之结果。财部所派之张弧、黄厚成二人，自行辞职，只派孙（鸿钧）、郭（则范）二人为委员。外交部派司长朱凤千为委员，交通部则派代理路政司长陈庭均及代理京奉局长顾振二人为委员，教育部则派专门司长刘风竹为委员。故现在委员人选，业已完全确定，不过尚未正式成立，而主席及秘书等，亦未推定，且自张弧辞职以后，主席人选，颇觉为难，此亦迟迟未能成立之一原因也。惟五百万公债之发行权并不操诸财部，实际上则操诸华比银行，缘华比银行暗中为发行公债之监督机关。现在公债条例及利率表，均交财部公债司审核之中，但外人对于还本付息之间，颇在取巧。幸公债司当局，对于此事异常注意，将条例中"每一年还本一次，付息一次"改为"每半年还本一次，付息一次"。如此则逢还本付息之际，我方不致吃亏且可以稍为合算也。目下一百二十万之现款，已无枝节，不过以中比委员会尚未成立，而比方则推比政府，尚无电到不肯付款。其实此款旦夕可付，第其来源既非财政部本身之借款，亦非华比银行之放款，系中比委员会之款，在委员会未经成立之先，比方不肯照付其理甚明，但不知委员会于本星期内能否成立耳。至于发行公债，亦须待各方加以详细讨论之后，方能成立。

[《盛京时报（天津版）》1927年10月29日第2版]

车站记事

三十日鲍贵卿由奉天来京津,顾振由津晋京,赵后卿、施愚、赵庆华、丁宏荃均由京来。十二月一日齐耀城、林振耀、程经邦均由津晋京。

[《益世报（天津版）》1927年12月2日第12版]

车站记事

十二月一日颜世清由津晋京,顾振、吴家元均由京来津。二日熊希龄、费国祥均由津晋京,靳云鹗、朱深、李书勋均由京来津。

[《益世报（天津版）》1927年12月3日第12版]

车站记事

二十五日顾振、丁宏荃、苏锡麟均由津晋京,刘景山由京来津,颜世清由津晋京,贡桑诺尔布、丁士源均由京来津。二十六日寇英杰带卫队等由济南早专车来津,程定夷、杨豹灵均由津晋京,张冠五带卫兵等由上午专车去济南,郑衡由京来津。

[《益世报（天津版）》1927年12月27日第12版]

1928 年

关委会之第一例会

京讯云。关税自主委员会昨日下午三时,在国务院退思堂举行第一次例会,各委员除朱有济缺席外,余均到。潘复主席议定各股长人选,交秘书处发表。计秘书处三股,文牍股长方万笏、记录股长沈迪家、编印股长孙祖烈。议案处三股，起草股长胡世泽、翻译股长刁敏谦、调查股长陈海超。事务处二股，庶务股长潘宗瑞、会计股长李炳麐。又交通部补送专门委员名单汤中、张继英、刘景山、顾振等四人，昨亦发表。该会自昨日起，启用关防，由秘书处通告各机关查照。五时散会。至昨日会议内容甚秘密，闻对自主问题、过渡实施办法及对外交涉与内部进行等，皆将先拟订方案，于每次开会时，提出讨论。惟在未曾商决以前，主张暂不公布。故除事务上进行，可酌量发表外，其会议记录等，非至相当时期，对外似仍将暂守秘密，以昭慎重云。

（《盛京时报》1928年3月16日第2版）

交部中义庚款委员　已派定顾振 李毓章二人

中义庚款委员会成立后，交通部方面理应派遣委员二名，日前兽由国务院函知交通部，早日遴员参加。昨日院方接到交部公函，署谓本部拟派顾振、李毓章为中义庚款委员会委员，相应函复查照云云。

（《晨报》1928年3月27日第7版）

交内两部派定　中义庚款委员　徐稺　顾振

中义庚款委员会进行情形，已见报载，昨闻内交两部对此项委员，业已派定，内务即为参事徐稺，交部为京奉代理局长顾振，并闻财务部方面，已择定南长街财政部官舍为会址。曾邀集中国各委员开会一次，藉以着手草拟会章云云。

（《晨报》1928年4月15日第2版）

中义庚款委员　徐稺　顾振

复旦社云　关于中义庚款委员会进行情形，已见报载，昨据调查内交两部对此项委员，业已派定，内务即为参事徐稦，交部为京奉代理局长顾振，并闻财部方面，已择定南长街财政部官舍为会址。曾邀集中国各委员开会一次，藉以着手草拟会章云云。

[《中义庚款委员》，《益世报（天津版）》1928 年 4 月 15 日第 3 版]

平奉车昨夜到平

本报十三北平电　平奉通车今午过滦州，当夜可到北平。

路透十三北平电　奉火车今晚可到，明日开回，此后每星期奉平各开车两次。

路透十三天津电　奉天至北平之火车，自五月间停驶，昨日始有一列车开离奉天，但至今日午后四时仍未抵此，闻因长城内车辆拥挤，及昌黎损轨之故。据最近消息，该火车今日午后已过滦河桥，奉当局已将奉军退出关外时所用之火车十一列交还，但即为军事当局征用。

东方十二奉天电　平奉路因国奉两方当局已成立协定，已于十二日下午三时通车由奉天开往北平。

中华十三奉天电　奉路局对平奉路款划分问题，决由奉局长顾振与京铁道部直接商洽，昨日除开往北平客车一次外，又由山海关开往唐山区间混合车一次。

[《时事新报（上海）》1928 年 11 月 14 日第 5 版]

平奉路添开小票车

平奉路奉局局长顾振，津局局长朱华、杨先芬电商，妥协于二十四日起每日早七时由奉站开往天津小票车一列，专备小工乘坐。车价每名无论由关外何站，至天津五元、滦州三元六角，妇女及十二岁小孩免费，行李准带四十斤。开小票各站为奉站、皇姑屯、新民、打虎山、沟帮子、锦县、彰武、通辽、营口、义县、北票等处。并录奉津两局往来电文如下：

（一）奉天局致津局第一电。天津李局长实秋兄鉴。敝处现正筹备由奉天至天津每日开行直达小票通车一列，专备小工乘坐。每票售价由关外无论何站起，至滦县一律为三元六角，至津五元，由敝方代收。回程装零担货由贵方代收，仍照经行里程计算。每五日结算找付一次。如荷同意，可即日开行。希即电复为感。弟顾振元

（一）奉天局致津局第二电。天津李局长实秋兄鉴。前拟通小票车，由奉及关外他站，至滦县票价三元六角，至津五元票，滦津间票价由敝局代收，每五日意当解贵局核收。已电商在案，如荷同，即希示覆为荷。弟顾振筱

（一）津局复奉居电沈阳顾局去。湛然兄鉴。元、筱两电均悉。承示贵方拟由奉至津每日开行直达小票通车一列，专为入关小工乘坐并票价及收款办法各节，事关合作惠济劳工，对于暂行办法此问自可同意，特复即希查照。迅将该次列车开始通行日期及时刻见复为荷。弟朱华、杨先芬 巧

（《盛京时报》1928 年 12 月 24 日第 2 版）

Compilation of Chen Ku（Ⅰ）
ZhangYang

Abstract：This is a continued part of Chen Ku's life records during a period of 1929 – 1933 after *Compilation of Chen Ku*（Ⅰ）. Ku left transportation, entering Kailan Mining Administration, later becoming the Vice Chief Manager of Kailan. Ku also joined National Defense Planning Committee investigating mining and transportation. This compilation is based on the materials collected about Chen Ku's entanglement with

近代史专题

the killing of Yang and Chang by Chang Hsueh-liang, being in charge of affairs in National Defense Planning Committee, donating coals to Nankai University and publishing articles in *Independent Review*.

Key Words: Chen Ku, Kailan Mining Administration, National Defense Planning Committee, *Independent Review*

习近平新时代中国特色社会主义思想研究

坚持"四个机关"定位和要求，加强人大及其常委会自身建设

于春玲[1] 郭佳妮[2] 李晓悦[3]

（1.2. 东北大学；3. 中共柳河县委党校）

摘 要：各级人大及常委会成为政治机关、权力机关、工作机关、代表机关，是习近平总书记立足新时代赋予人大及常委会的新定位、新要求。"政治机关"要求人大及常委会坚持党的全面领导，"权力机关"要求人大及常委会切实保证人民当家作主，"工作机关"要求人大及常委会依法承担各项职责，"代表机关"要求人大及常委会始终保持同人民群众的密切联系。顺应新时代新要求，人大及常委会应以思想政治建设为统领，着力加强自身人民民主建设、工作能力建设和服务代表建设，从而坚持和完善作为"四个机关"的人大及常委会，开创新时代人大工作新局面。

关键词：人大常委会；政治机关；权力机关；工作机关；代表机关

作 者：于春玲，东北大学马克思主义学院教授、博士生导师；郭佳妮，东北大学马克思主义学院2020级硕士研究生；李晓悦，中共柳河县委党校讲师。

2021年10月，习近平总书记在首次召开的中央人大工作会议

---

* 本文系辽宁省社会科学基金重大委托项目"新时代斗争精神的理论意蕴及践行路径研究"（编号：L22ZD036）及2023年东北大学"双一流"建设项目"推动二十大精神进课堂，建设新型本科专业课程"阶段性成果。

上指出："各级人大及其常委会要不断提高政治判断力、政治领悟力、政治执行力，全面加强自身建设，成为自觉坚持中国共产党领导的政治机关、保证人民当家作主的国家权力机关、全面担负宪法法律赋予的各项职责的工作机关、始终同人民群众保持密切联系的代表机关。"[①] 这是人民代表大会首次被定位为"四个机关"。"四个机关"重要论述不仅揭示出人大的科学内涵、本质特征、实现路径等重大命题，更为加强人大及其常委会自身建设提供了方向遵循。

一 坚持"四个机关"定位和要求，加强人大及其常委会自身建设的理论基础

"四个机关"重要论述是人大及其常委会加强自身建设的重要方向，需要在准确理解"四个机关"重要论述的内涵基础上，明确提出这一论述的重要理论意义及加强人大及其常委会自身"四个机关"建设的现实价值，为新时代条件下推动人大及其常委会自身建设奠定重要的理论基础。

（一）"四个机关"重要论述的科学内涵

习近平总书记站在事关党长期执政、国家长治久安、全过程人民民主发展的高度，对人大及其常委会自身建设提出"四个机关"的方向要求。对"四个机关"重要论述的内涵要进行科学阐释，把握其中蕴含的政治性、民主性、法治性、人民性的属性。

人大及其常委会"四个机关"的划分，是依据其所处的不同宪法关系。人大及其常委会作为政治机关，实质上界定了党与人大的关系。政治机关是人大的本质属性，着重突出人大的政治功能。

---

① 《习近平在中央人大工作会议上发表重要讲话强调：坚持和完善人民代表大会制度　不断发展全过程人民民主》，《人民日报》2021年10月15日第1版。

主要体现在：在政治生活中发挥好政治转化功能，即把党的主张和政策通过人民代表大会上升为国家意志；在领导方式上接受中国共产党对本级人大及常委会的领导；具体工作中作为政治机关要围绕党确定的中心任务行使各项法定职权。人大及其常委会作为权力机关，揭示决策与执行的关系，指它代表全体人民全面、独立地行使国家主权，确保人大及其常委会在国家制度上的中心地位和作用，其建设目标是保证各级国家机关都由人大产生、对人大负责、受人大监督。人大及其常委会作为工作机关，是基于宪法法律授权的职责概念，其要义在于强调人大及其常委会是一个必须将法定职责即立法、监督、决定、任免等通过具体履职活动予以落实的工作部门。人大及其常委会作为代表机关，是对人民和国家政权的关系界定，特别强调人大及其常委会代表人民群众的利益和主张，其建设目标是"保证各级人大都由民主选举产生、对人民负责、受人民监督"。

（二）提出"四个机关"重要论述的重大意义

习近平总书记关于"四个机关"重要论述具有重大的"政治意义、历史意义、时代意义"①。首先，"四个机关"重要论述是人民代表大会现代化建设的集中体现，实现了党的领导、人民当家作主、依法治国的有机统一，体现党领导人民依法治理国家。政治机关的定位表明人大及常委会根本的政治属性，这要求全部人大工作必须置于党的领导之下，坚持走中国特色社会主义政治发展道路；权力机关的定位体现了人大的民主属性，要求人大坚持全过程人民民主理念，坚守人民主体地位；工作机关的定位体现了人大的法治属性，要求人大遵循法治原则承担各项职责；代表机关的定位体现了人大的人民属性，要求人大牢固树立宗旨意识，始终同人民群众

---

① 杨振武：《牢牢把握"四个机关"定位要求 全面加强新时代人大工作和建设》，《求是》2022年第22期。

保持密切联系。

其次,"四个机关"的重要论述,与我们党长期以来对人民代表大会建设的实践探索和理论思考既一脉相承又与时俱进。1948年,毛泽东同志指出,"中华人民共和国的权力机关是各级人民代表大会及其选出的各级政府"[1],明确指出人大的权力机关含义。1954年,刘少奇同志指出,人民代表大会是"具有高度民主性质的人民代表机关"[2],指出人大的民主性质。十一届六中全会通过的《关于建国以来党的若干历史问题的决议》提出,"使各级人民代表大会及其常设机构成为有权威的人民权力机关",进一步明确了人大的人民性与权力机关定位。之后,全国人大常委会有关报告稿出现"三个机关"的表述,即"把人大及其常委会建设成为真正拥有宪法确定的地位、名副其实的国家权力机关,真正负有国家重要职责的工作机关,同人民群众保持密切联系的代表机关"。首次召开的中央人大工作会议上,习近平总书记首次提出"四个机关"重要论述,进一步继承和发展了马克思主义国家学说,使中国共产党人关于人民代表大会制度的规律性认识提升到新高度。

最后,"四个机关"的重要论述,明确了新时代背景下人大担负的新使命、新任务。在建设中国式现代化的关键时期,实现国家治理能力现代化的宏伟目标需要发挥党总揽全局、协调各方的核心作用;社会主要矛盾的变化,人民日益广泛的美好生活需要,要求深入推进全过程人民民主建设,使国家各项工作彰显人民民主的真实性和广泛性;贯彻新发展理念、全面深化改革,需要良好的治理环境和完备的法律制度予以保障。这些都对新时代加强和改进人大工作提出新的更高要求。这就需要加强"四个机关"建设,充分发挥人民代表大会制度的优势和功效,不断提升人大履职能力和水平。

---

[1] 《毛泽东选集》第4卷,人民出版社1991年版,第1272页。
[2] 《刘少奇选集》下卷,人民出版社1985年版,第156页。

(三) 加强人大及其常委会"四个机关"建设的现实价值

"四个机关"的重要论述，是加强人大及其常委会自身建设的现实导向。首先，有利于人大及其常委会坚持正确的政治方向。中国共产党历来具有明确政治属性和政治立场，在政治方向问题上绝不含糊。作为党领导下的人大及常委会，就必须旗帜鲜明讲政治。因此，强化"政治机关"建设，有助于督促人大干部牢记政治身份，坚定政治立场，明晰政治观点，提高政治能力，提升政治素养，保证中国共产党始终成为令人民满意的中国特色社会主义事业的坚强领导核心。其次，有利于人大及其常委会充分保证人民当家作主。坚持人民主体地位是人民代表大会制度的核心使命，"权力机关"的建设有利于确保人大及其常委会的民主性，推动全过程人民民主的实现。再次，有利于人大及其常委会依法履行职责。人大及常委会要通过具体化、实际化的工作将人民权益、人民意志落到实处，确保人民的合法权益得到尊重和维护。最后，有利于人大及其常委会始终通过人大代表与人民群众保持密切联系。代表人民意志和利益的人大代表通过行使国家权力，引导全社会力量共同参与国家治理，发挥代表作用，提升履职实效。

二 坚持"政治机关"的定位和要求，加强人大及其常委会思想政治建设

《中共中央关于加强党的政治建设的意见》明确指出"中央和地方各级人大常委会机关、行政机关、政协机关、监察机关、审判机关、检察机关本质上都是政治机关"。"政治机关"的定位要求人大及其常委会加强思想政治建设，提升其政治判断力、政治领悟力、政治执行力。人大及常委会的思想政治建设不是抽象的，而是具体的、直观的，要通过党的领导、理论武装、作风建设等实现思想政治建设的实际化。

(一) 贯彻党的全面领导，站稳人大及其常委会的政治立场

坚持党的全面领导是人民代表大会制度发展完善的最高政治原则和根本政治保证。各级人大及其常委会要始终坚持党中央集中统一领导，贯彻落实党中央决策部署，健全党全面领导人大的体制机制，永葆其鲜明的政治本色。

1. 始终坚持党中央权威和集中统一领导

坚持党的全面领导是人民代表大会制度取得历史性成就的根本原因。因此，各级人大及常委会党组和干部必须将党中央的统一领导贯穿于具体实践活动，坚决维护"两个核心"，坚决维护党中央权威和集中统一领导。在思想认识上，人大及常委会要自觉养成同党中央精神保持高度一致的思想自觉、政治自觉和行动自觉，增强"四个意识""两个维护""四个自信"，主动接受党中央、同级党委的领导，人大干部、人大代表要坚持理论学习，坚守党的意识，不断提升自身政治素养。在具体工作中，支持和保障同级党委工作，不断完善党的领导制度和领导方式，营造良好的政治生态和党建文化。

2. 认真贯彻落实党中央决策部署

实现党的全面领导覆盖全国人大和地方各级人大及常委会，最终要通过贯彻落实党中央精神和习近平总书记重要讲话精神体现。人大工作是事关党和国家事业全局的核心组成内容，人大工作要牢牢把握党中央不同时期的重大部署和重大战略、重点工作和目标任务，这是人大谋划和推进工作的基本出发点。这就要求人大及常委会要准确把握党中央思想的精神实质和核心要义，同党中央理论、方略对标对表，严格按照党中央决策部署和习近平总书记指示要求，依据党和国家工作中心、同级党委中心发挥人大职能作用，汇聚人大工作力量，全面贯彻和有效执行党的路线方针政策和党中央决策部署，自觉将党的主张通过法定程序成为国家意志。

3. 健全党全面领导人大的制度机制

制度机制是完善、落实党领导人大工作的重要保障，能够确保

在党的领导下开展各项工作。首先，人大及常委会要通过制度规定党的全面领导，包括完善党领导人大、人大常委会、人大常委会机关等的制度。同时为确保人大党委在人大工作中发挥领导作用，要健全各级党委（党组）工作制度。其次，严格落实重大事项向党请示报告的制度。重大事项请示报告是坚持党领导的重要工作体现，因此，要规范人大常委会党委或党组每年向中央汇报工作的制度，明确工作汇报内容，人大重要立法内容、会议事项等及时向党中央请示报告，推动汇报工作的规范化、制度化发展。最后，要健全人大内部党建工作体制机制。推动人大内部党建科学化水平，对发挥党的领导作用具有重要意义。要压实党委领导干部责任，细化人大党建工作的制度规定，增强党支部的凝聚力和战斗力。

（二）加强理论武装，坚定人大及其常委会的政治信仰

政治上的坚定源于理论上的清醒。无产阶级要实现伟大的历史使命，就必须用先进的理论武装头脑。各级人大及其常委会也需要加强理论学习、理想信念教育以及政治机关意识教育，自觉锻造过硬政治机关。

1. 抓紧抓实思想理论学习，筑牢政治思想基础

做好人大工作，需要持续进行理论学习。这就要求人大及其常委会成员持续学习理论知识，优化学习思维，提高自身政治修养和理论素养。人大干部增强自主学习意识，经常进行马克思主义理论学习、中国特色社会主义理论体系教育、党的群众路线教育、国情和形势政策教育，特别是用习近平新时代中国特色社会主义思想武装头脑，不断拓展学习教育的广度、深度。坚持学以致用原则，重点学习习近平总书记关于坚持和完善人民代表大会制度的重要思想、习近平法治思想，自觉运用贯穿其中的立场、观点、方法，切实运用党的创新理论指导实践、推动工作。坚持系统化理论学习制度，党组会议和人大常委会会议要及时调整工作部署，传达关于习近平总书记重要讲话、重要指示批示精神的学习内容，推动全员进

行学习。促进新媒体与党组理论学习中心组、"三会一课"、理论辅导讲座、理论教育培训等载体的融合共振,积极进行个人自学、线上学习相结合的理论学习形式。通过理论学习,筑牢人大及其常委会的政治思想基础,增强"四个意识"、坚定"四个自信"、做到"两个维护"。

2. 扎实开展理想信念教育,突出政治忠诚

筑牢中国共产党人的政治灵魂和精神支柱,开展马克思主义信仰、中国特色社会主义共同理想和共产主义远大理想教育,是人大加强思想政治建设的重要法宝。作为党的政治机关,要通过理想信念教育,引导党员干部统一思想、凝聚力量,培育干部政治忠诚意识。要将理想信念教育作为人大政治建设的基础性、长远性、战略性任务,与时代主题相呼应,结合贯彻落实《关于新时代加强和改进思想政治工作的意见》《中国共产党宣传工作条例》等文件要求,推动理想信念教育规范化、制度化。切实通过群团文化活动、主题党日,结合形势宣传、典型宣传、成就宣传等方式,实现理想信念的内化,以主流舆论筑牢理想信念之基。

3. 持续深化政治机关意识教育,强化政治觉悟

意识是人的头脑对于客观物质世界的反映,强化"政治机关"建设,人大及常委会首先要具备政治机关意识。人大及其常委会的政治机关意识是与人大的特殊地位、特殊性质相适应的政治意识,主要包括:在党言党、在党为党、在党忧党的意识,体现为具备党员身份自觉;履行政治使命、牢记政治责任、发挥人大政治功能的意识;坚持正确政治道路、政治立场、政治原则的意识等。开展政治机关意识教育,首先要在思想上充分认清政治机关的地位作用,认清政治机关对人大及其常委会的示范引领作用;其次在理论上厘清政治机关意识的内涵,善于从政治上理解和把握问题,学会从政治上谋划、部署和推动工作;最后要将政治机关意识落实到具体行动中,通过强化政治历练,提高政治能力,提高把握方向、把握全局的能力,增强辨别政治是非、防范政治风险的能力。

(三）抓好作风建设，涵养人大及其常委会的政治生态

加强和改进人大及其常委会的作风建设，是营造良好政治生态，坚持人大工作正确政治方向的内在要求和客观需要。人大及其常委会依法履行宪法和法律赋予的职责、常委会组成人员和人大代表依法秉公廉洁用权、人大常委会机关密切同人民群众的联系，必须有好的作风来保障。因此，人大及其常委会要以加强和改进作风建设为关键，着力加强自身建设。

一要坚持以上率下，落实领导责任。加强作风建设，领导干部既是领导，也是示范榜样，必须时时处处以身作则，当好示范。人大领导干部要认真剖析自己和分管领域存在的作风问题，带头提出改进作风的意见和措施，着力形成领导带头、全员参与，层层落实、齐抓共管的作风建设局面；二要以实际问题为导向，强化作风建设刚性。人大及其常委会要强化问题意识，对于存在的作风问题不缩小、不淡化、不回避、不掩饰，下决心批反面典型，公开曝光或严肃处理，切实让人大干部受到警醒、引以为戒。同时注重强化外力推动，充分利用新闻网、微信公众号、人大客户端等平台依靠群众监督，发挥纪委作用，对出现的作风问题坚决纠正查处。此外，要发挥作风建设情况的考评效力，将作风考评结果作为任用提拔、评先评优的重要依据。三要坚持作风建设抓常抓长。抓常，就是要经常抓、抓经常，在日常工作中贯穿作风建设；抓长，就是要持久抓、见长效，着力构建遏制不良作风、倡导优良作风的长效制度。将"不忘初心、牢记使命"主题教育作为加强和改进作风建设的重要内容，同时发挥制度治本功效，坚持用制度管人管事。

三 坚持"权力机关"的定位和要求，加强人大及其常委会人民民主建设

"权力机关"的定位表明，"国家作为公共权力，本质上就是

人民权力，国家的权力来源于人民的授权或委托"[1]。人民代表大会制度是人民当家作主的重要途径和最高实现形式，人民通过各级人民代表大会行使国家权力、掌握国家政权。人大及其常委会要适应新时代发展需要，坚持人民主体地位，畅通民主监督渠道，改进民主生活，推动人大及其常委会人民民主建设。

（一）坚持人民主体地位，充分保障人民权力和利益

民主实质上揭示国家权力的行使和归属问题。人民代表大会制度是我国宪法规定的根本政治制度，人民通过人大选举代表行使权力，人大由此成为国家最高权力机关。因此，人大及其常委会必然要成为联系人民群众、解决人民实际问题、反映民意的最主要民主载体。首先，人大及常委会要坚持人民至上的价值理念。人民通过行使选举权利实现当家作主，这就要求人大及常委会要扩大公民有序政治参与，畅通有序、多样的民主渠道，充分体现人民意志，保证人民依法实行民主决策、民主协商、民主管理、民主选举、民主监督。可以通过制定完善民事、刑事、行政以及经济、文化、社会、生态环境等领域的一系列法律法规，使宪法规定的公民各方面的权利和自由落到实处。其次，要以人民为中心，解决人民群众最关切的利益问题。人大要切实保证权为民所用，就必然要发展、实现和维护好民生问题，敢于直面人民群众关心的问题以及社会突出矛盾，及时发现并督促纠正损害群众利益的各种问题。

（二）畅通人民监督渠道，加强对人大及其常委会的监督

宪法规定："一切国家机关和国家工作人员必须依靠人民的支持，经常保持同人民的密切联系，倾听人民的意见和建议，接受人民的监督，努力为人民服务。"人民对人大及常委会的监督是保障

---

[1] 于学农、王维强：《提升人大民意表达能力初探》，《人大制度研究》2021年第7期。

国家权力属于人民的重要方式。我国宪法赋予人民群众广泛的监督权，确保人大及其代表不违背人民意志。因此，人大及常委会要将人民群众的监督有效嵌入自身建设中，增强人大代表和机关工作履职的内在动力和外在压力。首先，人大及常委会要完善信息公开机制，确保人民具有足够的信息有效开展监督，维护自身权力。公开机制包括会议信息的公开和日常工作的公开，促进人大工作过程和工作结果的全程监督。监督过程中，要坚持开门监督，深入人民群众，最大程度接听百姓声音；监督结果上，要坚持人民评价监督成效。其次，要实现全面监督。通过完善人大及常委会的组织制度、工作机制、会议制度和议事程序，保证人大在决策、执行、监督、落实各个环节都能听到来自人民的声音，使人民的知情权、参与权、表达权、监督权落实到人大工作各方面、全过程。

（三）落实民主集中制，改进人大及其常委会的民主生活

正确认识民主与集中的关系，是改进人大及常委会民主生活的关键。人大与政府工作的重要差别在于，政府实行首长负责制，人大则是集体行使职权，集体解决问题。因此，民主集中制是人大工作的根本组织原则和活动原则。现实中，一些人大及常委会存在与民主集中制原则相违背的情况，如有的人大干部搞形式主义，依据某个领导的意图发表审议意见、按领导指示做决定，有的人大党组织涣散，长时期不开展党内民主生活等。这就需要人大及常委会贯彻民主集中制原则，坚持民主基础上的集中和集中指导下的民主。首先，要强化干部和人大代表民主集中制的自觉意识。在贯彻民主集中制的过程中，高度的自觉意识能使民主集中制在人大内部得到有效执行。一方面，要树立民主意识。干部要自觉将民主精神贯穿重大问题决策始终，注重通过集体研究重大问题。另一方面，要树立正确的集中意识。集中并不等于领导说了算，而是要依据少数服从多数的原则集中决策。因此在制定政策时，要自觉树立起正确的集体决策意识。其次，要发挥人大领导干部的作用。领导干部是坚持民主集中制原则的核心力量。领导干部要带头发扬内部民主，带头开展批判与自我批评，带头坚持集体领导；要正确区分集体研究和擅自表态，正确区别征求意见与独立决策，任何时候都绝不把自己的、个人的意见强加于组织，强加于集体，自觉防止将个人凌驾于组织之上。

四 坚持"工作机关"的定位和要求，加强人大及其常委会工作能力建设

政治机关、权力机关和代表机关的建设要通过人大及其常委会的具体职责进行体现，因此，工作机关建设具有极其重要的现实意义。人大及其常委会要通过坚持依法履职、完善工作制度、优化干部队伍等方式强化自身工作能力建设。

（一）坚持依法履职，提升人大及其常委会履职能力

推动人大工作高质量发展，必须充分发挥宪法和法律赋予人大及其常委会的职能作用。这不仅需要人大及其常委会自身行使好宪法和法律赋予的法定职权，同时人大常委会机关作为人大及其常委会的参谋和助手，也需要提升服务能力，保障人大及其常委会行使职权。

首先，要坚持推进人大及其常委会履行法定职权。人大工作的实效性要通过履行法定职权得以体现。一是要充分发挥立法职能作用。正视立法领域存在的问题，完善立法机制，依据地方实际，提升立法实效，完善和规范重点领域、新兴领域的立法制度和立法程序。二是要坚持正确监督、有效监督。严格依照法律要求明确人大监督工作的思路，完善人大监督审查工作机制，创新人大监督方式，构建全过程监督链条，将人大监督权落到实处。三是要做实重大事项决定权。明确"重大"的具体衡量标准，统筹推进建立重大事项清单制度；结合法律规定、群众关心和实践

要求，合理确定重大事项范围；完善议事规则，规范重大事项决定程序。四是要正确行使人事任免权。加强党对人事任免工作的领导，树立正确的选人用人导向。同时加深人大常委会人事任免工作的程度，建立任前、任职、任后均参与的考试、评议、监督等制度。

其次，提升人大常委会机关工作能力，保障人大及其常委会履职行权。根据有关法律规定和实际需要，人大常委会设立了办事机构和工作机构，作为人大及常委会的集体参谋助手和服务班子，这就是人大常委会机关。因此，加强"工作机关"建设，也需要人大常委会机关做好各项服务工作，如人大常委会领导机构做好综合计划工作，部署好本年度的工作规划，具体部署各种调查、视察、会议活动、评议活动等，办事机构做好联络、协调、督查、组织实施、宣传教育、后勤服务等工作，各专门委员会或专门工作组做好调查研究和参谋工作，对地方有关部门在贯彻执行政策、方针、法律等重大事项进行调查研究或提出建议、方案，从而供人大常委会参考。

（二）完善工作制度，规范人大及其常委会工作程序

人大工作制度是机关制定的规范人大及其常委会组成人员、机关工作人员行使职权和履行职责的制度规范。工作制度的建设，直接关系人大及其常委会职权的有效行使和组织体系的运转，有利于形成目标明确、职责清晰、程序规范、科学有序、高效运转的人大及常委会工作格局。首先，以法治为原则明确工作制度建设思路。全面依法治国是中国特色社会主义的本质要求和重要保障，各级人大及常委会理应坚持社会主义法治的基本要求推进工作制度建设。这就要求人大及常委会依据法律法规，理清工作制度建设思路，将法律法规细化到人大工作的各环节、全过程。明确人大工作制度建设任务，依法制定人大工作制度建设计划。在制定人民代表大会、人大常委会、人大常委会机关工作制度时，严格根据组织法规定的程序进行审议和表决。同时根据实际情况的变化完善人大工作制度，使工作制度与法律法规、实际情况相一致。其次，坚持创新性原则推动工作制度与时俱进。将各级人民代表大会的实践探索融入工作制度建设中，通过工作制度创新，发展人民代表大会制度。同时，要根据新时代人民代表大会出现的新情况、新问题，修改或废止与现实不相符合的人大工作制度。此外，为适应互联网时代发展需求，要推动工作制度信息化建设，提升人大工作的信息化水平，推动人大工作制度与时俱进。

（三）优化工作队伍，增强人大及其常委会工作力量

习近平总书记在中央人大工作会议上指出，要优化人大常委会、专门委员会组成人员结构，为新时代人大工作队伍建设提供了根本遵循。人大代表、常委会组成人员和机关干部作为人大工作三大主体，应在优化结构、培养教育、激励监督上下功夫，推动人大工作队伍建设。

1. 坚持结构与功能相统一配齐工作队伍

优化人员结构，发挥整体功能是人大工作队伍建设的首要要求。人大及常委会首先要配强领导干部，重点选拔政治素养高，能够驾驭全局、领导经验丰富、综合能力强的人担任领导干部职位。其次优化人大工作队伍梯队建设，优化人大代表和常委会组成人员的年龄、知识结构，增强熟悉法律、社会、经济等方面知识的专业人员，并在实现常委会组成人员年轻化的同时，逐步提高专职人大常委会组成人员的比例，促使常委会成员把主要精力放在人大工作上，最大限度地激发工作队伍的动力活力，形成合理梯队。最后推动工作队伍合理流动，统筹干部资源，加大不同岗位、不同部门之间的流动交流，鼓励人大干部到党政机关或司法部门进行轮换交流，推动干部资源有效整合。

2. 坚持教育与历练相统一培养工作队伍

提升人大工作人员的能力，除自身进行修养和磨炼，更重要的

是组织上的教育与培养。人大常委会机关要逐步造就一批素质高、业务精、能力强、有热情的干部队伍，为日益繁重的人大工作奠定组织基础和人员保障。首先，要坚持德才并育培养干部。坚持把思想教育放在首位，把学懂弄通做实习近平新时代中国特色社会主义思想、习近平关于人民代表大会制度的重要思想作为基础课、必修课，把宗旨意识教育、理想信念教育、对党忠诚教育贯穿教育全过程。围绕适应新时代发展要求提升干部专业化能力，紧密联系工作重点增强培训的针对性和实用性，推动人大干部掌握政治、经济、法律等各方面的业务知识。其次，加强人大工作人员的基层历练。把基层作为锻炼干部的最好课堂，通过基层历练培养干部的伟大斗争精神，通过在重点工作、重点任务中的干部磨砺，增强干部的实践能力。

3. 坚持严管与厚爱相统一管理工作队伍

实现严管与厚爱有机统一，能够有效激励广大干部履职尽责。一是建立和完善符合新时代政绩观要求的干部考核机制，在全面考察德、能、勤、绩、廉情况的基础上，重点考核干部思想水平和工作实绩。二是强化监督，把"两个维护"作为政治监督的根本任务，聚焦纪律、规矩、工作执行情况进行监督，严格日常监督管理，及时提醒干部出现的苗头性、倾向性问题，让干部习惯接受监督和约束。三是建立激励机制。注重考核结果的运用，提拔任用品行端正、工作能力强、成绩突出的工作人员。四是要加强组织关怀。干部的健康成长需要组织的培养与关怀。持续发挥政策导向，保障干部合理待遇，完善落实奖励、休假制度，为人大工作人员担当作为减负增能。

五 坚持"代表机关"的定位和要求，加强人大及其常委会服务代表建设

要充分支持和保障人大代表发挥作用，使人大及其常委会成为

同人民群众保持密切联系的代表机关。这要求人大及常委会对代表履职的各环节作出规范化安排，搭建好人大代表交流联络平台，创造人大代表履职尽责的各项条件，进而充分保障人大代表发挥作用。

（一）规范代表履职机制，确保代表依法行权

保障人大代表执行代表职务，是建设"代表机关"的内在要求，关系人民群众的利益实现。首先，要完善代表履职培训机制。加强对人大代表的培训，能够提升代表的履职意识，有效增强代表的履职实效。一是要制定详细的培训计划。人大及常委会要在针对性了解人大代表的学习需求基础上，按照五年一届的总体思路制定详细的培训计划，培训对象覆盖新当选代表及连任代表，培训内容涉及思想政治、法制知识、相关政策法规以及业务知识等。二是专题培训与业务培训相结合组织培训。详细培训与代表工作相关的议案办理、调查研究、工作报告审议等，协助代表明确工作方法和工作目标。同时，要发挥不同领域代表的专业优势，对从事同一领域的代表进行集中培训，进一步提高代表在专业领域的能力和水平。三是拓宽培训渠道。新媒体场域下，要充分借助代表履职网络平台、直播、网上讲座、网络会议室等载体，及时使人大代表知晓政治时事、政策思想等内容，有效推动人大代表学思践悟能力。其次，要健全代表履职监督机制。对代表进行监督，可以提升代表履职的主动性和积极性。一要完善人大代表述职评议制度。人大代表向选民述职是接受选民监督的最直接形式。人大及常委会应根据群众需求科学设计人大代表述职内容，使得选民对代表履职情况进行针对性比较和评议。二要健全人大代表履职信息公开制度。有效监督的必要前提是信息公开，选民只有在对代表履职情况充分了解的基础上才能进行监督。人大及常委会应完善代表履职情况公示制度，方便群众反映问题；建立代表履职情况登记制度，构建标准化测量体系，通过量化和权重标准分析代表履职情况。同时将代表的

履职信息通过人大官方网站向社会公布,使代表履职情况置于人民群众的监督之下。三是完善代表退出机制。对群众不满意的人大代表或成效考核评价较差的代表予以有效惩戒或执行退出程序,从而促使人大代表树立起对依法履职的尊重和敬畏。

(二)创新代表联络机制,激发代表履职活力

机制指组织体系与部分之间的相互作用过程,"健全代表联络机制,就是要理顺和完善人大常委会联系代表联系群众的组织运行和相应关系"[1]。习近平总书记指出:"各级国家机关加强同人大代表的联系、加强同人民群众的联系,是实行人民代表大会制度的内在要求,是人民对自己选举和委派代表的基本要求。"[2] 首先,人大及常委会要建设标准化代表联络体系。代表联络工作主要围绕党中央、同级党委决策部署,依据人大工作重点及人民群众的难点、痛点问题,进行走访调查、对话领导及联系群众。因此,各级人大常委会要充分利用代表联络站,提高联络站管理的专业性、科学性,引导代表深入人民群众,宣传方针政策,收集群众建议,彰显代表联络的民生关切、群众期待,充分发挥桥梁纽带作用,真正把群众的想法、困难、期望带上来。其次,全力推进代表联络机制创新高效。代表联络机制不是一成不变的,需要坚持创新精神,在把握代表联络规律的基础上积极探索更有效的联络方式。人大及常委会要不断巩固完善已经建立的工作制度,发挥制度的根本性、长效性作用;注重总结提炼工作经验,将正在开展的工作上升为制度安排;根据时代要求、人民需要因地制宜的探索创新。通过一系列的举措实现人大代表联络机制的理论创新和实践创新,切实增加代表联络活力、动力,体现时代性。

---

[1] 李伯钧:《健全人大代表联络机制的若干思考》,《人大研究》2020年第7期。
[2] 中共中央文献研究室:《十八大以来重要文献选编(中)》,中央文献出版社2016年版,第58页。

(三)细化代表保障机制,不断优化代表服务

人大代表保障机制的完善关系代表履职的稳定性和积极性的提高。随着社会主义民主法治建设的不断完善,人大及常委会需要从法律、物质、组织等层面为人大代表提供强有力的保障,更好推动人大代表依法履职。首先,完善人大代表的法律保护。相对完善的法律法规能够在人大代表履职时给予其保护,如赋予人大代表发言免责权、人身安全特别保护权等。在发言表决免责权中,应尽快明确相关内容的法律边界,理清权利的内涵和外延,对代表在人民代表大会召开期间及闭会期间的发言相关权利均进行保障;在人身安全特别保护权中,应完善配套法律法规的制定,对侵犯代表的违法行为予以惩处性规定,真正落实人大代表的人身保护权。其次,强化人大代表的经费保障。强化人大代表的物质经济保障,是保证代表履职质量的基础和必要条件。一是建立充足的代表履职专项经费。各级人大常委会机关应建立健全代表活动经费机制、专项津贴奖励机制和绩效考核机制。二是完善代表经费合理使用机制。为促使代表有序开展工作,应在适当范围内放宽审批程序,将部分经费交给代表小组自由支配。三是出台相应的履职补贴方案,根据当地经济发展状况、代表实际状况,酌情给人大代表发放专门的补贴工资,如资料费、聘用助手费、交通费等代表津贴,充分调动代表履职的积极性和主动性。最后,建立人大代表服务和辅助机构。人民代表大会及常务委员会应根据实际需要,完善适应代表履职的相关服务和辅助机构。这些机构首先应及时传达党中央精神、相关会议讲话精神、汇报日常重要工作,以及定期将社会重大事件、舆论焦点、本行政区域内总体发展状况整理汇总给人大代表。其次,应建立专业性、技术性强的配套机构为代表履职提供专业化服务,如建立法律援助中心为代表提供法律咨询,建立资源信息共享中心方便代表查找资料,以及建立负责解决技术问题的技术服务机构和专门的财政预算核准审批中心等。

坚持"四个机关"定位和要求,加强人大及其常委会自身建设

Uphold "Four Organs" Positioning and Requirements, Enhance the Self-Construction of the NPC and its Standing Committee

YU Chunling GUO Jiani LI Xiaoyue

Abstract: People's congresses and standing committees at all levels turning into political, power, working and representative organs is the new positioning and new requirement vested to the NPC and its standing committee by the General Secretary in the new era, with being "political" requires uphold of the overall leadership of the Party; being "powerful", the earnest insurance that people are masters of the country; being "working", assumption of various responsibilities in accordance with the law; and being "representative", the maintenance of close ties with the people throughout the NPC and its standing committees. In response to the new requirements of the new era, the NPC and its standing committee should take political development as lead, focusing on improvement of their democracy, working capacity, and ability to serve deputies, and upholding and improving its functions as the "four organs" to open up new prospects for the NPC's work.

Key Words: the standing committee of People's Congress, political organ, power organ, working organ, representative organ

论中国式现代化的"以人民为中心"思想及其世界意义

滕淑娜　张松岳

（山东财经大学）

摘　要：习近平新时代中国特色社会主义思想是中国共产党团结带领中国人民治国理政的行动指南，是推动我国现代化事业发展并实现中华民族伟大复兴的强大思想武器。党的二十大从理论上科学概括了中国式现代化的基本特征、本质要求等基本方面。中国式现代化，以实现人民的物质和精神的共同富裕为标准，以保障人民民主为价值旨归，使中国的社会主义现代化事业稳步推进。可以说，以人民为中心的发展思想贯穿于我国现代化的全过程，从根本上突破了现代化的西方模式和路径限制，开辟了人民主体地位的新境界、创造了人民共享的新理念、体现了实现人的全面发展的根本要求，它是中国式现代化的理论导向，能够丰富世界现代化的理论宝库，并且为现代化的后发国家提供借鉴和思考。

关键词：二十大；以人民为中心；中国式现代化；世界意义

作　者：滕淑娜，山东财经大学马克思主义学院教授；张松岳，山东财经大学马克思主义学院2021级硕士研究生。

"现代化是从传统的、农村的、农业的社会向世俗的、城市的和工业社会的转变。现代化与工业化密切相关。"[1] 现代化起源于西方，西方国家的现代化是伴随着战争、对外掠夺和殖民等逐渐形成的。而中国式现代化则在沿袭世界现代化的一般发展规律的同时，又具有基于自身国情的中国特色。[2] 其中，中国式现代化区别于西方现代化的至关重要的特征是，它一直是以人民为中心的。鉴于此，本文专门探讨中国式现代化中的"以人民为中心"思想及其世界意义。

一 以人民为中心及中国式现代化的提出及内涵

"以人民为中心"和"中国式现代化"是我国现代化探索的关键议题，二者存在着密切关联。所谓以人民为中心是指以人民利益为出发点，实现人的现代化。所谓中国式现代化是指中国共产党领导的以人民群众为主体的社会主义现代化，它不但遵循现代化的普遍规律，而且具有自身的特殊性，它与西方现代化的根本不同之处就在于始终从人民的利益出发，归结为一点即以人民为中心。

党的十八届五中全会坚定人民立场，郑重提出的以人民为中心的发展思想，成为十三五时期破解发展难题、实现发展目标的指导原则。在这次会议之后，党中央又提出了一系列以人民为中心的相关论断，将以人民为中心的发展思想落实到治国理政中。2017年党的十九大对以人民为中心的发展思想作了深刻的阐述，此次会议做出把以人民为中心的发展思想与党的根本宗旨以及群众路线相结合的决定，旨在满足人民的需求，依靠人民创造中华民族的历史伟

---

[1] "Modernization, transformation of a society from a rural and agrarian condition to a secular, urban, and industrial one", Encyclopedia Britannica, 2022年11月29日, https://www.britannica.com/topic/modernization。

[2] 钟慧容、刘同舫：《中国共产党现代化事业的百年历程与经验》，《北京师范大学学报（社会科学版）》2021年第4期。

业。2021 年党的十九届六中全会对党在百年奋斗中关于人民工作的重大成就和经验进行了总结，将其归纳为一条就是坚持人民至上。人民至上是以人民为中心的同义语和代名词，是未来现代化发展必须坚持的指导思想。2022 年党的二十大继续贯彻这一指导思想，在报告中表现为"江山就是人民、人民就是江山"的重要论断，在实际行动中把人民放在更加突出的位置上。综上所述，以人民为中心的发展思想自提出以来得到了贯彻和落实，充分彰显了中国共产党坚持立党为公、执政为民的价值旨归。

以人民为中心的发展思想的提出不仅有重要的现实基础，而且具有深厚的理论渊源。一方面，该思想批判继承了我国的传统民本思想，吸取了民本思想的精华，重视民生；去除了民本思想的糟粕，实现了"从君民到人民、从统治到发展、从用民到为民的转变"[1]。另一方面，该思想继承和发展了马克思主义关于"人民群众是物质财富和精神财富的创造者"的科学理论，指出"人民是历史的创造者，是真正的英雄"[2]，同时继承和发展了马克思主义关于"消灭私有制，实现共产主义，追求人的自由而全面发展"的理论，主张"人民对美好生活的向往，就是我们的奋斗目标"[3]。以人民为中心的发展思想在积淀优秀成果的基础上赓续发展，服务于我国现代化战略的发展。

中国式现代化于 20 世纪 70 年代首次提出，其创始人是邓小平同志。此概念是在 20 世纪 50、60 年代周恩来同志提出的"四个现代化"的基础上完善和发展起来的。近代以来，中国共产党承担起了实现国富民强的重任，现代化是实现国家富强的中心任务。党中央围绕着社会主义现代化的目标，逐步形成了一系列发展战略。

---

[1] 吴海江、徐伟轩：《"以人民为中心"思想对传统民本思想的传承与超越》，《毛泽东邓小平理论研究》2018 年第 7 期。

[2] 习近平：《在庆祝中国共产党成立 100 周年大会上的讲话》，《人民日报》2021 年 7 月 1 日第 1 版。

[3] 《习近平谈治国理政》第 1 卷，外文出版社 2018 年版，第 4 页。

论中国式现代化的"以人民为中心"思想及其世界意义

起初,现代化表现为对工业化的追求。党中央重视工业化建设,制定了以工业化和社会主义三大改造为主的过渡时期总路线,通过执行国民经济发展的第一个五年计划,奠定了我国的工业基础。由工业化转向更全面的现代化成为历史的必然。工业、农业、国防和科学技术的四个现代化在工业化浪潮的推动下于第三届全国人大会议被提上议程,成为举国上下的共同目标。党中央决定在随之而来的第三个五年计划中,分"两步走"实现这个战略目标,第一步奠定我国的工业体系和国民经济体系,第二步全面实现四个现代化。现代化事业激发了人民群众赶超世界先进水平的建设热情。此后,我国经受了"文化大革命"等的影响,但现代化战略并未因此中断,我国在人造卫星、核武器、汽车、石油、钢铁等方面取得了重大成就,并建立起了适合于现代化发展的工业基础和国民经济基础,初步实现了"两步走"的第一步目标。

20世纪70年代末,自从我国全面恢复社会主义现代化建设、实行改革开放的伟大决策以来,邓小平同志曾多次出访发达国家考察现代化。与当时的中国国情对比,他清楚地看到中西方现代化的差距,从而得出结论:到20世纪末我国难以达到现代化的国际标准。在这之后,他开始实事求是地思考适合我国的现代化标准。邓小平同志充分考虑我国人口众多、现代化的"底子薄"等国情特点,在深刻总结社会主义建设经验、教训的前提下,从理论上提出"中国式的四个现代化"的新概念,并且选择采用"小康社会"这一古代的理想社会状态,形象地刻画出我国要实现的满足人民对理想生活追求的现代化图景。

小康社会与现代化的战略构思息息相关。1982年党的十二大将小康社会作为衡量中国式现代化的标准,提出"到20世纪末力争使人民的物质文化生活达到小康水平"[1]。自此,我国对中国式现代化的方向和目标都有了比较清晰的认知,走上实现小康社会的

---

[1] 《十二大以来重要文献选编》(上),人民出版社1986年版,第14页。

快车道。1987年党的十三大依据小康社会的标准提出了切实可行的"三步走"战略。这个战略不仅能使人民安居乐业，而且使我国有了赶超西方发达国家的希望。我国在现代化建设中杜绝照搬照抄他国经验，以具有中华传统文化特色的小康社会的标准进行现代化建设，得到了全体人民的拥护与支持。在中国共产党领导我国人民进行现代化建设的独立探索中，"三步走"的前两步目标得以提前实现，使我国社会在二十世纪末在总体上达到了小康社会的标准。然而，这并不意味着我国最终建成了小康社会。此时，我国还处于低水平、不全面的小康社会的发展阶段，需要进一步的战略部署。1997年党的十五大对"三步走"战略的第三步进行了更加细化的部署，它提出新世纪的第一个十年要使低水平的"小康"更加宽裕，又提出了"两个一百年"的奋斗目标，在建党百年和建国百年时实现现代化建设的进一步突破。这使我国的现代化建设有了更加具体的指标。2002年党的十六大，提出了全面建设小康社会的奋斗目标，使"小康"的内涵不断深化，小康社会的奋斗目标更加明确。2012年党的十八大重申"两个一百年"的奋斗目标，为确保如期全面建成小康社会，创造性地提出了新的"四个现代化"和实现民族复兴的"中国梦"等一系列新理念。2017年党的十九大正值"两个一百年"的历史交汇期，提出了"两阶段"的战略安排。2021年，我国在建党百年的历史时刻，如期实现了全面建成小康社会的奋斗目标，为在筚路蓝缕中奠基立业的中国共产党增添了信心，使我国人民的小康的理想社会状态得到满足。小康社会的理论与实践对中国式现代化产生了直接影响，科学地回答了怎样实现我国的现代化建设的重大时代课题。站在新的起点上，党的二十大接过现代化建设的接力棒，在科学理论和人民群众支持的基础上，为实现第二个百年奋斗目标和国家富强而奋斗。

中国共产党依据国内外形势，在各个时期制定的现代化建设的战略目标，具有内在的统一的逻辑，共同构成了中国共产党关于中国式现代化发展战略的宏伟计划，它们反映了党对人民所承诺的初心使命。

二 中国式现代化中"以人民为中心"的主要内容

纵观中国式现代化的提出、发展过程，从根本上比较中西现代化的本质差异，剖析中国式现代化的基本特征和本质要求可见，它们都贯穿了"以人民为中心"的主要内容。特别是党的二十大报告从理论上对中国式现代化的基本特征和本质要求的科学概括，在物质、精神、民主方面表现出我国现代化中以人民为中心的主要内容，分别为"实现全体人民共同富裕""丰富人民精神世界""发展全过程人民民主"[1]。中国式现代化在这三方面取得了举世瞩目的成就，同样表现出超越西方现代化的优越性。

第一，中国式现代化在物质方面主张"实现全体人民共同富裕"。实现全体人民共同富裕是新时代坚持和完善我国的基本经济制度，实现高质量发展的必然要求，为中国式现代化坚持以人民为中心提供了物质基础。[2] 自新中国成立以来的70余年历程可见，追求共同富裕、提高人民生活水平是我们的共同期盼。中国共产党领导中国人民在现代化的致富道路上经过了三次尝试。第一次尝试是实现我国人民的"平均富裕"。1956年，社会主义改造的完成，从根本上改变了我国的经济结构，原有的五种经济成分转变为以公有制为主体的集体所有制经济。[3] 过渡时期总路线和"一五计划"促使我国奠定了现代化的工业基础，改善了新中国积贫积弱局面。在此基础上，我国曾在农业领域开展了人民公社化运动，这一运动

---

[1] 习近平：《高举中国特色社会主义伟大旗帜 为全面建设社会主义现代化国家而团结奋斗》，《人民日报》2022年10月26日第1版。

[2] 刘洪森：《新时代共同富裕的生成逻辑、科学内涵和实践路径》，《思想理论教育》2022年第3期。

[3] 蒋永穆、豆小磊：《共同富裕思想：演进历程、现实意蕴及路径选择》，《新疆师范大学学报（哲学社会科学版）》2021年第6期。

虽然在总体上突破了农业合作的规模，加强了集体协作能力，但是它一度违背了生产的客观规律，导致"共产风"盛行，造成严重的平均主义，挫伤了农民的积极性。第二次尝试是先让一部分人富裕起来，再带动其他人致富，最终实现共同富裕。改革开放后，党中央认识到平均主义的弊端，共同富裕必须以高度发达的生产力为前提。邓小平同志创造性地提出"先富带动后富"的构想。此后，中国共产党人依据这一构想，分别提出了区域协调发展战略、建立社会保障体系、完善收入分配制度等措施。分配制度注重效率与公平，使人民的生产热情得到最大地激发，社会生产力水平稳步提高。第三次尝试是使全体人民"共享共富"。新时代以来，为了确保人民美好生活需要能够得到充分满足，我国坚持共享发展的理念，以促进全体人民共同富裕为工作重点。习近平总书记提出"把逐步实现全体人民共同富裕摆在更加重要的位置上"的战略部署。[1] 党中央着力推行一批共同富裕先行示范区，并且完善分配制度，增加第三次分配，缩小社会差距。[2] 党的二十大提出的"实现全体人民共同富裕"是新时代坚持和完善我国基本经济制度和实现高质量发展的目的和要求。相比之下，西方发达资本主义国家虽然能够解决"富裕"问题，但是难以解决"共同"和"全面"的问题。这凸显了中国式现代化与西方以资本和"劫富济贫"为逻辑的现代化的差异，为现代化的后发国家提供了实现国富民强的参考方案。

第二，中国式现代化在精神方面主张"丰富人民精神世界"。丰富人民精神世界是社会主义文化建设的必然要求，为中国式现代化坚持以人民为中心提供了精神动力。现代化不仅需要物质基础，而且必须依靠强大的精神动力。在不同历史时期，中国共产党人都极为重视社会主义文化建设，提高国民素质。新民主主义革命时

---

[1] 习近平：《扎实推动共同富裕》，《人民日报》2021年10月16日第1版。
[2] 《习近平主持召开中央财经委员会第十次会议强调：在高质量发展中促进共同富裕，统筹做好重大金融风险防范化解工作》，《人民日报》2021年8月18日第1版。

论中国式现代化的"以人民为中心"思想及其世界意义

期,毛泽东同志就文艺问题发表过看法,他认为"文艺为什么人的问题"是一个原则问题,我国作为一个社会主义国家,文艺应该为人民服务。党中央在实践中着力推动文艺为人民服务,文化事业获得了蓬勃发展。新中国成立初期,我国开展了扫盲识字运动,普及了基础文化知识,使广大人民群众摘掉了文盲的帽子,人民群众的日常文化生活变得愈发丰富。改革开放以来,邓小平同志提出了"两手抓、两手都要硬"的思想,主张提高物质文明的同时,对于精神文明建设也不能有一丝的松懈,应该通过思想道德、科学文化建设等方式,提高全民族素质。江泽民同志提出在精神文明建设中要大力发展社会主义先进文化,推动物质文明和精神文明协调发展。胡锦涛同志提出了以人为本的科学发展观,并且主张深化文化体制改革,建设社会主义文化强国。新时代以来,党中央主张在强化社会主义核心价值观教育的同时,也要不断增强人民对中华优秀传统文化的认同感,力图为人民提供多样化的文化产品。党的二十大将"丰富人民精神世界"作为中国式现代化的本质要求,是新征程上精神文明建设的必然要求。相比之下,在资本主义社会中,由于劳动异化导致人的精神生活异化,而精神生活异化又导致人的片面发展。[1] 与西方现代化不同,中国式现代化强调人的物质和精神方面的协调发展,以实现人的全面发展为根本目标。

第三,中国式现代化在民主政治方面提出"发展全过程人民民主"。全过程人民民主是新时代党对民主政治建设的理论与实践的重大创新成果,为中国式现代化坚持以人民为中心提供了民主政治保障。中国的民主发展有其运作逻辑,民主发展在现代化进程中展开,并且从属于、服务于现代化建设,同时民主在现代化进程中不断扩展和深化。[2] 在革命时期,党注重根据地民主建设,根据地

---

[1] 刘影:《论精神生活共同富裕与人的全面发展》,《世界社会主义研究》2022年第10期。

[2] 周少来、张君:《现代化进程中的民主发展——中国特色社会主义民主政治发展40年》,《政治学研究》2018年第6期。

政权性质发生了从工农民主政权、"三三制"政权到人民民主政权的历史演变。新中国成立以来，1954年宪法确立了人民民主专政的国体和人民代表大会制度的政体，从根本上保障了人民当家作主。改革开放以来，我国注重民主制度化、法制化，主张扩大党内民主和人民民主，巩固和发展最广泛的爱国统一战线。党的十八大以来，党对社会主义民主政治的规律性认识达到了新的高度，提出发展基层民主、完善基层群众自治制度的要求，提出了发展全过程人民民主的新概念，从制度和程序上完善了社会主义民主政治建设。相比之下，西方的自由民主从战后发展至今，弊端之一是窄化了民主的范围和缩减了民主的过程，逐渐演化为"投票选举""间歇性民主"等阉割版本。① 在我国的重大立法和决策中发展全过程人民民主，依照法定程序，采取协商民主、基层民主等实践形式，通过人民群众共同商议来集中民智、反映人民群众的利益诉求，能够真正实现人民当家作主。

三　中国式现代化中"以人民为中心"思想的世界意义

中国共产党以科学理论为指导，找到了中国现代化的正确的方向和道路。党的二十大提示我们，如今中国已经踏上了全面建成社会主义现代化强国的征途，"三步走"的目标即将实现，随之而来的任务是以中国式现代化全面推进中华民族伟大复兴。因此，结合党的二十大报告分析以人民为中心的中国式现代化的主要内容，不仅是对党的二十大精神的宣传，而且彰显出以人民为主体的现代化相比于以资本为逻辑的现代化的优越性，具有重要的世界意义。

第一，中国式现代化遵循以人民为中心的价值取向，维护人民

---

① 梁海峰：《2019年以来全过程人民民主研究述评》，《中国井冈山干部学院学报》2022年第5期。

当家作主的主体地位，开辟了人民主体地位的新境界。中华人民共和国成立以来，人民从受压迫、受限制的状态中解脱出来，成为国家的主人。人民当家作主作为一条红线贯穿于中国式现代化发展的始终，从人民代表大会制度、政治协商、统一战线再到全过程人民民主，中国共产党不断创造适合我国国情的保障人民主体地位的民主制度和形式，使人民群众参与国家治理的积极性得到了最大程度地发挥。西方国家的民主政治因其坚持以资本为中心的价值取向，在很大程度上背离了民主原本的宗旨，不能代表广大民众的利益和诉求，从而不可避免地走向资本当家作主。① 西方的民主政治体制采取"票决"选举的方式，不仅简化了民主程序，而且成为资本主义市场经济的缩影。② 相比于西方民主政治，全过程人民民主才是体现民意的真正的民主，实现了对西方普世价值观下民主制度的超越。

第二，中国式现代化坚持走以人民为中心的共同富裕的发展道路，倡导社会公平正义，创造了人民共享发展的新理念。2021年习近平总书记强调"要坚持以人民为中心的发展思想，在高质量发展中促进共同富裕"③。高质量发展是致富的前提和基础，我国号召全体人民勤劳创新实现高质量发展，以共建共享促进社会公平正义，最终实现共同富裕。早在党的十六届六中全会就提及共建共享的思想，具体表现为"在中国特色社会主义道路上，中国共产党领导全体人民共同建设、共同享有的和谐社会"④。从此，共同建设和共同享有成为中国特色社会主义的重要特征。党的十八届五中全会提出共享发展作为新发展理念之一，在共享理念的指导下，

---

① 徐伟明：《全过程人民民主对西方自由式民主的三重超越》，《社会主义研究》2022年第4期。
② 鲁品越：《关于当代民主制度的问答（上）》，《思想理论教育》2014年第11期。
③ 《习近平主持召开中央财经委员会第十次会议强调在高质量发展中促进共同富裕 统筹做好重大金融风险防范化解工作》，《人民日报》2021年8月18日第1版。
④ 《中共中央关于构建社会主义和谐社会若干重大问题的决定》，《人民日报》2006年10月19日第1版。

我国的经济实现了从量变到质变的飞跃。面对纷繁变幻的国内国际形势，我国以新发展理念为指导，以共享发展的方式来解决我国社会发展中不平衡不充分的矛盾和问题，在脱贫工作方面取得重大进展，消除了绝对性贫困，兜住了人民的生活底线，着力提高人民的生活质量。在西方，由于贫富分化愈演愈烈，许多欧洲发达国家试图用福利制度来缓解贫富分化的问题。福利制度虽然在一定程度上缓解了资本主义社会的阵痛，却忽视了一部分弱势群体，不能使所有民众受惠，还出现了不愿工作、仅靠领取福利为生的群体。西方国家缓解贫富分化的政策、措施，都是在资本主义制度框架下的修修补补。这样的情况反映了西方国家不能从根源上解决贫富分化问题的现代性危机。[1] 因此，相比西方国家的福利制度，共享理念展现出更多的优越性。在共享理念的指导下，我国人民不仅能实现共同富裕而且能在共建共享中实现自身的全面发展。

第三，中国式现代化以实现人的现代化为最终目标，体现了实现人的全面发展的根本要求。马克思主义致力于实现人的解放和全面发展，从根本上破除人对物的依赖性。中国共产党是马克思主义政党，在中国式现代化进程中，帮助中国人民翻身做主人，在解决人民的基本温饱问题后，进一步满足人民对美好生活的各方面的需求，为最终达到人民理想的社会状态，实现人的现代化的最终目标而不懈奋斗。然而，在西方资本主义私有制主导下的物质生活中，资产阶级通过对内剥削工人阶级、对外压榨和殖民世界其他国家、地区，追求剩余价值。在资本主义社会中，工人生产得越多，占有得越少。在此条件下，人变成"物化的人"，人与自身、他人、社会的关系都呈现出"物的关系"，人只能实现片面发展。以"人"为核心的现代化和"以人民为中心"的现代化的特点，体现了马克思主义关于人的全面发展的理

---

[1] 臧峰宇：《以中国式现代化全面推进中华民族伟大复兴的实践逻辑》，《中国纪检监察报》2022 年 11 月 17 日第 8 版。

念，彰显了中国式现代化的"人民性"品质。① 中国式现代化能够革除西方现代化中的异化现象，避免人的片面发展，克服资本主义制度固有的弊端，最终实现人的现代化。因此，我国能够在不断厚植现代化的基础上，协同推进人的全面发展与中国式现代化，共同构建人类文明新形态。

四 结论

长期以来，在现代化的历史进程中，西方和东方被分裂开来，东方从属于西方。② 中国式现代化是中国共产党在长期探索中找到的一条可以使我国的现代化由被动转为主动的正确路径。③ 经过百年的探索与发展，我国的现代化不再从属于西方，成功地从根本上超越了西方以资本为中心的现代化。我国现代化的初心是，从人民的视角出发，为人民谋幸福，使命是从民族的角度出发，为民族谋复兴。

百年来，中国共产党团结带领全国各族人民抵抗外来侵略和国内反动统治，为人民当家作主提供根本保障，领导人民开启现代化的伟大实践，提出"工业化""四个现代化""中国式的四个现代化""两个一百年"等一系列战略目标，并实事求是地为之规定了切实可行的战略步骤。④ 在探索中国式现代化的过程中，中国共产党继承和发扬了中华传统民本思想和马克思主义的群众观，并且把为人民服务作为党的根本宗旨，把人民作为中国式现代化的主体、动力，在现代化的实践中，保障人民民主，满足人民的物质、精神需要，以实现人的全面发展为根本目标。进入新时代以来，特别是

---

① 秦德君：《中国式现代化的历史进程与历史启示》，《学术界》2022年第11期。
② 孙正聿：《从大历史观看中国式现代化》，《哲学研究》2022年第1期。
③ 杨章文：《论中国式现代化道路的整体性逻辑》，《探索》2022年第1期。
④ 张远新、王钊：《中国式现代化的双重超越及其显著优势》，《思想理论教育》2022年第11期。

习近平新时代中国特色社会主义思想研究

党的二十大以来，党领导全国各族人民走出了中国式现代化的新道路。与西方现代化的"竞争—票选"民主、逐渐拉大的贫富差距、人的片面发展的境况相比，中国式现代化开辟了坚持人民主体地位的新境界、创造了人民共享发展的新理念、充分体现了实现人的全面发展的根本要求，具有深远的国际意义。以人民为中心的发展思想是中国共产党在现代化任务的接续奋斗中前进的理论导向，从理论上极大丰富和拓展了世界现代化，并且为现代化的后发国家提供借鉴和思考。

党的二十大是我国在全面建成社会主义现代化强国开局之年，胜利召开的一次重要会议，能够深化我们对党关于中国式现代化的理论与实践探索的认识。当前，迈向第二个百年奋斗目标新征程的巨轮已经起锚，驶入了党为之指定的航向，党的二十大精神则是实现这个奋斗目标的定海神针。党的二十大将第二个百年奋斗目标与我国的现代化建设相结合，为全体党员厘定了新的历史方位和时代坐标，为中国式现代化坚持"以人民为中心"提供了新的价值遵循。

On the "People-Centered" Philosophy in Chinese Modernization and Its World Significance
TENG Shuna　ZHANG Songyue

Abstract: Xi Jinping Thought on Socialism with Chinese Characteristics for a New Era is the guide for the CPC to unite and lead the Chinese people in governing the country, and is a powerful ideological resource to promote the development of China's modernization and realize national rejuvenation. The 20th CPC Congress has scientifically outlined the basic features, essential requirements and other aspects of Chinese modernization from a theoretical perspective. The Chinese path to modernization takes achieving common material and spiritual prosperity as its yardstick, guaranteeing people's democracy as its value orientation to advance steadily as socialist modernization. It can be said that the people-centered philosophy, being the theoretical orientation of Chinese modernization which can enrich the concept of modernization and provide reference and reflection for post-modernization countries, runs through the whole process of Chinese modernization, fundamentally breaking through the Western monotony of modernization in pattern and path, creating "the principal position of the people" and "shared among the people", and embodying the fundamental needs of well-rounded development of the people.

Key Words: Report to the 20th National Congress of the CPC, people-centered philosophy, Chinese path to modernization, world significance

论习近平总书记关于加强和改进民族工作重要思想的特征

龚志祥[1] 田 华[2]

(1. 东北大学秦皇岛分校；2. 湖北省来凤县教育局)[*]

摘 要：习近平总书记关于加强和改进民族工作重要思想是习近平新时代中国特色社会主义思想的重要内容，具有科学性、实践性、继承性和创新性。习近平总书记关于加强和改进民族工作重要思想具有严密的科学体系，严谨的科学态度和务实的科学方法；习近平总书记关于加强和改进民族工作重要思想的实践性体现在各个方面，是全方位的、多层次的，既来自中国的社会主义建设和改革开放实践，也是深入民族地区基层的大量调查研究，科学指导民族工作和民族政策实践；习近平总书记关于加强和改进民族工作重要思想继承了马克思主义基本原理、基本观点和基本方法，哲学体系、思想方法等，是中国化、时代化、大众化的马克思主义民族理论，马克思主义中国化的最新理论成果；习近平总书记关于加强和改进民族工作重要思想是新时代中国特色社会主义思想的重要组成部分，是中国特色民族理论的一次巨大创新。

关键词：习近平新时代；民族工作思想；特征

作 者：龚志祥，东北大学秦皇岛分校民族学学院教授；田

---

[*] 本文系国家民委民族研究项目"习近平民族工作思想研究"（编号：2017 – GMW – 041）阶段性成果。

论习近平总书记关于加强和改进民族工作重要思想的特征

华,湖北省来凤县教育局工作人员。

习近平总书记关于加强和改进民族工作重要思想是习近平新时代中国特色社会主义思想的重要内容,是马克思主义中国化最新理论成果的重要组成部分,进一步丰富和发展了马克思主义民族理论,保持了与时俱进的理论品格。习近平总书记关于加强和改进民族工作重要思想立足中国少数民族和民族地区实际,深刻把握中国的历史与现实,放眼世界,着眼民族地区和各民族的全面建成小康社会,具有鲜明的时代特征和中国特色。

一 习近平总书记关于加强和改进民族工作重要思想的科学性

习近平总书记关于加强和改进民族工作重要思想是研究当代中华民族和民族问题一般规律的科学理论,具有严密的科学体系,严谨的科学态度和务实的科学方法。

习近平总书记关于加强和改进民族工作重要思想科学回答了民族工作领域的一系列基本问题,并提出解决民族问题的一系列基本观点和方法。民族工作无小事,民族问题是牵一发而动全身的重要问题,在阐明民族问题重要性时,习近平总书记告诉我们:"我国是统一的多民族国家,民族问题始终是关系祖国统一和边疆巩固的大事,是关系民族团结和社会稳定的大事,是关系国家长治久安和中华民族繁荣昌盛的大事。"[①]"始终"二字说明民族问题的长期性、历史性,民族问题事关国家统一、边疆巩固、民族团结、社会稳定、国家长治久安、祖国繁荣昌盛等方面,说明民族问题的综合

[①] 国家民族事务委员会:《中央民族工作会议精神学习辅导读本》,民族出版社2015年版,第3页。

性、全面性和复杂性，民族问题是关涉我们国家许多方面的大事，说明民族问题的极端重要性。对此，我们必须有正确的态度和科学精神对待民族问题，在民族工作中自觉贯彻习近平总书记的指示精神。科学分析和正确认识我国民族问题，搞好民族工作，促进民族地区发展。习近平同志强调："民族工作关乎大局，做好新形势下民族工作必须牢牢把握坚持中国特色社会主义道路这一正确政治方向，坚定不移地贯彻党的民族政策。"[1] 以习近平同志为核心的党中央领导集体十分重视和关注民族团结进步事业发展，科学而系统分析了我国民族问题存在发展的基本规律和态势，精准阐明我国民族工作呈现的阶段性特征；深刻阐述了民族工作领域广大干部群众热切关心和需要回答的一系列重大理论和实践问题；明确提出了加快少数民族和民族地区发展的一系列重大举措、重大部署、重大要求，实现全面建成小康社会的目标；进一步明确了新时代民族工作的指导思想、基本原则、目标任务、主攻方向和政策措施，开创了习近平新时代中国特色社会主义民族团结进步事业的新局面。习近平总书记关于加强和改进民族工作重要思想科学回答了我们多民族国家的边疆巩固、国家统一、社会稳定与民族问题的辩证关系，处理好民族问题事关国家的长治久安、人民幸福和社会团结。科学解决民族问题，必须坚定不移地走中国特色社会主义道路，以习近平新时代中国特色社会主义思想为指导，在民族工作中全面贯彻执行习近平总书记关于加强和改进民族工作的重要思想。

习近平总书记关于加强和改进民族工作重要思想是习近平新时代中国特色社会主义思想的重要组成部分，科学指导新时代民族工作，科学引领新时代民族政策实践，科学探索民族和民族地区的发展规律。"习近平新时代中国特色社会主义思想，是对马克思列宁主义、毛泽东思想、邓小平理论、'三个代表'重要思想、科学发

---

[1] 国家民族事务委员会：《中央民族工作会议精神学习辅导读本》，民族出版社2015年版，第5—6页。

论习近平总书记关于加强和改进民族工作重要思想的特征

展观的继承和发展，是马克思主义中国化最新成果，是党和人民实践经验和集体智慧的结晶，是中国特色社会主义理论体系的重要组成部分，是全党全国人民为实现中华民族伟大复兴而奋斗的行动指南，必须长期坚持并不断发展。"[1] 习近平总书记关于加强和改进民族工作重要思想以马克思主义哲学为基础，坚持辩证唯物主义和历史唯物主义，运用科学的世界观和方法论，围绕少数民族和民族地区全面建成小康社会目标系统阐述民族工作领域的基本理论、原则和方法。习近平总书记关于加强和改进民族工作重要思想构成了严密的科学体系，科学揭示当代中华民族和民族问题的规律和本质，就我国统一多民族国家的基本国情、中国特色解决民族问题的正确道路、坚持和完善民族区域自治制度、加强中华民族大团结、加快民族地区全面建成小康社会进程、构筑各民族共有精神家园、做好城市民族工作等方面科学提出一系列基本理论、基本规律、基本原则，构成了一个完整的科学体系。

二 习近平总书记关于加强和改进民族工作重要思想的实践性

习近平总书记关于加强和改进民族工作重要思想来自民族和民族地区的生动实践，科学系统总结民族工作，是与马克思主义基本原理相结合的产物，是具有中国特色的马克思主义民族理论。习近平总书记关于加强和改进民族工作重要思想是马克思主义民族理论中国化、大众化、时代化的最新理论结晶，具有鲜明的实践性。

民族地区和少数民族的发展时刻牵动着总书记的心。1988年至1990年，习近平同志时任福建省宁德地委书记期间，多次深入畲族地区村寨开展调查调研，系统思考包括畲族群众在内的闽东各族人民脱贫致富方略，对民族地区如何脱贫致富问题进行了深刻的

---

[1] 《中国共产党章程》，人民出版社2022年版，第4页。

分析和科学统筹，并开展民族政策实践。在宁德地区民委第七次委员（扩大）会议上，习近平从战略高度阐述了做好民族工作的重要性，"民族问题是一个带有根本性的问题，是社会发展总问题的一部分……做好民族工作，有重要的现实意义和深远的历史意义。"在调任福州市委书记、福建省委省政府领导后，习近平同志就如何帮助少数民族群众和全省人民一道脱贫致富奔小康亲力亲为，制定帮扶政策，增强"造血"能力，为他们摆脱贫困想方设法。

习近平总书记关于加强和改进民族工作重要思想对民族政策和民族工作的指导作用，创新民族工作思路指明方向。坚持马克思辩证唯物主义和历史唯物主义，从民族工作实际出发，从实践中来到实践中去，推进马克思主义民族理论中国化时代化大众化。

无论是在主政地方还是担任党和国家领导人期间，习近平同志始终坚持理论与实践相结合的原则，与人民群众保持血肉相连的亲密关系；始终坚持以人民为中心，坚持人民主体地位，从群众中来，到群众中去。习近平同志担任总书记以来，立足我国少数民族和民族地区实际，身体力行，20余次深入民族地区，足迹遍布大江南北，开展深入细致的调查研究，与少数民族群众面对面交谈，聆听各族人民心声，掌握第一手材料，了解民族地区实际情况，回应现实需要，深入总结中国特色社会主义民族理论实践，更好实现马克思主义民族理论的基本原理同当代中华民族和民族地区具体实际相结合，系统论述民族和民族地区发展的一般规律，把民族问题纳入中国社会总问题的一部分，不断创新和发展马克思主义民族理论，精准指导民族工作，精准出台民族政策。

总之，习近平总书记关于加强和改进民族工作重要思想的实践性体现在各个方面，是全方位的、多层次的，既来自中国的社会主义建设和改革开放实践，也是深入民族地区基层的大量调查研究，科学指导民族工作和民族政策实践。

三 习近平总书记关于加强和改进民族工作重要思想的继承性

习近平总书记关于加强和改进民族工作重要思想是马克思主义民族理论的重要组成部分,具有鲜明的中国特色和时代特征。习近平总书记关于加强和改进民族工作重要思想遵循马克思主义的基本原理,放眼世界,积极探索中国少数民族和民族地区的发展规律,以人民为中心思考民族地区的发展繁荣问题。在面临少数民族和民族地区的新情况新问题时,我们党始终以马克思主义民族理论为指导,结合民族地区实际,统筹考虑民族地区发展,积极探索解决民族问题的方式方法,坚持中国特色解决民族问题的正确道路。习近平总书记强调"新中国成立65年来,党的民族理论和方针政策是正确的,中国特色解决民族问题的道路是正确的,我国民族关系总体是和谐的,我国民族工作做的是成功的。同时,我们的民族工作也面临着一些新的阶段性特征。做好民族工作要坚定不移走中国特色解决民族问题的正确道路,开拓创新,从实际出发,顶层设计要缜密、政策统筹要到位、工作部署要稳妥,让各族人民增强对伟大祖国的认同、对中华民族的认同、对中华文化的认同、对中国特色社会主义道路的认同。民族区域自治制度是我国的一项基本政治制度,是中国特色解决民族问题的正确道路的重要内容。要坚持统一和自治相结合、民族因素和区域因素相结合,把宪法和民族区域自治法的规定落实好,关键是帮助自治地方发展经济、改善民生。"[1]党的民族理论经过毛泽东、邓小平、江泽民、胡锦涛、习近平等历届党和国家领导集体的理论思考和卓越实践,用马克思主义的基本原理武装自己,坚持真理,不断发展和创新具有中国特色的马克思

---

[1] 国家民委民族理论政策研究室:《中央民族工作会议创新观点面对面》,民族出版社2015版,第151—152页。

主义民族理论，不忘初心，与时俱进，科学解决了中国的民族问题，促进了民族地区发展和民族团结。

习近平总书记关于加强和改进民族工作重要思想是新时代中国特色社会主义思想的组成部分。十九大报告指出"围绕这个重大时代课题，我们党坚持以马克思列宁主义、毛泽东思想、邓小平理论、'三个代表'重要思想、科学发展观为指导，坚持解放思想、实事求是、与时俱进、求真务实，坚持辩证唯物主义和历史唯物主义，紧密结合新的时代条件和实践要求，以全新的视野深化对共产党执政规律、社会主义建设规律、人类社会发展规律的认识，进行艰辛理论探索，取得重大理论创新成果，形成了新时代中国特色社会主义思想。"[①] 习近平总书记继承了马克思主义民族理论的基本原理，坚持理论与实际相结合，求真求实，辩证处理继承与发展的关系，积极探索民族和民族问题的一般规律，带领人民创造性推进马克思主义民族理论中国化，创立了习近平总书记关于加强和改进民族工作重要思想。民族地区的发展和各民族的团结进步离不开习近平总书记关于加强和改进民族工作重要思想的理论指引，习近平总书记关于加强和改进民族工作重要思想是做好民族工作和民族政策成功实践的根本保障。

在继承与发展、传承与创新方面，习近平总书记指出："新时代中国特色社会主义思想，是对马克思列宁主义、毛泽东思想、邓小平理论、'三个代表'重要思想、科学发展观的继承和发展，是马克思主义中国化最新成果，是党和人民实践经验和集体智慧的结晶，是中国特色社会主义理论体系的重要组成部分，是全党全国人民为实现中华民族伟大复兴而奋斗的行动指南，必须长期坚持并不断发展。"[②] 习近平总书记关于加强和改进民族工作重要思想是新

---

① 习近平：《决胜全面建成小康社会 夺取新时代中国特色社会主义伟大胜利——在中国共产党第十九次全国代表大会上的报告》，人民出版社2017年版，第13页。
② 习近平：《决胜全面建成小康社会 夺取新时代中国特色社会主义伟大胜利——在中国共产党第十九次全国代表大会上的报告》，人民出版社2017年版，第14页。

论习近平总书记关于加强和改进民族工作重要思想的特征

时代中国特色社会主义思想的有机构成,是党和国家历代领导集体民族理论的继承和发展,是我们铸牢中华民族共同体意识的行动指南。中央民族工作会议指出:"多民族是我国的一大特色,也是我国发展的一大有利因素。各民族共同开发了祖国的锦绣河山、广袤疆域,共同创造了悠久的中国历史、灿烂的中华文化。我国历史演进的这个特点,造就了我国各民族在分布上的交错杂居、文化上的兼收并蓄、经济上的相互依存、情感上的相互亲近,形成了你中有我、我中有你,谁也离不开谁的多元一体格局。中华民族和各民族的关系,是一个大家庭和家庭成员的关系,各民族的关系,是一个大家庭里不同成员的关系。处理好民族问题、做好民族工作,是关系祖国统一和边疆巩固的大事,是关系民族团结和社会稳定的大事,是关系国家长治久安和中华民族繁荣昌盛的大事。全党要牢记我国是统一的多民族国家这一基本国情,坚持把维护民族团结和国家统一作为各民族最高利益,把各族人民智慧和力量最大限度凝聚起来,同心同德为实现'两个一百年'奋斗目标、实现中华民族伟大复兴的中国梦而奋斗。"[①] 习近平总书记从理论与实践、历史与现实、一般与特殊等多角度生动地诠释了习近平总书记关于加强和改进民族工作重要思想的继承性与创新性,是马克思主义民族理论与新世纪中国民族工作生动实践的智慧结晶,是我们做好民族工作的行动指南。

总之,习近平总书记关于加强和改进民族工作重要思想继承了马克思主义基本原理、基本观点和基本方法,哲学体系、思想方法等,与马克思列宁主义、毛泽东思想、邓小平理论、"三个代表"重要思想、科学发展观一脉相承。习近平总书记关于加强和改进民族工作重要思想源自于五千多年中华文明所孕育的中华优秀传统文化,根植于当代中国民族政策实践,反映中国少数民族和民族地区

[①] 国家民族事务委员会编:《中央民族工作会议精神学习辅导读本》,民族出版社2015年版,第20页。

的发展规律，源远流长，是具有鲜明中国特色的马克思主义民族理论。

四 习近平总书记关于加强和改进民族工作重要思想的创新性

中国特色社会主义进入新时代，中国特色社会主义理论、道路、制度、文化不断发展，我国社会主要矛盾已经转化为人民日益增长的美好生活需要和不平衡不充分的发展之间的矛盾。我国社会主要矛盾的变化给我们提出了新的历史课题，也给我们带来新的发展机遇，我们必须认识到"我国社会主要矛盾的变化是关系全局的历史性变化，对党和国家工作提出了许多新要求。我们要在继续推动发展的基础上，着力解决好发展不平衡不充分问题，大力提升发展质量和效益，更好满足人民在经济、政治、文化、社会、生态等方面日益增长的需要，更好推动人的全面发展、社会全面进步。"[1] 这一重要论断对民族工作提出了新要求，习近平总书记关于加强和改进民族工作重要思想顺应时代发展，运用马克思主义理论与方法，结合新时代中国民族工作面临的新情况新形势，创造性回答了少数民族和民族地区发展过程中面临的一系列问题，统筹解决好少数民族和民族地区发展不平衡不充分问题，实现各族人民日益增长的美好生活需要。

正如习近平总书记所说，理论的生命力在于不断创新，推动马克思主义不断发展是中国共产党人的神圣职责。习近平同志把马克思主义民族理论基本原则同中国的民族和民族问题具体实际相结合，与中国的历史文化传统、时代要求紧密结合，在民族工作实践中不断探索总结，创立习近平总书记关于加强和改进民族工作重要

---

[1] 决胜全面建成小康社会夺取新时代中国特色社会主义伟大胜利——在中国共产党第十九次全国代表大会上的报告》，人民出版社2017年版，第8—9页。

论习近平总书记关于加强和改进民族工作重要思想的特征

思想,是我们新时代民族工作的强大思想武器和指南针,做好新时代民族工作的纲领性文献,是马克思主义民族理论的一次飞跃性发展。"十八大以来,国内外形势变化和我国各项事业发展都给我们提出了一个重大时代课题,这就是必须从理论和实践结合上系统回答新时代坚持和发展什么样的中国特色社会主义、怎样坚持和发展中国特色社会主义,包括新时代坚持和发展中国特色社会主义的总目标、总任务、总体布局、战略布局和发展方向、发展方式、发展动力、战略步骤、外部条件、政治保证等基本问题,并且要根据新的实践对经济、政治、法治、科技、文化、教育、民生、民族、宗教、社会、生态文明、国家安全、国防和军队、'一国两制和祖国统一、统一战线、外交、党的建设等各方面作出理论分析和政策指导,以利于更好坚持和发展中国特色社会主义。"① 习近平总书记关于加强和改进民族工作重要思想正是围绕这一重大时代课题,坚持道路自信、理论自信、制度自信、文化自信,运用马克思主义观察时代、解读时代、引领时代,结合中国少数民族和民族地区实际,就当前和今后一个时期民族工作的大政方针,永葆与时俱进的理论品质,创造性地提出了一系列新思想、新论断和新认识,作出了一系列新决策、新部署和新要求。

习近平总书记指出:"围绕这个重大时代课题,我们党坚持以马克思列宁主义、毛泽东思想、邓小平理论、'三个代表'重要思想、科学发展观为指导,坚持解放思想、实事求是、与时俱进、求真务实,坚持辩证唯物主义和历史唯物主义,紧密结合新的时代条件和实践要求,以全新的视野深化对共产党执政规律、社会主义建设规律、人类社会发展规律的认识,进行艰辛理论探索,取得重大理论创新成果,形成了新时代中国特色社会主义思想。"② 习近平

---

① 《决胜全面建成小康社会 夺取新时代中国特色社会主义伟大胜利——在中国共产党第十九次全国代表大会上的报告》,人民出版社2017年版,第14页。
② 《决胜全面建成小康社会 夺取新时代中国特色社会主义伟大胜利——在中国共产党第十九次全国代表大会上的报告》,人民出版社2017年版,第14页。

总书记关于加强和改进民族工作重要思想是新时代中国特色社会主义思想的重要组成部分，是中国特色民族理论的一次巨大创新，科学阐明我国统一的多民族国家这一基本国情、中国特色解决民族问题正确道路的基本内涵，深刻分析当前民族工作面临的新阶段性特征，强调民族理论政策创新要坚持增强各族人民对伟大祖国、中华民族、中华文化、中国共产党、中国特色社会主义道路的认同。以铸牢中华民族共同体意识为主线，推动新时代党的民族工作高质量发展，中国式现代化推进中华民族共同体建设。

习近平总书记在中国共产党第十九次全国代表大会的报告进一步深化新时代马克思主义民族理论，一是要全面贯彻党的民族政策。二是要深化民族团结进步教育，铸牢中华民族共同体意识。三是加强各民族交往交流交融，促进各民族像石榴籽一样紧紧抱在一起。四是坚持共同团结奋斗、共同繁荣发展。① 进一步创新和发展了中国特色社会主义民族理论，充分体现习近平总书记关于加强和改进民族工作重要思想的科学性、实践性、继承性、创新性。民族团结是我国各族人民的生命线，这是对当前我国民族团结进步事业面临新形势作出正确判断后发出的重要警示。做好民族工作，最关键的是搞好民族团结，最管用的是争取人心。走群众路线，依靠各族群众，团结各族群众、争取人心，凝聚人心，全社会一起做交流、培养、融洽感情的工作，是我们党民族工作的一项优良传统和法宝。要正确认识我国民族关系的主流，多看民族团结的光明面，巩固和发展平等团结互助和谐的社会主义民族关系，加强各民族交往交流交融，尊重差异、包容多样，让各民族在中华民族大家庭中手足相亲、守望相助，构筑各民族共有精神家园。② 中国共产党围绕新时代坚持和发展中国特色社会主义这一重大历史课题，发展和

---

① 《决胜全面建成小康社会 夺取新时代中国特色社会主义伟大胜利——在中国共产党第十九次全国代表大会上的报告》，人民出版社 2017 年版，第 27 页。
② 国家民族事务委员会编：《中央民族工作会议精神学习辅导读本》，民族出版社 2015 年，第 81 页。

论习近平总书记关于加强和改进民族工作重要思想的特征

创新马克思主义民族理论，推动马克思主义民族理论中国化又一次历史性飞跃。习近平总书记在中国共产党第二十次全国代表大会的报告中指出"以铸牢中华民族共同体意识为主线，坚定不移走中国特色解决民族问题的正确道路，坚持和完善民族区域自治制度，加强和改进党的民族工作，全面推进民族团结进步事业。"[①] 习近平关于加强和改进民族工作重要思想具有鲜明的时代特征，是中国化的马克思主义理论重要组成部分。

党的十九大报告明确将做好民族工作纳入中国特色社会主义进入新时代的基本内涵，强调这个新时代是"全国各族人民团结奋斗、不断创造美好生活、逐步实现全体人民共同富裕的时代"[②]，习近平总书记在中央民族工作会议上系统阐明了新时代我们党关于加强和改进民族工作的重要思想，强调要以铸牢中华民族共同体意识为主线，推动新时代党的民族工作高质量发展。习近平关于加强和改进民族工作重要思想是党的民族工作实践的最新总结，是马克思主义民族理论中国化的最新成果，为我们做好新时代党的民族工作提供了根本遵循。习近平总书记关于加强和改进民族工作重要思想是习近平新时代中国特色社会主义思想的有机构成部分，是中国化、时代化、大众化的马克思主义民族理论，是我们解决民族问题的法宝，民族工作中的行动指南。习近平总书记关于加强和改进民族工作重要思想立足国情，以少数民族和民族地区全面建成小康社会为中心，深入总结民族政策实践，科学而系统地论述了中国民族和民族问题的历史和现实，是党和人民民族工作实践经验和集体智慧的结晶。习近平总书记关于加强和改进民族工作重要思想坚持走中国特色解决民族问题的正确道路，放眼世界，全球视野，面向21世纪，吸收人类文明一切有益成果，坚持党对民族工作的全面

---

① 习近平：《高举中国特色社会主义伟大旗帜　为全面建设社会主义现代化国家而团结奋斗》，人民出版社 2022 年版，第 39—40 页。
② 《决胜全面建成小康社会　夺取新时代中国特色社会主义伟大胜利——在中国共产党第十九次全国代表大会上的报告》，人民出版社 2017 年版，第 7 页。

领导，坚持与中国民族实际相结合，坚持新发展理念，以人民为中心，全面深化改革，不断创新和发展马克思主义民族理论。

The Characteristics of the CPC General Secretary Xi Jinping's Important Thought on Strengthening and Improving the Ethnic Work

Gong Zhixiang Tian Hua

Abstract: The Important Thought of General Secretary Xi Jinping on Strengthening and Improving Ethnic Work is an important part of Xi Jinping's Thought on Socialism with Chinese Characteristics for a New Era, which is scientific, practical, inherited and innovative. The Important Thought of General Secretary Xi Jinping on Strengthening and Improving Ethnic Work has the rigorous scientific system, the scientific attitude and the pragmatic scientific method. The practicality of General Secretary Xi Jinping's Important Thought on Strengthening and Improving Ethnic Work is embodied in all aspects, is all-rounded, multi-layered, and is derived from both China's socialist construction and reform and opening-up practice, and also from a large number of in-depth investigative studies at the grassroots level of the ethnic areas, the Scientific guidance for ethnic work and ethnic policy practice. General Secretary Xi Jinping's Important Thought on Strengthening and Improving Ethnic Work inherits the basic principles, views and methods of Marxism, the philosophical system, ideological methods, etc., and is the latest achievement of the Chineseisation of Marxism. As an important part of the thought of socialism with Chinese characteristics in the new era, it is a great innovation of the theory of nationalities with Chinese characteristics.

Key Words: Xi Jinping's New Era, Important Thought on the Ethnic Work, Characteristics

新时代脱贫攻坚精神融入高校思想政治教育路径探析[*]

杨芷郁

（辽宁师范大学）

摘 要：新时代脱贫攻坚精神不仅是中国精神的重要标识，也是大学生思想政治教育的鲜活素材。探究脱贫攻坚精神丰富的时代内涵，对于铸牢大学生理想信念根基、弘扬自强不息精神、树立勇于创新意识，肩负起时代赋予的历史责任有重要作用。本文从思想政治理论课教学、网络思想政治教育、大学生社会实践、大学生校园文化四个角度，探索了新时代脱贫攻坚精神融入高校思想政治教育的有效路径。

关键词：脱贫攻坚精神；思想政治教育；青年大学生

作 者：杨芷郁，辽宁师范大学马克思主义学院副教授。

在迎来中国共产党成立一百周年的重要时刻，我国脱贫攻坚战取得了全面胜利。在脱贫攻坚战中，锻造形成了伟大的脱贫攻坚精神。新时代，脱贫攻坚精神汇聚起万众一心的磅礴力量，以强烈的大局意识将每一个中国人融入中华民族伟大复兴中，折射出所有中国人炽热深沉的爱国主义情怀，展现出中国人骨子里的民族精神和

---

[*] 本文系辽宁省教育科学"十四五"规划2021年度课题（编号：JG21DB184）、河北省高等学校人文社会科学研究项目（编号：SD2022115）、东北大学秦皇岛分校2022年校级一流本科课程建设项目（编号：2022YLKC-A03）阶段性成果。

时代精神，诠释出中国力量的时代价值。新时代必须大力弘扬脱贫攻坚精神，坚持用习近平新时代中国特色社会主义思想铸魂育人。

一 脱贫攻坚精神的时代内涵

2021年2月25日，在全国脱贫攻坚总结表彰大会上，习近平总书记首次提出了内涵深刻的"上下同心、尽锐出战、精准务实、开拓创新、攻坚克难、不负人民"的脱贫攻坚精神。深刻理解脱贫攻坚精神丰富的时代内涵，对于大力弘扬脱贫攻坚精神，坚定大学生"四个自信"具有重要作用。

（一）"上下同心"充分体现群策群力的团结伟力

"积力之所举，则无不胜也；众智之所为，则无不成也。"中国共产党是坚持团结的马克思主义政党，习近平总书记做出的一系列重要批示："要大力弘扬中华民族扶贫济困的优良传统，凝聚全党全社会力量，形成扶贫开发工作强大合力""动员社会力量广泛参与扶贫事业"[①]，为脱贫攻坚提供了根本遵循和科学指引。各级党组织和广大共产党员坚决响应党中央号召，发扬艰苦奋斗、苦干实干精神，发扬创造幸福生活的"孺子牛、老黄牛、拓荒牛"精神。以习近平同志为核心的党中央在脱贫攻坚这场没有硝烟的战场上，呕心沥血，全国上下形成同心同德、众志成城、万众一心，攻坚克难的团结伟力。

（二）"尽锐出战"充分体现全力以赴的昂扬斗志

脱贫攻坚是一场硬仗，在脱贫攻坚的决胜决战关键时期，国家选派"精兵"打"硬仗"，配强配齐脱贫攻坚"一线战斗员"。在

---

① 中共中央党史和文献研究院：《习近平扶贫论述摘编》，中央文献出版社2018年版，第99—101页。

党和国家的号召下，思想好、作风正、能力强的大批公务员、事业人员下沉一线，深入贫困地区成为驻村扶贫干部，数百万的党员干部舍小家为大家，在困难面前豁得出，关键时候顶得上；各级党委和政府积极部署，认真落实党中央的重要指示精神，绞尽脑汁解决百姓急、难、愁、盼的现实问题，用"敢叫日月换新天"的气概和"不破楼兰终不还"的劲头，攻坚克难，全力以赴。

（三）"精准务实"充分体现勇于探索的科学态度

脱贫攻坚，精准是要义，精准施策是基本方略。习近平总书记指出："扶持谁、谁来扶、怎么扶、如何退，全过程都要精准，有的需要下一番'绣花'功夫。"[①] 精准脱贫是党的十九大报告中三大攻坚战中对全面建成小康社会最具有决定性意义的攻坚战。我国脱贫攻坚本着精准是要义的科学态度，"针对不同情况分类施策、对症下药，因人因地施策，因贫困原因施策，因贫困类型施策，通过实施发展生产脱贫一批、易地搬迁脱贫一批、生态补偿脱贫一批、发展教育脱贫一批、社会保障兜底一批来实现精准扶贫"[②]。从精准识贫到建档立卡，坚持扶持对象精准、项目安排精准、资金使用精准、措施到户精准、因村派人精准、脱贫成效精准，想办法、出实招、见真效。这是一种科学的思维，也是务实的工作方法。

（四）"开拓创新"充分体现求真向上的进取品格

科技扶贫是提高精准脱贫质量的重要途径。2016年习近平总书记在对全国脱贫攻坚表彰活动中指示，"需要贫困地区广大干部群众艰苦奋战，需要各级扶贫主体组织推动，需要社会各方面真心

[①] 中共中央党史和文献研究院：《习近平扶贫论述摘编》，中央文献出版社2018年版，第77页。
[②] 中华人民共和国国务院新闻办公室：《人类减贫的中国实践》，人民出版社2021年版，第37—42页。

帮扶，需要不断改革创新扶贫机制和扶贫方式"①。各级党委和政府始终坚持以科学创新为支撑，坚定不移地贯彻创新发展理念，在创新资源、创新手段、创新机制等方面持续用力，通过办实事、求实效，有针对性地做到一村一策、一家一策，真正将求真务实精神落到实处。我国的精准脱贫路上，创新驱动科技，科技助力脱贫，在新时代脱贫攻坚的理论和实践方面都做出了一系列创新性探索。

（五）"攻坚克难"充分体现自力更生的坚韧气质

消除贫困、改善民生、逐步实现共同富裕是社会主义的本质要求，也是我们党的重要使命。在脱贫攻坚过程中，我们党发扬苦干实干的奋斗精神，不仅要处理历史问题堆积的包袱，而且要面对新的挑战，确保把方向、谋大局的准确性，以谋划更长远的规划。在脱贫攻坚战的收官之年遭遇新冠肺炎疫情的影响，面对脱贫攻坚领域出现的各种困难和挑战，我们党带领全国人民是锲而不舍、久久为功。脱贫攻坚一线的党员干部以敢于担当、不辱使命的坚强意志，冲锋陷阵在第一线，发扬钉钉子精神，自力更生、艰苦奋斗。

（六）"不负人民"充分体现人民至上的执政理念

人民就是江山，江山就是人民。新时代脱贫攻坚就是尊重和保障人民的权利，消除贫困，构建人民当家作主的幸福和谐社会。中国的贫困人口不仅数量多，而且情况非常复杂，最后剩下的都是难啃的骨头，以习近平同志为核心的党中央忠诚践行党的宗旨，时刻把群众放在心上，想群众之所想，切实解决实践问题，领导全国各族人民在困难面前迎难而上，发挥党的领导核心，取得了脱贫攻坚战的全面胜利。

---

① 中共中央党史和文献研究院：《习近平扶贫论述摘编》，中央文献出版社2018年版，第105页。

二 脱贫攻坚精神融入高校思想政治教育的重要性

新时代青年大学生思想状况的主流是积极、健康,他们脚踏实地,勤奋刻苦,心系祖国,努力成就精彩人生。但是全媒体时代面对中西方思想文化交流、新时代信息化飞速发展,青年大学生在理想信念、品德修养、价值取向、社会责任等多方面不同程度地受到影响,而脱贫攻坚精神的丰富内涵、价值取向、思维方式、意志品质对于大学生思想政治教育具有重要引领作用,是融入大学生思想政治教育的重要文化要素。

(一)铸牢理想信念根基

心有所信,方能行远。脱贫攻坚精神所蕴含的共产党人坚定的政治信念,是培养新时代大学生树立坚定理想信仰的生动案例和鲜活素材。全国脱贫攻坚楷模张桂梅把美好人生奉献在党的教育事业上,用无私奉献精神和坚强毅力谱写出教育脱贫的红梅赞歌;全国脱贫攻坚贡献奖获得者谢佳清带领干部群众脚踏实地奋斗,昔日贵州的省级贫困村从"高原孤岛"转为"最美家园"。青年的历史使命从来都与时代主题紧密相连,作为新时代大学生应该从伟大的脱贫攻坚历程中感悟共产党人的信仰、信念、信心,不断增强做中国人的志气、骨气、底气,用"苟利国家生死以,岂因祸福避趋之"的报国情怀和"人生自古谁无死,留取丹心照汗青"的献身精神,为实现中华民族伟大复兴的中国梦而努力拼搏。

(二)弘扬自强不息精神

古语有云"志之难也,不在胜人,在自胜"。中国共产党人就是凭借着迎难而上、坚韧不拔的信心和勇气,发扬愚公移山的精神,用"千淘万漉虽辛苦,吹尽狂沙始到金"的意志,锲而不舍地书写了脱贫攻坚精神的时代华章。新时代是开启全面建设社会主义现代化国家新征程的重要时刻，青年大学生身处在伟大时代，就要有所作为、有所贡献，必须从脱贫攻坚的伟大实践中汲取智慧和力量，心怀祖国和人民。在实现远大理想和抱负中，青年大学生应该自觉担当起时代的使命，勇做时代的弄潮儿，从新时代脱贫攻坚精神中汲取自立自强的奋斗力量，在实现中国梦的征程中不断前进。

（三）树立勇于创新意识

"因地制宜，精准发力"的中国式脱贫取得了历史性的成就，探索和贡献了全球减贫和落后地区发展的"中国方案"。脱贫攻坚精神体现出创新发展的理念，在实践中坚持科技创新和制度创新，以问题为导向创新思路方法，坚持在创新体制方面与时俱进，达到守正创新，革故鼎新的目的，这对青年大学生来说是有深刻启示的。青年大学生理应在实践中体会和领悟创新思维，不断提升自身综合素质和核心竞争力。站在"两个一百年"的历史交汇点上，青年大学生要做奋斗者和实干家，面对新任务、新要求，必须要有创新意识。青年大学生只有转换思维，不断激发创业、创智的活力与动力，才能在中国科技创新的新征程中开拓进取，为祖国发展贡献自己的青春力量。

三 脱贫攻坚精神融入大学生思想政治教育的路径

（一）思想政治理论课教学中有效融入脱贫攻坚精神

高校思想政治理论课教学是讲好中国故事、传播正能量的主渠道、主阵地。坚守立德树人的根本任务，就是要找准切入点，聚焦着力点，坚持价值性和知识性相统一。习近平总书记指出："思政课是落实立德树人根本任务的关键课程，思政课作用不可替代，思政课教师队伍责任重大。"① 习近平总书记关于精准脱贫的重要论述，在新时代继承和丰富了马克思主义反贫困理论，是中国化马克思主义反贫困理论的最新成果。因此，脱贫攻坚精神契合高校思政课的教学目标，是当前把马克思主义的科学真理内化为学生个体意志品质的有效切入点。把脱贫攻坚精神有效融入高校思政课教学中，是推进习近平新时代中国特色社会主义思想进教材、进课堂、进学生头脑的重要举措。

《马克思主义基本原理》课程中可以融入脱贫攻坚精神的哲学内涵和时代价值；在全面建设社会主义现代化国家新征程中，切实做好脱贫攻坚成果同乡村振兴有效衔接，让脱贫基础更加稳固、持续；促进全体人民共同富裕摆在更加重要的位置，向着这个目标更加积极有为地进行努力，让广大人民群众幸福感更有保障、更可持续。这部分内容可以成为《毛泽东思想和中国特色社会主义理论体系概论》课程中重点讲授的理论；在伟大的脱贫攻坚战中，数以百万计的共产党人奔赴全国最艰苦的地方，爬过最高的山，走过最险的路，去过最偏远的村寨，住过最穷的人家，日夜奋战在打赢脱贫攻坚战的第一线，涌现出一批批敢于担当、甘于奉献的扶贫典型人物，生动诠释了民族精神和时代精神，这些真实而鲜活的案例正是对《思想道德与法制》课程中国精神章节的生动诠释；《形势与政策》课程中可以有效融入脱贫攻坚伟大实践，从中国特色社会主义制度优势的角度进行深入阐释。综上，在高校的思政课教学中有效融入新时代脱贫攻坚精神的科学内涵和时代价值，可以引导大学生努力做学习和实践马克思主义的典范，把个体的小我融入祖国的大我之中，与人民共命运，更好地实现自己的人生价值。

（二）网络思想政治教育中融入脱贫攻坚精神的元素

新时代下的信息科技飞速发展，运用网络开展思想政治教育，

---

① 习近平：《思政课是落实立德树人根本任务的关键课程》，《求是》2020年第17期。

是信息时代发展的必然要求。伴随信息技术的发展，网络及手机的普及，已经深刻影响着青年大学生的思想意识，深度融入大学生的日常生活。因此，高校的思想政治教育工作要注重加强校园网的建设，使校园网络教育成为弘扬社会主旋律、坚定大学生理想信念的重要阵地。面对网络思想政治教育的新阵地，由此催生了"互联网＋教育"新模式，线上线下的有机结合，让思想政治教育由"一时一地"拓展为"随时随地"。作为中国共产党伟大精神的重要组成部分，新时代脱贫攻坚精神也成为青年大学生思想政治教育的重要内容，是民族精神和时代精神在网络思想教育中的重要体现。

思想政治教育是引领思想的，历来追求"因事而化、因时而进、因势而新"。在网络思想政治教育中弘扬脱贫攻坚精神，应该坚持灌输性和启发性相统一。首先，可以通过网络教学平台，延伸思政课育人空间，开设脱贫攻坚精神相关专栏，录制相关微课，扩充思政课教学内容，引发学生领悟和思考；其次，选取脱贫攻坚实践中典型人物事迹的相关视频和经典片段，丰富校园网络教学平台，开设脱贫攻坚优秀模范人物事迹的宣传专栏，增强网络思想政治教育内容的"立体感"，多感官、多维度地进行"软灌输"；最后，把脱贫攻坚精神通过微信、QQ群、校园网络专栏等途径呈现给青年大学生，让他们随时接受精神力量的教育引领，不断提高思想政治教育的亲和力和针对性。

（三）大学生社会实践中努力践行脱贫攻坚精神

社会实践是大学生思想政治教育的重要环节，对于促进大学生了解社会、增长才干、锻炼毅力、培养品格具有不可替代的作用。脱贫攻坚取得胜利最重要的原因之一就是在长期实践探索中，形成了行之有效的科学制度体系。习近平总书记在全国脱贫攻坚总结表彰大会的讲话中指出的五个"靠"和七个"坚持"，高屋建瓴地概括了我国在脱贫攻坚实践中的重要经验和认识。

高校大学生思想政治教育过程中，就是要把脱贫攻坚精神融入到社会实践中，积极探索实践育人的长效机制，引导青年大学生在脱贫攻坚实践中深刻认识中国共产党为什么"能"、马克思主义为什么"行"、中国特色社会主义为什么"好"。一是创新社会实践的育人模式，以脱贫攻坚精神为主题开展理论宣讲实践、红色文化实践、国情观察实践、乡村振兴实践，通过社会实践调研活动，把脱贫攻坚精神的相关理论知识蕴含于实践过程，实现由显性教育到隐性教育的转变。二是要在学校志愿服务、社会调查、公益活动、勤工俭学等社会实践中加入脱贫攻坚精神的元素和主题，让青年学生深入农村了解国情民情，在实践中感受脱贫攻坚的成果，在艰苦的环境中磨砺意志，学会思考和感悟，从而真正提升实践育人的成效。三是将脱贫攻坚精神与社会服务、创新创业等环节相结合，增强社会实践的效果，让大学生真正从现实的角度看待问题，更加理性和冷静地了解党的理论和实践成果，潜移默化地开展理论教育活动，润物细无声地提升思想政治教育的实效性。

（四）校园文化中开展弘扬脱贫攻坚精神的活动

校园文化具有重要的育人功能，高校思想政治教育要注重运用校园文化来熏陶青年大学生，影响青年大学生。脱贫攻坚的伟大实践，为高校思想政治教育提供了许多生动感人、说服力强的事例。在校园文化活动中有效融入脱贫攻坚精神，使青年大学生既受到了思想上的洗礼，又提升了社会责任感，增强创新精神和实践能力，力求做实、做活、做细校园文化精品建设，成为高校有温度的国情思政大课。

一是以政治建设为引领，以脱贫攻坚精神为主题，弘扬社会主义核心价值观为导向，在高校组织成立青年大学生宣讲团，从理论和实践层面深入剖析优秀人物事迹，生动讲述脱贫攻坚战的中国故事，充分展现学生积极向上的精神风貌。二是在主题班团会中开展以脱贫攻坚精神为主题的辩论赛、演讲赛、情景剧等活动，让青年大学生深刻感受脱贫攻坚的艰难历程与显著成效，真正把爱国情怀内化于心，外化于行。三是以脱贫攻坚精神为主线，举办"脱贫攻坚前沿问题"系列讲座，邀请专家讲授脱贫攻坚整体布局、脱贫攻坚战重要的理论实践等学理问题，同时约请身边的扶贫人物讲述帮助贫困群众脱贫致富的工作经历，将思想的力量、学术的风采、逻辑的魅力和时代的温度传递给广大青年，从而激发大学生爱国主义热情，用青春谱写新时代的新篇章。

Exploration and Analysis on the Way of Integrating the Spirit of Poverty Alleviation into the Ideological and Political Education of College Students in the New Era

Yang Zhiyu

Abstract: As an important emblem of the great spirit of the Chinese people, the spirit of poverty alleviation is a fresh material for the ideological and political education of college students in the new era. The great spirit of poverty alleviation plays an important role in cultivating college students' belief consciousness, self-improvement consciousness and innovation consciousness and taking on the responsibility and mission endowed by the time. From four angles of ideological and political theory teaching, network ideological and political education, college students' social practice and college students' campus culture, this paper explores the effective ways to integrate the spirit of poverty alleviation into the ideological and political education of college students.

Key Words: Poverty alleviation spirit; Ideological and political education; College student

中共党史研究

抗日名将李红光英雄形象的建构与确立*

王孝华

(长春师范大学;黑龙江省文物考古研究所《北方文物》编辑部)

摘 要:抗日战争时期,在敌我力量悬殊的恶劣斗争条件下,李红光善于采用灵活的游击战略战术打击敌人,取得了多次战斗的胜利。李红光用宝贵的青春与满腔热血捍卫中国的钢铁长城,不可磨灭的抗日功绩铸就了他抗日英雄的形象。其英雄形象经历了百姓口耳相传的初期呈现、报纸杂志等多种媒体积极构建与确立等过程,最终升华为民族精神符号,李红光从抗日民族英雄变成被全国人民传颂的民族英雄,李红光牺牲后,他的英雄事迹成为鼓舞后继者的精神动力,重新发掘抗战英雄宝贵的精神财富,在当今社会仍然有其独特的价值与现实意义。

关键词:李红光;英雄形象;现实意义
作 者:王孝华,黑龙江省文物考古研究所副研究馆员。

抗日名将李红光(1910—1935,朝鲜族)是一位伟大的抗日

---

* 本文系国家社科基金重大项目"近代以来至二战结束期间日本涉华宣传史料的整理与研究"(20&ZD237)、国家社科基金重大项目"中国疆域最终奠定的路径与模式研究"(15ZDB28)阶段性成果。

英雄，学界前贤对李红光的生平事迹多有研究①，其英雄形象一直被广泛传颂。李红光卓越的军事指挥才能，奋勇杀敌的无畏精神，令敌人闻风丧胆。李红光的英雄事迹在百姓之间口耳相传，从"威震南满"的抗日将领成长为名扬中外的抗日民族英雄，颇具传奇色彩。为了更好地弘扬抗战精神，发掘传承抗日英雄宝贵的精神财富是其中重要一环。本文梳理分析李红光英雄形象的产生、发展、传奇式的演绎构建到最终确定等过程，以期对抗日英雄有更深刻的理解和认识，并阐释发掘其精神财富的现实意义。

一　口耳相传：抗日英雄形象的初具时期

在抗日战争期间，李红光与千万抗日将士揭竿而起，前仆后继，誓死捍卫国家和民族尊严。他作战勇敢，表现出色，经过战火的淬炼，成长为一名"威震南满"的抗日将领。

1931年年底，李红光组织创建磐石赤卫队②，成为南满地区抗日先驱；1932年6月，在赤卫队基础上成立磐石工农反日义勇军③，5个月后，这支队伍正式编为"中国工农红军三十二军南满游击队"。为了提升队伍的作战能力，李红光时刻严格要求自己，战斗之余刻苦学习。李红光创造并实践了众多游击战战略战术，不

---

① 金昌国：《李红光生平纪略》，《延边大学学报（社会科学版）》1983年第1期；张正隆：《李红光：受到毛泽东赞誉的抗联名将》，《共产党员》2014年第19期；李正军：《关东抗日名将——李红光》，《党史纵横》2015年第3期；李正军：《关东抗日名将——李红光》，《兰台内外》2015年第4期；雷博：《有勇有谋李红光》，《新长征（党建版）》2016年第7期。另外，黑吉辽三省在抗日烈士传中，都有李红光传记，例如，中国朝鲜民族史学会红光精神教育促进会编：《铁血忠魂：李红光和他的战友们》，辽宁民族出版社2016年版；黑龙江省社会科学院、东北烈士纪念馆编：《东北抗日烈士传·抗日英雄李红光》（第一辑），黑龙江人民出版社1980年版；中共辽宁省委党校党史教研室编：《辽宁抗日烈士传·李红光》，辽宁人民出版社1982年版；《威震敌胆的抗联名将——东北抗联第一路军第一军第一师师长李红光烈士传略》，《吉林革命英烈》，吉林人民出版社1982年版。

② 金昌国：《一支最早的朝鲜族抗日武装的建立与发展》，《延边大学学报（社会科学版）》1982年第3期。

③ 杨昭全等：《中国朝鲜族革命斗争史》，吉林人民出版社2007年版，第280页。

抗日名将李红光英雄形象的建构与确立

仅沉重打击了敌人，更是为其他抗日队伍提供了优秀的斗争经验。李红光擅长观察地形地貌，他绘制的军用地图细致入微，在战备设施极度匮乏的年代，地图成了能助力"决胜千里之外"的军中至宝。李红光善于审时度势，抓住最佳时机猛攻敌人薄弱之处，常常在敌人运输、轮值换防时机突然发起攻击，及时拦截敌人通道，断绝其补给，待敌军陷入孤立状态，最大限度地削弱敌军战斗力，扰乱其部署，从而达到"虚打""小打"见利就走的效果。为了达到不战而屈人之兵目的，李红光研究敌军心理，常常用说服教育、喊话、唱军歌等方式动摇、瓦解敌人的意志力和士气，削减敌人的战斗力，甚至多次反正敌军放弃武器，直接加入我军队伍。李红光会讲日语，熟悉日军兵员军制等知识，几次化装成日本军官，救队伍于命悬一线的险境之中。李红光采取的一系列策略和战术取得了巨大的成功，展示了游击战在抗日战争中的重要地位和作用，对今后的游击战术的传播也产生了深远的影响。

李红光与杨靖宇配合默契，在东北抗日战场上竖起了保家卫国，血战到底的大旗。1933年9月18日，游击队改编为"东北人民革命军第一军第一独立师"，李红光任参谋长；1934年11月7日，东北人民革命军第一军成立，李红光任第一师师长兼政委，这支队伍为全国抗日斗争做出了不可磨灭的贡献。

李红光卓越的军事指挥才能，顽强反抗的精神令敌人闻风丧胆，取得了多次战斗的胜利，大大鼓舞了士兵斗志，队伍的凝聚力大增，聚合了其他革命力量的加入，抗日队伍日渐壮大。在百姓心中，李红光与杨靖宇都是南满地区的抗日大英雄，朗朗上口的民谣传播力很广，人民群众用对日军的震慑与诅咒，表达了对抗日双雄的认可与颂扬。这种具有民众基础被大众口耳相传的英雄形象，真实地反映了人民的心声，鲜明地体现了时代呼唤英雄的本质要求，人民在表达对英雄崇拜的现实生活中表现了革命的浪漫主义。这类抗日民谣内容主题鲜明，往往具有明确的针对性，其句式结构匀称，对仗押韵，语言质朴，简单明了，革命思想浓烈，在反复传唱中脍炙人口，极其具有传播性与感染性。

李红光是南满抗日游击队的始创者，是游击战略战术的实践者。队伍初建，筚路蓝缕，李红光在极端艰苦环境下与敌人展开游击战争。抗日斗争艰苦岁月，抗日英雄事迹的相关档案资料稀缺，英雄事迹大多被淹没在硝烟战火之中，流传至今的民谣可以弥补档案缺失的遗憾。同时代的见证者、亲历者也能成为英雄的历史记录人，他们往往会从真实生活经历的角度讲述抗战故事，讲述英雄故事。"沉重的历史、复兴的渴求需要每一位中华儿女讲述传播。作为一部全民族参与的抗战史……普通群众作为国家的最小构成与民族的最大基数，成为讲述抗战故事、传递抗战老兵心声的重要主体。抗战老兵、战争亲历者作为抗战记忆第一承载人。在那个战火纷飞的年代中，誓死杀敌的热血及生灵涂炭的悲哀，这些事件和情绪早已存在他们心中，成为他们特有的体感记忆。"① 从发掘抗日英雄及东北抗战学术视角来看，这种流传下来的民谣颇具史料价值。李红光抗日英雄形象在被口耳相传的初具时期，人民是历史的见证人，是真实历史的讲述者，烽火岁月，李红光的英雄战绩书写在中国东北的大地上，百姓的口碑塑造了李红光英雄形象的丰碑。

二 名扬中外：抗日英雄形象的建构及确立时期

1935年2月13日，李红光在中共南满特委的指示下，率兵进入朝鲜夜袭东兴城。这里作为日寇军需品储存地，戒备森严，地势险要，具有"一夫当关，万夫莫开"的攻防优势，素有"铜墙铁壁"之称。李红光做了周密战略部署，突发奇兵，大获全胜，日伪当局甚为震惊。日军报纸惊呼："这是九一八事变后遭受的第一

---

① 王方：《〈人民日报〉对东北抗联的媒介记忆研究（1946—2020）》，东北师范大学，硕士学位论文，2021年。

次大事件。"①《东亚日报》作为日本帝国主义侵华的宣传工具，用黑字凸显的标题赫然写道："女匪李红光者，袭击罗山城，是国境警备史上的空前事变。"李红光卓越的军事指挥才能在此次战役中充分展现，李红光用事实粉碎了日本侵略者散布的朝鲜边境不可逾越的神话，这次战役在当时复杂的东亚局势中意义非凡，东兴城大捷提振了中、朝两国人民反抗日本帝国主义侵略的信心，抗日民众的斗志高昂。伴随着报刊等媒体的宣传报道及积极建构，李红光成为名扬中外的抗日英雄。

《朝鲜日报》（1935年2月15日）对此次战斗迅速进行了报道，记述了东北抗日联军第一军第一师师长李红光，率领抗日武装突袭平安北道厚昌郡东兴邑的概况，此役大获全胜，振奋人心，鼓舞了朝鲜抗日志士的抗日决心，提升了战胜日本侵略者的信心。

《救国时报》是中共中央驻共产国际代表团在海外创办的进步报纸，以宣传抗日救亡为主旨，其编辑部设在莫斯科，印刷和出版发行在法国巴黎。"其读者遍及海内外各地。在海外，有43个国家9600余订户。在国内，不仅有北京、上海等大城市的读者，也有一些小县城甚至西康、新疆等偏远地区的读者"②，可见，其传播范围之广。在中华民族危亡之际，《救国时报》的报道如同"革命民众的喉舌"，极大地鼓舞了海内外华人抗日救亡的斗志，为抗日战争的胜利做出了媒体宣传先锋的巨大贡献。有的学者对1935—1938年《救国时报》相关报道内容进行了系统整理③，通过其整理可知，在1936年，《救国时报》一共刊发了19篇"关于东北义勇军作战情况"的报道，其中标题中明确有李红光的共两篇：《义军名将李红光大败日伪占领通新城》（《救国时报》1936

---

① 孟凡东、康基柱：《朝鲜族抗日斗争述评》，《黑龙江民族丛刊》2017年第5期。
② 曾小林：《论〈救国时报〉对东北抗日义勇军的报道》，《新闻战线》2014年第5期。
③ 刘婧：《海外华文报刊〈救国时报〉的抗日宣传研究（1935—1938）》，安徽大学，硕士学位论文，2018年。

年5月15日第29期）和《东北义军女将李红光大战绥芬河——攻下古城，获得大胜》（《救国时报》1936年5月25日第31期），报道的来源是中国境内的"上海电""上海电；申报载"。对东北抗日英雄《救国时报》也做了系列专门报道，这些英雄人物包括杨靖宇、李红光、王德林、李延录、李华堂、陈荣玖等等，共13篇，其中标题中带有李红光的竟有3篇之多，其中一篇是李红光单独的传记——《东北抗日联军第一军第一师师长李红光烈士传》（《救国时报》1937年7月10日第110期），《救国时报》刊发报道李红光英雄事迹的篇数数量明显高于他人，在众多英雄中李红光这份殊荣格外凸显。通过这些报纸的报道与建构，李红光的英雄事迹与英雄形象随着各大报纸的发行而传播海内外。

李红光的英雄事迹被以诗歌、散文、大众说书等形式的文学作品演绎并积极宣传。李红光成为名扬中外的抗日英雄，在这种历史记忆建构过程中，杂志等出版物却成了构建李红光"英雄"形象的另一种不可忽视的重要形式。

上文提到的敌方报纸在报道之时，就已经将李红光误传成"女匪"，基于李红光东兴城大捷这个英雄事迹的内核，好多女性杂志（例如，《妇女生活》《妇女月报》《妇女共鸣》等）将李红光作为巾帼传奇英雄人物大加阐释与颂扬，还包括"《生活教育》《大路周刊》（西安）《文摘》《孤岛》《福湘旬刊》《家庭星期》等，也都在传播塑造李红光'女英雄'的光辉形象"[1]，在李红光抗日英雄形象的建构中，多了一抹社会对女英雄崇拜渴望的传奇色彩。抗日英雄李红光被误传成女英雄，女将军，纸质媒体传播中的这种有意无意的失误，假借女性身份，吸引读者关注，吹响呼唤全民奋起反抗的号角，激发全民抗战的信心与决心，这也反映出中华民族危机深重，抗日形势日趋复杂严峻，呼唤女性及全国人民奋起

---

[1] 王孝华：《抗日斗争中李红光英雄形象的确立与传播》，《黑龙江民族丛刊》2022年第5期。

反抗日本帝国主义侵略的迫切性。

全面抗战时期,李红光抗日英雄形象契合抗战宣传这一主旋律,通过报刊等媒体的宣传建构,李红光名扬中外的抗日英雄形象最终确立。"新闻媒体担当人类记忆的记录者和传播者,凭借其与生俱来的传播力、影响力,通过对抗战历史不同程度的刻写、对亲历抗战者记忆的挖掘再现、对现有纪念活动不同程度的报道,为民族记忆的唤醒提供了空间,引发公众对历史的追忆和纪念。"[①]

此阶段,媒体中的知识分子是建构李红光抗日英雄形象的主力,经过新闻报道、散文、诗歌、大众说书等多种形式的阐释,李红光的英雄事迹影响力更大,覆盖面更广,被建构的李红光"英雄"形象高大威猛,智勇双全;"英雄"形象飒爽英姿,英勇果敢。报刊等媒介宣传基于东兴城战役的历史事实,将李红光英雄形象演绎提升,传奇色彩浓厚,李红光从"威震南满"的抗日英雄成长为受全国人民敬仰名扬中外的民族英雄。

三 永放光芒:英雄精神符号的升华时期

1935年初,随着其他抗日武装的相继溃灭,东北人民革命军第一军成为日寇在南满地区的头号强敌,李红光面临的形势日益危急。1935年5月,李红光根据军部的指示,在兴京县蒿子沟(现在辽宁省新宾县)附近,召开成立骑兵队的会议。队伍行至辽宁新宾和桓仁两县交界,遭遇日本守备队和伪警察围攻,李红光冒着弹雨亲临前沿阵地指挥作战不幸中弹。他用鲜血与生命诠释了中国共产党人的抗战精神和优秀品质。李红光的牺牲是抗日队伍的巨大损失,其英雄业绩永载史册。

在亡国灭种的危难关头,李红光与无数英烈一起为挽救民族危

[①] 王方:《〈人民日报〉对东北抗联的媒介记忆研究(1946—2020)》,东北师范大学,硕士学位论文,2021年。

亡，与日本侵略者展开一次又一次的浴血拼杀，沉重地打击了日本帝国主义的嚣张气焰，捍卫民族独立的斗争大大推进了全国抗日进程，为中华民族抗日战争的胜利做出了不可磨灭的贡献。李红光与敌人血战到底的英雄气概，饱含了战争年代高扬激越的爱国主旋律，激励着战士们奋勇杀敌。

李红光牺牲后，多地为李红光建立了纪念馆，建设了以他命名的学校。李红光用鲜血和生命铸就了不朽的丰碑。今人以多种方式表达着对他的敬仰与怀念。李红光精神内涵丰富，不仅能在抗战年代激励后继者完成他未竟事业，驱逐日寇，保家卫国；在和平年代，也能激发后人沿着他光辉足迹，攻坚克难，砥砺前行。

结　语

李红光与无数英烈一起抛头颅，洒热血，怀着百折不挠、坚忍不拔的必胜信念，在生与死、血与火的抗日斗争中创造了不可磨灭的历史功绩。其英雄形象经历了百姓口耳相传、媒体积极构建与确立等过程，最终升华为伟大民族精神的重要组成部分，激励后继者奋勇前进。李红光英雄形象及抗战精神是我们应该充分挖掘利用的红色资源，是历史留给中国人民弥足珍贵的精神财富。在新时代背景下，充分挖掘利用这种精神财富，弘扬伟大抗战精神，传承不畏强暴、血战到底的英雄气概，进一步涵养浩然正气、激发蓬勃朝气、提振昂扬锐气，在当今社会仍然有其独特的价值与现实意义。

在对抗日英雄研究的问题上，我们至今仍然面对三个不能回避的问题：抗日战争中涌现出千千万万的抗日英雄，我们不缺英雄资源，但众多英雄故事尚未得到充分挖掘，只能遗憾地成为历史长河中没有任何痕迹的记忆缺场；距抗日战争结束已过去了70多年，在塑造英雄话语体系中，时间的累积未能使英雄人物丰富饱满起来，反而使英雄形象塑造中的单调、同质化问题越来越凸显，这很大程度上限制了英雄影响力的传播；中国人民抗日战争是世界反法西斯战争中重要组成部分，英雄是中华民族的，也是世界的，但中国抗日英雄受限于一国一域，跨文化场域、跨国家意识形态的国际英雄形象尚未能成功构建。历史不能重演，英雄不能复活，在纪念英雄的语境中寻找到新的价值点，在当下社会发展的大环境中建构抗日英雄新形象，离不开对英雄史料挖掘整理的基础工作，通过加强英雄个体研究汇聚抗日英雄群体的磅礴之势也应是必由之路。

The Construction and Establishment of the Heroic Image of Li Hongguang, a Famous Anti Japanese General

Wang Xiaohua

Abstract: During the War of Resistance Against Japan, under the harsh conditions of a huge disparity in strength between the enemy and ourselves, Li Hongguang was adept at using flexible guerrilla strategies and tactics to strike the enemy, and achieved victories in multiple battles. Li Hongguang defended China's Steel Great Wall with precious youth and full of passion, and his indelible achievements in resisting Japan forged his image as a hero in the fight against Japan. The heroic image of Li Hongguang went through the initial stage of oral transmission among the people, active construction and establishment by various media such as newspapers and magazines, and ultimately sublimated into a symbol of national spirit. From an anti Japanese national hero, Li Hongguang became a national hero praised by the people of the whole country. After Li Hongguang's sacrifice, his heroic deeds became a spiritual driving force to inspire successors, rediscovering the precious spiritual wealth of anti Japanese heroes, which still has its unique value and practical significance in today's society.

Key Words: Li Hongguang, Heroic Image, Realistic Significance

"大思政课"建设专栏·东北大学秦皇岛分校课程思政教学案例

心坚不畏道险阻 敢问绝壁要天路

——以思想政治理论课实践环节理解"理想信念"的深刻内涵为例

秦 飞 叶木昱

（东北大学秦皇岛分校）

摘 要："大思政课"是时代大课、理论大课、实践大课，需要有大视野、大情怀和大格局。善用"大思政课"构建育人新格局，就是要深入学习宣传贯彻习近平新时代中国特色社会主义思想，贯彻落实习近平总书记关于青年工作的重要思想，通过思政课实践环节将思政课的理论与实践相结合，引导和帮助广大青年学生上好与现实相结合的"大思政课"。通过展播我校学生录制的有关理想信念的宣讲视频，一方面生动、活泼地展现了理想信念的内涵和意义，另一方面这种以身边的人、身边的事为范例向学生解说如何选题录制作品，有助于通过发挥朋辈效应，帮助学生深入了解理想信念的价值，鼓励他们结合国家发展，肩负起时代责任，为国家和民族贡献自己的力量。

关键词：理想信念；下庄村绝壁；"天路"；大思政课

作 者：秦飞，东北大学秦皇岛分校马克思主义学院讲师；叶木昱，东北大学秦皇岛分校控制工程学院2021级本科生。

一 课程信息

课程名称：思想政治理论课实践环节

课程学时：32

课程学分：2

授课专业：机械类专业

案例作者：秦飞 叶木昱

二 案例设计

案例名称：心坚不畏道险阻，敢问绝壁要天路——以思想政治理论实践课理解"理想信念"的深刻内涵为例

案例节次：思想政治理论课实践环节之大学生讲思政课公开课示例

案例设计思路：

本案例适用于在思想政治理论课讲授大学生该如何开展"大学生讲思政课"，以此作为示例，讲解如何以思政课教材中的内容为依据和出发点，结合实际，围绕一个主题，通过查阅文献、分析文献，将一个思政主题讲授的清晰、饱满和富有逻辑。课上通过展示和讲解我校学生的优秀作品，利用超星学习通讨论等网络工具，结合学生 PBL 讨论，启发学生对思政宣讲和理想信念的关注和思考。

三 授课目标

（1）知识目标：理解理想信念的深刻内涵。

（2）能力目标：学会运用文献分析等方法，结合实际解决问题、分析问题，并从中引出自己观点，思考、解答现实问题。

（3）思政目标：通过展示我校学生录制的有关理想信念的宣讲视频，一方面生动、活泼地展现了理想信念的内涵和意义。另一方面这种以身边的人、身边的事为范例向学生解说如何选题录制作品，有助于通过发挥朋辈效应，帮助学生深入了解理想信念的价值，鼓励他们结合国家发展，肩负起时代责任，为国家和民族贡献

自己的力量。

四　教学实施

介绍完大学生讲思政课的国赛文件之后，向学生展示获奖作品，以此引导学生如何通过自身实践，宣讲思想政治理论课的相关内容。

向学生展示优秀作品，以下是学生作品的讲稿：

同学们大家好，我是东北大学秦皇岛分校控制工程学院的叶木昱。这节课我要与大家交流的主题是：心坚不畏道险阻，敢问绝壁要天路——从下庄村绝壁"天路"理解理想信念的深刻内涵。今天，我们将交流学习：什么是理想信念，以及理想与信念的内在联系。

什么是理想——"一条天路穿绝壁，自此后辈脱贫易"

下庄村，位于重庆市巫山县竹贤乡，坐落在一个巨大的喀斯特天坑谷底，绝壁环绕，几近垂直，从坑沿到坑底有 1100 多米。大巴山无情的绝壁，让下庄人一直生活在贫困、闭塞和落后中。一条出山的路，成为下庄人的奢望——没人相信这里能修出一条路来。然而，心坚不畏道险阻，毛相林，现任下庄村村委会主任，带领全村 390 余人，在绝壁上谱写出一个史诗般的悲壮故事——耗时 7 年，在绝壁上"啃"出一条长达 8 公里的出山公路。

究竟是什么支撑下庄人在如此艰苦卓绝的条件下依然奋勇开凿，不畏艰险？是他们绝壁天路的理想支撑着他们。

理想具有超越性，绝壁天路的理想之所以能够成为一种推动人们创造美好生活的巨大力量，就在于它不仅源于现实，而且超越现实。理想在现实中产生，但它不是对现状的简单描绘，而是与奋斗目标相联系的未来的现实，是人们对未来美好生活的憧憬和期待。科学的理想是人的主观能动性与社会发展客观趋势的一致性的反映，是在正确地把握社会历史发展客观规律的基础上形成的合乎社会发展要求、合乎人民利益的价值追求。

理想具有实践性。作为一定的社会实践产物，理想是处在特定历史条件下的人们对社会实践活动理性认知的结晶。离开了实践，任何理想的产生都是不可思议的。理想的实现，同样也离不开实践。人们只有在改造客观世界和主观世界的实践过程中才能转化理想为现实。理想在事件中产生，在实践中发展，而且也只有在实践中才能得以实现。

理想具有时代性。理想同任何一种社会意识形态一样，都是一定时代的产物，都带着特定历史年代的烙印。不同时代的生产力发展水平不同，社会历史条件和政治经济关系不同，人们对社会现实状况、社会实践活动及其发展规律认识的深度和广度不同，形成的理想也就会有所不同。理想的时代性，不仅体现为它受时代条件的制约，而且体现为它随着时代的发展而发展。随着社会的进步，随着对社会发展规律和人的发展规律的认识的逐步深化，人们也会不断地调整、丰富和发展自己的理想。

理解完理想的内涵与特征，下面我们接着学习信念的内涵与特征。

什么是信念——"千磨万击还坚劲，任尔东南西北风"

在毛相林带领村民修路的过程中，即使已经很小心谨慎，可是依旧有村民为此不幸牺牲。开工修路第三年，不到两个月，接连有2名修路的村民献身。26岁的村民沈庆富，在修路时被一块巨石砸中，滚下几百米深的山谷。安葬沈庆富没多久，专门从外地回乡修路的36岁村民黄会元，也被滚落的石头砸中。

村民自发前来，为黄会元送行。看着黄会元悲痛欲绝的家人，毛相林无比愧疚。当晚，在举行的商议大会上，毛相林声音颤抖着问大家："如果再修下去，可能还要死人。今天大家表个态，这路到底修还是不修？"出乎他的预料，全体村民都举起了手，要将这条绝壁天路继续修下去。在接连不断的牺牲面前，究竟是什么让下庄人擦干泪水，迎难而上？是他们坚信山路能修成的信念。

信念具有执着性。信念因其执着而为信念。信念一旦形成，就不会轻易改变。当一个人报有坚定的信念时,他就会全身心投入为实现目标而努力奋斗的事业中,精神上高度集中,态度上充满热情,行为上坚定不移。坚定的信念使得人们具有强大的精神定力,不为诱惑所扰,不为困难所惧。

信念具有支撑性。信念是一个人经受实践考验而始终坚守理想的精神力量。任何一种理想的实现都不是轻而易举的,会遇到各种各样的困难和波折,人必须有坚定不移的决心和坚忍不拔的意志,才能不断战胜困难,把理想变为现实。纵观人类大战时,共同的信念凝聚着一个国家、一个民族的集体意志,为社会理想的实现提供了强大的精神力量。

信念具有多样性。不同的人由于社会环境、思想观念、利益需要、人生经历和性格特征等各方面的差异,会形成不同的信念,同时一个人在社会实践中会形成不同类型的层次和信念,并由此构成其信念体系。在信念体系中,高层次的信念决定低层次的信念,低层次的信念服从高层次的信念。信仰是最高层次的信念,具有最大的统摄力。信仰有盲目和科学之分,盲目的信仰就是对虚幻的世界、不切实际的观念、荒谬的理论等对象的迷信和狂热崇拜,科学的信仰则来自人们对自然界和人类社会发展规律的正确认识。

"志之所趋,无远勿届,穷山距海,不能限也。志之所向,无坚不入,锐兵精甲,不能御也。"志存高远的人,再遥远的地方也能达到,再坚固的东西也能突破。理想和信念总是相互依存。理想是信念所指的对象,信念则是理想实现的保障。离开理想这个人们确信和追求的目标,信念无从产生;离开信念这种对奋斗目标的执着向往和追求,理想寸步难行。在此基础上,理想和信念难以分割地紧密联系在一起。下庄人正是依靠着坚定的理想信念,才能克服千难万难。作为当代青年,我们也应从现在开始,树立远大理想,坚定自身信念,唯有如此,我们方能为天地立心,为生民立命,为往圣继绝学,为万世开太平,方能为中华民族伟大复兴做出自己的贡献。同学们，今天的课就上到这里，谢谢大家。

展播结束进行分组讨论之后，教师总结展示作品的亮点和可取之处：

（1）此作品选取的事例能够很好地与宣讲主题联系在一起，事例表现力强；

（2）讲稿撰写逻辑清晰，表达准确，流畅；

（3）宣讲人表达能力强，正装出镜。

五 教学考核评价

通过朋辈之间优秀作品的示范性展示，结合教师画龙点睛的评析，可以更好地激发学生参与思政实践活动的想法，拉近学生与实践的距离，增强活动的可操作性，也提升学生对活动本身的认可。与此同时，在赏析作品的过程中，也隐性地增加了学生对理想信念的认识和理解，提升了学生运用本专业服务国家建设的动力。

六 案例实施与拓展

本案例在2022年10月的《思想道德与法治》中进行了展示，学生在学习过程中能够深刻感受到在大学生讲思政课这一实践活动的做法和价值。有助于帮助学生找准定位，选择适合活动小组的选题，并执行。除此之外，通过展示学生自己的作品，提升了思政课的亲和力，使得展示作品的宣讲主题通过润物细无声的方式传递出去，增加了学生对理想信念的认识，也将进一步增益活动小组的实践效能。

七 案例资料

[1]"青春献礼二十大·强国有我新征程"——第六届全国大

学生讲思政课公开课展示活动方案,https://q.qinglipai.cn/main/index/event-desc/0。

The Heart is Resolute, Unafraid of the Journey, Daring to Confront the Precipice on the Path to Enlightenment: Using the Study of Ideological and Political Theory as an Example to Comprehend the Profound Significance of "Ideal and Faith"

QIN Fei　YE Mu-yu

Abstract: The "great ideological and political course" is a great course of The Times, a great course of theory and a great course of practice, which requires a great vision, great feelings and a great pattern. The propaganda videos about ideals and beliefs recorded by students in our school and the cliff "Heaven Road" in Xiazhuang Village are taken as an example to vividly demonstrate the connotation and significance of ideals and beliefs. This kind of explanation with people and things around us as examples helps students to have a deep understanding of the value of ideals and beliefs through exerting the peer effect, and encourages young students to combine with the development of the country. Shouldering the responsibility of The Times, thinking about how to contribute their own strength to the country and the nation.

Key Words: Ideals and Beliefs, Xiazhuang Village Cliff "Heaven Road", Great Ideological and Political Course

从"一国两制"实践与香港回归看中英关系

张 阳[*]

(东北大学秦皇岛分校)

摘　要：本教学案例在讲授英国外交后引入，内容为介绍香港问题产生的来龙去脉和香港回归前的中英关系，作为英国外交部分学习的补充，借此引导学生了解中英关系，了解"一国两制"伟大创举，通过学习这段历史理解"弱国无外交"，引导学生为中华民族伟大复兴而努力学习。

关键词："一国两制"；香港回归；中英关系；外交

作　者：张阳，东北大学秦皇岛分校外国语言文化学院讲师

一　课程信息

课程名称：《英语国家概况》
课程学时：32
课程学分：2
授课专业：英语专业二年级学生
案例作者：张阳

---

[*] 本文系2022年度"新时代外语教育"研究课题"思政课程与课程思政联动下的英语写作能力提升"的阶段性成果。

从"一国两制"实践与香港回归看中英关系

二　案例设计

案例名称：从"一国两制"实践与香港回归看中英关系

案例节次：第五次课，英国外交

案例设计思路：

本案例将在讲解英国外交部分时引入。在学习英国外交政策基础、外交政策制定，英国与国际组织、欧洲、美国关系后，落脚到中英关系，补足课本内容，厘清历史脉络，培养学生对比分析的能力。本案例以香港回归为切入点，以历史上英国占领香港前后和香港回归为时间线，简单梳理中英关系，知彼不忘知己，理解"一国两制"下香港成功回归祖国的重要意义及"弱国无外交"的历史现实。

三　授课目标

（1）知识目标：了解英国的国际地位、外交基础、外交政策制定，与欧洲、美国和其他国家关系，了解英国国防。

（2）能力目标：能够分析外交的本质，影响外交的因素及英国外交的原则及发展变化。

（3）德育目标：以香港回归问题为切入点，通过中英关系梳理理解"弱国无外交"，激励学生为中华民族伟大复兴而努力学习。

四　教学实施

在完成英国外交基础、外交政策制定、英国与欧美关系等知识的学习后，引入本教学案例。

导入词："同学们，我们已经了解了英国的国际地位、英国外交政策的基础、英国与欧洲、与美国的关系，我们也必须看到英国对华关系是英国外交的重要组成部分，对于中英关系，同学们都知道哪些呢？"

同学们回答：……（回答包括但不限于"鸦片战争""南京条约""北京条约""一国两制""香港回归"、邓小平、撒切尔、2015年习近平主席访英等。）

讲解词：大家刚刚提到的"鸦片战争"、不平等条约签订、英国与清朝政府的接触等，是中英关系发展的早期阶段，鉴于时间关系，我们不再展开。这里主要围绕香港问题的解决，简单梳理1840至1997年中英关系发展中的几个重要事件。

香港问题产生伴随着两次鸦片战争。19世纪40年代初至90年代末，香港在英帝国主义不断扩大对华侵略的过程中沦为英国殖民地。清朝政府与英帝国主义签订了《南京条约》《北京条约》等一系列不平等条约，香港、九龙和"新界"陆续租借给英国。

清朝被推翻以后，中国政府就香港问题与英国政府多次进行交涉，但均无实力解决这一问题。1945年8月，中英在由中国还是英国在香港接受日本投降问题上发生了争执，美国总统杜鲁门作出了有利于英国的调停。

中华人民共和国成立以后，中英关系的发展经常与香港问题纠缠在一起。1950年1月6日，英国外交大臣贝文照会中华人民共和国外长周恩来，在西方大国中第一个宣布正式承认中华人民共和国政府为中国的合法政府，并中止了同国民党政权的外交关系。但因为历史原因和台湾及中国在联合国的代表权问题上的严重分歧，中英并未建交，在1954年日内瓦会议上，周恩来外长和艾登在会外举行的会晤中达成了在双方首都互设代办处的协议。同年，周恩来总理也指出："香港一百多年前是中国的，香港的居民绝大多数是中国人，大家都认为香港是中国的。"[①] 当时他认为，香港回归

---

① 中华人民共和国外交部、中共中央文献研究室编：《周恩来外交文选》，中央文献出版社1990年版，第83页。

从"一国两制"实践与香港回归看中英关系

祖国的时机还不成熟,所以这个问题可以留待适当时候再说,同时提出要推进中英关系,争取和平合作。借此可以看出中国政府对香港问题的立场,即一贯主张和平解决这一问题,并坚持两个基本原则:1997年一定要恢复行使对香港的主权,在此前提下保持香港的稳定和繁荣。

整个20世纪50年代,中英关系受到世界两极化的影响,60年代,伴随殖民体系逐步瓦解,中英关系经历从松动到发展,再到解决香港问题开始提上议事日程。为了实现上述目标,1982年邓小平同志提出了"一国两制"的构想,为香港问题的解决打开了通道。

1984年4月,英国外交大臣贺维在香港发表声明称:"要达成一份能够使香港在1997年以后仍然继续由英国掌管的协议,是不切合实际的设想。"英国终于接受了中国提出的以"一国两制"的办法解决香港问题的方案。此后经过22轮的艰苦谈判,中英双方正式达成了关于香港前途的协议。中英联合声明于1985年5月27日生效,香港进入了过渡时期。1990年4月7日,七届人大会议通过了香港《基本法》(草案),至此,香港问题得到合理解决,1997年7月1日中华人民共和国中央政府对香港恢复行使主权。

虽然英国是西方大国中最早承认中华人民共和国的国家,但直到1972年以前,中英关系一直停留在"半外交"状态。造成这种情况的一个重要原因是英国在对华关系上无法摆脱美国的影响,英国一方面想与中国发展关系,又不想违背美国的意愿,这也说明了英美之间的"特殊关系",即我们课本里讲到的 special relationship。

1961年12月,英国在联合国首次投票中赞成恢复中国的合法席位,但同时又附和美国,同意将中国代表权问题列为需要2/3多数通过的"重要问题",继续支持美国将中国排除在联合国大门之外的立场。英国在台湾问题上同样追随美国,支持"两个中国""一中一台"。

中华人民共和国经过20多年的发展成长为世界上一支重要的

政治力量，同时，60年代前后中苏之间出现冲突、摩擦和对抗，美国开始调整对华政策，最终建交。在这样的背景下，中英两国政府于20世纪70年代初就实现两国关系正常化进行了会谈，决定从1972年3月13日起将彼此驻在对方首都的外交代表由代办升格为大使，承认一个中国。中英关系在22年的不正常后实现了正常化。

那么同学们，基于我们刚刚简单梳理的鸦片战争至香港回归前中英关系的变化，大家能否总结一下外交的特点和影响外交的因素呢？

同学们回答："弱国无外交"、外交是主权和综合国力的体现、当今中国的外交实力……

教师总结：大家总结得很好。1840年第一次鸦片战争，中国被迫同西方列强签订了第一个不平等条约《中英南京条约》。从那时起到中华人民共和国成立的100多年间，英国迫使清政府开放港口，强行割让、租借香港地区，是中英关系史上英国对中国推行殖民霸权主义的结果，也是清政府在外交上的失败和耻辱。说明在少数几个帝国主义国家操纵国际外交大权的时代，弱小的国家是根本没有民族独立、领土和主权完整等外交权力可言的，只有遭受帝国主义殖民霸权政治宰割的命运。

第二次世界大战后，英国重新占领香港和攫夺香港日军受降权的历史表明：二战后国力已严重减退的英国，在中英关系中的香港问题上依然坚持原有立场，其重占香港并独揽受降权，纯属无功获利；战后的中国还远未彻底摆脱半殖民地的处境，还不是一个真正独立的主权国家，蒋介石领导的国民政府缺乏自立自强精神同时坚持反共优先政策，致使其被迫屈服于美国的压力而向英国作出让步，不仅使中国人民付出了沉重代价，也使作为主要战胜国的中国蒙受了耻辱，这次让步是继1942年中英谈判后国民政府在收回香港问题上的第二次坐失良机。

香港问题最终得以顺利解决，主要是由于当今中国是一个有实力的国家，正如邓小平同志1984年10月在中英22轮谈判后所说：

"香港问题为什么能够谈成呢？并不是我们参加谈判的人有特殊的本领，主要是我们这个国家这几年发展起来了，是个兴旺发达的国家，有力量的国家，而且是个值得信任的国家。"中国国力的强盛是外交的坚强后盾，实际上是顺利解决香港问题的根本保证。这与晚清政府、北洋政府、国民党政府软弱的外交形成了鲜明对比，再一次证明：少数几个帝国主义大国横行霸道、为所欲为、主宰世界的时代已经一去不复返，"弱国无外交"的时代已经永远成为中国的历史了。但是，当前中国发展过程中遭受种种的西方掣肘，也提醒我们，为了中华民族伟大复兴，我们仍需不懈努力。

总结词：同学们，今天我们围绕香港问题对近代中英关系进行了梳理，请大家继续学习，搜集并阅读相关资料，了解香港回归后中英关系的"黄金十年"及其结束等香港回归之后的中英关系发展，在 QQ 群里留言发表学习体会。

五　教学考核评价

通过课堂及课后学生反馈，中英关系的引入丰富了学生对英国外交、中国外交的理解，对中英关系的历史、发展有了初步的认识，对影响外交的因素、"弱国无外交"等有了较为深刻的认识。本案例将深入学习教材知识和课外拓展，将外国与本国历史与文化进行良好结合，深化了学生的思考和认识。

六　案例实施与拓展

本案例在 2020 年 3 月、2021 年 3 月、2022 年 3 月和 2023 年 3 月的《英语国家概况》课堂均有利用，材料来源于相关文章及中华人民共和国外交部网站，并根据 2022 年《习近平在庆祝香港回归祖国 25 周年大会暨香港特别行政区第六届政府就职典礼上的讲话》及中国前驻英国大使、外交部原副部长傅莹文章《中英关系

"大思政课"建设专栏·东北大学秦皇岛分校课程思政教学案例

和未来展望》有所拓展。

七　案例资料

文献资料

［1］傅莹:《中英关系和未来展望》,https://cn.chinadaily.com.cn/a/202203/29/WS624268a2a3101c3ee7acdd55.html。

［2］《习近平在庆祝香港回归祖国25周年大会暨香港特别行政区第六届政府就职典礼上的讲话（全文）》,http://news.cnr.cn/native/gd/sz/20220702/t20220702_525893442.shtml。

［3］李环:《近年来英国对香港政策评析》,《国际研究参考》2018年第11期。

［4］肖元恺:《中英关系与香港问题》,《西欧研究》1992年第5期。

［5］《中国同英国的关系》,https://www.mfa.gov.cn/web/gjhdq_676201/gj_676203/oz_678770/1206_679906/sbgx_679910/。

［6］《中英关系至冰点:曾经"亲中"的英国,为何成了"反华"急先锋?》https://www.163.com/dy/article/GD4FNANU0543OM0D.html。

［7］周琼:《中英关系中的香港问题回顾——写在香港回归祖国之际》,《楚雄师专学报（社会科学版）》1997年第2期。

A Study of China-UK Relationship from *One Country*,
***Two Systems* Initiave and Hong Kong's Return to the Motherland**
ZhangYang

Abstract: The teacher will introduce this case analysis while explaining British diplomacy, focused on the China-UK relationship before

1997 and the loss of Hongkong to the UK in history. This case will be eleborated as a supplement to the study of British diplomacy, aiming at the understanding of British diplomacy on China and the greatness of the *One Country*, *Two Systems* initiative.

Key Words: One Country, Two Systems, Hongkong's return to the motherland, China-UK relationship; diplomacy

文化符号共创共享与铸牢中华民族共同体意识

——以民俗学概论课"民俗的扩布性"为例

李 立[*]

（东北大学秦皇岛分校）

摘　要：习近平总书记在中央民族工作会议中指出必须坚持以铸牢中华民族共同体意识为工作主线，以增进共同性为方向改进民族工作，努力开创党的民族工作高质量发展新局面。在民族学专业本科生《民俗学概论》第一章第二节"民俗的基本特征之民俗的传承性和扩布性"的讲授中，通过西北民歌"花儿"这一多民族共创共享的文化符号，对民俗的扩布性进行解释，不仅让学生顺利理解并掌握课本相关知识点，而且增强了学生铸牢中华民族共同体意识的自觉性。

关键词："花儿"；中华民族共同体；文化符号；扩布性

作　者：李立，东北大学秦皇岛分校民族学学院讲师。

一　课程信息

课程名称：《民俗学概论》

---

[*] 东北大学秦皇岛分校教学研究与改革一般项目"空间视域下'铸牢中华民族共同体意识'融入专业教育教学研究"（编号：2023JG–B08）。

课程学时：48

课程学分：3

授课专业：民族学专业

案例作者：李立

二　案例设计

案例名称：民族之花盛开——西北民歌"花儿"的扩布性探讨

案例节次：第二次课，民俗的基本特征之民俗的传承性和扩布性

案例设计思路：

本案例适用于民族学专业本科生"民俗学概论"课程的第一章"民俗与民俗学"中第二节"民俗的基本特征之民俗的传承性和扩布性"的讲授，旨在引导学生在民俗事象的认识和研究中关注民俗的传承性与扩布性，尤其在多民族地区关注民俗本身作为各民族间交往交流交融的媒介对中华民族多元一体格局形成与发展的作用，从而增强学生铸牢中华民族共同体的自觉意识。通过西北民歌"花儿"的扩布性案例的引入，一方面让学生更加清晰地理解并掌握课本相关知识点，另一方面可以让学生透过这一多民族文化符号共创共享的案例充分体察和理解习近平总书记关于加强和改进民族工作的重要思想的历史逻辑和现实逻辑。

三　授课目标

（1）知识目标：使学生理解民俗的传承性具有在历史流传过程中的纵向延续性和民俗文化的传递方式两层含义；让学生掌握民俗的扩布性基本特征即民俗在空间中的蔓延性，即民俗文化的横向传播过程。

（2）能力目标：让学生具有运用该知识点对民俗文化的产生、发展、流变以及同一民俗的地域分布进行阐释的思维和基本能力。

（3）德育目标：让学生在众多纷杂的民俗事象中，领会到民俗的传承性和扩布性基本特征的内涵，理解各民族交往交流交融的历史事实、现实基础和情感联结，从而增进学生铸牢中华民族共同体的自觉意识。

四 教学实施

在完成民俗学课程第一章"民俗与民俗学"中第二节"民俗的基本特征之民俗的传承性和扩布性"的导入后，引入本教学案例。

导入词："同学们，纵向的传承和横向的扩布相结合，使民俗文化占有广大的时间和空间，形成多元民俗文化的互相撞击与吸收、融和与发展。我们在对民俗的传承性及其扩布性的内涵有了基本了解后，一起来思考这样一个问题——民俗在历经几百年乃至几千年的传承后，在不同地域互相之间有没有影响？你的身边是否有这样的案例？"

通过上述导入词，各位同学进入思考状态，而后单独思考或与周边同学形成小组进行讨论。教师走下讲台听取各小组讨论，随时接受讨论成熟的小组或思考成熟的个人举手发言。

学生1："我家是山西的，我觉得我们那里的戏曲，上党梆子和河北的河北梆子可能存在联系？不是很确定。"

小组1："我们几个人是东北的，感觉东北的秧歌和华北地区比如山东、河北等地的秧歌应该是有联系的。"

学生2："我家是贵州黔东南的，我感觉我们的饮食文化、语言等和四川、云南等地的有很多相同之处。"

小组2："我们几个是青海、陕西、甘肃的，我们的方言有的很接近，我们的建筑特色也接近，还有一些工艺美术、民歌之类的

文化符号共创共享与铸牢中华民族共同体意识

也有相同之处。"

讲解词:"好,同学们刚才提到自己家乡很多与其他邻近省份之间在民俗中的相同或相似之处,但大多是一种猜测,这就需要大家一方面认真学习本课程,另一方面在课后自主搜集相关资料,主动探索相关知识。我们后面会有'我为家乡民俗扛大旗'的课堂展示环节,每个人都要参与进来,介绍自己家乡的民俗。回归正题,我们都知道费孝通先生提出的'中华民族多元一体格局',说明中华民族本就是一家。习近平总书记在中央民族工作会议中讲到铸牢中华民族共同体意识是新时代民族工作的'纲',所有工作要向此聚焦。作为一名民族学专业的学生,大家应该紧密围绕铸牢中华民族共同体意识开展学习和研究。那么,接下来,我们一起来看一个案例,西北民歌'花儿'。通过西北民歌'花儿',我们一起学习民俗的传承性与扩布性,同时借助'花儿'这一多民族共创共享的文化符号理解铸牢中华民族共同体意识的历史逻辑及现实逻辑。"

引入案例:西北民歌"花儿"是流传在我国西北部甘、青、宁三省(区)的汉、回、藏、东乡、保安、撒拉、土、裕固等多个民族中共创共享的民歌,被誉为大西北之魂。"花儿"又称"少年",男青年唱的叫"少年",女青年唱的称"花儿"。2006年5月20日,"花儿"经中国国务院批准列入第一批中国国家级非物质文化遗产名录。2009年9月被联合国列为人类非物质文化遗产。

我们具体以河湟地区的"花儿"为例,剖析一下其内容及结构组成。"河湟花儿"的语言是河湟方言。河湟方言传承了中国元明清汉语白话方言,夹杂了河湟地区少数民族的部分语言词。"河湟花儿"使用西北次方言区的各地汉语方言演唱,却能为河湟地区各少数民族接受,成为河湟地区多个民族共同传唱的民歌。

《下四川》是"河湟花儿"的代表性曲令,又称"脚户令",

主要流行在甘肃、青海一带。《下四川》所唱的是成年累月奔波在高原山路上的"脚户"们的感受和思绪，充满了对故土亲人的一片痴情。行腔时高音、长音较多，充分表现了脚夫在高原大川之间行走的独特感受。我们一起来看它的歌词感受一下。

　　一溜溜子山来，两溜溜山，三溜溜山，
　　脚户哥下了个四川，
　　诶，脚户哥下了个四川。
　　一朵朵子云来，两朵朵云，三朵朵云，
　　雨过天晴出了彩虹，
　　诶，雨过天晴出了个彩虹。

　　我们一起看视频——青海花儿王，马全先生演唱《下四川》。

　　讲解词："同学们，通过'花儿'这一案例，大家可以清晰地看到'花儿'是多民族共创共享的文化符号，在其语言使用、歌词、唱调行腔过程中表彰出各民族文化交流交融的突出特色。

　　"我们从现实逻辑来看，民俗的扩布在本质上也是一种文化传播，具有前后左右的空间流动特性。例如一种新的民俗在一个民族、一个地区形成，在经历了一段时间的完善之后，它的功能和价值就会充分显现出来。它不仅为该民族、该地区民众所接受，成为传统文化的延续和发展，而且开始向其他民族、其他地区渗透。

　　"我们从历史逻辑来看，'河湟花儿'产生地河湟地区泛指黄河及其支流湟水河、大通河之间的广阔地域，史称'三河间'。这一地区自古以来多民族繁衍生息，至少从秦汉以来，众多民族的先民耕牧于其间，创造了辉煌灿烂的河湟文化。河湟文化是在古羌戎文化的历史演进中，以中原文明为主干，不断吸收融合游牧文明、西域文明形成的包容并举、多元一体的文化形态。正是在这样的背景下，地处这一地区的青海省东部地区河湟谷地自古以来物产丰富，汉族、藏族、回族、土族、撒拉族等多个民族在这里交融共生，孕育了'花儿'、河湟皮影等优秀传统艺术文化。

"因此，透过西北民歌'花儿'就可以看到中华民族各民族自古以来在空间、文化、心理等多个层面的互相嵌入，尤其在文化层面的交往交流交融更是全面、深入且持久。作为民族学专业的学生，大家要在正确的历史观和现实考察基础上主动作为，紧紧围绕铸牢中华民族共同体意识进行学习和研究。"

思考：在民俗扩布性的基本特征下，我们要进一步思考民俗的扩布规律是怎样的？民俗文化在一定地域间的扩布一定是结成完全一致的文化果实吗？在不同民族间由于其文化差异在吸收消化民俗过程中展现出怎样的面貌？民俗的扩布方式有哪些？

讲解词："我们要明确的是民俗文化的扩布是有条件、有选择的。首先，从民俗扩布的自身规律看，那些发生时间比较早、社会功能比较广泛的民俗，其扩布的地域和民族也相对广大。那些发生时间比较晚、又不大贴近民众生活的民俗，扩布的地域和民族就要狭小得多。其次，从扩布性研究的趋势看，过去一般只注意地域民俗的共同点，通过相似和相同之处的比较，寻找地域乃至民族文化的同源性。但同时也应注意地域、民族文化之间的差异性。共同性和差异性正好证明民俗文化的扩布是受到种种限制的。

"民俗文化的横向扩布，包含对异民族民俗文化价值取向的判断、吸收、消化和加工。这里所说的加工，包括从形态、含义到功能的融化吸收。这样才能使被接纳的民俗文化变为本民族、本地区民俗文化的有机组成部分。如：青海与甘肃一带传唱的'花儿'，就是专指牡丹和芍药的花语，是少女的化身，形成了河湟、河州两地'花儿'特色。河州与河湟一带的东乡族、回族人迁徙到甘肃和宁夏交界的六盘山一带，受当地文化影响而形成了'六盘山花儿'，歌词中不再是单纯的牡丹，而是出现了胡麻、苋麻、韭菜等实用性植物，最有名的一首是《绿韭菜》。

"民俗文化的扩布方式多种多样。从民俗文化的整体扩布来看，扩布方式主要有正常与非正常两种。正常的扩布是在和平的环境中自然进行的，这就是各民族各地区之间民俗文化的相互交流和影响，互相吸收对方民俗文化的优秀部分，融和进各自的民俗文化之中。正常的和平采借方式，表现为一种完整的过程，这一过程是通过三个步骤完成的。第一，采借者一方对被采借者一方的新民俗，首先是自觉或不自觉地作出价值判断，然后与本民族、本地区的民俗文化做比较、选择；第二，在比较基础上，决定对新民俗作出取舍选择；第三，如决定采用，则对将要采纳的新文化，根据需要进行形态、意义和功能上的改造，并将其置入本民族本地区原有的民俗文化传统中，使新民俗得到有效的扩布。非正常的扩布往往是在特殊情况下发生的。如战争、灾荒、瘟疫等突然事件造成大规模迁徙，迫使一部分人迁徙到另一地区，随之将民俗文化一起转移过去。这种背景下导致的民俗文化的扩布，有些和当地的民俗文化相结合，有些则根据迁徙人口聚居的情况，被相对独立地保存和流传下来。"

五　教学考核评价

本案例的考核通过"课堂讨论与自主回答——课后思考与资料收集——课堂作业展示"的形式进行。首先，学生在课堂中对教师所提问题进行单独思考或小组讨论，思考成熟就可以随时举手回答。这种基于学生自发性思考的回答有利于学生对于相关问题的主动探索及课堂活跃度的提升。其次，结合此次课堂的案例，启发学生在课后及时复习本次课程内容的同时，思考并收集相似的案例以更加深入地理解知识点。最后，依靠课堂中设置的"我为家乡民俗扛大旗"课堂展示环节，让学生不断思考民俗的传承性与扩布性特征。通过以上考核评价，教师不仅在此次课堂中实现了课程思政的主题目的，而且在学生课后思考及课堂展示活动等环节实现了全过程思政教育目标。

六　案例实施与拓展

本案例在2023年3月的《民俗学概论》课程中进行了讲授，学生在听课过程中能够准确理解案例的中心思想和知识目标，并且能够通过联系自己家乡的民俗进行思考。学生在课后通过中国知网、历史档案、家乡亲人口述等多种途径对民俗的传承性和扩布性进行了深入了解。4月份伊始，在"我为家乡民俗扛大旗"的课堂展示活动中，多位同学尤其来自少数民族地区的同学就家乡民俗的历史传承和空间扩布进行了详细考察和展示，在班级内形成了热烈讨论。教师主动引导学生结合习近平新时代关于加强和改进民族工作的重要思想对学生展示的民俗进行进一步深入思考，并与学生沟通希望他们继续调研，形成论文发表。

七　文献资料

[1] 冯桂莲、李言统：《传统的赓续与调适——以青海大通鹞子沟花儿会为例》，《青海师范大学学报（社会科学版）》2021年第5期。

[2] 郭思思、郭家骥：《多民族生态文化融通：铸牢中华民族共同体意识的重要途径》，《云南师范大学学报（哲学社会科学版）》2023年第1期。

[3] 韩煦、高敏、韩宏：《宁夏山花儿的发展与传承概述》，《音乐天地》2022年第10期。

[4] 何星亮：《中华民族共同体的文化象征——基于习近平关于"石榴籽"和"石榴"相关论述的阐释》，《民族研究》2023年第1期。

[5] 林继富、王祺：《花儿研究的基本态势与热点问题的知识图谱——基于1999—2019年计量可视化分析》，《青海民族大学学

报（社会科学版）》2021 年第 1 期。

［6］孙嬗：《双创视角下"花儿"与构筑中华民族共有精神家园》，《北方民族大学学报》2022 年第 6 期。

［7］田海林：《树立和突出各民族共享的中华文化符号与中华民族形象论析》，《广西民族研究》2022 年第 5 期。

Co-creation and sharing of cultural symbols and strengthening the sense of community of the Chinese nation: Taking the "The Dissemination of Folklore" as an Example in the Introduction to Folklore

Li Li

Abstract: General Secretary Xi Jinping pointed out that it is necessary to adhere to the main line of work to strengthen the sense of community of the Chinese nation, improve ethnic work in the direction of enhancing commonality, and strive to create a new situation of high-quality development of ethnic work. In the lecture on chapter I, section 2 of "Introduction to Folklore": "The Basic Characteristics of Folklore: The Inheritance and Dissemination of Folklore" for students, the dissemination of folk customs is explained through the Northwest folk song "Hua'er", a cultural symbol co-created and shared by multiple ethnic groups. This not only helps students understand and master the relevant knowledge points in the textbook, but also enhances their consciousness of strengthening the sense of community of the Chinese nation.

"大思政课"建设专栏·东北大学秦皇岛分校心理健康教育课程建设笔谈

中华优秀传统文化融入心理健康教育课程中的教学实践与反思

阎晓军[*]

(东北大学秦皇岛分校)

培养什么人、怎样培养人、为谁培养人是教育的根本问题，立德树人成效是检验高校一切工作的根本标准。大学生心理健康教育课程要落实立德树人的根本任务，充分发挥课程在心理健康教育中的主渠道作用，需要将价值塑造、知识传授和能力培养三者有机融为一体。更好地适应和满足新时代大学生心理健康教育的服务需求。

学习贯彻习近平新时代中国特色社会主义思想主题教育已全面开展，习近平总书记强调，开展这次主题教育，根本任务是坚持学思用贯通、知信行统一。对于大学思想政治教育而言，准确把握"两个结合"的重大理论和现实意义是应有之义。为此，本组笔谈主要从大学生心理健康教育课程角度出发，探讨马克思主义与中华优秀传统文化相结合的教学实践及思考，进而推进大学生心理健康教育课程思政建设。东北大学秦皇岛分校大学生心理健康教育课程经过持续十余年的教学实践及改革创新，在教材建设、教学内容和教学方式上取得了创新成果。

2021年课程组编写的《心理健康教育》教材正式出版，获批

---

[*] 阎晓军，东北大学秦皇岛分校马克思主义学院教授。

为学校教材建设项目,并入选东北大学课程思政成果之一的思业融合燎原计划系列丛书。教材编写在系统进行心理健康教育同时,注重推进课程思政建设。全书分十二个专题内容,每一专题包括学习目标、案例导入、理论知识、心理测试、活动锦囊、故事案例和拓展链接等七个板块内容,强化了价值引领,以促进学生身心健康发展为目标;教材有机融入中华优秀传统文化,避免了过去心理学存在的"食洋不化"现象。个体心理与文化传承密切相关,中华优秀传统文化造就了中国人独特的心理特质,大学生健康的心理素养的塑造则离不开中华优秀传统文化的浸润。因此,教材各章案例采用了中华古诗词和经典历史故事,通过讲好中国故事以传承中华文明,从文化心理角度启发学生对心理健康教育知识的深度掌握。同时,增强学生文化自信,弘扬社会主义核心价值观。

结合教材的运用和教学进一步守正创新,课程组在集体备课中注重教材体系向教学体系的转化,根据大学生的心理年龄特征和心理服务需求,在专题授课过程中,生动讲解中华优秀传统文化,借助经过精心筛选、匹配各个专题教学内容的中华经典故事,采用学生小组合作学习的方式,引导学生通过对经典故事的学习,从故事分析中习得心理健康教育专业知识和技能在实际场景中的运用,促进学生将课程内容的陈述性知识转化为程序性知识,能够活学活用,有效迁移;另一方面,一个故事胜过一打道理。通过中华经典故事的合作学习,促进学生领悟中华优秀传统文化的旺盛生命力,深刻认识到经典故事所蕴含的价值观对个体心理健康的重要作用,引导学生正确认识义和利、群和己、成和败、得和失,培育学生自尊自信、理性平和、积极向上的健康心态。

课程组成员在教学中始终围绕立德树人的根本任务,就如何提升大学生的心理健康素养等核心问题持续展开交流研讨,在多轮课程思政教学改革中积累了一定的认识体会,今以笔谈形式呈现出来以作为阶段性探索的总结,并就正于教育界同行。

防微杜渐，守正创新，
培养身心健康的时代新人

史宗平*

（东北大学秦皇岛分校）

习近平总书记在党的二十大报告中指出："推进文化自信自强，铸就社会主义文化新辉煌。"他强调："我们要坚持马克思主义在意识形态领域指导地位的根本制度，坚持为人民服务、为社会主义服务，坚持百花齐放、百家争鸣，坚持创造性转化、创新性发展，以社会主义核心价值观为引领，发展社会主义先进文化，弘扬革命文化，传承中华优秀传统文化，满足人民日益增长的精神文化需求，巩固全党全国各族人民团结奋斗的共同思想基础，不断提升国家文化软实力和中华文化影响力。"优秀的中华传统文化是五千年中华文明史的精华凝结，弘扬中华传统文化，充分将中华经典历史故事融入大学生心理健康教育课程，既有益于学生深入浅出地理解心理健康教育相关理念，更有助于在大学生心中厚植家国情怀，树立文化自信。

一 案例概况

在本人讲授的《大学生心理健康教育》课程中，尝试将《扁

---

* 史宗平，东北大学秦皇岛分校资源与材料学院讲师。

鹊见蔡桓公》等中华经典历史故事融入课堂教学，用故事激发学生学习兴趣，用案例引导学生延伸思考，用道理引领学生感悟成长，课堂反馈良好。

《扁鹊见蔡桓公》讲述了战国时期齐国国君蔡桓公忽视自身疾病，不信任名医扁鹊，不接受治疗，最终体痛致死的故事。这个故事引发我们思考：当我们发现自身出现了一些身心疾病的征兆，是选择视而不见、讳疾忌医，还是积极就医、防患于未然？

二 案例实施

大学生正处于青年期，生理条件已基本发育成熟，但心理水平却仍处于走向成熟但未完全成熟的阶段。他们对自身认识还不够全面深刻，缺乏社会经验，但同时又意气风发，有着"敢与天公试比高"的傲气。面对实际学习、生活、工作中遇到的困难和挫折，部分大学生不知如何调整心绪与应对处理，极易陷入心理问题困惑之中。且由于社会支持系统不佳、人际交往能力较弱、碍于情面不想表露自身不足等原因，部分大学生不能够正确认识自身心理异常情况，向外求助的能力不足，直接影响了心理问题的解决与疗愈，更甚者，严重干扰了自身的成长和发展。

在大学生心理健康教育课程学习中，引入中华经典历史故事《扁鹊见蔡桓公》，激发学生分小组进行思考、讨论、交流，分享从故事中学到的经验和感悟，能够有效帮助学生学习、理解和领悟蔡桓公因病症没有得到及时治疗致死的深层原因，深刻理解自己是自身健康的第一责任人的重要意义，充分认识到应该积极关注自身心理健康指标，及时发现异常情况，重视并积极接受治疗，方能实现保持身心健康的良好局面。再者，进一步激发学生感悟：我们应该学习扁鹊深刻的洞察之力，及时发现和关注自身积极因素，加以培养和发展，以期收获良好的心理效能。

三 案例教学效果

"疾在腠理,汤熨之所及也;在肌肤,针石之所及也;在肠胃,火齐之所及也;在骨髓,司命之所属,无奈何也。今在骨髓,臣是以无请也。"从扁鹊生动惋惜的言辞中,学生深入体会到作为医者面对病情延误无法救治的无奈,也深刻领悟了"及时就医"的必要性。

从最初发现蔡桓公病症时的"疾在腠理",到"病在肌肤""病在肠胃",再到最终"病在骨髓",名医扁鹊的治疗方式也从"汤熨所及"到"针石所及""火齐所及"逐渐提高了难度,直至"无奈何也"。学生在这一简洁明了又引人深思的表述中,充分理解了病程的变化、医治方式的调整,进而深入理解了心理疾病应及时就医,否则极易"小病不治,酿成大病",增加治疗难度。千里之堤,毁于蚁穴;冰冻三尺,非一日之寒。如果每一名大学生都能深刻认识到这一道理,高度重视自身心理健康水平,遇到异常情况,及时求助治疗,就不会酿成"无奈何也"的悲惨结果。换言之,良好心理素养的培养也需要从小处着眼,要善于发现生活之美、心灵之美、自身之美,感受积极的心理能量,培养良好的思维习惯和处事态度,悦纳自我,积极进取,成就美好人生。

四 教学反思

《扁鹊见蔡桓公》是高中语文课程学习内容之一,是大学生耳熟能详的中华经典历史故事。将其融入大学生心理健康教育课程,作为大学生心理健康意识的启迪,既丰富了课堂趣味性,又增进了心理健康教育知识的普及性,是大学生心理健康教育课程的一次积极有效尝试。

鸿毳沉舟,积沙成塔。异常心理问题的出现往往是从小处萌发，逐渐扩散与泛化；良好心理素质的培养也需要从小处着眼，不断积累与成长。作为心理育人工作者，我们应该从《扁鹊见蔡桓公》中吸取扁鹊未能及时救治、蔡桓公致死的深刻教训，既要学习扁鹊强大的"望闻问切"功力，善于及时发现大学生的不良心理征兆，耐心争取学生信任，及时帮助学生应对和化解心理难题；也应该学习扁鹊深刻的洞见精神，善于发现学生的积极面，强化学生心理效能感，营造良好的心理健康教育氛围，助力学生良性成长。

  中华文化源远流长，博大精深，与大学生心理健康教育贴切的中华经典历史故事还有很多。我们应珍惜这座取之不竭、用之不尽、历久弥新的文化宝库，用传统文化教育学生，用历史故事鼓舞学生，带领学生学习其中的深刻智慧、高深道理和经典方法，为培养身心健康的时代新人不懈努力！

启智明理 塑造人格

许 旭[*]

(东北大学秦皇岛分校)

培育大学生健康人格，是实现立德树人的重要路径，也是坚持以人为本的具体要求。中华优秀传统文化培育了中国人民宝贵的精神品格，为中华民族生生不息、发展壮大提供了丰厚滋养。在心理健康教育课程人格专题的教学中，引入中华优秀传统文化经典案例，引导学生感悟精神内涵，领会古往今来贤人志士的思想境界、个性品质以及对人生成败的豁达胸怀和乐观态度，有利于帮助大学生提高人格修养，发展健康人格。

一 案例概况

《世说新语》记载的"周处除三害"，讲述了周处从年轻时的凶强侠气、危害乡里，被人视为三害之首，到杀虎斩蛟后从乡人的庆祝中意识到过错，再到寻访二陆听取规劝，改过自新成为忠臣的故事，为我们呈现了周处的个性特点、遭受的困境以及寻求改变的思想矛盾和复杂心理，而周处也最终通过立志和行动，成为有用之人。周处的案例，通过鲜明地前后对比变化，让我们看到了周处立志改过的决心，以及通过脚踏实地的行动实现自我发展与人格完善

---

[*] 许旭，东北大学秦皇岛分校学生工作处心理健康教育中心讲师。

的过程。

二 案例实施

人的心理认知过程是由理论学习、情感认同、行为表现、价值观塑造等构成的。大学阶段是人格发展和成熟的关键期,如何运用案例引导学生知之深、行之实、信之笃,显得尤为重要。在人格专题的课程教学中,我已引入了本案例,设计并实施了知识讲解、小组交流、启发感悟三个环节,以"知"为起点,以"行"为路径,进而内化为"信"。

(一)知识讲解阶段

本案例安排在人格专题性格知识讲解之后。本人从启发学生描述自身的性格开始,为学生介绍性格的概念和特点,引导学生了解到性格是表现在人对现实的态度和相应的行为方式中的比较稳定的个性心理特征,知晓性格是在后天社会环境中逐渐形成的,有好坏之分,而且性格是可以改变的。学生通过概念特点的学习,增强了对人格的知识储备。

(二)案例实施阶段

将学生提前分组,在课堂上安排小组合作任务。小组成员一起学习经典案例《周处》,分析周处的性格特点、前后变化的原因以及这个故事所带来的启发,结束后以小组为单位进行组间分享交流。

(三)启发感悟阶段

各小组选派代表进行组间交流,学生之间分享交流,碰撞思想,抒发感悟。最后,由本人对各小组的分享进行总结,引导学生认识周处的个性品质、变化发展的过程以及周处的经历所带来的人生启发，同时加深对自己的性格特点的了解，思考不良性格改变修正以及人格完善的实现路径。

三 案例教学效果

人格专题的重点，就是引导学生通过学习认识人格、学会发展和完善人格。从各小组提交的答案要点、词频分析以及交流启发中，我看到同学们对于周处的经典案例是有思考和感悟的，而且也能够思考如何迁移到现实生活情境中。

（一）周处的性格特点

各小组都能分析出周处凶强侠气、无所畏惧、暴躁粗野等案例中提及的特点；部分小组能进一步挖掘，从周处的行为变化中，分析出周处勇敢、坚强、自律等性格特点；还有个别小组发现周处的性格中有直率冷静的一面，因为知道被百姓当成祸害后并没有大怒暴躁；还发现周处其实是为民除害，看得出他有正义感。可以看出，学生们可以从周处对待现实的态度和相应的行为方式中，去理解他的性格。

（二）周处前后变化的原因分析

各小组在周处变化的原因分析中，都谈到了乡民庆祝的厌恶嫌弃和陆云的指导，引发了周处顿悟和改过的决心与行动。部分小组拓展了周处改变原因的新思路：周处的本性应该是好的，只是受到了早期家庭关系和成长环境的影响；周处内在学习的意愿和动力很强，而且很虚心，能够寻求优秀人士的指点；良师对于青年人的启迪激励和正确引导。在案例思考中，学生们可以通过对变化的识别以及原因的分析，辩证地看待人生境遇与变化。

（三）周处的故事所带来的启发

从小组作答中可以看出，知错就改、悔过自新、勇于拼搏等词汇出现的频率最多，也从周处的故事中受益。部分小组谈到从周处的故事中，看到了人的性格可塑性，以及教育指导对性格塑造的作用；也有小组谈到要有志向有理想，同时也要善于倾听他人的评价和接受他人的建议。在案例启发中，同学们能够认识到性格有好坏之分，也相信通过行动改变，可以让自己的性格变得更好；每个人都有缺点，也会犯错误，但是只要克服缺点和改变错误，同样可以成为有用之人，而且无论何时都不算晚。

三 教学反思

（一）经验总结

中国传统文化优秀案例教学，可以引导学生积极学习古代贤人志士的人生智慧，领悟中华优秀传统文化的真谛，从多维视角去思考、分析和感悟，同时着眼于现在，指导行动。同学们先通过自己思考和探索，进行自我学习，然后通过小组成员互动，发表见解，既可以交流经验，也可以互相激励。而启发的过程，恰恰是引导学生知行合一、运用实践的过程。学生由案例引发的启发和感悟，恰恰是学习生活实践的方案和自身应对能力上的升华。

（二）改进思路和措施

首先，增强案例的延伸性。本案例包含了很多延伸，例如周处的家庭背景、周处改过自新的经历过程等，可以进一步引导学生从人生长河的视角，去理解周处不同人生阶段的变化。同时结合人格相关理论和人格特质，引导学生对周处的人格图谱进行深度思考，进而增强学生对于自身人格的认知。

其次，加强实践引导。在案例实施过程中，虽然引导了学生启发思考，但是对于行动的可操作性指导得还不够充分，需要进一步增强现实学习生活情境的关联和迁移。例如从学生个体修正和完善性格出发，引导学生思考自己改变前的状态、展望改变后提升的愿景，进而探索改变的实施路径。

最后，夯实理想信念。党的二十大报告提到，青年强，则国家强。广大青年要立志做有理想、敢担当、能吃苦、肯奋斗的新时代好青年，让青春在全面建设社会主义现代化国家的火热实践中绽放绚丽之花。本案例的结局为周处改过自新，这正是小我与大我相融合，理想信念所在。所以，在教学中还需要理想信念的进一步引领，教导学生在继承与弘扬中创造性转化和超越性升华。

香菱学诗中的"教""学"之道

房美妍[*]

(东北大学秦皇岛分校)

《红楼梦》中"香菱学诗"选段,作为古代文学名著中关于求学的经典片段,被创造性应用于心理健康教育课程学习心理专题的教学过程中,引导学生做到深学细悟见实效。正如一位学生在课程满意度调查时所说:"'香菱学诗'的故事对学习章节内容启发极大,在学习古文的过程中,既让我们掌握并实践了心理学的相关知识,又用优秀的传统文化熏陶了内心,结合之妙,乃神来之作!"

一 黛玉的"教"与香菱的"学"

香菱学诗讲述的是香菱从一个文墨不通的女孩儿,经黛玉教育启发及自身辛苦付出,终有所成的故事。

林黛玉乐为人师,不吝赐教,讲授时提纲挈领,直中要害,针对学诗者易受格律影响的特点,强调写诗"立意"的重要性;善于鼓励学生,一句"你又是一个极聪敏伶俐的人,不用一年的工夫,不愁不是诗翁了!"使香菱在学诗过程中遇到瓶颈时,仍能够有信心有兴趣地学下去;既重视基础知识的积累,又强调自学的重要性,强调实践和探究,重视能力的培养,可谓是一名饱读诗书、

---

[*] 房美妍,东北大学秦皇岛分校心理健康教育中心讲师。

教学有方的好老师。

香菱聪颖好学，对学诗产生浓厚兴趣，求师心切，向宝钗请教不得，并没有失去学习信心，继而拜黛玉为师，潜心钻研；善于总结，经黛玉指点得其法后，尝试写诗，虽有碰壁，但不灰心，几经练习使诗作鲜活起来；沉心苦学，"只向灯下一首一首的读起来，宝钗连催他数次睡觉，他也不睡"，体现出顽强的学习意志，无疑是一位善思善学、勤勉刻苦的好学生。

黛玉的"教"和香菱的"学"，可以说是珠联璧合，对我在与学生互动时的启发在于，往往有效的教育是在教师不声不响的教学智慧和学生不知不觉的习得行为中发生的，是最自然、最高效的形式。

二　香菱学诗中的"教"与"学"在教学中的应用

在黛玉施教的过程中，她连续提出了三个问题，"共记得多少首？""可领略些滋味没有？""正要讲究讨论，才能长进。"这其中包含学习中记忆、领悟、讨论的三个过程。记忆是一种对过去经验的积累，它不局限于"填鸭式"的被动学习，更是一种对行为的隐性影响，反复记忆的过程中，无疑是在潜意识中埋下种子，使得在面对相似情况时被激活而产生操作性条件反射。领悟是对记忆后的表层认识的升华，是质变的过程，不满足于"学会"，更形成了自己的认识，建立了特有的知识框架，"悟到"方能真正领略精髓。讨论是通过不同视角的聚焦，发现自身局限性，不断修正自我认识的过程，思维的碰撞会让你发现"不识庐山真面目，只缘身在此山中"，才能更好地避免自己被困在"庐山"中。

在本门课程教学过程中，课堂设置包括知识讲授、个人互动、小组互动等环节，与香菱学诗中林黛玉的教法相得益彰，使得记忆、领悟和讨论过程相生相随。记忆产生于知识传授过程，领悟产生于课堂讨论、随堂练习过程，讨论产生于分组任务小组互动的过程，引导学生将所学知识记于心、悟于道、践于行，才能达到促使学生精进自己，完善自己的教学目的。

在案例实施过程中，通过发布小组任务的形式，引导组内成员通过分析讨论香菱学诗中遇到的困难、解决的方法以及故事所带来的关于学习方面的启发，得出答案后进行组外分享交流。在感悟分享部分，运用启发式教学方法引导学生将香菱学诗中体现的学习之道迁移到自身的学习过程中，在分享中有同学说："通过对香菱学诗片段的学习，从香菱的身上让我学到了，其实每个人的基础、环境、过往都不尽相同，但只要愿意并努力地朝着自己喜欢的专业去发展，保持着有向学之心和满腔热爱，自行摸索的同时善于抓住机会，敢于钻研与探究，终将会学有所成。"

学生在学习古文的同时，也是在从先人身上撷拾学习智慧的过程。穿越古今，无论是香菱还是现在的学生，都是在学习中不断提升自我、坚定价值观，实现着自我成长和自我完善。从"永远不要停止学习，因为生活永远不会停止教学"角度看，学习从来不是一件一劳永逸的事情，它应该是人生任何阶段都不可或缺的能力。生命有限，学海无涯，我们想成为怎样的人，决定于我们学到的东西，懂得持续学习、终身成长的人，更能保持积极进取的状态，努力提升境界，不断拓宽视野，才能走得更远、站得更高、收获更多，很多问题也自会迎刃而解，这是经过几百年实践检验的真理。

三 案例教学的改进措施

在反复教学打磨的实践中，笔者认为从课程设计上还可做如下方面的改进完善。

第一，在教师施教过程中，应扩展关于传统经典中学习的观点。可以设置关联学习的成语或典故环节，引导学生通过自学探究，发掘像闻鸡起舞、凿壁偷光、积雪囊萤、刺股悬梁、钝学累功、映雪读书等成语典故，将教学与传统文化深度渗透融合，丰富学习的古今内涵。

第二，在学生学习的过程中，应领悟学习层面的时代价值。习近平总书记在党的二十大报告中指出，广大青年要立志做有理想、敢担当、能吃苦、肯奋斗的新时代好青年。学生在学习专业知识之余，更应树立不畏难、战艰难的意识，扎根于"学海"，潜心钻研，在学习实践中磨炼坚强意志，把个人追求与国家发展、民族昌盛结合起来，提高自身社会责任感和使命感。

学习情绪管理 促进心理健康

姜丛萌[*]

(东北大学秦皇岛分校)

高校大学生是国家宝贵的人才资源，肩负着人民的重托和历史的重任。因此，大学生的健康显得尤为重要。世界卫生组织在《阿拉木图宣言》中提出健康的定义是："健康不仅是疾病与体虚的匿迹，而是身心健康社会幸福的总体状况。"习近平总书记在中国共产党第二十次全国代表大会上强调，"要推进健康中国建设，重视心理健康和精神卫生，深入开展健康中国行动和爱国卫生运动，倡导文明健康生活方式"。高校加强大学生心理健康教育和社会德育工作能够促进大学生身心健康发展，进一步推进健康中国建设。按目前研究，或一般认为，高校大学生心理健康的标准之一就是具有很好的情绪协调控制能力、情绪积极而稳定。心理健康的大学生乐观开朗、朝气蓬勃，学习生活中遇到的各类事情，能够用适度的情绪表达或对待新鲜事物具备很好的情绪管理能力。在这样的心理状态下，大学生能够准确把握个人社会角色，展现责任和担当，并掌握调节个人情绪的方法，提升适应社会及未来工作的效能，为国家建设做贡献。

一 案例概况

本门课程在讲授心理学理论知识的同时，将中华传统文化故事

---

[*] 姜丛萌，东北大学研究生院秦皇岛分院教师。

学习情绪管理 促进心理健康

引入课堂。引导学生从传统文化中汲取深沉持久的力量，培育学生积极人格，是实现立德树人根本任务的重要举措。本章的中华传统文化故事选取了《战国策》中的《触龙说赵太后》。文章讲述了战国时期，秦国趁赵国政权交替之机，大举攻赵，赵国形势危急，向齐国求援。齐国一定要赵威后的小儿子长安君为人质，才肯出兵。赵威后溺爱长安君，执意不肯，致使国家危机日深。在强敌压境，赵太后又严厉拒谏的危急形势下，触龙因势利导，以柔克刚，用"爱子则为之计深远"的道理，说服赵太后，解除国家危难。文中触龙所处的战国时期，等级制度森严。对大臣而言，觐见需要倍加小心，稍有失误，便有飞来之祸。因此，触龙面临的是既要保全性命，又要成功说服太后，保全赵国。在这个过程中，首先触龙并没有像其他朝臣一样，冒昧觐见，而是察言观色，相机行事，通过观察，感受太后情绪。这体现了理性情绪理论应用中的第一步，感受别人的情绪。其次，触龙反复揣摩太后心理，找出引起太后恼怒的原因，调整沟通思路，选择从她关心的饮食起居和子女问题谈起。这体现了理性情绪理论应用中的第二步，找出引发不良情绪的原因，进而理性调整自己的沟通思路。最后，触龙步步诱导，旁敲侧击，明之以实，晓之以理，说服了赵太后。这体现了理性情绪理论应用中的最后两步，通过调整沟通思路，纠正不合理的观念，最终找到合理的观念。这一故事中触龙不仅拥有良好情绪管理能力和沟通技巧，同时还拥有强烈的爱国情怀和奉献精神，使得他能够不受他人左右，坚定自己的信念，拯救了国家危机。

二　案例实施

现实生活中很多大学生常常不知道如何管理自己的情绪，其实管理情绪的方法很多，其中最基础的方法就是运用理性情绪理论来合理地调节情绪。理性情绪理论需要通过感受别人的情绪，理性分析情绪的原因，进而纠正非理性观念，最后建立合理的信念。在案例实施的过程中，教师首先讲授情绪理论的相关知识点，介绍理性情绪理论的应用步骤，之后引导同学们学习中华传统文化故事《触龙说赵太后》。此故事凝聚了深厚的民族文化，加之原文是文言文，语言精练而生动，有着独特的文化魅力，因此在教学实施过程中要引导学生理解其中的精妙，通晓文意。

在一起学习故事后，组织学生就"触龙是如何在危机的情况下说服赵太后的？"进行分组讨论。讨论采用随机分组，每组5—6人，每个小组派代表提交讨论结果。最后的评分由组内互评、组间互评、自评和教师评价组成。在此过程中，同学们不仅回顾了自己小组的讨论结果，还能够全方面看到其他小组的讨论结果，寻找差距。同时，教师还将选出优秀小组的回答进行课堂展示。这样一来，一些平时不愿意动脑思考的同学也不得不融入思考氛围。学生通过思考、讨论得出问题的答案，可以激发学习兴趣，提高教学质量。

三 案例教学效果

在以往的课堂教学中，笔者发现同学们在小组学习的过程中，能够准确理解中华传统文化故事的内容，体会中华传统文化的博大精深，同时在探讨中取长补短，发挥各自的核心优势。在共同解决问题的过程中，大家都体会到了情绪的各种影响以及如何管理情绪，意识到了自己作为国家未来建设者的责任，体会到了家国情怀。在学期末的课后调研中，很多同学反馈："之前过于浮躁、缺乏情绪的控制能力，在心理课学会了调解自己情绪的方法，使得自己的生活发生了很大改变，心态更加平和、心情更为愉悦。"

四 教学反思

在学习的过程中，无论是小组内部成员之间，还是小组之间给出的答案都容易形成观点碰撞，值得肯定的是各小组同学在学习的过程中都非常认真、投入。这个问题在教学过程中解决的方法有以下几点：首先，观点产生分歧时，教师需要第一时间沟通协调，引导学生友好协商解决。其次，教师需要引导学生尊重不同意见。最后，教师需要引导学生主动换位思考，站在别人的角度考虑问题，解决问题。

  总的来说，通过结合中华优秀传统文化故事的学习，使得情绪专题的学习更加深入，不仅激发了同学们的学习热情，而且帮助同学们感受了优秀传统文化的博大精深。学习情绪管理，可以帮助同学们正确地评价自己，塑造良好的人生观和价值观，同时有助于提升沟通技巧，促进人际关系的和谐。大学生在平和愉悦的情绪中，才能够将大部分精力投入学习和探索中，掌握丰富的专业知识，成为德才兼备的人。

汲取中华优秀传统文化智慧提升大学生人际交往能力[*]

迟莹莹[**]

（东北大学秦皇岛分校）

党的二十大报告指出，中华优秀传统文化源远流长、博大精深，是中华文明的智慧结晶，其中蕴含的天下为公、民为邦本、为政以德、革故鼎新、任人唯贤、天人合一、自强不息、厚德载物、讲信修睦、亲仁善邻等，是中国人民在长期生产生活中积累的宇宙观、天下观、社会观、道德观的重要体现，同科学社会主义核心价值观主张具有高度契合性。其中，"讲信修睦"出自《礼记·礼运》，指的是崇尚诚信，谋求和睦。"讲信修睦"不仅是儒家提倡的一种伦理规范，也是中华文化中处理人际关系和国家关系的一个重要准则。可见，中华优秀传统文化中蕴含着丰富的与人际交往相关的心理健康教育资源。在高校"心理健康教育课"的"大学生人际交往"专题融入中华优秀传统文化，不仅增强了学生的文化自信，而且带给学生更多的中国智慧来应对人际交往困扰，提高心理健康水平更为重要的是，促进学生清楚地理解人际交往技能背后

---

[*] 本文系 2020—2021 年度河北省高等教育教学改革研究与实践项目"基于课程思政的心理健康教育混合式教学模式构建与实践探索"（2020GJJG626）、2021—2022 年度河北省高等教育教学改革研究与实践项目"高校心理健康教育课程虚实双课教学模式实践研究"（2021GJJG443）、中国冶金教育学会 2022 年度教育科研一般课题"思政元素融入高校'心理健康教育'课程有效途径研究"（2022YB17）阶段性成果。

[**] 迟莹莹，东北大学秦皇岛分校马克思主义学院讲师。

汲取中华优秀传统文化智慧 提升大学生人际交往能力

所潜在的思政价值观。

一 案例实施

在"大学生人际交往"专题教学中，注重挖掘中华优秀传统文化中与专题相关的心理健康教育资源，将中华优秀传统文化与价值塑造、知识传授、能力培养有机结合，从心理层面对学生进行思想和价值层面的引导。这样，既促进了学生对人际交往知识的学习和技能的掌握，又促进了学生感悟中华优秀传统文化所承载的思想内涵。在"大学生人际交往"专题中，主要将中华经典历史故事、成语典故和中国古典诗词融入教学中。

（一）采用案例教学法学习陈述性知识

中华经典历史故事、成语典故和中国古典诗词蕴含着丰富的与人际交往相关的心理学知识，在讲授"大学生人际交往"专题时，将其作为案例，激发学生的学习兴趣，促进了学生对人际交往知识的理解，并学到了人际交往的中国智慧。如"羊左之交"的故事蕴含着"人际关系这个知识点"。"羊左之交"的故事讲述了左伯桃和羊角哀由互不相识、相识、交流到结为兄弟的交往过程，这与"人际关系的四种状态"一一对应，"互不相识"体现了"零接触状态"、"相识"体现了"开始注意状态"、"交流"体现了"表面接触状态"、"结为兄弟"体现了"情感卷入状态"。教师通过"羊左之交"的故事讲述"人际关系的四种状态"，使教学内容更鲜活生动。同时教师引导学生认识到，随着交往的深入，感情会越来越深厚，在人际交往中要以诚相待才能结交真正的朋友；"士别三日，当刮目相待"这个成语典故蕴含着"人际交往的心理效应——近因效应"这个知识点。这个成语的典故是《孙权劝学》，主要讲述了鲁肃这次与吕蒙的见面，吕蒙给他留下了有学识、有见地的印象，而不是原来的有勇无谋的印象了，形象生动地体现了

"近因效应",即个体在对他人形成印象的过程中,相比于原来获得的信息,个体受到新近获得的信息影响更大的现象。教师进一步引导学生认识到,在人际交往中,要全面、历史地评价他人,这样才能对他人有准确地认识和评价;"路遥知马力,日久见人心"这个诗词蕴含着"人际交往的心理效应——首因效应"这个知识点。通过引入这个诗词,教师引导学生认识到,在人际交往中第一印象并不总是真实可靠的,要根据全面信息来评价他人。

(二) 采用合作探究法学习程序性知识

历史以小组合作学习的方式研读中华经典历史故事,促进学生掌握中华经典故事中潜在的人际交往技能,学习到人际交往的中国智慧。"邹忌讽齐王纳谏"这个故事体现了当劝说他人时要注意方式方法、当被他人赞美时要有自知之明、当被他人批评时要虚心接受他人的劝告。学生以小组合作方式研读这个故事,通过团队的力量共同分析问题和解决问题,深刻领悟到故事中体现的人际交往技能。通过优秀小组的展示,学生突破自身和本小组的知识局限,收获到多个维度的人际交往技能。教师不仅总结故事中体现的人际交往技能,同时还引导学生学习邹忌浓厚的家国情怀,他心怀君王、心怀国家,心怀国家大事,对国家深深地热爱。

二 案例教学效果

面向本校 2022—2023 第一学期必修高校"心理健康教育"课的全部大一新生进行"大学生人际交往"专题获得感的问卷调查,共发放问卷 1738 份,有效回收问卷 1465 份,问卷有效回收率为 84%。第一个项目为:"在'大学生人际交往'专题中,请用数字 1—7 来评价你的收获情况,1 代表无收获,7 代表收获最大。"得分越高表明个体获得感水平越高。结果发现,学生对"大学生人际交往"专题的获得感平均分为 4.51 ± 0.77,表明学生在该专题中有较高的获得感。第二个项目为："你在'大学生人际交往'专题中有哪些具体收获？"学生反馈的收获主要表现在：一是在知识层面上，学习和拓展了人际交往相关知识，如"学到有关人际交往的知识"。二是在技能层面上，提升了人际交往能力，如"人际交往能力有所提升"。三是在德育层面上，树立了正确的人际交往观，如"知道与人交往中做到真诚是最重要的一步"。

三　教学反思

党的二十大报告指出，我们必须坚定历史自信、文化自信，坚持古为今用、推陈出新，把马克思主义思想精髓同中华优秀传统文化精华贯通起来。在"大学生人际交往"专题中，挖掘中华优秀传统文化中的心理健康教育资源，促进了学生对人际交往知识的学习和技能的掌握，带给学生更多的中国智慧来应对人际交往困扰，增强了学生的文化自信。教师从心理层面对学生进行思想和价值层面的引导，发挥其在育人中的理想信念导向价值和道德人格塑造价值，有利于学生树立正确的世界观、人生观和价值观。今后，教师要进一步加强对中华优秀传统文化知识的学习，在教学中不断挖掘中华优秀传统文化中蕴含的心理健康教育资源，并根据新时代大学生的特点，对中华优秀传统文化进行创新，采用大学生更感兴趣的方式开展课堂教学，提高文化育人和心理育人实效。

恋爱心理课程中李清照与赵明诚的爱情故事中价值观探究

赵玲叶[*]

（东北大学秦皇岛分校）

"我见众生皆草木，唯有见你是青山"，"幸得识卿桃花面，从此阡陌多暖春"，自古文人墨客对爱情故事多有美好描述，现今的书籍与影视作品亦将爱情作为主要的描述对象，这些爱情故事的结局或美好或悲戚。对于处于青春期的大学生来说，他们会对自己未触及过的情感充满着好奇，面对爱情时也会表现出不知所措。家庭是组成社会的小单元，家庭的和睦与稳定有利于整个社会的和谐与稳定。在日常的心理健康教育工作中，需要对学生的恋爱价值观进行引导，帮助学生树立正确的婚恋观及家庭的伦理道德。

在教学过程中，首先，需要引导学生思考，为什么不管是古人还是今人在创作自己作品内容时很大的篇幅都在描述爱情这种情感类型，就算是其他类型的作品也多以爱情作为整个故事作品的主线？通过对这一问题的思考，可以帮助学生正确的认识这种深刻的情感，使学生从中学时期对恋爱问题的朦胧认识中清晰起来。

总结一下主要有以下几点原因：

首先，在亲情这一情感维度上，我们与父母存在着天然的血缘

---

[*] 赵玲叶，东北大学秦皇岛分校心理健康教育中心心理咨询师，东北大学秦皇岛分校马克思主义学院兼职教师。

恋爱心理课程中李清照与赵明诚的爱情故事中价值观探究

关系,从我们出生开始,就与他们建立了亲密的依恋关系,这种关系是我们生命之初安全感的全部来源,我们与父母的依恋关系需要6至8年的时间形成,并终生不会更改。这种关系的确定性在我们的社会支持系统中处于非常重要的地位,这种温暖的体验不需要寻找和努力便可以为我们所有。而爱情需要我们主动地去寻找,在找寻的过程中可能会体验到成功的喜悦,也可能是失败的沮丧,这样的过程使我们认为寻找对的人是一件不容易的事情,主观上认为与自己情感契合的恋爱关系更加的难得。

其次,人有强烈的情感需求,天生要与其他人发生联系,其中爱情是一个人情感上不可或缺的一部分。而爱情由于受到性激素的影响,比其他感情来得更加热烈,在爱情产生之初也让我们更加缺少理性,这种情感上的激情状态是其他情感所不具备的,所以显得更加有吸引力。

在接下来教学过程中,我们引入中华文化中的传统爱情故事《李清照与赵明诚》,李清照与赵明诚之间的爱情故事是古代社会难得的夫妻之情兼友朋之义的美好典范。案例的引入可以引导学生思考,他们情感上琴瑟和鸣的原因是什么?在李清照和赵明诚的爱情故事中,我们可以从以下几个角度对学生的恋爱观及价值观进行引领。

首先,两个人相似性较多,志同道合。《金石录》中有写:"每朔望谒告出,质衣,取半千钱,步入相国寺,市碑文果实归,相对展玩咀嚼,自谓葛天氏之民也。""后二年,出仕宦,便有饭蔬衣练,穷遐方绝域,尽天下古文奇字之志。"[1] 两人喜好相同,也有共同的志向,都淡泊物欲,独爱金石字画,校勘典藏,并且都有把天下的古文奇字全部搜集起来的志愿。在与人交往的过程中,相似性越多,越能增加彼此间的吸引力、越容易建立起密切的人际

---

[1] (宋)李清照著,徐培均笺注:《李清照集笺注》,上海古籍出版社2002年版,第309页。

关系，在恋爱关系中亦是。在选择另外一半的时候，不能因为对方外表的吸引力或者外显的才华就迅速地投入恋爱关系当中，而应该在慢慢地相处过程中，先去了解对方的品性、兴趣及价值观是否与自己相似，考察对方与自己的契合度，减少盲目恋爱带来的不良结果，这样才能使关系更加长久。

其次，爱情与事业的关系未必冲突。李清照与赵明诚的爱情让人心生向往，他们共同从事着彼此的喜好之事，在他们身上，并没有因为恋爱和婚姻而放弃了彼此的喜好，反而相互促进、共同成长。在日常教学和咨询过程中，发现有些学生会有这样一种想法，他们认为谈恋爱一定会影响学习，把恋爱和学业完全对立起来，这样的想法使他们内心产生了巨大的矛盾和冲突，这种冲突的结果往往导致在恋爱的时候学习成绩下降，或是为了实现自己的学习目标而放弃或错过了与自己喜欢的人在一起的机会，回首后深感人生遗憾。这种对立的想法来自面对高考这一人生重大考试的时候，是从父母或老师那里得到的，父母或老师往往告诉学生不要谈恋爱，会影响学习，但是恋爱也是人生非常重要的课题，也需要我们用心去修读，高中的时候课业负担很重，在年龄上也不够成熟，可能不能很好地处理恋爱问题，但是到了大学阶段，学生的心智逐渐完善，恋爱关系也是人际关系的一种，这种关系可以帮助学生建立新的亲密的情感连接，学习处理恋爱关系，引导学生从新的站位来看待自己，而不是将恋爱和学业完全对立起来。

中华民族文化博大精深，很多故事都有其深刻的内涵，在实际教学过程中，可以进一步地挖掘他们内在的思想，积极推进学生的思想教育与爱国情怀，让青年学生为中华民族伟大复兴贡献自己的一份力量。

中华优秀传统文化在大学生压力管理与挫折应对中的积极作用

王　森[*]

(东北大学秦皇岛分校)

中华优秀传统文化源远流长，在几千年的历史长河中，凝聚了中华民族的思想、风俗、生活、情感，成为我们生生不息的强大精神源泉。党的二十大报告指出："坚持和发展马克思主义，必须同中华优秀传统文化相结合。"这为进一步推进马克思主义基本原理同中华优秀传统文化相结合提供了科学指南。

在大学生压力管理与挫折应对教育中植入中华优秀传统文化元素，是新时代大学生心理健康教育课程教学的切实需要，更是我们推进"五育并举"、树立文化自信，培养德智体美劳全面发展的社会主义建设者和接班人的有力抓手。

一　品经典：教学案例内容简析

中华传统文化案例《勾践》讲述了勾践在兵败之后深受打击、终日喟叹，在大夫种的鼓励下养精蓄锐，忍辱负重，最终反戈一击、成就霸业的故事。这就引发学生思考：面对压力和挫折，如何保持平稳心态，分析原因，发挥智慧，扭转局势？同时，引导学生

---

[*] 王森，东北大学秦皇岛分校经济学院讲师。

从感知压力反应、理解压力来源、分析压力现状、学习压力应对、转化压力能量、利用压力奋进等多个方面进行深度学习和认知，全面提升大学生压力应对能力，提升逆商，提高心理素养。

二　思故事：教学案例实践探索

新时代的发展对今天的大学生提出了更高要求，校园生活中也难免遇到压力和挫折。有的学生面临着从未经历过集体住宿的生活压力；有的学生面临着课业繁重的学业压力；有的学生面临着前途迷茫的发展压力；有的学生面临着人际关系不佳的相处压力；有的学生面临着科创赛事的竞争压力等，这些压力的调适和挫折的应对都可以从中华优秀传统文化中汲取智慧和能量。

习近平总书记说："天边不如身边，道理不如故事。"通过对中华传统文化案例《勾践》的引入，倡导学生分享自己在大学生活和成长过程中遇到的压力与挫折，引导学生感悟越王勾践兵败受挫之时所承受的巨大压力及其智慧的应对举措，带领学生分析压力与挫折带给越王勾践的成长和进步，深刻理解在困境中坚守自己信念的重要性，鼓励学生向越王勾践学习压力应对方式，正视挫折，将个人前途与家国命运结合起来，树立远大目标，锤炼自身意志品格，把压力转化为前行的高效驱动力，把挫折视为历练和精进自我的良好契机，为实现中华民族伟大复兴的中国梦不懈奋斗。

三　谈感受：教学效果总结评价

重温中华传统文化案例《勾践》，不仅承担着课程教学的任务需要，也担负着传承中华优秀传统文化的责任使命。引导学生从越王勾践的故事里了解历史，诵读经典传统文化，品味思悟其深刻内涵，建立良好的挫折和压力认知，把知识与能力、过程和方法、情感态度和价值观融合在一起，对于全面提升学生的心理素养具有十分重要的实践价值。

通过课程内容的学习，学生对压力和挫折有了正确的理解，挫折和压力不再只是大家感受中的"当头一棒"或"一盆冷水"，善加利用也可以是一剂滋味辛辣的良药，于病症大有助益。他们在讨论中发出了积极的青春之声："乐观、积极、坚强、相信，不畏挫折，坚定信念，永不言弃!"在这个过程中，学生的心理韧性得到了进一步提升，为其坚韧品格和坚强意志的培养奠定了良好基础。

四 获启示：教学经验反思展望

中华传统文化案例的引入大大丰富了心理课堂的趣味性，也有效提升了心理育人工作的实效性。中华传统文化案例《勾践》中，越王勾践困于会稽，喟然叹曰："吾终于此乎?"大夫种却开释他："汤系夏台，文王囚羑里，晋重耳奔翟，齐小白奔莒，其卒王霸。由是观之，何遽不为福乎?"同样的困境，被解读出了迥异的两个版本，也帮助勾践扭转了人生结局。

作为心理教育工作者，在带领大学生学习心理健康知识、充分认知心理问题、学习应对之法的同时，我们也应该着力引领学生恰当理解和多维认知心理问题，充分解读问题的"两面性"，深刻理解"危中有机、机中有危"，善于将"问题"转化为"契机"，勇敢面对挫折，将压力转化为动力，为更好地成就大学生活和远大前程赋能。

中华优秀传统文化作为中华民族的精神宝库，厚植于文化建设和人民生活之中，在大学生心理健康教育中已经显示出十分重要的作用。我们应利用好中华优秀传统文化的优势，着力引导青年学生做好面对压力与挫折的心理准备，科学认知、与时俱进、超越自我、迈向成熟，以全新的面貌迎接新时代、新要求、新挑战!

让中华优秀传统文化融入大学生自我意识培养

于晓辉[*]

(东北大学秦皇岛分校)

中华优秀传统文化的历史悠久,是中华民族的精神命脉,是涵养社会主义核心价值观的重要源泉,积淀着中华民族最深沉的精神追求,凝聚着五千年的智慧与哲思,其中蕴含着深刻的人与自然的辩证思考,包含着丰富的心理健康教育资源。大学阶段正处在心理自我发展的关键时期,完善的自我意识在人生发展中起着定位作用、驱动作用和协调作用,有利于其人格和社会性的发展,自我意识的发展与完善对个体的心理健康发展至关重要。

将中华传统文化融入自我意识专题课程,不仅能增强学生的"文化自信",更能让学生在古人先贤的智慧哲思中汲取营养,学会认识和肯定自己的优势,扬长避短,勇于面对和接纳自己的不足,合理调控自我,构建积极心理品质,将个人理想与社会发展和中华民族伟大复兴相结合,在自我探索的道路上不断收获、不断成长。

一 案例概况

本专题导入的中华经典故事《滑稽列传》,是西汉史学家司马

---

[*] 于晓辉,东北大学秦皇岛分校纪委办公室主办科员,马克思主义学院兼职思政课教师。

迁创作的作品，收录于《史记》。该文是专记滑稽人物的类传，内容中主人公淳于髡是齐国的入赘女婿，在当时社会地位非常低，个子不高，但他博学多才、辞令机智、善于辩论。齐威王在位时喜欢隐语，又过渡沉溺于饮酒作乐，不理朝政，文武百官也是荒淫放纵，国家濒临灭亡，齐威王身边近臣皆不敢进谏。淳于髡用隐语劝谏齐威王："国中有大鸟，止王之庭，三年不蜚又不鸣，王知此鸟何也？"齐威王说："此鸟不飞则已，一飞冲天；不鸣则已，一鸣惊人。"齐威王八年，楚国大举侵犯齐国，齐威王派淳于髡到赵国请求救兵，让他携带黄金百斤，驷马车辆十辆，淳于髡仰天大笑，齐威王不解，淳于髡解释笑的原因："今者臣从东方来，见道旁有禳田者，操一豚蹄，酒一盂，祝曰：'瓯窭满篝，污邪满车，五谷蕃熟，穰穰满家。'臣见其所持者狭而所欲者奢，故笑之。"齐威王顿悟，增加了求赵出兵的礼物，同样也得到了赵国十万精兵和千辆皮革战车的大力帮助。楚国闻讯连夜退兵后，齐威王非常高兴，在后宫大肆设宴召见淳于髡，淳于髡又是用隐语委婉劝谏齐威王酒极则乱，乐极生悲。此后齐威王停止了夜夜饮酒，并任用淳于髡为接待诸侯宾客的宾礼官，经常陪伴在齐王宗室的酒宴。

二 案例实施

通过学习通发布课堂小组讨论任务，限时 15—20 分钟阅读讨论，引导学生回答"从自我意识的内容或者自我意识的结构分析男主人公淳于髡取得成就的原因"。通过自我意识专题知识的讲解，以文中"淳于髡作为赘婿，社会地位低，自身又存在诸多不足，却能成就一番事业，实现人生价值"为例，引导学生勇于面对自身存在的劣势和短板，调整失衡心态和心理落差，坦然接纳自己的不完美，要在生理自我、社会自我和心理自我的方方面面都接纳自己，增强积极的自我体验，完善自身优势，扬长避短，提升应激抗压的能力。帮助学生从自身出发来维持心理平衡，牢固树立培养良好的思想品德是建立心理健康基础的意识，加强对内探索才是个人发展的根基，正确的自我意识有助于人生的发展。以无人进谏之时，淳于髡依然以委婉的方式极力劝谏辅佐君王治国理政，引导学生把爱国情、强国志、报国行自觉融入实现中华民族伟大复兴的奋斗之中。

三 案例教学效果

通过经典古文故事的导入，在诙谐幽默的故事中学生感受到传统文化的独特魅力。通过批阅学生提交的分组作业发现，学生能够学会分析生理自我、社会自我和心理自我，正确审视自己，分析自己的优势与劣势，也能够从自我意识当中的自我认识、自我体验和自我调控的结构角度分析主人公淳于髡能够取得成功、实现人生价值的原因，基本都能回答出淳于髡对于自己的身材、志向、君王相处之道等优势、劣势有清晰的认知，不卑不亢，扬长避短，知道如何利用自身的优势，积极地悦纳自我，合理调控自我，不断超越自我，实现人生价值。

四 教学反思

上好心理健康教育课，要遵循学生身心成长规律，要用好课堂教学这个主渠道，提升心理健康课的教育亲和力和有效性，满足学生成长发展需求和期待。

一要进一步丰富教学方法和手段。网络时代下，学生思想特点、行为特征、表达方式对教学方式和效果提出了更高要求。如何有效提升心理健康教育课的吸引力和感染力，还需要更多改进和探索。

二要进一步用好中华传统文化。中华优秀传统文化体现着中华民族的优秀品格，其中包含着深刻的思维方式、深沉的生存智慧和深远的精神追求。要积极探索课程融入的内容，不断汲取中华优秀传统文化中的营养和智慧，让学生在优秀的传统文化中学会正确认识自我、准确自我定位，学会积极的自我体验以及良好的自我调控，不断发掘自身潜力，成为有毅力、真正具备坚韧不拔品质的优秀学子。

三要进一步讲好中国故事。当前国际形势错综复杂，意识形态领域面临的挑战和斗争也更加复杂，学校是意识形态工作的前沿阵地，要以文化人，以文育人，润物无声，引导学生建立正确的世界观、人生观和价值观，学会以辩证的态度看待世界、看待他人和自己。

四是要进一步激励学生坚定理想信念。中华民族伟大复兴必将在一代代青年的接力奋斗中实现，要激励学生自觉把个人的发展与完善同国家的需要统一起来，将个人的理想追求融入国家和民族的事业中，厚植爱国主义情怀，珍惜韶华、脚踏实地，让身心健康成为立志报国的基石，在中华民族伟大复兴的舞台上展现青春飞扬的亮丽风采。

秦皇岛地域文化专栏

新见近世秦皇岛诗文辑录（再续）

王 健 辑注

(中共秦皇岛市纪律检查委员会)

摘 要：秦皇岛作为历史文化名城，历来是文人政客游览登临的佳境。近代以来出现了大量题材多样的诗词文赋，通过系统性的挖掘整理，有助于历史考证和地域旅游文化研究。在诸学友鼓励帮助下，选取了62题113首诗词予以刊登，以供各界朋友参考。诗文未做删改，人物按姓氏拼音字母排序，简介据资料整理，不作评论。**关键词**：近代；秦皇岛；诗词

作 者：王健，中共秦皇岛市纪律检查委员会。

绪 言

《沧浪诗话》有云："诗之法有五，曰体制、曰格力、曰气象、曰兴趣、曰音节。"自古及今，凡诗家莫不以此为遵循。观览秦皇岛上之诗文，众彩纷呈，亦如是也。尤近世，虽革故鼎新，西风东渐，然上追下逮，古风仍存焉。

平素公务之暇，措意乡邦文献，网罗钩沉近百余年诗文，数量庞杂，体裁多样，举凡诗、词、曲、赋、铭、文，有登临怀古，有状景抒情，有思亲忆旧，有奉和唱答。或问穷搜博采以为何用？一则可以寻文脉，探究清民以降岛上乃至冀东、辽西文艺

繁衍历程；二则可以证史实，管窥百余年间政治、征战、建设、发展事件，于文字间独具考据之功；三则可以助借鉴，或在诗内，或在诗外，皆堪咀嚼玩味。蒙董劭伟兄青眼相看，捋撷62题116首再续前辑。诗文忠于原作，详注出处，未做删改；人物按姓氏拼音字母排序，简介据资料整理，不作评论。掩卷覃思，油生沧桑之感。

陈 篆

（1877—1939），字任先，号止室。福建闽侯人。曾任中华民国外交部政务司长，后任驻墨西哥公使、都护使驻库伦办事大员，外交次长等职。1938年3月，出任伪维新政府外交部长。次年被刺杀身亡。著有《止室笔记》，译有《蒙古逸史》等。

《登莲峰山口占》

未上山头来，争说山头好。振衣一登临，风物殊草草。但见海漫漫，那有仙人岛。波涛脚底生，颠危心如捣。归路趁斜晖，抽身须及早。

注：录自《止室（任先）先生年谱·诗存》（近代中国史料丛刊3编第80辑；文海出版社有限公司印行，1995年4月出版）。

《观音寺》

遗迹重寻焕一新，危桥长日渡行人。回头不识来时路，欲向慈航一问津。（过桥后树色四围几迷来路）

注：录自《止室（任先）先生年谱·诗存》（近代中国史料丛刊3编第80辑；文海出版社有限公司印行，1995年4月出版）。

《莲花石》

横流沧海欲何之，一样涛声万古悲。惟有莲花一片石，无言长照月迟迟。

注：录自《止室（任先）先生年谱·诗存》（近代中国史料丛刊3编第80辑；文海出版社有限公司印行，1995年4月出版）。

《金山嘴》

刘李崔杨各有庄，古城落日莽苍苍。娘娘庙外残碑在，长阅风涛尽日狂。

注：录自《止室（任先）先生年谱·诗存》（近代中国史料丛刊 3 编第 80 辑；文海出版社有限公司印行，1995 年 4 月出版）。

《霞飞馆》

齐飞霞鹜记南昌，万绿丛中一草堂。最好晚凉新浴罢，一瓯冰水胜琼浆。

注：录自《止室（任先）先生年谱·诗存》（近代中国史料丛刊 3 编第 80 辑；文海出版社有限公司印行，1995 年 4 月出版）。

《朱氏茔》

松风谡谡水汤汤，卜穴何期到此乡。绝好青山可埋骨，为添诗料缀风光。

注：录自《止室（任先）先生年谱·诗存》（近代中国史料丛刊 3 编第 80 辑；文海出版社有限公司印行，1995 年 4 月出版）。

《海浴》

拍浮相约海之东，色相看来本是空。一笑教郎无觅处，潜身竟在浪花中。

齐脱罗襦入水乡，中单映肉奈斜阳。凝脂不羡华清浴，日暖风和水似汤。

注：录自《止室（任先）先生年谱·诗存》（近代中国史料丛刊 3 编第 80 辑；文海出版社有限公司印行，1995 年 4 月出版）。

《雨后望联峰山有怀前溪》

相望隔海角，红瓦披鱼鳞。风雨挟潮至，山容变昏晨。雨后联峰山，一幅画图新。遥认君居处，君是画中人。

注：录自 1931 年 8 月 19 日《京报》第 9 版。

董大年

（？—？），字眉叔。浙江富阳人。曾参与"公车上书"。著有

《冬青室诗钞》。

《北戴河观音寺晚步》

层树碧无际，沙堤弯复弯。扶藜过桥去，信步到禅关。流水漱危石，夕阳皴远山。钟声烟霭里，倦鸟亦知还。

注：录自《冬青室诗钞》（民国三十六年，丁亥十一月）卷下第12页。

《即事（时客张将军馆次）》

身世付酒杯，沧桑一顾中。年虽五旬过，心尚万夫雄。烽火乾坤窄，浮云姓氏空。读书济何事，垩老作冬烘。

注：录自《冬青室诗钞》（民国三十六年，丁亥十一月）卷下第12页。

傅岳棻

（1878—1951），字治乡、治芗，号娟净。湖北武昌人。历任山西巡抚署文案、山西大学堂教务长及代理监督，京师学部总务司司长，普通司司长，后任北京政府国务院铨叙局佥事、参事，教育部次长，代理部务，国立北平大学、私立中国学院、河北大学、北京大学、北京师范大学教授等职。著有《西洋史教科书》《遗芳室诗文集》等。

《和逸公海滨坐月兼寄觉庵繻蘅》

平生刻意善伤春，看尽飞花判溷茵。论事尚余三寸舌，规时差得九分人。秋回关塞炎威减，月入沧波海色新。缥缈游仙工作咏，尧宾近喜结诗邻。

注：录自1930年《国闻周报》第7卷第33期《采风录》第2页。

胡 钁

（1840—1910），字菊邻，号老菊，别号晚翠亭长。浙江崇德人。同治间秀才。工诗，善书，精刻印、刻竹。著有《不波小泊吟草》《晚翠亭印储》。

《光绪乙未冬十月安吉吴昌硕明府以军次画帧自吴下寄赠伯云道兄旧雨属为题句即乞敲正》

刁斗喧阗次，挥豪别有芒。军威震山海，画笔挟风霜。万里故园菊，千秋古战场。东篱应入馔，笔写对斜阳。

注：录自手迹，落款"菊丛弟胡钁并识于不波小泊"。中贸圣佳国际拍卖有限公司2004秋季艺术品拍卖会海上名家绘画选集专场。

蒋兰畲

（1848—？），原名玉符，字香农、子信，号冶亭。河北滦南人。曾任天津河东中学校长。著有《寿云堂诗集》《燕南文集》。

《夷齐故里》

黄农殁已久，夫子去何之。孔孟尤无命，商周自治时。江山余故国，天地几人诗。北学渊源大，流风少绝期。

一抗首阳节，民称百代中。因何家国变，独尚士师风。清议无终息，彝伦自大公。由来廉耻事，不敢与人同。

注：录自《寿云堂诗集》。

《登碣石》

绝顶无人到，天风浩浩间。一杯小沧海，万点伏群山。白云昏连塞，黄云晓出关。蓬莱落西极，终古未能还。

注：录自《晚晴簃诗汇》卷181。

金毓黻

（1887—1962），原名毓玺，一名玉甫，字谨庵，又字静庵，别号千华山民，室号静晤室。辽宁辽阳人。曾任辽宁省政府秘书长、教育厅厅长，东北大学教授，后任奉天公署参事官、奉天图书馆馆长、奉天通志馆主纂，中央大学史学系主任，沈阳博物馆筹委会主任等职。新中国成立后任北京大学、辅仁大学教授，中科院历史所第三研究所研究员。著有《渤海国志长编》《中国史学史》

《东北通史》《宋辽金史》等。

《海滨逭暑杂咏》

浅草平林气象清,枝间累累子初成。儘教驴背寻诗去,野服徜徉过一生。

风软波平暑渐消,海山无语夕阳骄。鼓吹万绿听无尽,一路蝉声过六桥。

白石粼粼水一湾,天门濯足喜身闲。鸿厓拍手笑相接,回首海云生半山。

百年身世等沙鸥,来效沙鸥水上浮。技拙不妨同辈笑,鲰生得此复何求?

脱去斯文旧日裳,暂来也效海滨装。二三同侣俱无敌,箬帽轻衫黄裲裆。

绿树阴浓睡梦迟,波光如镜映晴曦。晓风吹送清平乐,正是山蝉开唱时。

注:录自《静晤室日记》(辽沈书社1993年版)第4册(卷54至卷75)第2640页。

《游榆关竟日不及赴联峰公园之约赋诗为谢》

诘朝远涉重关险,来往原期半日程。悬洞羊肠惊九折,贞祠鱼腹证三生。渊明竟爽归来约,谢客方滋山水情。此夕不妨延伫久,诸公赢得眼常醒。

注:录自《静晤室日记》(辽沈书社1993年版)第4册(卷54至卷75)第2641页。

李 鹤

(?—?),字太玄,别署记室者。辽宁辽阳人。曾任滦州陆军第二十旅少校书记官。著有《军中杂诗》。

《入山海关》

冰满凌河雪满山,金牌十二橄军还。乌雕蹴踏如含恨,明月迟迴懒入关。

一彗光芒出海东,孛然天半卷罡风。试凭姜女祠前望,莽莽川原火正红。

注：录自《大公报》文学副刊第 256 期。又载《空轩诗话》（吴宓著）之 41。

梁鸿志

（1882—1946），字众异，一字仲毅，晚号遐园。福建长乐人。梁章钜之孙。曾任北洋政府秘书长、国务院秘书、参议院议员兼秘书长、京畿卫戍总司令部秘书长、执政府秘书长等，后任伪国民政府行政院长兼任交通部长、监察院长、立法院长。1946 年以汉奸罪被判处死刑。著有《爰居阁诗》《入狱集》《待死集》。

《逸塘自北戴河寄诗次答》

海角诗来一破颜,楼居疑与列仙班（午诒前溪纕蘅诸公咸在莲峰逃暑）。孤踪自寄菟鲈外,微命粗全木雁闲。急劫满枰何待算,大弨悬壁不能弯。商量中岁忘忧法,除却山行即掩关。

注：录自《爰居阁诗》卷 6，另刊 1930 年《国闻周报》第 7 卷第 33 期《采风录》第 2 页，题为《逸塘写示海滨近作次均奉怀》。

《逸塘屡寄关字韵诗次答》

巧匠纷纷尽汗颜,谁知人境有输班。收身已分逃尘外,缩手休教出袖间。名辈算棋成坐稳,孱儿拙射每虚弯。腐儒忧世空饶舌,何日从君学闭关（逸塘方学禅定）。

注：录自《爰居阁诗》卷 6。

《十二月二十三日归大连途经山海关》

我行雪影杂车尘,归指人间寂寞滨。李耳真成及关叹,管宁终是渡辽人。冻云平野天无尽,落日中原事更新。今夕黄羊刚祀灶,夜灯应照举家贫。

注：录自《爰居阁诗》卷 6。

《榆关》

懒说金源入独松，开门延敌事成空。红颜自足销兵气，青史何尝罪寓公。四塞丸泥蒙叟箧，三边瓯脱楚人弓。君王自割燕云地，鸡狗何曾是董龙。

注：录自 1926 年《辽东诗坛》第 11 期第 4 页。

凌启鸿

(1896—?)，字楫民。浙江吴兴人。曾任北平律师公会会长、江西省政府高等法院检察官、执业律师。后任伪维新政府高等法院第二分院院长兼上海市第一特区地方法院院长，武汉市高等法院院长，武汉市参议府参议，立法院立法委员等职。

《偕云芝内子避暑北戴河》

北戴河连北海浔，招摇裙屐一凭临。山灵海若如相识，吹送好风诗满襟。

联峰山色碧屏颜，直插冲瀜缥缈间。谡谡天风最高处，松花松子作松关。（东西联峰）

含苞跗口势岩峣，俯瞰千寻碧海潮。留与游人作消夏，金风玉露乍凉宵。

萧萧古刹观音寺，此是诸天最上层。四面松风凉似水，钟声清澈佛楼灯。（观音寺）

如来寺对观音寺，上下祇陀结道场。散尽林花无著处，一声清磬淡斜阳。（如来寺）

蕉衫纨扇纳凉天，对语游人好息肩。百尺韦陀瞻刻石，摩崖尚记有唐年。（对语石）

环桥鹿囿霞飞馆，莲石新增建筑奇。海色山光交映处，明珠仙露画中诗。（鹿囿霞飞馆莲花石公园）

南天门接金山嘴，向背阴阳迥不侔。恰如倪迂新设色，塔灯红照海天秋。（金山嘴南天门）

回看对岸秦王岛，贞观东征此驻兵。洞号五天天五色，朝晖岚

翠夕阴清。(秦王岛通天洞)

夜凉起步小庭除，仙侣相携德不孤。笑指海云回首望，寰瀛归国十年余。

注：字迹不清处，以□代之。录自1929年7月30日《北洋画报》第351期。

吕　均

(？—？)，字习恒，一字寒庐。安徽庐江人。曾任中华民国国务院秘书长等职。

《喜缵蘅归自北戴河赋简》

故人新自海滨回，疑挟重溟爽气来。三日阴晴常作雨，一天云水似闻雷。眼中电石催流影，腕底风骚郁霸才。为问囊诗添几许，漫将光景付嘲诙。

注：录自1929年《国闻周报》第6卷第31期《采风录》第2页。

吕树松

(？—？)，生平不详。

《甲子伏日北戴河海滨即事》

金山崩屴海天东，独立苍茫趁晓风。遥瞰下方烟九点，此身宛在画图中。

松青柳绿岭东西，十里沙堤望欲迷。绝似故乡风景好，锦官城外浣花溪。

蕲王湖上尽宽闲，负手浑忘国事艰。剩有雄心销不得，朝朝策蹇过金山。

注：录自《今传是楼诗话》(辽宁教育出版社2003年版)九九《三蜀人诗》。又，吕树松《甲子伏日消夏北戴河海滨即事漫成》计16首，载《还读我书楼珍藏尺牍考解》(曾雪梅编著，甘肃人民出版社2012年版)第48页至50页，以上3首亦在其中。

宋小濂

（1860—1926），字友梅、铁梅。吉林双阳人。曾任海伦直隶厅同知、铁路交涉总局总办、暂护呼伦贝尔副都统、呼伦贝尔兵备道员、黑龙江民政长、黑龙江巡府等。民国后，任黑龙江省都督兼民政长，中东铁路督办。著有《北徼纪游》《边声》《北道集》《晚学斋诗草》等。

《辛未六月晦日雨中得逸塘先生海滨书》

快雨今年第二回，开函失喜寄书来。乘桴聊寄逍遥意，斫地谁知磊落才。荡海波涛消酷暑，惊人生死有余哀。十年我忆重游处，极目烟峦一举杯。

汪精卫

（1883—1944），名兆铭，字季新，号精卫。广东番禺人。曾任广东国民政府常务委员会主席兼军事委员会主席，国民党中央政治会议主席，南京国民政府行政院长兼外交部长，国民党副总裁，中央政治委员会主席，国民参政会议长，伪国民政府行政院长兼主席。著有《双照楼诗词稿》等。

《方君璧妹自北戴河海滨书来云海波荡月状如摇篮引申其语作为此诗》

海波如摇篮，皓月如睡儿。摇篮睡更稳，偃仰随所之。凝碧清且柔，湛若盘中饴。微风作吹息，漾漾生银漪。畴昔喻素娥，有类母中慈。今也儿中孝，形影长不离。青天静无言，周遭如幔帷。殷勤与将护，勿遣朝寒欺。

注：录自《汪精卫先生集》（民国三十四年5月4日初版）之《双照楼诗词稿》（三十年以后作）第159页至160页。

王揖唐

（1877—1948），原名志洋，字慎吾，更名王赓。安徽合肥人。

陆军上将。历任参政院参政，总统府咨议，吉林巡按使，内务部总长，临时参议院议长，众议院议长，安徽省长，伪内政部总长，伪华北防共委员会委员长，伪最高国防委员会委员，伪全国经济委员会副委员长，伪华北政务委员会咨询会议议长等职。1948年9月以汉奸罪被处决。著有《逸塘诗存》《今传是楼诗话》《童蒙养正诗选》。

《北戴海滨消夏杂诗》

世事乘除未可知，夕阳人影共迟迟。年来髀肉生如许，赁得村驴当马骑。（海滨骑驴）

悠悠空谷足音跫，但见闲云渡海窗。稚子候门走相告，惠然佳客肯来双。（侣丞湘衡远道来访中林嬉戏户外得先见之）

四壁青山万树松，茅庵宜夏更宜冬。涛声鸟语适幽性，况有疏林数杵钟。（古刹听钟）

金山嘴上倚斜晖，古刹飘零感式微。忙与闲僧谈琐事，柳阴挂杖久忘归。（金山嘴上三皇庙娘娘庙均就圮坏）

万松深处隐精蓝，绿坞红桥衬远岚。漫道不如归去好，蓟南风景胜江南。（观音寺留题）

晴罢微潮当午浴，晚来叠嶂带云攀。早知此乐真无价，卅载豪情一笔删。（纳凉口占）

五朝欢聚亦须臾，又检轻装别海隅。赖有莲峰山上月，侣君吟眺到津沽。（相衡再作海滨游西归时色极佳）

蜿蜒山势隔西东，中有一亭号醉翁。饮茗闲评山水趣，醉乡何必效无功。（醉翁亭饮茶）

赁得村驴当马骑，归来也觉脚腰疲。不如安步海滨好，且惜余钱付乞儿。（晚凉散步）

良朋一去黯魂消，明月何心送海潮。华屋雕薨寡颜色，从今怕过第三桥。（悼香岩也君别墅在三桥侧为此间有数建筑树木亦佳）

莲峰未改昔时姿，黛色玲珑胜旧时。我是主人君是客，朝朝排闷慰相思。（晨起独坐廊下看山）

纪念公园访七周，玉盘明月恰当头。四山满缀红灯影，顿触人间赤化优。(庚子拳匪之乱海滨颇被蹂躏乙丑中元为公益会七周年纪念例有红灯烟火以娱附近村民)

蝶影双双栩欲飞，异香秾郁玉成围。猛思跨鹤前游事，学舞当年未必非。(咖啡馆看跳舞余曩游欧西曾学跳舞一次有尼余者曰此非中土士夫所宜出此也乃罢去)

海滨我是迟来客，却为来迟未早归。天到海滨真放大，月逢秋夜倍扬辉。(中元玩月霍初云北戴河天实较他处为大此与坐井观天同一趣语)

注：录自1925年9月23日《大公报（天津）》诗选第6版余载。

《立秋前一日偕汪济艭游鸽子窝》

鸽子窝前石壁张，为贪看海陟高冈。陟平潮退沙犹湿，稻熟风来水亦香。结队渔舟归远浦，连云画阁锁斜阳。秦王已去留孤岛，付与游人话短长。

注：录自《逸塘诗存》第8页。

《海滨遣夏》

车窗不厌轨声哗，近水遥山景色赊。最是惹人经意处，绿杨阴里马樱花。

诸天花雨昼霏霏，几处精庐抱翠微。便拟听涛成小筑，万松深处掩荆扉。

注：录自《逸塘诗存》第10页。

《爱松歌和夏午贻（寿田）》

海滨之胜数莲峰，莲峰之美松荫浓。亿万千株若黉黈，各喜月色能写踪。陈园数株真虬龙，涛声谡谡闻洪钟。一株屈曲文采丰，俨如折臂之三公。一株夭矫意态雄，峥嵘武库罗心胸。一株奇丑佝偻躯，半如癯僧半老农。一株较远甘疏慵，不肯随人作足恭。其余小干皆儿童，附于长者如附庸。嗟哉！世变靡有终，群松得所何葱茏。岂惟幸逃斤斧攻，一一坚卓不受封。夏侯消夏宅其中，长歌赠我如清风，我来不用携短筇，把臂契若云龙从。一笑二人成二松，二松偃仰道不穷。松庐稍隔西与东，东松西松将毋同。梦时或得神足通，愿与昔昔游鸿濛。

注：录自《逸塘诗存》第33页。

《榆游杂诗》

午日烘窗薄暖生，远山近树眼犹明。车声聒似船头水，仿佛春江一櫂行。（津榆道中）

行脚恩恩半日间，驿程咫尺报榆关。山容巧避诗人面，碧落斜嵌月一弯。（晚过戴河驿遥睇莲峰）

疏林夹道半垂杨，摇落西风叶渐黄。几度撚髭吟不得，敢将才力薄渔洋。（途中见秋柳）

赚得闲身不惯闲，老夫腰脚十分顽。呼童好备行厨饭，明日芒鞋上角山。（榆城客舍）

注：录自《逸塘诗存》第36至37页。另刊《国闻周报》第7卷第48期《采风录》2页，题为《山海关旅馆题壁》"赚得吟身不耐闲，老夫腰脚十分顽。呼僮好备行厨饭，明日芒鞋上角山"。

《植树节海滨纪游》

积年侘结夏，今兹试嬉春。飚车未半日，欣然见海滨。脱帽前致辞，相迓劳故人。入舍谋疗饥，一眠酣达晨。明曦暗檐隙，吼风怒扬尘。辍我西山游，箧书次第陈。呓唔若中酒，掩卷有微醺。闲复忆旧吟，敝帚千金珍。得闲岂云恶，信宿拟浃旬。妇乃嘲书痴，观海徒虚言。

风狂不三朝，晴天无寸云。造物惯乘除，兹游良多欣。遥睇列岫松，绿净如苔纹。海水平于砥，一碧不可分。路熟步亦轻，不觉至前村。余寒勒芳菲，土脉潜阳薰。村氓知夏近，喜色告其群。有时曜就我，晴雨话殷勤。小鸟戢机心，飞鸣向客喧。归车载松柏，补种缭吾垣。

注：录自《逸塘诗存》第40页。

《抱甕庐口占》

万松深处野人家，满架藤萝正著花。卷幔更添山翠涌，穿林时有鸟声哗。朝晴看海云随杖，午倦敲诗酒当茶。数日淹留饫溟涬，不须重问枣如瓜。

注：录自《逸塘诗存》第 46 页。另刊《采风录第二集》（国风社编纂，民国 23 年 1 月出版）诗类第 2 卷第 71 页。

《金山嘴南天门》

挈妇携儿载酒来，披襟濯足亦佳哉。石间偶动题诗兴，便欲呼童扫绿苔。

香饵何心下钓钩，忘机云水对沙鸥。老夫乍识浮家乐，只欠沧波一叶舟。

注：录自《逸塘诗存》第 58 页。另刊 1937 年《国闻周报》第 14 卷第 28 期《采风录》第 62 页，题为《游海滨金山嘴南天门口占（丙子夏）》，计四首，"（一）林阴鸟语伴中车，人比云闲忘路赊。才了野餐忙煮茗，浪花看罢看山花。（二）挈妇携儿载酒来，披襟濯足亦佳哉。石间偶动题诗兴，便欲呼僮扫绿苔。（三）我贪看海但偷闲，儿喜攀山不惮艰，采得花枝乍□把，笑□阿母索欢颜。（四）香饵何心下钓钩，忘机云水对沙鸥。老夫乍识浮家乐，只欠沧波一叶舟。"字迹不清处，以□代之。

《昌黎车中看山》

目送前山与后山，贪看山色破愁颜。苏南山色年年好，难得先生半日闲。

注：录自 1925 年《国闻周报》第 34 页。

《贾泽民求诗》

岁岁相娱寂寞滨，到今不改旧芳邻。乍晴海色天连水，渐缛华光夏胜春。松立阶前如壮士，山横屋后作崇垣。无人会得诗中画，付与通州贾泽民。（泽民侨居海滨廿余年，以养蜂种蔬起家。）

注：录自《采风录第二集》（国风社编纂，民国二十三年 1 月出版）诗类第 1 卷第 22 页。

《海滨春游杂诗》

摆脱尘劳得小休,兴来且作海东游。新松检点株株活,绝胜人间万户侯。

客报春寒花信迟,先生何处觅新诗。眼中梯柳能相慰,向晚临风一展眉。

注:录自《采风录第二集》(国风社编纂,民国二十三年1月出版)诗类第2卷第51页。

《公园散步遂至观音寺前小憩》

老至浑忘老,春风又一年。怕谈天下事,不羡地行仙。日暖浮花气,心清证佛缘。意行吟兴动,随处足流连。

注:录自《采风录》(中国国家图书馆藏本)第36页。

《前溪逭暑海滨小诗代柬》

莲峰梦里劳相待,况接高谈胜看山。书到故人如对语,浑疑黛色涌行间。

野人何事慕前贤,一枕松风午梦圆。天下兴亡谁管得,能消清福是真仙。

注:录自《采风录》(中国国家图书馆藏本)第71页至72页。

魏元旷

(1856—1935),原名焕章,号潜园,又号斯逸、逸叟。江西南昌人。历任刑部主事,民政部署高等审判厅推事等职,曾任《南昌县志》总纂。著有《蕉鹿诗话》《潜园诗集》《蕉鹿随笔》等。

《予在奉沈扶常往访就登山海关题句云》

荒台斜日上阴山,作客登临袖手闲。左抱长城右沧海,今开孔道古严关。平时鼓角犹悲楚,天近云霞互往还。莫望蓟门忧锁钥,凭栏且自破愁颜。

注:附记"古今关塞,虽时势不同,其为险呃终于不易。十年兵战,此关出入犹属蓟门锁钥耳。"录自《诗话后编》卷6。

夏寿田

（1870—1935），字耕夫，号午诒，别号直心居士。湖南桂阳人。曾任刑部郎中、山西清吏司行走、翰林院编修、学部图书馆总纂、朝议大夫，民国后任湖北省民政长、总统府内史监内史，曹锟机要秘书。著有《直心道场诗稿》《孙子选注》《金刚般若赞》《涿州战记》等。

《为北戴河驴夫作》

驴去驴来好自由，三钱卖与两家愁。明朝却忆驴蹄迹，海藏龙宫觅得不？

注：录自《夏太史遗墨》（民国印本，乙亥中秋）之《驴来偈》。

许世英

（1873—1964），字静仁，一字俊人。安徽东至人。曾任直隶都督秘书长，大理院院长，政治会议委员及福建民政厅长，内务总长、交通总长，司法总长，福建巡按使，安徽省省长，国务总理兼财政总长，赈务委员会委员长，经济委员会常务委员兼主席，蒙藏事务委员长、"总统府"高级顾问等职。著有《治闽公牍》《黄山揽胜集》等。

《寄遂平（甲子七月北戴河海滨作）》

青青石上松，高接莲峰阳。渺渺海中水，远与碧天长。惟海无枯竭，惟松耐冰霜。恩义有如此，绵绵永弗忘。与汝结夫妇，钦爱等糟糠。倏忽念二载，儿女已成行。忆昔仕京华，终岁守闺房。晨夕司烹饪，暇则裁衣裳。余贫日以甚，汝劳日以康。祖父与父母，皆谓汝贤良。嗟予游宦人，转徙每靡常。改官之辽沈，远复涉重洋。幼子生弥月，汝病几不祥。国运方新革，汝适还故乡。故乡不可处，金鼓日镗镗。我时客津沽，汝归一苇航。殷懃育子女，诚恳事姑嫜。提刑复开藩，三晋疾痛创。大理复司寇，法度亦未彰。寻抚三辽城，又治八闽疆。春官甫一月，邮传改恢张。众口乃铄金，薏苡明珠伤。有司柱下狱，余怀不凄怆。自古有明训，鸟尽良弓藏。索居四年余，服务梓与桑。官府实传舍，启处终不遑。此心虽淡泊，终愧歧路羊。碌碌二十载，汝俱侍我旁。我居如原宪，我行若阮囊。我志企管葛，我神慕羲皇。我诗学杜白，我书慕二王。汝能树母仪，教子以义方。汝能守妇德，束身如珪璋。汝能喜淡默，寡言轻艳妆。汝能重然诺，抱信以自防。华屋虽所有，典质尚未偿。饮食虽所有，粗饭菜羹香。衣服虽所有，布帛乏缣缃。钗钿虽所有，而无翠羽珰。耳饰虽所有，而无夜珠光。环约虽所有，而无珍与璜。汝尝谓余言，财多身不强。但求无逋负，不必满仓箱。贤者损其智，愚者速其殃。果使获羡余，施之为义浆。斯言有至理，治家可为坊。余年五十二，鬓发已苍苍。昨岁遭不幸，护草摧北堂。杨名愧柳郓，孝思惭范滂。春晖难再报，惨惨断中肠。所幸阿父在，长乐具未央。遥望秋浦天，南极星辉煌。仰荷苍穹仁，亦或有余庆。海滨风景美，松涛清且凉。野俗似太古，大道悉康庄。士女游如云，携手双鸳鸯。思汝不能寐，中夜起徬徨。人生叹别离，辄如参与商。欲飞恨无翼，欲济嗟无梁。河当乘兴来，逍遥以徜徉。或为海之浴，或登山之冈。长河落我室。明月照汝床。弱女供织素，三子奏笙簧。此乐弗易得，来游勿思量。

注：录自1924年8月23日《大公报（天津）》第7版。

杨 宾

（？—？），生平不详。

《山海关》

东海边头万仞山，长城犹在白云间。烽烟不报中和殿，锁钥空传第一关。大漠雪飞埋战骨，南天雨过洗刀环。汉家丰沛今辽左，铁马金戈岁岁闲。

注：录自《黑白半月刊》1935年第3卷第5至6期第59页《黑白正气集》。

《出关》

谁道车书是一家，关门依旧隔中华。已看文字经重译，更裂军繻过五花。草木萧萧归野烧，乾坤漠漠老荒沙。庭闱直在黄龙北，日暮愁听塞上笳。

注：录自《黑白半月刊》1935 年第 3 卷第 5 至 6 期第 59 页《黑白正气集》。

《姜女祠》

凛凛望夫石，上有姜女祠。姜女伊何人，庙貌永不移。风霜透巾帼，冰雪老容姿。乾坤历万劫，血泪犹双垂。守险本在德，长城亦何为。一哭且莫当，安能保边陲。今朝过其下，驱马独迟迟。叹息秦皇帝，不若一娥眉。

注：录自《黑白半月刊》1935 年第 3 卷第 5 至 6 期第 59 页《黑白正气集》。

杨鼎昌

（1841—1912），字种珊、重三，号悔吾，晚号槐市遗民。原籍江苏阳湖，后入陕西长安。同治十三年进士，选庶吉士，散馆授编修。曾任成都府知府。著有《贻清白斋诗钞》。

《上元夜宿山海关》

荒戍钲鼙息，邮亭蜡炬残。塞风吹酒醒，关月照人寒。道远柑谁赠，春迟草尚干。寄声小儿女，知否忆长安。

注：录自《贻清白斋诗钞》（思过斋印，民国 24 年印于长安）卷下第 14 页。

杨圻

（1875—1941），初名朝庆，更名鉴莹，又名圻，字云史，号野王。江苏常熟人。李鸿章孙婿。历任詹事府主簿，户部、邮传部郎中，驻英属新加坡总领事。入民国，任吴佩孚秘书长。著有《江山万里楼诗词钞》。

《大军次卢龙（九月十二）》

杀气入云霄，将军带宝刀。一心洗兵马，四海仰英豪。落日当营大，秋天出塞高。遥知后来者，筹笔想贤劳。

注：录自《江山万里楼诗钞》卷12第3页。

《山海关军中闻雁是夕月色满海》

一行新雁下连营，刁斗无声塞水清。十万控弦齐北向，高高秋月照长城。

注：录自《江山万里楼诗钞》卷12第3页。

《石门寨秋望》

石门塞上山接天，鼓角声雄大海间。独立高原看落日，战馀放马满秋山。

注：录自《江山万里楼诗钞》卷12第4页。

《秦皇岛军中寄家书》

仗剑从军去，高歌向北行。凉秋兵出塞，大月马归营。楼上星云夕，军中鼓角清。遥知闺里梦，夜夜怨长城。

注：录自《江山万里楼诗钞》卷12第4至5页。

《秦皇岛军中即事》

榆关金鼓接胡天，夜夜将军带甲眠。沙上月明横万骑，杀声都在五更前。

辽海云深起暮笳，匈奴未灭若为家。中军夜半传新令，万幕天高月满沙。

一夕班师战垒空，他年猿鸟吊英雄。从今月小山高夜，都付诗人泪眼中。

行人垂泪说金牌，毕竟今哀胜古哀。昨夜卢龙城上月，五更犹照废营来。

注：录自《江山万里楼诗钞》卷12第5页。

易顺鼎

(1858—1920)，字实甫、实父、中硕，号忏绮斋、眉伽，晚号哭庵、一广居士等。湖南汉寿人。曾任三省河图局总办，授按察使衔，赏二品顶戴。曾两去台湾，帮助抗战。后任两湖书院分教，广西、云南、广东等地道台，辛亥革命后，被委为政事堂参事，后改国务院印刷局帮办、印铸局局长等。著有《琴志楼编年诗集》等。

《自津乘泰西车一日抵关四首》

北征孤竹临卑耳，东射扶桑抵贯胸。满眼千军尽凫藻，低头双袖独龙锺。渝关夜雪深三尺，碣石寒云莽万重。那得身成边塞土，便堪魂返墓门松。

人笑希文穷塞主，我随李广故将军。江陵白帝纔朝暮，秦岭蓝关亘雪云。盾鼻此时呵冻墨，旄头何日扫妖氛。旗应西降瑶池母，椎欲东求沧海君。

气吞东海无秦帝，身戴南冠是楚囚。出处岂忘沟壑志，安危长念庙堂忧。王郎露处终何益，列子风行始自由。未化冤禽塞冤海，却乘神马越神州。

秦皇岛外浑无地，姜女祠旁别有天。自讶非人亦非鬼，不知何世又何年。小戎板屋劳心曲，元夜崑崙落眼前。谁识军中肠断客，已成世上肉飞仙。

注：录自《琴志楼诗集》（上海古籍出版社2012年版）之《四魂集》。

于定一

（1875—1932），字瑾怀。江苏武进人。曾任江苏省咨议局议员、江苏省自治筹办处参议、江苏丹徒县知事，后任上海商务印书馆出版部部长，与人合资创办常州纺织股份有限公司，任协理。著有《知非集》《延爽集》等。

《咏山海关（效柏梁体乙丑春作）》

山海名关郁崔嵬，天下第一重镇推（旧镌石额曰天下第一关）。明清之际多劫灰，平西赫赫安在哉（明思宗使吴三桂守关，三桂引清师入关，清封之为平西王。其盛时西选之官半天下）。二百余年元气培，都市车马競喧阗。为问白榆谁手栽（一名榆关属今临榆县），无端政争结祸胎。两雄并立互嫌猜（吴佩孚张作霖并峙于关内外），兵戎相见浩劫来。前岁直军奋如雷（壬戌直奉之战），曳兵弃甲走于嚣。丰碑屹峙长城陔（直将彭寿莘立战胜纪念碑于关前，直军败乃毁灭），今年奉军捲甲回（甲子奉直之战）。雄师十万疾衔枚，但使当前大敌摧。不辞异域借长材（奉军聘日人为教练并招俄人入伍），九门陵峻俯山隈。当关万夫莫能开（奉军攻九门，直军力御，骁将冯玉荣等遽死，奉军亦伤亡逾万），天空飞机猛徘徊（两军皆以飞机掷弹并侦敌）。硝云弹雨起惊埃，关垣十丈倏崩隤。血飞肉薄殷蒿莱，遍地白骨何皑皑（直军溃败时死亡山积，外人观战者谓为中国近年来未有之剧战）。民兮无辜罹惨灾，移粟赈饥会散财（奉军战后输粟赈饥）。何日流亡重招徕，将军智勇耻能恢（张作霖为奉军总司令，诸将如杨宇霆以智略闻，李景林郭松林皆称能战）。有子年少亦英才（作霖子学良亦号将材），长驱入关功孰魁。北抵京阙南苏台（李景林遂代王承斌督直，张宗昌偕卢永祥入苏），论功行赏快传杯（乙丑春诸将为作霖称庆，皆升赏有差）。四方今犹多蝮虺，螳蝉黄雀毋乃欸。外忧日亟莫主裁，吁嗟家国我心哀。

注：录自 1925 年《励志》第 2 期《文艺》第 56 页至 57 页。

于右任

（1879—1964），原名伯循，字诱人，号髯翁，晚号太平老人，曾用名刘学裕、原春雨等，笔名右任、骚心、大风、半哭半笑楼主、关西余子等。陕西三原人。曾任南京临时政府交通部次长、靖国军总司令、上海大学校长，国民军联军援陕总司令。后任国民党中执委常务委员、国民政府常务委员、审计院院长、监察院院长、国防最高委员会常委等。著有《标准草书》《右任文存》《右任诗存》《右任墨存》等。

秦皇岛地域文化专栏

《京奉道中读唐风集》

襟上暗沾前日泪,客中闲唱旧时歌。云埋辽海春风冷,雪拥榆关战垒多。莽莽万山愁不语,栖栖一代老难过。夜深重理唐风集,兵满民间可奈何。

注:录自《右任诗存》(大东书局,民国三十七年3月版)卷4第60至61页。

张同书

(1878—?)字玉裁。河北雄县人。天津城南诗社成员。著有《一沤阁诗存》等。

《哀榆关》

榆关渤海隈,天险非虚传。由燕而秦陇,长城矗其间。年来武夫横,耽耽视此关。以此为鸿沟,境保民亦安(时皆以保境安民为辞)。一朝杀机发,鞭弭相周旋。蛮触角胜负,各欲甘心焉。遂令长城窟,积尸高于山。呜呼鼎革后,同根日相煎。喋血榆关旁,屈指已二年。名为塞丸泥,实欲著先鞭。哀哉长城下,战骨埋荒烟。排难而解纷,徒劳鲁仲连。寄语抱关者,弭兵古所难。

注:录自《津沽诗集六种》(侯福志整理,天津古籍出版社2021年5月版)之《一沤阁诗存》第505页至506页。

张一麐

(1867—1943),字仲仁,号公绂、民佣,别署大圜居士、红梅阁主。江苏吴县人。曾任中华民国总统府秘书长,机要局长和教育总长、国民参政会参政员等职。著有《心太平室诗文钞》《现代兵事集》《古红梅阁别集》等。

《北戴河杂诗》

梦中彻夜有潮声,破晓霞光万道明。海上阳乌喷涌出,方知日观在窗楹。

倒卧沙滩检蚌螺，恒河沙数那由他。仰头一碧天如笠，侧看沙帆点点过（海滨检贝壳卧而作此）。

注：录自《心太平室集》卷10第5页。

郑孝胥

（1860—1938），字苏戡，一字太夷，号海藏。福建闽侯人。曾任清政府驻日使馆书记官，神户、大阪总领事，广西边防大臣，安徽、广东按察使，湖南布政使，总理内务府大臣，伪满洲国国务总理兼陆军大臣和文教部总长。1934年溥仪称帝后，任国务总理大臣。著有《海藏楼诗集》。

《九月二十一日出山海关赴秦王岛》

黄人榆杨霜又催，关河摇落正堪哀。乱鸦忽逐秋风起，似有诗魂结陈来。

注：录自《海藏楼诗集》（天风出版社，十三卷本并附前未刻诗及遗墨）卷7第12页至13页。

《十一月十八日出山海关》

今年辽沈频来往，每出榆关一抚膺。海近天垂含浩渺，地平山纵竞骁腾。危邦空叹吾为虏，浩劫终愁谷作陵。尽有边才谁用得，翻飞遥想郅都鹰。

注：录自《海藏楼诗集》（天风出版社，十三卷本并附前未刻诗及遗墨）卷7第13页。

《八月三日飞行自承德历榆关至锦州》

万峰刺天气扬波，奋翼高举苍穹摩。白云排空荡银海，虹光鸟影如飞梭。离宫梵宇压关塞，当年万乘频来过。中更世乱虽久废，遗迹犹足辉山河。南循长城历诸口，戴河秦岛生微涡。海天一碧深可悦，人世迫窄烦张罗。腰缠骑鹤兴所至，老去两息道与魔。苏仙华表归有日，旧京在眼毋蹉跎。

注：录自《海藏楼诗集》卷13第422页。

《纕蘅自北戴河寄诗于夜起庵次韵和之》

钧天有梦梦难成，盈耳鸡声尽恶声。寄语海天避嚣者，不如无梦待天明。

注：录自1929年《国闻周报》第6卷第27期《采风录》2页，另刊1930年10月14日《京报》第8版。

周震鳞

(1875—1964)，又名闿。湖南长沙人。曾任湖南都督府等饷局总办、北京政府参议院参议员、湖南劳军使、中国国民党广东支部总务长、国民政府委员等。新中国成立后任湖南军政委员会顾问，第一、二届全国人大代表，第一届全国政协委员。著有《周震鳞自序》《议会斗争回忆录》《关于黄兴、华兴会和辛亥革命前后的孙黄关系》《纪念孙中山诞辰要发扬反帝思想和爱国主义精神》等。

《〈榆关抗日战史〉题词》

白水黑山，风云变色。天下雄关，竟成虚设。

岂无良将，效死负戈。蓟辽挫师，尸责谁何。

南董尚存，不忘明季。笔伐口诛，春秋大义。

注：题于民国癸酉秋。录自《榆关抗日战史》(1933年版)。

邹　鲁

(1885—1954)，原名澄生，后改为鲁，字海滨。广东大埔人。历任广东省官钱局总办、广东都督驻北平代表、众议院议员、潮梅军总司令、两广盐运使、大总统特派员、国民党中央执行委员会常委兼青年部部长、中山大学校长、监察院监察委员等职。后任国民党中央评议委员等职。著有《邹鲁文集》《邹鲁文存》《中国国民党党史》《黄花岗七十二烈士事略》《环游二十九国记》《旧游新感》《教育与和平》《澄庐序诗文集》等。

《山海关杂咏六首》

《关前》

长城绵万里，竟海峙雄关。胡越一家久，伤心见血斑。
《忠魂碑》
古垒连今垒，新坟间旧魂。由来争战地，多少未招魂。
《角山远眺》
苍莽山连海，牛羊满野陂。西风吹塞草，处处动秋思。
《角山寺井泉》
言游角山寺，寺内井泉奇。烹茶清肺腑，照面见须眉。
《国防军》
蠢屯民舍内，云是国防军。俄境风云恶，边声日夕闻。
《南海》
南海境幽雅，鸠居尽外夷。怒涛终日激，无限带哀思。
注：录自《文学杂志（广州）》1933年第4期第11页至12页。

A Collection of Newly-Found Modern Qinhuangdao Poetry (Continued)
Wang Jian

Abstract: Qinhuangdao, a famous historical and cultural city, has always been a good place for scholars and politicians to visit. Since modern times, they have left a large number of poems with diverse themes which is helpful to historical textual research and regional tourism culture research when systematically studied. With the encouragement and help of friends, 62 themes and 113 poems are selected and published for the reference of readers from all walks of life. The poets are sorted according to the pinyin alphabet of the surname, and there is no deletion and comment in the selected poems with just brief introductions.

Key Words: modern times, Qinhuangdao, poetry

明长城侦防体系"夜不收"制度探究

——从秦皇岛板厂峪新发现石刻谈起

陈厉辞　董劢伟

（秦皇岛市玻璃博物馆；东北大学秦皇岛分校）

摘　要：通过对明代长城边境侦防体系中"夜不收"制度的研究，从夜不收招募标准、兵源、种类、职责与奖惩措施等方面，解释秦皇岛地区三块"夜不收"石刻的内容与记述特点，继而说明，明代"夜不收"侦防体系在明中期军事制度中的重要作用。

关键词：夜不收；石刻；明代；长城

作　者：陈厉辞，秦皇岛市玻璃博物馆副馆长，副研究馆员；董劢伟，东北大学秦皇岛分校马克思主义学院教授。

引　言

明代"夜不收"文物遗存较少，学界目前发现有三支"木牍"与三块石刻。其中，三块纪事"木牍"存放于英国国家图书馆。国内"夜不收"文物史料，只有秦皇岛发现的三块"夜不收"石刻。记述嘉靖年间，蓟镇夜不收出边侦哨的史实。誊录如下：

（一）"夜不收"石刻全文誊录

2005年，秦皇岛市文物管理局踏查长城，在抚宁县北部（现海港区）发现"夜不收"石刻（下称石刻一）。

炕儿峪堡该班夜不收郭延中等六名，/哨至境外，地名烂泥凹，离堡三十里。/嘉靖二十四年五月一日，夜不收官千户赵世清，/石匠赵（谢）进。

2019年，在海港区董家口北发现"夜不收"石刻（下称石刻二）。

董家口关/　收　等，哨至　/路龙潭北山十里，/嘉靖二十四年　月　日。

2021年，在海港区板厂峪北部花城岭发现夜不收石刻（下称石刻三）。

平顶谷关远哨夜不收　等，哨/至总括道路横岭离关一百里，/嘉靖二十四年　月　日。

（二）夜不收溯源与研究方向

"夜不收"一词在古代典籍较为常见。明以前，"夜不收"载于《气英布》《连环计》等文学、戏曲。最早见于信史是《明宣宗实录》，遵化卫夜不收张大川以一敌四，"上嘉其勇""以为本卫百户"。[①] 此后，"夜不收"常见于《明实录》（共一百四十余条）、《明会典》《四镇三关志》等志书，却未见于《明史》。体现了"侦谍"性质的夜不收，受朝廷重视，却极为隐晦的特点。

三块"夜不收"石刻带来新的发现与疑问。一是从地域分布上看，三块石刻分布集中，即明蓟镇东协石门路；二是从时间上看，三块石刻是同一年，即嘉靖二十四年（1545）。本文结合"夜不收"制度研究与石刻史料，重点解释以上两个问题。

一　"夜不收"招募标准与兵源

"夜不收"的选拔，一是以"逾高、绝远、轻足、疾走、精

[①] 《明宣宗实录》卷四六，宣德三年八月乙未，国立北平图书馆红格钞本，第1129页。

健"为标准,"有少壮、疾走能行者为一等"①。二是"惯习虏情""通晓夷语""能熟识夷人"②,"御虏之道……所谓谙虏情,熟地利,共诚侦探之良法"③。三是有胆量"大率其选务精,而其用在胆"④,"宜拣精力健捷,胆略沉毅者"⑤。四是忠诚"非平日恩信相孚者不可"⑥。有以下兵源。

民户宪宗时,夜不收分为军、民两类"军夜不收与民夜不收俱在军中"⑦。

旗军。旗军特指明代从各卫分出屯种的官军⑧。也具"挑渠、修边、车牛、采草、烧窑、杂造军器、烧荒、守瞭、巡哨、把门"等十余种差役,是"夜不收"兵源之一。提督守备紫荆关右都御史孙祥提出:"今于旗军内选夜不收四十名,令其轮番缉探声息。"⑨

边军。嘉靖时,朵颜威胁京城。给事中陈时明提出:"选夜不收工劫营者数十人,以教营士遇警即出。"⑩ 边军中,墩军与"夜不收"职能互有交叉。兵部尚书王宪上御虏方略"增修沿边墩台,精选军旗夜不收更番守望"⑪。边军夜不收管理体系逐渐完善,镇下设千总指挥。如万历元年(1573)兵部侍郎吴百朋条陈"蓟镇设千总统领归东路参将营各道量留夜不收哨探军"⑫。

通事。通事能通夷语,出使夷境,既是外交人员,也是谍报人

---

① (明)茅元仪:《武备志》卷六八,上海古籍出版社1997年版,第678页。
② (明)戚祚国:《戚祚国汇编·戚少保年谱耆编》卷八,中华书局2003年版,第246页。
③ 陈子龙:《明经世文编》卷四一四,北京出版社1962年版,第351页。
④ (清)何良辰、李锡龄校刊:《陈记》卷一,惜阴轩丛书,第1b页。
⑤ 《明神宗实录》卷五三,万历四年八月辛酉,第1251页。
⑥ (明)郑若增、胡宗宪:《筹海图略》卷一二,清刊本,第14b页。
⑦ 《明宪宗实录》卷一二〇,成化九年九月乙巳,第2318页。
⑧ (清)张廷王:《明史》卷八九《兵制一》,中华书局1987年版,第2176页。
⑨ 《明英宗实录》卷一八四,正统十四年冬十月乙卯,第1638页。
⑩ 《明世宗实录》卷三八,嘉靖三年四月戊戌,第953页。
⑪ 《明世宗实录》卷一六四,嘉靖十三年六月乙卯,第3629页。
⑫ 《明神宗实录》卷一三,万历元年五月甲申,第0417页。

员。从通事中选拔"夜不收"是惯常之举。翟鹏曾提出:"胡服以备掩袭,恐夜不收人等语言不同,不若通事家丁之足恃"①。通事"夜不收"因通晓虏语,故能假扮胡人,对敌夜袭。明世宗曾令"狭西山西总督诸臣招选降胡通事及将官骁劲家丁夜不收三千人,令一谋勇将官统之,扮作胡人乘夜混杀。"② 在出土的明代木牍中,"通事"与"夜不收"一同出现,执行任务。③

家丁。"家丁"由武将所辖,是不入兵籍的民间武装力量,"夜不收"的重要来源。"家丁"与"行伍"一同操练,"使武艺娴熟,方许收入。"④ 从"家丁"中招募"夜不收"需得"家主"许可。总督翟鹏上奏中提及:"家丁虽众又不肯弃主远来,欲得家丁须得家主"⑤ 广宁卫发生叛乱,总兵官马永"率家丁夜不收三百余人捕之。"⑥

逃虏者。逃虏是自虏逃回的人口,也包括来降的少数民族,"谙虏情,熟地利"。兵部尚书戴金献策将"逃虏"收为"夜不收","从事其诸军或自虏逃归能为我谍者,皆悬以重赏使人人知奋"。⑦ 此外,杨博、翁万达、戚继光也因"此辈熟知虏情,通晓夷语"重用"逃虏"。⑧ 正德十二年(1517)五月,兵部尚书王琼上奏:"前件虏中走回男子,听镇巡官斟酌查取,仍充夜不收名目委用。"

"夜不收"经严格选练。蓟镇十二路"各路尖、夜五千有奇,率皆壮健,倍食于军,相应通行编伍操练"⑨ "各边大小将官各于该管卫所城堡军官夜不收内逐一试验,拣选弓马出众,臂力兼人,

---

① 《明世宗实录》卷二八五,嘉靖二十三年四月戊寅,第5515页。
② 《明世宗实录》卷二八五,嘉靖二十三年四月戊寅,第5515页。
③ 邢义田:《地不爱宝:汉代的简牍》,中华书局2011年版,第320—371页。
④ 刘效祖:《四镇三关志》卷七,中州古籍出版社2018年版,第219页。
⑤ 《明世宗实录》卷二八五,嘉靖二十三年四月戊寅,第5516页。
⑥ 《明世宗实录》卷二二七,嘉靖十八年闰七月己亥,第4706页。
⑦ 《明世宗实录》卷二九三,嘉靖二十三年十二月庚辰,第5618页。
⑧ 《戚祚国汇编·戚少保年谱耆编》卷八,第246页。
⑨ 《戚祚国汇编·戚少保年谱耆编》卷八,第286页。

有胆气，有智略，四事兼备或三事兼优者，定为第一等，四事之中二事可取者，为第二等；一事可取或二事粗可观者，为第三等；若四事俱不足但不系羸弱疾病者，为第四等；其老弱幼小疾病者定为第五等。"五等之差亦有例外"有知天文善占候者，识地利山川道路远近险易者，善书算者，攻巫出战之时，量力而用"。①

二 "夜不收" 种类与职责

（一）哨探

哨探夜不收分为墩哨、远哨、谍报、劫营四类，还从事押解、缉逃、传事等任务。

一是墩哨。"墩哨夜不收"分为"瞭高""坐口""架炮"。英宗时期，夜不收已成为守墩重要兵种。塞北三卫时叛时降，英宗要求："精选守了官军勤谨哨望。遣夜不收往来巡探，遇贼入寇即相机擒剿。"②巡关监察御史孙珂言"山海抵居庸一带关口夜不收、守关、守墩、驾炮军士披坚执锐，登高涉险"③。

武宗时期，"架炮夜不收"成为侦防体系的重要环节。"或有侵犯则边墙之外架炮之内许我军蹑追"④"炮"并非武器，而是报警之用，"架炮之内"是明军追击敌虏的尺度。世宗时期，巡按直隶御史朱方条陈边务，"各边墩军夜不收因循怠缓，烽堠不明，乞于近关境外量增墩台选拔精壮以严哨探"⑤。

每墩夜不收人数不同。孝宗时期，大墩"拨夜不收五人戍守，遇警接递传报，凡遇寇近边，天晴则举炮，天阴昼则举烟，夜则举

---

① （明）沈节甫：《纪录汇编》卷四二，上海涵芬楼影印明万历刻本1938年版，第5页。
② 《明英宗实录》卷一一八，正统九年秋七月庚午，第2389页。
③ 《明英宗实录》卷二九八，天顺二年十二月乙亥，第6340页。
④ 《明武宗实录》卷一二五，正德十年五月己酉，第2512页。
⑤ 《明世宗实录》卷一六四，嘉靖十三年六月丙午，第3625页。

火。"① 穆宗时期，"选哨军夜不收二三十人，分班更替，每墩哨军五名，夜不收二名"②。

"夜不收"在墩台间传递消息，时遇险情。成化年间，"魏克成等九名夜不收，前去暖泉山墩爪探，被贼射讫二十七箭……魏克成等六名，亦被重伤，当即身死"③。

二是远哨。远哨也是墩军的一种。墩军夜不收分为"横拨"与"直拨"。"横拨"在城墩同传递军情，是近哨，又称"墩夜"。"直拨"潜入敌营刺探敌情，又称"远哨""长哨"或"尖夜"。"远哨"夜不收从事境外侦查最为辛劳。宁远伯任礼奏"夜不收常出境探报信息，劳苦倍于常军"④。大同参将曹俭奏"（远哨）夜不收常出穷边绝境窥探贼情，跋涉险阻，冒犯霜露，昼伏夜行，艰苦万状"⑤。

长哨夜不收多次被建议增设。世宗时期，兵部侍郎詹荣疏建议"宜于喜峰口等处各增夜不收十八人出边侦探尖哨六人驰报京师"⑥。宪宗时期，巡抚甘肃右佥都御史吴琛奏：甘肃"俱系要害"，应加强墩军夜不收的配备。"每卫所离城百里相间设立烟墩拨军守了，时遣夜不收远出墩外哨探，各有信地，又于紧要路径伏军架炮，遇贼近塞举烽放炮连接传报。"⑦

三是谍报。"谍报"是"夜不收"的特殊职责。世宗时期，尚书夏邦谟陈边备要事"慎间谍之用，请后资通事夜不收人等，遣探虏情"⑧。

"谍报夜不收"分"明哨"与"暗哨"。"明哨"即"夷服夷

---

① 《明孝宗实录》卷九四，弘治七年十一月甲寅，第1735页。
② 《明穆宗实录》卷四七，隆庆四年七月丁亥，第1185页。
③ 辽宁省档案馆：《明代辽东档案汇编》下册，辽沈书社1985年版，第890页。
④ 《明宣宗实录》卷一一五，宣德九年十二月丁未，第2433页。
⑤ 《明英宗实录》卷一二一，正统九年九月戊寅，第2581页。
⑥ 《明世宗实录》卷三四八，嘉靖二十八年五月己丑，第6306页。
⑦ 《明宪宗实录》卷一一，天顺八年十二月癸未，第253页。
⑧ 《明世宗实录》卷三六八，嘉靖二十九年十二月甲子，第6581页。

语"潜入敌方的间谍明哨探听消息后,暗哨转告架炮夜不收,依次传递墩堠、塘军,各营将领,或燃放两个西瓜炮传出消息。暗哨轮班守候,数月回营汇报,领取给养和装备。蓟镇曾制定明、暗哨制度。"明哨远入属夷巢,内用彼伴领。尖哨探访外夷消息,更番分遣,各侦一夷。暗哨踵接明哨路头。遇有结聚声息,各遣尖哨,潜伏要道,鳞次哨瞭,量地分拨。"①

四是营兵哨探。嘉靖年间,营兵制逐渐代替卫所制,各营设夜不收。韩邦奇《苑落集》有营兵"夜不收"记载。开列新选官军1501名,有夜不收52名。神宗时期,张鹤鸣上奏黔营哨兵虽众,难以御敌,建议"设夜不收"②。

(二)烧荒

"烧荒"是明军防御草原民族入侵的重要手段,所谓"御虏莫善于烧荒"③。秋冬时节,明军出塞烧草前,会事先"选委乖觉夜不收远出边境哨探"。夜不收参与烧荒,守备官"兼同夜不收……各照地方举火,已将野焚尽绝"④。

神宗时期,烧荒瞭望"著为定例已久"令蓟辽延宁甘固"务要野草林木焚烧尽绝"⑤。

(三)劫营

"夜不收"作战以奇袭、夜袭、劫营为主。

正统二年,"累遣夜不收分途出境直至宁夏贺兰山,后探知贼营移往东北","遣夜不收谷聪言生擒达贼阿台部下同知马哈木"⑥

---

① 刘效祖:《四镇三关志》卷六《经略考·蓟镇经略·间谍》,全国图书馆文献微缩复制中心1991年版,第52页。
② 《明神宗实录》卷二三六,万历四十三年闰八月己未,第10160—10161页。
③ 《明英宗实录》卷九八,正统七年十一月壬午,第1978页。
④ 《四镇三关志》卷七,第632页。
⑤ 《明神宗实录》卷四九七,万历四十年七月丁巳,第9379页。
⑥ 《明英宗实录》卷二八,正统二年三月乙卯,第0568页。

探营与擒酋的都是"夜不收"。

正统十四年（1449），"尚宝司丞夏瑄奏，宜选夜不收及敢勇死士持长刀巨斧并炮数百，四面夜袭虏营，彼觉则举炮以惊之，使其每夜不得休息"①。同年，山西山阴千户周瑄"遣夜不收乘夜斫贼营，杀七人，贼遂乱，获其马匹、器械"②。

（四）传事

"传事夜不收"是边关的信使，也是敌虏"大举"消息的重要来源。在兵部尚书韩邦奇《苑洛集》记载"传事夜不收"较为丰富。其中《传报大举声息事》记载边关战事，"夜不收"出现十余次，体现出其侦查、传事的重要作用。传事夜不收有骑马入营之权。戚继光《练兵实纪》规定"除报警夜不收骑马径入外，从官以下，俱下马步入"③。

"传事"夜不收能代表上级军官调令军队。英宗时期，永宁守备奏"近日参将都督佥事杨俊差夜不收斋帖来调都指挥王林带领马步官军往怀来城守备"④，"宣府总兵官分遣夜不收及行吏部，取原经官攒赴开平马营等处巡视守候拨运"⑤。

（五）屯田

英宗时期，夜不收除瞭侦、烧荒、劫营、传事等军事任务，还兼屯田职能。正统七年十一月，王瑛上奏"近年屯田皆取卫所老弱之人，是以粮无所积。乞将马队守瞭夜不收并精选奇兵，遇警调用外，其余悉令屯田"⑥。

---

① 《明英宗实录》卷一八四，正统十四年冬十月壬戌，第3638页。
② 《明英宗实录》卷一八五，正统十四年十一月壬寅，第3703页。
③ （清）戚继光：《练兵纪实》卷六《练营阵第七》，明万历内府刻本，第16页。
④ 《明英宗实录》卷一八八，景泰元年闰正月壬申，第3854页。
⑤ 《明英宗实录》卷一九六，景泰元年九月辛酉，第4163页。
⑥ 《明英宗实录》卷九八，正统七年十一月壬午，第1978页。

三 "夜不收"待遇与恩赏

(一) 薪饷制度

"夜不收"薪饷与一般军士差异较大。

洪武年间，政府供给士兵月粮有明确规定，"令京外卫军月支二石，步军总旗一石五斗，小旗一石二斗，军一石，城守者如数给，屯田者半之"①。影响各地军饷的因素较多，国家规定只是"指导价"。如宣德十年，山西行都司卫所旗军就是"无家小者月粮六斗，调来操备者五斗，有家小者八斗"②。

明代"夜不收"最早见于史料是宣德年间。"月粮""口粮"不如一般士兵，仅比民匠、民夫稍强。宣德九年（1434），大同参将都指挥使曹俭奏"（夜不收）常出穷边绝境窥探贼情，跋涉险阻，冒犯霜露，昼伏夜行，艰苦万状，其月粮概支六斗，无以致人死命，请月支米一石，俾有所养"。宣宗"即从俭言"③。

除了"月粮"，明廷对执行任务的士兵提供"行粮"，又称"口粮"。"凡行粮马草，专为征军马而设，其例有操备、出哨、守墩、瞭高、烧荒、修边、防秋及各色公干人役，验口、验程支给。"④

英宗时期，夜不收待遇颇佳。正统三年（1438）八月，诏令"各边夜不收军士月增口粮二斗"⑤，正统八年（1443）令宣府夜不收"再关行粮，本色三斗，共米一石三斗"⑥。此后甘肃与大同、宁夏⑦也奏请参照该制。

宪宗成化年间财政恶化。"外卫卒在京只供营缮诸役，势家私占复半之。"⑧ "输班"与"漕运"军队到了京师，被勒令劳动，

---

① 《明史》卷八二《食货志·六》，第2064页。
② 《大明会典》卷四一，明万历内府刻本，第744页。
③ 《明宣宗实录》卷一一五，宣德九年十二月丁未，第2518页。
④ 《大明会典》卷三九，第730页。
⑤ 《明英宗实录》卷四五，正统三年八月辛巳，第883页。
⑥ 《大明会典》卷四一《户部二十八·经费二·月粮》，明万历内府刻本，第8页。
⑦ 《大明会典》卷四一，第7页。
⑧ 《明史》卷八二《兵志二》，第2229页。

"军"没有成为"兵"而是成为"有月粮,有行粮,一人兼二人之食"的"工匠"或"舟夫""二十余万不耕而食之军矣"①。屯田制、卫所制也被破坏。夜不收薪俸标准虽强于一般军士,但不能落实,实际薪酬比一般军士甚至民壮低。

成化九年(1473),户部奏"军夜不收与民夜不收俱在军中,今军月米八斗,冬给布三疋,绵花一斤,而民月支米三斗,亦宜添米二斗,布一疋,绵花半斤"②。军夜不收粮饷仅八斗,民夜不收粮饷尚不如正统年间的"民壮"。③

随着卫所制崩塌,"佥发民壮"无法满足军事需求,只有采用"募兵"补给兵员。起初,招募士兵较少,待遇也不高,"应募者给银五两,抽选者三两五钱"④。英宗时期,仅是"支与口粮,本户免征粮五石,除二丁供给"⑤。孝宗弘治年间,募兵的数额扩大,待遇也得到提高。弘治十六年(1503),"募土人愿报效者","人给银三两"招募事毕"寄名近卫月给粮一石"⑥。募兵薪酬甚至超过卫所制军士。

弘治十五年(1502)、弘治十七年(1504)、弘治十八年(1505)、嘉靖元年(1522)、嘉靖六年(1527),大臣屡次奏请增加直隶⑦延绥⑧宣府⑨紫荆关⑩蓟辽⑪永平⑫等地夜不收薪酬。"各边守墩军昼夜瞭望劳苦特甚而衣粮不异于众人,及夜不收远探贼情十

---

① (清)黄宗羲:《明夷待访录·兵制一》,九州出版社2021年版,第25页。
② 《明宪宗实录》卷一二〇,成化九年九月乙巳,第2318页。
③ 《明史》卷八二《兵志三》,第2249页。
④ 王圻:《续文献通考》卷一二九《兵九》,浙江古籍出版社2000年版,第3948页。
⑤ 《续文献通考》卷一二九《兵九》,第3949页。
⑥ 《明武宗实录》卷二,弘治十八年五月甲寅,第0038页。
⑦ 《明孝宗实录》卷一九〇,弘治十五年八月壬子条,第3516页。
⑧ 《明孝宗实录》卷二一八,弘治十七年十一月辛丑,第4107页。
⑨ 《明武宗实录》卷一,弘治十八年五月甲辰,第0026页。
⑩ 《明世宗实录》卷一三,嘉靖元年四月丁亥,第0458页。
⑪ 《明世宗实录》卷七六,嘉靖六年五月庚辰,第1688页。
⑫ 《明世宗实录》卷七七,嘉靖六年六月庚申,第1719页。

死一生，而死者不录其功乞于月粮冬衣常例外量为加。"① 然而夜不收薪酬依旧微薄，月粮一石左右。以宁夏为例，嘉靖十二年（1533）"夜不收例食粮月石三斗，正德年新收者月止粮一石"②。实行的是"一石三斗"标准。

嘉靖二十九年（1550）、嘉靖三十四年（1555）、嘉靖四十一年（1562）蓟镇密云马兰谷太平寨燕河营四路③，大同镇④，辽东⑤等地相继增加夜不收薪酬，基本维持在一石三斗。相比募兵差距较大。嘉靖十三年（1534）"（募兵）具编入附近卫所收支月粮，仍人给衣装银三两"。嘉靖二十九年（1550），戚继光抗倭时募兵"日给口粮三分三厘，行粮一分二厘"。按折银米银六钱五分折米一石计算，募兵月酬约两石。

穆宗、神宗时期，边疆战事由西北转向东北，提高蓟、辽夜不收待遇多次提上议程。蓟辽夜不收薪酬并不多，至多一石三斗，少的仅五钱。万历后期，随着财政恶化，再无提升夜不收薪资的奏请或旨意。夜不收只有在立功或牺牲时才有功赏或抚恤。正常福利以恩典的形式出现，促使明朝中晚期"夜不收""庸化"，"墩哨"尚能维持，"长哨"达不到规定距离，"间谍"功能丧失。这是本文三块石刻的历史背景。

隆庆元年（1567），蓟辽两镇"哨探月粮止许加增本色，夜不收五斗，墩军三斗"⑥。

万历六年（1578），蓟辽夜不收月粮增加一倍。"命今将冲边燉军及远哨夜不收，每名于月粮外再加一倍，即于主兵本折内通融支给以示优恤。"⑦《明实录》记载了蓟辽夜不收增薪的旨意，并未

---

① 《明孝宗实录》卷一八，弘治元年九月乙酉，第440页。
② 《明世宗实录》卷一五七，嘉靖十二年十二月癸酉，第3527页。
③ 《明世宗实录》卷三六三，嘉靖二十九年七月丙辰，第6473页。
④ 《大明会典》卷四一《户部二十八·经费二·月粮》，明万历内府刻本，第23页。
⑤ 《明世宗实录》卷五〇九，嘉靖四十一年五月丁未，第8392页。
⑥ 《明穆宗实录》卷一一，隆庆元年八月庚子，第312页。
⑦ 《明神宗实录》卷七七，万历六年七月丙辰，第1653页。

记录实际收入。张学颜《万历会计录》、顾养谦《全镇图说》对此进行补充。蓟镇"横岭、居庸、黄花三路管哨,并所属白羊口镇、边城、灰岭口、长谷城、八达岭、石峡峪、黄花镇、渤海所各守提下夜不收月支一石,帮支三斗;内黄花路远哨、通事、尖哨、夜不收月支一石,帮支一石"①。辽镇"墩军、夜不收处极冲者,每名月支饷银五钱;次冲者,每名月支饷银四钱;俱领赏银九钱;今止议概加银一钱,极冲者六钱,次冲者五钱"②。蓟镇夜不收薪资最高两石,辽镇夜不收薪资竟不足一石。

（二）物资补给

皮袄狐帽、毛袄、胖袄等"服饰"是夜不收、墩军等边军区别于一般军士的恩赏。理论来说,这种"专属"恩赏,相对薪酬较为稳定,能够解决夜不收的霜寒之苦。但该项制度漏洞百出,官吏肆意克扣。明中期以后,随着财政恶化,"皮袄"变成"胖袄"。万历中期,"胖袄"准改折色,并拖欠供给。

洪武年间,为解墩军守瞭霜寒之苦,明廷拨给皮袄、狐帽御寒。宣德年间,赐予"夜不收"皮袄、狐帽成为惯例。

正统八年（1443）七月,兵部尚书徐晞上奏:"瞻恤边军西北边塞风高气寒,其军士或了烟墩或守关隘或充夜不收出境采探或随边将往来哨备……饥寒艰苦不可胜言,乞将内府所贮胖袄裤鞋量加给赐。"③

天顺二年（1458）十二月,首次奏请冬衣不准。巡关监察御史孙珂奏请"山海抵居庸一带关口夜不收、守关、守墩、架炮军士……乞给赐胖袄、裤鞋"。工部认为边军数万,若准给一方"则

---

① 张学颜:《万历会计录》卷二一《主兵月粮则例》,明万历刻本,第22页。
② 顾养谦:《冲庵顾先生抚辽奏议》卷六《全镇图说·饷簿》,明万历刻本,第39页。
③ 《明英宗实录》卷一〇八,正统八年秋七月辛酉,第2188页。

纷纷之求矣"①，英宗不准赐给。

有些边镇，毛袄甚至十余年未拨。宪宗即位后，宣府上报："正统年间荷蒙圣恩怜悯，每三年一次，给与官军毛袄或胖袄裤鞋，御寒穿用，俱各破碎无存。自景泰二年至今一十三年，未蒙关给。"在大臣诉求下，宪宗同意赐宣府、独石、大同守墩官军毛袄。同时批示："穷边沍寒，兵士尤苦，故于常例外赐以毛衣，其他边障不得援以为例。"②说明宪宗时期，毛衣、皮袄已成为奢侈的恩赐。

此后，择期封赏胖（棉）袄，毛衣、皮衣则更显珍贵。

嘉靖二年（1523）九月、十月，给密云、辽东地方官军，各胖袄、袴、鞋一副。③

嘉靖七年（1528）十一月，锦衣卫署奏请侍卫军发放"胖袄裤鞋"。工部以胖袄为夜不收等"极边官军寒苦之用"驳回。嘉靖"悯其宿卫之苦"故给予特例"侍卫军旗人给银七钱听其自行制造衣鞋五年一次给赏"④。由此可见，恩赐侍卫军、旗军"胖袄裤鞋"间隔时间长，折银也较少，约为墩军、夜不收的半数。

随着大面积募兵，御寒面临新问题。嘉靖十三年（1534）"除甘肃已选屯军外，宣大、辽东、延绥、山海关各募二千人，山西三关三千人，宁夏、陕西、固原、洮、岷等处各千人"⑤。嘉靖二十九年（1550），"山东、山西、河南得四万人，分隶神枢、神机"⑥。胖袄裤鞋需求也随之增多，财政无法负担。

穆宗隆庆二年（1568）四月，兵部提到拖欠夜不收毛袄之事："各墩夜不收，例给毛袄，取价于陕西布政司。今墩台哨卒皆已增

---

① 《明英宗实录》卷二九八，天顺二年十二月乙亥，第6340页。
② 《明宪宗实录》卷一〇，天顺八年冬十月癸巳，第219页。
③ 《明世宗实录》卷三二，嘉靖二年九月己酉，第839页。
④ 《明世宗实录》卷九五，嘉靖七年十一月壬子，第2211页。
⑤ 《明世宗实录》卷一六四，嘉靖十三年六月乙卯，第3629页。
⑥ 《明史》卷八九《兵志一》，第2080页。

多，愈不能给。"①

万历初年，御寒衣物尚能发给实物。随着财政恶化，御寒成为难题。万历十二年（1584）九月，蓟辽总督张佳胤上奏，认为"辽东胖袄不可不议"。神宗批可，却没了下文。为保障御寒，万历中期，普遍采取"胖袄"折色，由军士自制，并形成定制。万历十九年（1591）十月，户部奏议国计军需"辽左孤寒，布花难减，又有应领胖袄，准改折色，给军自置布袄，更为利便"②。

"胖袄"折色，为贪污腐化开启了巨窗。"折色"之前，"胖袄"尚能"以次充好"；"折色"之后，边关军士"宁免科敛而不愿领胖袄"。谭伦在《秋防举劾疏》中记述："大安口提调某，晚节不终，浮议日起，受夜不收百八十名之赂，日计三分，索守墩军七十余座之布，每台月各二匹，积迹愈彰，怨声载道。"③

明末，缺衣欠饷已是常事，奏请却少了。天启二年（1622）八月，王在晋在题请山海关军士衣袄银两时提到："胖袄系各省额解，佐领等官钻谋管造，内俱黄绵败絮，不能当风。"崇祯年间，御寒衣物索性不能供给。辽东大战，隆冬已至，工部尚不能拨发胖袄。崇祯六年（1633）十一月，御马监上奏催促军需："胖衣系官军御寒急需，据奏各省直积欠至十一万有余，以致库贮匮乏，贫军何赖？"说明御寒物资失供，不是个例。

（三）赏恤制度

夜不收薪酬低，官给衣粮，完成重要任务后，给予赏赐与升职。

夜不收侦谍任务被杀或被掳时常发生。墩台夜不收"当值而出，必与其家相向而哭；幸而无事，则市酒殽、焚纸钱而奠之"。明初，夜不收牺牲不计入阵亡名录，无抚恤。明中期，夜不收牺牲

---

① 《明穆宗实录》卷十九，隆庆二年四月甲午，第530页。
② 《明神宗实录》卷二四一，万历十九年十月甲午，第4480页。
③ 谭伦：《谭襄敏遗集》卷六，台湾商务印书馆影印1986年版，第9页。

纳入阵亡，故赏赐多为恤赏与恩荫。

夜不收的职责是侦防谍报，作战不是评定军功的最主要标准，功赏有独立标准。

一是日常侦查、瞭望、探报任务。

正统元年（1436），陕西整饬兵备右佥都御史曹翼奏"缘边夜不收出境探贼，昼伏夜行，劳苦特甚，请自今官给衣粮，剿贼之后视奇功升赏庶几，人乐为用"①。次年"夜不收能探报实踪者即加升赏"②。

不同任务，给赏不同。景泰四年（1453）"边墩军士及夜不收昼夜瞭哨，赏赐冬布人得四疋"，杂差、伺报声息的夜不收"准守城军例兼赏折色"③。

二是英勇作战依然是获得功赏的重要途径。

夜不收作战多为以少敌众的遭遇战，勇探敌营的奇袭战，深入敌后的捉生任务。相较一般军士恩赏较重。有功不愿升职，赏赐会增加。如宣德三年（1428），"以遵化卫夜不收张大川为本卫百户"原因是"猝遇虏骑四人与之敌，虏被大川射伤俱弃马走……上嘉其勇"④。再如成化十三年（1477），蒙古贵族乩加思兰窥边，"各边虽遣夜不收哨探不敢远出"，抚宁侯朱永奏请"沿边将臣选差夜不收，果哨探得实因以成功者，如军功例升赏"⑤。

三是侦查谍报的功效。

按照成化十四年（1478）战功标准，普通军士对残元军队作战，"一人擒一名颗升一级，至三名颗升三级"⑥。夜不收侦谍任务比照斩首军功给予封赏。嘉靖二十四年（1545）"夜不收哨探虏情得实，照斩首一颗例，赏银三十两"⑦。正统二年五月（1437）兵

---

① 《明英宗实录》卷二五，正统元年十二月乙丑，第509页。
② 《明英宗实录》卷三〇，正统二年五月庚寅朔，第591页。
③ 《明英宗实录》卷二二九，景泰四年五月甲子，第5004页。
④ 《明宣宗实录》卷四六，宣德三年八月乙未，第1129页。
⑤ 《明宪宗实录》卷一六八，成化十三年秋七月壬午，第3047页。
⑥ 《大明会典》卷一二三《兵部六·功次》，明万历内府刻本，第2页。
⑦ 《明世宗实录》卷二九八，嘉靖二十四年四月壬子，第5682页。

部尚书王骥奏请"凡夜不收能探报实踪者即加升赏",得准施行。①

封赏与正面战场杀敌数量也有关系。隆庆元年(1567)"提准蓟辽镇夜不收,深入虏营哨探得实,如果贼犯保障无失,或挫斩虏首七十颗以上,其哨探之人,比照获功事例,升一级,不愿升者,赏银五十两。如出境哨探被贼杀伤,亦照阵亡、阵伤例,抚恤升赏"②。

四是明中期,夜不收牺牲纳入抚恤。

牺牲的夜不收,通常称为"死事者",取意"死于王事者",升子孙职役。夜不收抚恤金比一般军士略高,为三至五两。如正统二年(1437),"夜不收范名钱安儿王大歹歹深入贼境皆遇害","上以边军效劳捐躯殒命忠勤可矜俱赠所镇抚令其子弟袭之,仍给银米绢布恤其家"③。

(四)惩戒制度

相对微薄的薪酬与恩赏,惩戒制度较为严苛。夜不收采用"连坐法","哨军夜不收二三十人,分班更替,每墩哨军五名,夜不收二名,令互相保结侦报虏情"④。同一防区的夜不收、墩哨连坐,执行任务的夜不收官兵连坐。

一是夜不收失职。包括:轮班不去、探报不明、举炮不实等,最早见于弘治十三年(1500),"架炮夜不收、守墩军人夤夜回家,轮班不去者,俱照前例调卫枷号守哨发落"。

首次夜不收失职被罚记录是嘉靖十九年七月(1540),宣府"长哨夜不收与墩军廪赉不为不厚而每失警报,纵贼入境事已之后笞罚不加"⑤。嘉靖三十四年(1555)又有"独石所属夜不收,若

---

① 《明英宗实录》卷三〇,正统二年五月庚寅,第591页。
② 《大明会典》卷一二三《兵部六·功次》,明万历内府刻本,第6页。
③ 《明英宗实录》卷三二,正统二年秋七月丁酉,第631页。
④ 《明穆宗实录》卷四七,隆庆四年七月丁亥,第1185页。
⑤ 霍翼:《军政事例》卷一《各边军官卖放军士》,书目文献出版社1988年版,第35页。

因探报不明，有误机宜者以军法从事"①。

哨探夜不收情报失实是重罪。如架炮夜不收规定："凡架炮尖夜不精探的确，贼未至而先举炮，瞭不真而误举炮，并听传言而为实报者，斩。"②

二是夜不收被杀或被俘，追究直属上级的责任，甚至总兵、巡抚、镇守太监都要受到牵连，但通常赦免高级官员。

正统十一年（1446）四月，三位夜不收哨探被俘，甘肃总兵官任礼上奏"都指挥朱通等镇守失机之罪于法难容，今姑宥之，其勉图后效以赎"③。

三是夜不收通敌、投房。明廷禁止夜不收与少数民族交易，以防通敌。规定："夜不收出境哨探，而与夷人交易者，除真犯死罪外，其余俱掉发烟瘴地面卫。"④

四　蓟镇"夜不收"石刻的研究

（一）时代背景

秦皇岛的三块"夜不收"石刻，是嘉靖二十四年（1545），蓟镇石门路夜不收为落实新上任的顺天巡抚郭宗皋向万历皇帝进献的"出哨者刷石刻为信"⑤的策略，在出关巡哨时在险要道路的摩崖、巨石上刻的。可以纳入明代边镇侦防责任体系的一部分。但是"夜不收侦防刻石"的做法不符时情，随着郭宗皋的快速调任并未被普及。

嘉靖二十三年十月（1544）"俺答扰边，京师戒严"⑥，"寇入

---

① 赵用贤：《明会典》卷一二三《兵部六·功次》，明万历内府刻本，第5页。
② 刘效祖：《四镇三关志》卷六《经略考·蓟镇经略·法令》，中州古籍出版社2018年版，第211页。
③ 《明英宗实录》卷一四○，正统十一年夏四月丁巳，第2776页。
④ 《明会典》卷一三二《兵部十五》，明万历内府刻本，第12页。
⑤ 《明世宗实录》卷三○○，嘉靖二十四年六月癸丑，第5710页。
⑥ 《明史》卷一八《世宗二》，第236页。

万全右卫，抵广昌，列营四十里"①。由于九月苏州巡抚朱方奏请"撤诸路防秋兵"②，故失防之责由其承担。结局是"总督宣大兵部尚书翟鹏、巡抚蓟镇佥都御史朱方下狱，鹏谪戍，方杖死"，"擢宗皋右佥都御史代之"③。

俺答汗先后两次进攻大同，攻破长城，威胁京师。新上任的顺天巡抚郭宗皋向万历皇帝奏献两策：一是调各处兵马拱卫北京。二是令长哨夜不收出塞侦查时刻石留名。"一密云一路兵马仅计万有八百宜于各处调取仍量调京营人马二枝相兼防守""长哨夜不收往往侦伺失实，宜令出哨者刷石刻为信，使不敢欺"④。两策都得到了皇帝的许可。

（二）郭宗皋献策

郭宗皋官至南京兵部尚书，正一品，明史有传。《明史》有暗贬之意，在认可其个人修养与品格的同时，主要记述在其主政兵部、总督宣大时期的接连败绩与不合时宜的两次进言。

嘉靖二十三年（1544），郭宗皋继任顺天巡抚后，围困京师的俺答军队已经离去。他向嘉靖帝首次进言，认为应重兵防守密云，拱卫京师。不久，郭宗皋听闻敌军将犯，调派京营、山东、河南军队驻守居庸。敌军未来，郭被罚俸半年。

京营每年到蓟镇秋防。郭宗皋要求停止秋防，用犒劳军队的饷银补充本镇募军之资。又请求调发修边剩余的银两，增加修筑燕河营、古北口。皇帝疑其有侵夺之嫌，令其罢职。⑤

令夜不收"刷石为信"与"调兵京防"都是郭宗皋首次进言的内容，但前者并非关键，《明史》没有记载，只记载于《明世宗

---

① 《明史》卷二〇〇《郭宗皋传》，第5299页。
② 《明史》卷二〇四《翟鹏传》，第5381页。
③ 《明史》卷二〇四《翟鹏传》，第5381页。
④ 《明世宗实录》卷三〇〇，嘉靖二十四年六月癸丑，第5710页。
⑤ 《明史》卷二〇〇《郭宗皋传》，第5299页。

实录》中。① 嘉靖二十六年（1547）正月，郭宗皋由于"昨岁虚张虏警请京兵……今岁辄扣赏银募兵……令革职回籍"②。由于"刷石为信"策略不合边境时宜，难以落实，因郭宗皋的革职迅速搁浅了。

（三）"刷石为信"之策

"刷石为信"即让出境巡视的尖哨、夜不收，在境外必经之路的巨石刻上身份、姓名、驻地、时间。明代边境刻石并非首创之举，在长城修筑过程中就有"物勒工名"制度，在完工的城墙上刻上工匠、管理者的姓名，以便对工程质量负责；长城完工后，下至把总，上至总督、兵部尚书都要亲至巡视，刻石为记，对工程负验收责任。但在军事任务中，特别是执行侦谍任务时，刻石留名的极为罕见。

首先，将谍哨、夜不收的名字、机构、路线、人数、日期等机密刻于境外，不利于夜不收的安全。夜不收执行任务环境凶险，特别是谍报夜不收和远哨，往往需要深入敌营执行秘密任务，个人信息往往讳莫如深。本文涉及三块石刻，只有石刻一信息相对完整，由夜不收千户亲自带领六名夜不收执行任务，千户赵世清与夜不收郭延中将姓名、巡哨日期刻于石上。很有可能是为了落实命令，方便蓟镇官员检阅。反观石刻二、石刻三，都是普通尖夜执行巡哨任务，仅刻了出发地与巡哨地，关键内容姓名与日期都缺失，石刻二"夜不收"甚至只刻了"收"字。体现了慎重与顾虑。

其次，明代万历中期，夜不收的侦谍工作急剧萎靡，失去了巡哨刻石的客观条件。据于谦《忠肃集·兵部为归来人马事》所载明早期"关外至五十里止，各有接连架炮士卒；五十里之外至百里止，又有长哨夜不收"。由此可知，关外五十里是架炮夜不收职责范围，关外百里是长哨夜不收巡哨标准。但到了明中晚期，即使远哨也不过哨至三四十里。杨嗣昌《杨文弱先生集》记载："见有迹，则引兵马，斩级擒生，如是者，方谓之哨。今大同之制，出口

---

① 《明世宗实录》卷三〇〇，嘉靖二十四年六月癸丑，第5710页。
② 《明世宗实录》卷三一九，嘉靖二十六年正月辛巳，第5940页。

明长城侦防体系"夜不收"制度探究

报遣通丁,离墙三四十里随即转回,以为哨,如是止矣。"倪岳《论西北边备事宜疏》认为夜不收已形同虚设:"近之所用,徒有虚名,贼将至而不知,虏已出而方觉,甚者或妄言以希功,或冥行而被虏,既不知虏人情实,则缓急何以支吾也哉?"①

本文三块石刻,巡哨范围远达不到五十里至百里的官方标准。经步测,石刻一距夜不收出发地炕儿堡不足十里,是石刻一标注距离的三分之一;石刻二距董家口约五里,距烽火台不远,应是墩哨的巡视范围;石刻三所谓"离关百里"距平顶谷关直线距离不过十里。所谓"刷石为信"之策的客观基础已不复存在,即明中期蓟镇边关夜不收、侦哨正常出关巡哨难以为继,侦防体系名存实亡。

本文石刻所反映的明代侦防体系的失效或成为研究明晚期军事制度的内部崩塌的重要方向。主要包括夜不收薪饷、物资补给系统的瘫痪;夜不收奖惩体系的失衡;夜不收执行巡哨任务时敷衍了事,不能尽职。"贼将至而不知,虏已出而方觉",则是明代侦防体系失效的外在表现。

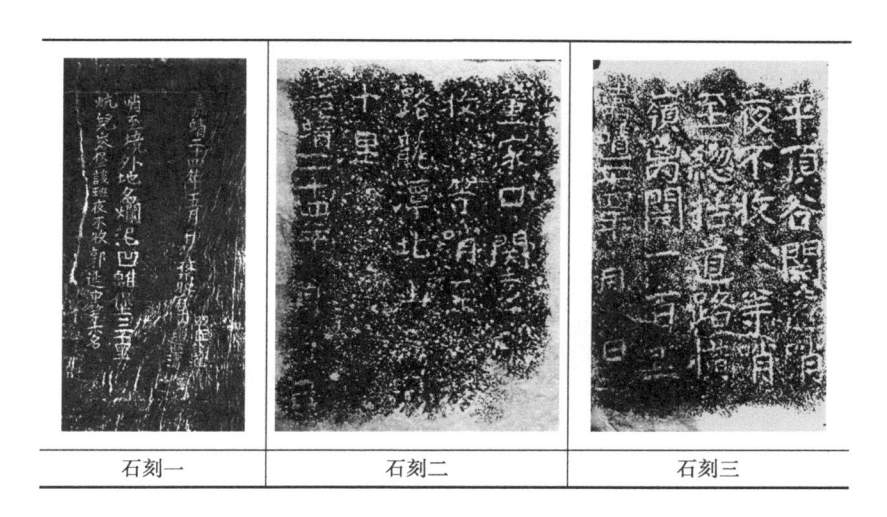

石刻一	石刻二	石刻三

---

① (明)倪岳:《青溪漫稿》卷一三《论西北边备事宜疏》,上海古籍出版社1991年版,第38页。

秦皇岛地域文化专栏

Research on the "Yebushou" of the Great Wall Detection and Prevention System in the Ming Dynasty: Starting from the Newly Found Stone Inscription in Banchangyu Qinhuangdao

CHEN Lici   DONG Shaowei

Abstract: Through the study of the "Yebushou" in the border detection and defense system of the Ming Dynasty, this paper explains the content and narrative characteristics of the three "Yebushou" stone inscriptions in Qinhuangdao area from the aspects of recruitment standards, sources, types, responsibilities and rewards and punishments, and then explains the important role of the "Yebushou" detection and defense system in the mid Ming military system.

Key Words: Yebushou, stone inscription, Ming Dynasty, the Great Wall

秦皇岛古诗 10 首今注与书法欣赏

今注：王红利　书法：孙　勇　徐向君
徐若源　张　强　李昌也　潘　磊　纪晶伟*

一　燕歌行　（唐）高适
汉家烟尘在东北，汉将辞家破残贼。
男儿本自重横行，天子非常赐颜色。
摐金伐鼓下榆关，旌旆逶迤碣石间。
校尉羽书飞瀚海，单于猎火照狼山。
山川萧条极边土，胡骑凭陵杂风雨。
战士军前半死生，美人帐下犹歌舞。
大漠穷秋塞草腓，孤城落日斗兵稀。
身当恩遇恒轻敌，力尽关山未解围。
铁衣远戍辛勤久，玉箸应啼别离后。
少妇城南欲断肠，征人蓟北空回首。
边庭飘飖那可度，绝域苍茫更何有。
杀气三时作阵云，寒声一夜传刁斗。
相看白刃血纷纷，死节从来岂顾勋。
君不见沙场征战苦，至今犹忆李将军。

---

*　王红利，秦皇岛日报社；孙勇，秦皇岛海港区海阳镇中学；徐向君，美音艺术学校；徐若源，开发区一中；张强，河北省书法家协会会员；李昌也，秦皇岛市海港区在水一方小学；潘磊，秦皇岛市计量测试研究所；纪晶伟，燕山大学。

汉家烟尘在东北,汉将辞家破残贼。男儿本自重横行,天子非常赐颜色。摐金伐鼓下榆关,旌旆逶迤碣石间。校尉羽书飞瀚海,单于猎火照狼山。山川萧条极边土,胡骑凭陵杂风雨。战士军前半死生,美人帐下犹歌舞。大漠穷秋塞草腓,孤城落日斗兵稀。身当恩遇恒轻敌,力尽关山未解围。铁衣远戍辛勤久,玉箸应啼别离后。少妇城南欲断肠,征人蓟北空回首。边庭飘飖那可度,绝域苍茫更何有。杀气三时作阵云,寒声一夜传刁斗。相看白刃血纷纷,死节从来岂顾勋。君不见沙场征战苦,至今犹忆李将军。

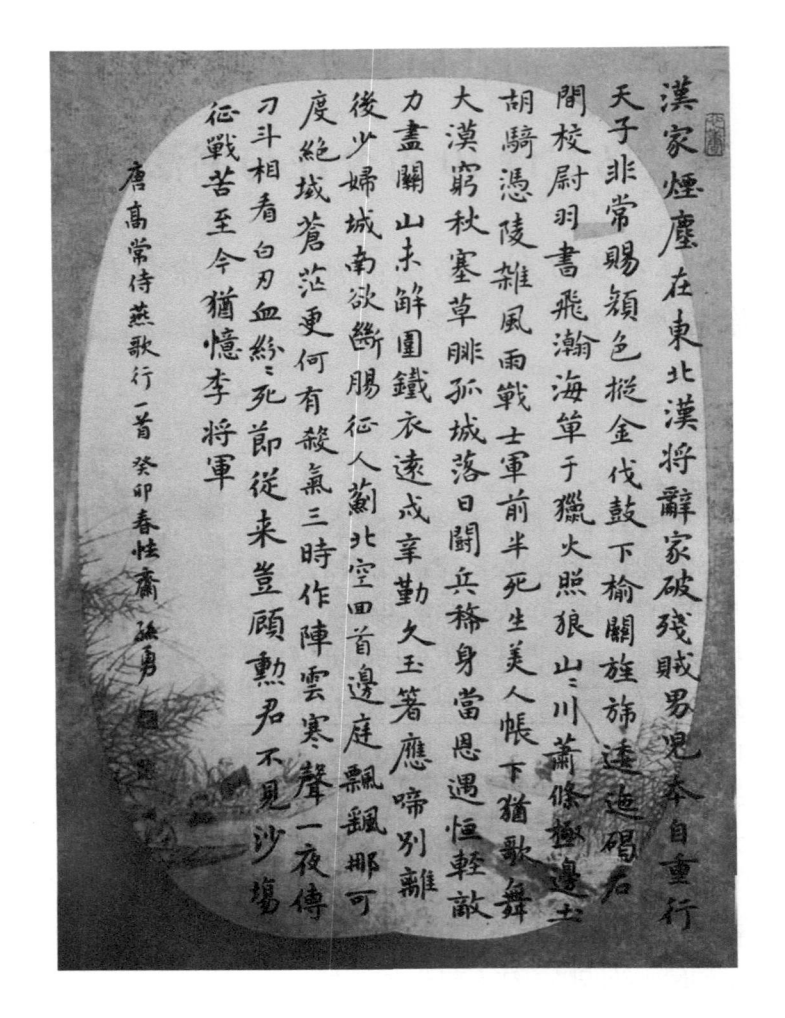

唐高常侍燕歌行一首 癸卯春怯斋张勇

【作者小传】

高适（700？—765），字达夫，渤海蓨县（今河北景县）人。二十岁西游长安，求仕无成，遂北游燕赵，后客居宋中（今河南商丘一带）。天宝八载（749），举有道科中第，授封丘尉。后投陇右节度使哥舒翰，担任掌书记。拜左拾遗，转监察御史，辅佐哥舒翰把守潼关。天宝十五载（756），护送唐玄宗进入成都，擢谏议大夫。出任淮南节度使，讨伐永王李璘叛乱。讨伐安史叛军，解救睢阳之围，历任太子詹事、彭蜀二州刺史、剑南东川节度使。广德二年（764），入为刑部侍郎、转左散骑常侍，封渤海县侯。世称"高常侍"。作为著名边塞诗人，与岑参并称"高岑"，与岑参、王昌龄、王之涣合称"边塞四诗人"，其诗笔力雄健，气韵雄浑，洋溢着盛唐时期所特有的奋发进取、蓬勃向上的时代精神。著有《高常侍集》二十卷。

【注释】

1. 燕歌行：乐府《相和歌辞·平调曲》旧题，曹丕、萧绎、庾信所作，多为思妇怀念征夫之意。

2. 汉家：这里借指唐朝。烟尘：战地的烽烟和飞尘，此指军事行动。开元十八年（730）五月，契丹及奚族叛唐，此后唐与契、奚之间战事不断。

3. 残贼：残暴凶恶的敌人。

4. 横行：纵横驰骋，无所阻拦。

5. 非常赐颜色：破格赐予荣耀。非常，不同寻常。赐颜色，赏面子，赐予荣光。此指礼遇，器重。

6. 摐（chuāng）金伐鼓：军中鸣金击鼓。摐，击打。金，行军时用来节制步伐的钲。

7. 榆关：山海关，为东北军事要地。

8. 旌旆（pèi）：军中各种旗帜。一作"旌旗"。

9. 逶迤：曲折行进貌。

10. 碣石：山名，在今河北昌黎县北。此借指东北沿海一带。

11. 校尉：武官名，官阶次于将军。这里泛指武将。

12. 羽书：羽檄，插有羽毛的紧急军事文书。

13. 瀚海：北海，在今内蒙古高原东北。亦作"翰海"，汉以后人多称沙漠为瀚海。

14. 单于：秦汉时匈奴君主的称号，这里泛指敌方首领。

15. 猎火：狩猎时所举之火。此借指游牧民族侵扰的战火。

16. 狼山：即狼居胥山。此处并非确指。

17. 极：穷尽。

18. 凭陵：逼压欺凌。凭借威力，侵凌别人。

19. 半死生：意思是半生半死，伤亡惨重。

20. "美人"句：将帅们还在帐中观看美人歌舞，不能身先士卒。帐下，指主帅营帐之中。

21. 穷秋：深秋。

22. 腓（féi）：病，枯萎。一作"衰"。《诗·小雅·四月》："秋日凄凄，百卉具腓。"

23. 斗兵：能战斗的士兵。

24. "身当"句：因为受到了皇帝的恩德礼遇，所以常常藐视敌人。恒，一作"常"。

25. 铁衣：铁甲战衣，这里借指将士。

26. 玉箸：玉制的筷子，古代常用来形容妇女双流的眼泪。

27. 城南：长安住宅区在城南，故云。

28. 蓟北：唐代蓟州（今天津市蓟州区）以北地区，泛指东北边地。

29. 边庭飘飖（yáo）：指形势动荡、险恶。一作"边风飘飘"。

30. 度：一作"越"。

31. 绝域：更遥远的边陲。

32. 茫：一作"黄"。

33. 更何有：更加荒凉不毛。一作"无所有"，一作"何所有"。

34. 三时：早晨、午间、傍晚，代表一整天。一说指春夏秋三季。时，一作"日"。

35. 阵云：战云。

36. 声：一作"风"。

37. 刁斗：古代军中用具，形状大小似斗，有柄，铜制。白天用来烧饭，晚上敲击巡逻。

38. 血：一作"雪"。

39. 死节：为国捐躯。节：气节，节操。

40. 岂顾勋：岂是为了个人的功勋。

41. 李将军：指汉将李广。李广善用兵，爱惜士卒，守右北平，匈奴畏之不敢南侵，称为飞将军。事见《史记·李将军列传》。

二 关山月 （唐）卢照邻

塞垣通碣石，亭障抵祁连。
相思在万里，明月正孤悬。
影移金岫北，光断玉门前。
寄书谢中妇，时看鸿雁天。

【作者小传】

卢照邻，字升之，号幽忧子，幽州范阳（今河北涿州）人，生卒年不可确考，约生于唐太宗贞观四年（630）。曾任益州新都尉。贫病交加，为风痹症所困，因不堪忍受病痛折磨，投颖水而死。为"初唐四杰"之一。长于七言歌行，格调较高，气势宏大，视野开阔。《行路难》《长安古意》为其名篇。有《幽忧子集》。

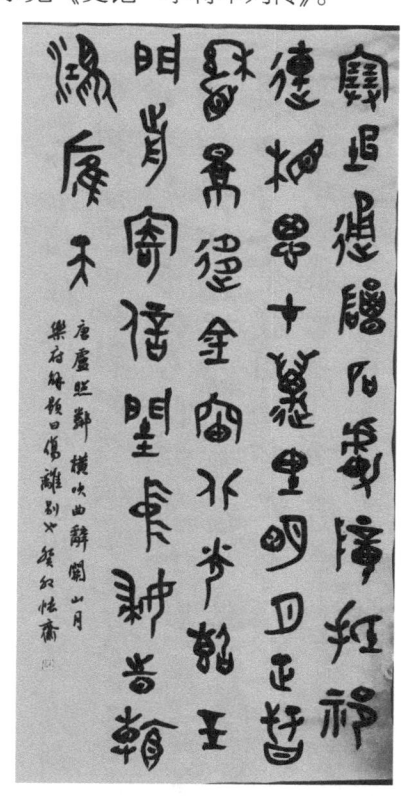

【注释】

1. 塞垣：指长城。

2. 碣石：山名，在河北昌黎西北。《尚书·禹贡》："导岍及岐……太行、恒山，至于碣石，入于海。"

3. 亭障：边境险要处戍守的堡寨。

4. 祁连：山名，汉称天山，为甘肃、青海二省的界山。亦称为白山、南山、雪山。

5. 金岫：金山，即今天的阿尔泰山。

6. 玉门：玉门关。在今甘肃敦煌西北。阳关在其东南，为古代通往西域的要道。

539

7. 谢：谢罪。

8. 中妇：妻子。

三　奉和圣制春日望海
（唐）杨师道

春山临渤海，征旅辍晨装。
回瞻卢龙塞，斜瞻肃慎乡。
洪波回地轴，孤屿映云光。
落日惊涛上，浮天骇浪长。
仙台隐螭驾，水府泛鼋梁。
碣石朝烟灭，之罘归雁翔。
北巡非汉后，东幸异秦皇。
搴旗羽林客，跋距少年场。
龙击驱辽水，鹏飞出带方。
将举青丘缴，安访白霓裳。

【作者小传】

杨师道（？—647），弘农华阴人，字景猷。善草隶，工诗。隋末自洛阳归唐，娶桂阳公主（唐高祖李渊之女），超拜吏部侍郎。太宗贞观十年（636），代魏征为侍中。性周慎谨密，未尝漏泄内事。贞观十三年（639），转中书令。后罢知机密，转吏部尚书。所署用多非其才，而深抑贵势及其亲党，以避嫌疑，然而舆论还是抨击他，用人不公，无识人之才。贞观十九年（645），唐太宗征讨高丽，杨师道随驾并摄中书令。战争结束后，有人说杨师道坏话，被贬为工部尚书，寻转太常卿。贞观二十一年（647），杨师道去世，赠吏部尚书、并州都督，陪葬昭陵，谥号懿。

【注释】

1. 卢龙塞：严耕望《唐代交通图考》："盖幽州以东迄于海滨

之长城塞，皆泛称为卢龙塞。"

2. 肃慎：中国古代东北民族，是现代满族的祖先。

3. 地轴：古代传说中大地的轴。

4. 螭（chī）驾：传说神仙所乘的螭龙驾的车。

5. 鼋（yuán）梁：《竹书纪年》："穆王三十七年，伐楚，大起九师，东至于九江，叱鼋鼍以为梁。"后因以"鼋梁"借指帝王的行驾。

6. 碣石：山名。在河北昌黎西北。秦始皇曾东巡至此，刻石观海。汉武帝亦曾到过碣石。

7. 之罘（fú）：山名，地在今山东烟台市北，三面环海，一径南通。秦始皇与汉武帝都曾游历至此，《汉书·武帝纪》：太始三年二月，"（武帝）幸琅邪，礼日成山。登之罘，浮大海"。唐太宗原诗《春日望海》有诗句："之罘思汉帝，碣石想秦皇。"

8. 搴（qiān）旗：拔取敌方旗帜。

9. 羽林：侍卫皇帝的禁军。

10. 跋距：腾跃，跳越。

11. 少年场：年轻人聚会的场所。《汉书·酷吏传·尹赏》："长安中歌之曰：'安所求子死？桓东少年场。生时谅不谨，枯骨后何葬？'"

12. 辽水：古河名。即今辽河。汉代称今辽河为大辽水，称今浑河为辽水。三国以后，称今辽河为辽水，浑河改称小辽水。唐代，大辽水、辽水均指今辽河，称今浑河为贵端水。

13. 带方：东汉建安时公孙康析乐浪郡南部置，属幽州。治所在带方县（今朝鲜黄海北道凤山土城内）。以带水得名。辖境相当今朝鲜黄海南北道、京畿道及江原道北部地。西晋建兴元年（313）侨治棘城（今辽宁义县西南）。北魏延和元年（432）废。

14. 青丘缴（jiǎo）：指为圣君除暴安民。典出《淮南子·本经训》："尧乃使羿诛凿齿于畴华之野，杀九婴于凶水之上，缴大风于青丘之泽。"高诱注："羿于青丘之泽缴，遮使不为害也。一曰以缴系矢射杀之。青丘，东方之泽名也。"

15. 白霓裳：白色的以霓所制的衣裳。指仙人所穿的服装。典出屈原《九歌·东君》："青云衣兮白霓裳，举长矢兮射天狼。"亦称为"霓裳羽衣"。

四　冬日见牧牛人担青草归
（唐）张说

塞上绵应折，江南草可结。
欲持梅岭花，远竞榆关雪。
日月无他照，山川何顿别。
苟齐两地心，天问将安说。

【作者小传】

张说（yuè）（667—731），字道济，一字说之，原籍范阳（今河北涿州市），世居河东（今山西永济），后徙洛阳。唐玄宗宰相，封燕国公。擅长文学，当时朝廷重要辞章多出其手，尤长于碑文墓志，与许国公苏颋齐名，并称"燕许大手笔"。

【注释】

1. 塞上：边境地区。亦泛指北方长城内外。《淮南子·人间训》："近塞上之人，有善术者，马无故亡而入胡。"

2. 绵应折：形容气候极寒。语出三国魏阮籍《大人先生传》："阳和微弱隆阴竭，海冻不流绵絮折，呼噏不通寒伤裂。"

3. 草可结：草长可结，喻指江南气候温暖。

4. 梅岭：即大庾岭。五岭之一。在江西、广东交界处。古时岭上多植梅，故名。

5. 榆关：山海关旧称榆关，本作"渝关"。

6. "山川"句：承上句而言，谓日月同时照耀塞上与江南，山川草木何以如此不同。

7. 天问：《楚辞》篇名。战国楚人屈原作。从上古神话、历史人物、自然现象等诸方面向"天"发出质问，共提出一百七十多个问题。全篇多为四字句，保存了大量古代神话传说，也体现出作者具有很强的探索未知精神以及质疑与反思精神。

五　从军行　（唐）王昌龄

大将军出战，白日暗榆关。
三面黄金甲，单于破胆还。

【作者小传】

王昌龄（694?—756?），字少伯，京兆万年（今陕西西安）人。开元十五年（727）举进士第，授秘书省校书郎。二十二年登博学宏词科，官汜水尉。后以事谪岭南，二十八年改江宁丞。天宝初，又贬龙标尉，故世称"王江宁""王龙标"。安史乱起，避乱江淮，为濠州刺史闾丘晓所杀。王昌龄为盛唐著名诗人，有"诗家天（一作'夫'）子"之称。其诗多边塞军旅、宫怨闺情之作，尤擅七绝，微婉多讽，清刚俊爽。唐殷璠编《河岳英灵集》选王昌龄诗多至十六篇，居诸家之首。

【注释】

1. 大将军：这里指卫青。《史记·卫将军骠骑列传》："至塞，天子使使者持大将军印，即军中拜车骑将军青为大将军，诸将皆以兵属大将军，大将军立号而归。"

2. 榆关：山海关旧称榆关，本作"渝关"。

3. 三面：从三面围堵敌人，即网开一面。比喻采取宽大态度，给人一条出路。《史记·殷本纪》："汤出，见野张网四面，祝曰：'自天下四方，皆入吾网。'汤曰：'嘻，尽之矣！'乃去其三面。"

4. 黄金甲：金黄色的铠甲，这里指身披金黄色铠甲的将士。

5. 单于：匈奴最高首领的称号。"单于"是广大之意。
6. 破胆：吓破了胆。形容惊怖之至。

六 疲兵篇 （唐）刘长卿

骄虏乘秋下蓟门，阴山日夕烟尘昏。

三军疲马力已尽，百战残兵功未论。

阵云泱漭屯塞北，羽书纷纷来不息。

孤城望处增断肠，折剑看时可沾臆。

元戎日夕且歌舞，不念关山久辛苦。

自矜倚剑气凌云，却笑闻笳泪如雨。

万里飘飖空此身，十年征战老胡尘。

赤心报国无片赏，白首还家有几人。

朔风萧萧动枯草，旌旗猎猎榆关道。

汉月何曾照客心，胡笳只解催人老。

军前仍欲破重围，闺里犹应愁未归。

小妇十年啼夜织，行人九月忆寒衣。

饮马滹河晚更清，行吹羌笛远归营。

只恨汉家多苦战，徒遗金镞满长城。

【作者小传】

刘长卿（约725—约790）唐代河间（今属河北）人，字文房。因长住洛阳，自称洛阳人。少读书嵩山。天宝进士。入仕后又因刚直犯上，负谤入狱，两遭谪贬，一生命途多舛。德宗初，任随州刺史，世称刘随州。诗作反映政治失意，也有描述社会战乱、人民疾苦之作。七律工秀，尤工五言，自称五言长城。与钱起齐名，并称"钱刘"。写景冲淡闲远，多冷漠寂寥情调，受王维、孟浩然影响较大。有《刘随州文集》。

【注释】

1. 骄虏：骄横的胡虏。

2. 蓟门：地名。在今河北省北平市德胜门外，旧时为边防要地，今则为燕京八景之一。或称为"蓟邱"。

3. 阴山：山脉名。即今横亘于内蒙古自治区南境、东北接连内兴安岭的阴山山脉。山间缺口自古为南北交通孔道。自汉武帝伐匈奴得此山后，为中国历代北方的屏蔽。

4. 三军：军队的通称。

5. 阵云：浓重厚积形似战阵的云。古人以为战争之兆。

6. 泱漭（yāngmǎng）：广大；浩瀚。

7. 羽书：犹羽檄。古代插有鸟羽的紧急军事文书。

8. 沾臆：谓泪水浸湿胸前。

9. 元戎：主将，元帅。

10. 飘飖：流落；飘泊。

11. 片赏：微薄的赏赐。

12. 猎猎：形容旗帜在风中飘动时所发出的声音。

13. 榆关：山海关旧称榆关，本作"渝关"。

14. 胡笳（jiā）：我国古代北方民族的一种乐器，类似笛子。

15. 小妇：年轻的少妇。

16. 啼夜织：夜里一边啼哭一边纺织。

17. 滹（hū）河：河流名。发源于山西省五台山北麓繁峙县泰戏山。流经山西省东部，入河北省，至天津会合北运河后入海。

18. 羌笛：乐器名。古时流行于塞外的一种笛子，长约四十公分，最初为四音孔，后改为五音孔，可独奏或伴奏。因源于少数民族羌族中，故称为"羌笛"。

19. 遗：余，留。

20. 金镞：金属制的箭头。

七 蓟北行二首 （唐）李希仲

其一
旄头有精芒，胡骑猎秋草。
羽檄南渡河，边庭用兵早。
汉家爱征战，宿将今已老。
辛苦羽林儿，从戎榆关道。

其二
一身救边速，烽火通蓟门。
前军飞鸟断，格斗尘沙昏。
寒日鼓声急，单于夜将奔。
当须徇忠义，身死报国恩。

【作者小传】

李希仲，唐赵郡人。玄宗天宝初任偃师令。累迁吏部员外郎。安史乱起，携家避地江淮。工诗，诗风华靡。高仲武《中兴间气集》选录其诗。

【注释】

1. 旄头：担任先驱的骑兵。

2. 精芒：精气光芒。

3. 胡骑：胡人的骑兵。亦泛指胡人军队。

4. 羽檄（xí）：古代军事文书，插鸟羽以示紧急，必须迅速传递。

5. 边庭：犹边地。

6. 宿将：久经战阵的将领。

7. 羽林儿：即羽林郎，古代禁卫军的名称。谓其如羽之疾，如林之多。

8. 从戎：参军，投身军旅。三国魏曹植《杂诗》之二："类此游客子，捐躯远从戎。"

蓟北行二首

其一

一身救邊速,烽火通蓟門。前軍飛鳥斷,格鬥塵沙昏。寒日鼓聲急,單于夜將奔。當須徇忠義,身死報國恩。

蓟北行二首其二也 子

其二

虜頭有精芒,胡騎獵秋草。羽檄南渡河,邊庭用兵早。漢家憂征戰,宿將今已老。辛苦羽林兒,從戎榆關道。

蓟北行二首其一也 子

9. 榆关：山海关旧称榆关，本作"渝关"。

10. 烽火：古时边防报警的烟火。喻指战争、战乱。

11. 格斗：搏斗。

12. 单（chán）于：匈奴最高首领的称号。单于，广大之意。

13. 徇：同"殉"。

八　塞上　（唐）高适

东出卢龙塞，浩然客思孤。
亭堠列万里，汉兵犹备胡。
边尘满北溟，虏骑正南驱。
转斗岂长策，和亲非远图。
惟昔李将军，按节临此都。
总戎扫大漠，一战擒单于。
常怀感激心，愿效纵横谟。
倚剑欲谁语，关河空郁纡。

【作者小传】

见本文1燕歌行。

【注释】

1. 卢龙塞：在今河北迁西县北喜峰口一带。古有塞道，自今天津蓟北东北经遵化市，循滦河河谷出塞，折东趋大凌河流域，为河北平原通向东北的交通要道。严耕望《唐代交通图考》："盖幽州以东迄于海滨之长城塞，皆泛称为卢龙塞。"

2. 浩然：广阔盛大的样子。《孟子》："予然后浩然有归志。"赵岐注："心浩浩有远志也。"

3. 亭堠（hòu）：古代边境用来侦察、瞭望敌情的岗亭。《后汉书·光武帝纪》："筑亭候，修烽燧。"

4. 边尘：边野之地的风尘。比喻战事。

5. 北溟：北方的大海。《庄子·逍遥游》："北冥有鱼，其名为鲲。"

6. 转斗：转战。《史记·淮阴侯列传》："楚人起彭城，转斗逐北，至于荥阳，乘利席卷，威震天下。"

7. 长策：良策、长计。

8. 和亲：敌对双方为求和平而联婚交谊。

9. 远图：深远的谋划。

10. 李将军：这里指汉代李广。《史记·李将军列传》："于是天子乃召拜广为右北平太守……广居右北平，匈奴闻之，号曰'汉之飞将军'，避之数岁，不敢入右北平。"

11. 按节：停挥马鞭。表示徐行或停留。

12. 总戎：统管军事，统率军队。

13. 纵横谟（mó）：纵横捭阖的谋略。谟，计谋，策略。

14. 郁纡（yū）：盘曲迂回貌。这里既写关河郁曲之势，又写忧思萦绕之愁思。

九 塞下曲·其六 （唐）戎昱

北风凋白草，胡马日骎骎。
夜后戍楼月，秋来边将心。
铁衣霜露重，战马岁年深。
自有卢龙塞，烟尘飞至今。

【作者小传】

戎昱，生卒年不详，荆南

秦皇岛地域文化专栏

(今湖北江陵)人。曾佐颜真卿幕，卫伯玉镇荆南，辟为从事。大历中，入湖南崔瓘幕，后又佐桂管李昌巙幕。建中中，返长安，供职御史台。次年贬为辰州刺史，后又官虔州刺史，其晚年事迹不可详考，大约贞元十四年前后可能担任永州刺史。流寓于桂州而终。原有《戎昱集》五卷，已佚。《全唐诗》存诗一卷。戎昱的诗歌创作，对社会现实生活有深刻反映。严羽在《沧浪诗话》中称："戎昱在盛唐为最下，已滥觞晚唐矣。戎昱之诗有绝似晚唐者。"

【注释】

1. 胡马：指胡人的军队。

2. 骎（qīn）骎：马疾速奔驰貌。

3. 戍楼：瞭望台，守边军士用来远望的高楼。

4. 边将：防守边疆的将帅。

5. 铁衣：铁片所制成的战衣。《木兰诗》："朔气传金柝，寒光照铁衣。"

6. 卢龙塞：在今河北迁西县北喜峰口一带。古有塞道，自今天津市蓟州区东北经遵化市，循滦河河谷出塞，折东趋大凌河流域，为河北平原通向东北的交通要道。严耕望《唐代交通图考》："盖幽州以东迄于海滨之长城塞，皆泛称为卢龙塞。"

7. 烟尘：烟雾与尘埃。比喻战争。

十　卢龙塞行送韦掌记二首·其一　（唐）钱起

雨雪纷纷黑山外，行人共指卢龙塞。
万里飞沙咽鼓鼙，三军杀气凝旌旆。
陈琳书记本翩翩，料敌张兵夺酒泉。
圣主好文兼好武，封侯莫比汉皇年。

【作者简介】

钱起，字仲文，吴兴人，约生于开元中，天宝九载（750）登进士第，释褐为秘书省校书郎，曾为蓝田县尉，后入朝任郎官之职，约卒于建中年间。钱起诗歌以含蓄空灵、韵味悠长见佳。曾任考功郎中，故世称"钱考功"。

【注释】

1. 卢龙塞：在今河北迁西县北喜峰口一带。古有塞道，自今天津市蓟州区东北经遵化市，循滦河河谷出塞，折东趋大凌河流域，为河北平原通向东北的交通要道。严耕望《唐代交通图考》："盖幽州以东迄于海滨之长城塞，皆泛称为卢龙塞。"

2. 韦掌记：姓韦的掌记。掌记，唐代官名，观察使或节度使的属官掌书记的省称。

3. 黑山：即杀虎山，蒙古语为阿巴汉喀喇山，在今内蒙古自治区呼和浩特市东南。黑山具体所指说法甚伙，一般用以指代边塞。

4. 鼓鼙（pí）：大鼓和小鼓。古代军中用来发号进攻。借指军事。

5. 旌旆：旗帜。

6. 陈琳（？—217）：东汉文学家。字孔璋，广陵（治今江苏扬州）人。"建安七子"之一。初从袁绍，任掌书记，为袁作檄文斥责曹操。后归附曹操，任司空军谋祭酒、丞相门下督。诗以《饮马长城窟行》为代表作。明人辑有《陈记室集》。

7. 翩翩：形容风度或文采的优美。

8. 酒泉：在甘肃省河西走廊西部，东临弱水，北跨长城，南阻祁连，西倚嘉峪，自古为通西域的孔道。

9. 圣主：这里指唐玄宗李隆基。《新唐书·玄宗纪》载：玄宗天宝年间，屡启边衅，所谓"大攘四夷"，即诗中所谓"好武"。

10. 汉皇：汉武帝刘彻。

书　　评

评王贞平《多极亚洲中的唐朝》

刘艳聪*

(陕西师范大学)

有唐一代，周边政权盛衰并不稳定，"唐兴，蛮夷更盛衰，尝与中国亢衡者有四：突厥、吐蕃、回鹘、云南是也"①。在此基础上，陈寅恪（1890—1969）先生提出的"外族盛衰之连环性及外患与内政之关系"，进一步奠定了研究唐代对外关系史的基调；此后，在大量个案所揭示历史事实的基础上，学界曾提出过一些统摄性的概念，推进了某些经典论题，但是尚未提出能够涵盖整个唐朝外交格局的概说。②

不过，近年出版的新加坡南洋理工大学教授王贞平（Wang Zhenping）《多级亚洲中的唐朝》（*Tang China in Multi-Polar Asia: A History of Diplomacy and War*）③一书大约可以胜任。该书广征博引，既能对具体的细节做缜密的考证与追踪，又能立足于唐朝对外关系演变的宏大角度。在作者所提出的"多极"格局概念下，该

---

* 刘艳聪，陕西师范大学历史文化学院 2021 级硕士研究生。

① （宋）欧阳修等：《新唐书》卷二一五上《突厥上》，中华书局 1975 年版，第 6023 页。

② 二十世纪的唐代民族史研究重心集中在唐太宗的民族政策、唐代的和亲政策、羁縻政策、胡化与华化、唐与各民族的矛盾与冲突等话题上。参见胡戟等主编《二十世纪唐研究》，中国社会科学出版社 2002 年版；还可以参看张国刚《二十世纪隋唐五代史研究的回顾与展望》，《历史研究》2001 年第 2 期；刘后滨《改革开放四十年来的隋唐五代史研究》，《中国史研究动态》2018 年第 1 期。

③ 王贞平著，贾永会译：《多极亚洲中的唐朝》，上海文化出版社 2020 年版。

书　　评

书具体揭示了唐朝与周边政权的军事外交。作者认为，唐朝采取"实用多元主义"的战略视野来应付复杂的对外关系。

在王著英文版①出版后，迄今共有四篇英文书评。其中，斯加夫（Jonathan Karam Skaff）、谢慧贤（Jennifer W. Jay）两篇书评主要就文章结构、内容进行了介绍，并认为王著的主要贡献之一，是以"多极"概念（即周边政权与唐相互竞争，并且关系不断变化）分析唐朝的对外关系。② 另外两篇在主要内容之外提出了一些缺点，德鲁普（Michael R. Drompp）认为王著以"唐朝"为名，但讨论主要集中在唐朝前期，甚至未涉及武则天统治时期，之后提出了一些翻译问题。③ 史怀梅（Naomi Standen）则就部分概念例如"assimilation"和"disorderly mobility"是否能够符合唐朝时期的对外关系进行了分析。④ 但关于"多极"格局、双重管理体系等问题，尚有可发覆的余地。

一　基本内容

全书包括《导论》《结论》和六章正文。《导论》中，作者先简明扼要指出本书以"多极"作为研究唐朝对外关系的分析工具，"多极"指数个国家为增强各自实力而相互竞争的国际环境。作者认为，唐朝时期的亚洲处于多个政权相互竞争的"多极"世界，

---

① Wang zhenping, *Tang China in Multi-Polar Asia: A History of Diplimay and War*, Honolulu: University of Hawaii Press, 2013.

② Jonathan Karam Skaff, "Tang China in Multi-Polar Asia: A History of Diplomacy and War by Wang Zhenping", *The Journal of Asian Studies*, August 2014, Vol. 73, No. 3, pp. 799 – 801; Jennifer W. Jay, "Tang China in Multi-Polar Asia: A History of Diplomacy and War by Zhenping Wang", *China Review International*, 2014, Vol. 21, pp. 302 – 304。

③ Michael R. Drompp, "Reviewed Work: tang china in multi-polar asia: A history of Diplomacy and war by Wang Zhenping", *T'oung Pao*, 2015, Vol. 101, pp. 253 – 258.

④ Naomi Standen, "Reviewed Work: tang china in multi-polar asia: A history of Diplomacy and war. (The World of East Asia) by Zhenping Wang", *The American Historical Review*, December 2014, Vol. 119, No. 5, pp. 1671 – 1672.

并且唐朝与其他政权的君臣关系基本上名大于实。（第1页）作者进一步强调，唐朝经常借助软实力暨非暴力手段（例如完备的官僚制度）处理对外事务。当然，唐朝的四邻虽然推崇其软实力，却未必在政治上服从唐朝。（第4页）但作者也指出，武力并不能解决一切问题，唐朝对外政策的指导思想是实用多元主义，即以理想主义为表，以务实主义为里，是道德原则和实用主义的结合。（第8—9页）

在正文前四章，作者从东南西北四个方向（北：突厥、回纥；东：高句丽、新罗、百济、渤海国；西：吐蕃；南：南诏），按时间顺序分析了唐与周边政权的关系变化。在第一章《与骑马民族共舞：唐、突厥和回鹘》中，作者通过揭示唐与北方游牧政权的关系史表明，亚洲的地缘政权格局总是在不断构建和重构之中，它从来都不是唐或其他某个政权按照自己意愿塑造的产物。（第60页）在第二章《在朝鲜半岛再造往日的辉煌：唐与高句丽、新罗、百济、渤海国》中，作者提到，唐与朝鲜半岛各政权及渤海国的关系，是亚洲复杂、多极本质的最佳例证，各政权统治者是东北亚政治的积极参与者。在第三章《后院养虎：唐与南诏》中，作者通过揭示唐与南诏的关系史表明，唐与南诏的多边关系是在多极地缘政治环境中发展起来的。在借助唐的力量统一后，南诏统治者并没有长期保持亲唐立场。在第四章《角逐西域，争夺高原：唐与吐蕃》中，作者以唐与吐蕃的关系史生动展示了古代亚洲的多极本质。吐蕃一直认为自己与唐是对等关系，吐蕃积极向外扩张，挑战唐朝对西域的统治，逐渐取代唐成为当地最强大的势力。（第200—201页）

依次叙述完四个方向的对外关系后，该书第五章《二马拉车：唐代对外关系的双重管理体系》主要论述了唐朝中央官员（主要为鸿胪寺官员、边境文武官员、出访使者）与地方官员都重视域外情报的搜集，并且在此基础上制定政策，但搜集的信息质量参差不齐，因此辨别信息的真伪永远是极具挑战性的工作。（第214

书　评

页）在第六章《在变化的世界中制定合宜的政策：唐代外交和对外政策思想》，作者认为西周至隋唐，中央政府采取"实用多元主义"的指导思想，根据周边局势的变化不断调整政策，但始终无法把握政策的合宜性，即没有一种方法可以一劳永逸地解决纠纷。（第310页）

该书《结论》是对全书内容的提炼与升华。唐代史官与儒士为了彰显唐的中心地位，将亚洲国际关系描述成一个以唐为中心的单极世界，构建了朝贡体系（第313页）。唐朝的软实力的确受到其他国家的欢迎，但真实的亚洲是唐与其他政权相互竞争的"多极"世界。一直以来，亚洲国家、政权对"唐朝中心论"采取的是暧昧态度，因此唐朝需要运用多种合宜的政策来处理亚洲的各类关系。（第315、316页）

二　"多极"亚洲与唐朝的双重管理体系

王贞平提出唐朝时期的"多极亚洲"，其实并不偶然。在他之前，已经有学者从"多极"角度分析唐朝与邻近国家的政治关系。陆威仪（Mark Edward Lewis）认为，吐蕃、新罗、日本、南诏等虽然效仿唐朝统治方式，但并不受唐朝控制。[①] 斯加夫（Jonathan Karam Skaff）通过研究唐朝与突厥—蒙古系游牧国家的战争、文化等之间的关系，认为唐朝与其邻国关系处在复杂的变化之中，并非一直占据优势，经常发生利益冲突。[②] 王著则进一步提出"多极"

[①] Mark Edward Lewis, *China's Cosmopolitan Empire: The Tang Dynasty*, Cambridge, MA: Harvard University Press, 2009, p. 146. 此书已有中译本，参见陆威仪著，张晓东、冯世明译《世界性的帝国：唐朝》，中信出版社2016年版。

[②] Jonathan Karam Skaff, *Sui-Tang China and its Turko-Mongol Neighbors: Culture, Power, and Connections, 580–800*, Oxford University Press, 2012. 关于此书的介绍，参见 Zhenping Wang, "Sui-Tang China and Its Turko-Mongol Neighbors: Culture, Power, and Connections, 580-800 by Jonathan Karam Skaff", *American Historical Review*, Oct 2013, Vol. 118 Issue 4, pp. 1157–1158.

概念，即存在数个国家为增强各自实力而相互竞争的国际环境，没有一个国家能够独霸天下。唐朝与突厥、回鹘等邻国的对外关系跌宕起伏，因此"多极"是观察唐代对外政策的重要视角。（第1页）若从作者的学术历程来看，"多极"世界的概念在其三部论著（《汉唐中日关系论》[①]、《唐代宾礼研究》[②]、《多极亚洲中的唐朝》）中一脉相承。

表1　　　　　　　　　王贞平"多极"概念演变表

	《汉唐中日关系论》	《唐代宾礼研究：亚洲视域中的外交信息传递》	《多极亚洲中的唐朝》
出版时间	1997	2017（中译本）	2020（中译本）
研究对象	汉至唐时期的中日关系	唐朝接待周边政权君长与使者的礼仪	唐与周边政权的军事与外交关系
研究路径	以"互利"概念分析中日关系	根据唐与来访使者的互动分析唐朝宾礼	分析不同时期唐与周边政权的关系
结论	能否"互利"是维持中日关系的重要因素；中日关系与双方的国力密切相关	唐朝宾礼的"政治化"内涵与"去政治化"；亚洲各国皆存在"权力中心论"；唐朝采用"实用多元主义"的对外策略	唐朝时期的亚洲处于相互竞争的"多极"格局，因此唐朝实行"合宜"的对外政策

首先，作者早已指出，汉唐时期的中日关系不断演变，日本并非服从中国构建的"权力中心论"，作者承认日本是除中国之外的一极。随后，作者在研究唐代宾礼时，进一步注意到整个亚洲的

[①] 王贞平：《汉唐中日关系论》，文津出版社1997年版。相关书评参考王双怀《评〈汉唐中日关系论〉》，《中国史研究动态》2001年第1期。

[②] 王贞平：《唐代宾礼研究：亚洲视域中的外交信息传递》，中西书局2017年版。相关书评参考屈蓉蓉《王贞平〈唐代宾礼研究〉》，《中国史研究动态》2018年第5期；李鸿宾：《礼典规约下多重视角的互动——王贞平教授〈唐代宾礼研究〉书后》，《国学学刊》2019年第2期；李效杰、王永平：《唐代宾礼与亚洲格局——读〈唐代宾礼研究：亚洲视域中的外交信息传递〉》，杜文玉主编《唐史论丛》第三十一辑，三秦出版社2020年版；尹承：《王贞平〈唐代宾礼研究：亚洲视域中的外交信息传递〉》，包伟民、刘后滨主编《唐宋历史评论》第九辑，社会科学文献出版社2022年版。

书　评

"多极格局"及唐朝的"实用多元主义"策略。最后,在《多极亚洲中的唐朝》中,作者继续从整体入手,以"多极"概念分析唐与周边国家的军事外交。从中可以看出作者的研究对象是逐渐扩大、递进的过程。

"多极"格局使唐朝试图构建的"唐朝中心论"呈现政治象征与实际运作分离的特点。唐朝文人以理想化的"朝贡"世界描述四邻与唐的交往①,事实上,亚洲国家、政权对"唐朝中心论"采取暧昧态度:他们常在遭受危机时接受唐的册封;但发生利益冲突时,他们不会对唐廷言听计从。(第313—315页)此外,周边政权统治者的变化也是造成唐朝对外关系变化的因素。(第164—165页)

在"多级"格局下,唐朝不仅要随时调整与周边政权的关系,还需要设置中央与地方的双重管理体系。学界已经关注到唐代对外关系的双重管理体系(中央与地方官员的作用)。潘以红(Pan Yihong)认为,唐朝的对外政策具有实用性,唐朝中央、地方官员出于制定对外政策的需要和对异域的好奇,尽力搜寻域外信息。② 刘俊文也提到,当其他政权希望与唐联系时,通常派使者与唐朝州一级官员联系,官员负责将其意见上奏朝廷。③ 在斯加夫(Jonathan Karam Skaff)看来,唐代地方官员在制定边疆政策中发挥了重要作用。④ 在以上研究基础上,王贞平不仅通过个案展示了双重管理体

---

① 四邻承认唐的宗主国地位,唐廷向他们提供军事庇护、政治承认等好处,但"朝贡"说忽略了四邻与唐往来的真正意图。

② Pan Yihong, *Son of Heaven and Heavenly Qaghan: Sui-Tang China and Its Neighbors*, Washington: Western Washington University Press, 1997年。有关此书的介绍,参Andrew Eisenberg, "Reviewed work: Son of Heaven and Heavenly Qaghan: Sui-Tang China and Its Neighbors by Pan Yihong", *T'oung Pao*, 1999, Second Series, Vol. 85, pp. 470 – 475。

③ 刘俊文:《敦煌吐鲁番唐代法制文书考释》,中华书局1989年版,第278页。有关中央与地方之间的信息沟通,还可以参考谢元鲁《唐代中央政权决策研究》(增订本),北京师范大学出版社2020年版。

④ Jonathan Karam Skaff, *Tang Military Culuture and its Inner Asian Influence*, Boston: Harvard University Press, 2009年。

系的运作过程,还对唐代中央与地方官员在对外关系中所发挥的影响进行了总结。在个案方面,作者通过嗢没斯案例,展示了具体运作过程,即地方将意见上报中央后,唐廷决策有四大环节:百官众议、与皇帝的非正式会面、宰相召开的会议以及与皇帝密谈。(第222—224页)在总结方面,作者认为,唐代地方官员既要核实来使的身份,向朝廷通报,又要管理邻近部落与地方民众的交往。(第226页)地方官员为了建立军功以获得赏赐,在上书中往往夸大其词。(第214页)这也反映了唐廷与边吏、边将之间存在着利益冲突,部分边帅"贪夷狄之利",甚至主动挑起战争。(第233—235页)

三 余论

在揭示王著贡献之余,笔者也对一些内容存有疑问,望能借此机会向作者和读者请教。

例如,王著称:"唐朝君臣在审视对外关系时,试图跨越文化隔阂,不带道德偏见地看待事实。"(第9页)杜如晦曾向唐太宗进言:"夷狄无信,其来自久。"[1] 这就反映了道德偏见。因此,应该将唐朝君臣对周边政权的道德偏见与实际执行政策区分开来(第8—9页)。作者认为唐蕃"以外交往来为主"(第163页),实际上,唐蕃关系史上,频繁的斗争是主题。[2] 作者在第五章中认为:"唐廷与边将在处理对外事务上的利益冲突,根源在于唐廷对地方的控制不力。"(第240页)其实,张光晟事件与"唐廷对地不利控制"无关,主要因为张光晟十分厌恶回鹘使者索取无度。(第239—240页)

---

[1] (后晋)刘昫等:《旧唐书》卷一九四《突厥传》,中华书局1975年版,第5161页。
[2] 马大正:《公元650—820年的唐蕃关系》,《民族研究》1989年第6期。

如同之前的学说①，"多极"概念亦有局限性。"极"表示力量中心，一般是指全球性大国或有某方面影响的全球性大国②，南诏、新罗等国明显不具有如此大的影响。作者以现代的"多极"概念分析唐代的对外关系，难免有生搬硬套之嫌。

不过瑕不掩瑜。本书篇幅庞大，体系完备，作者从宏观上提出"多极"概念分析唐朝的对外关系，结合实例阐述了唐朝的双重管理体系与"合宜"的政策。不论从具体事实的挖掘，还是从研究路径的独特性来说，王贞平教授的《多极亚洲中的唐朝》将会使学界重新审视唐代的对外关系。

---

① 孙卫国：《从"同心圆"论到"两极模式"论——美国中国学界有关中国古代朝贡制度的学说》，《学术月刊》2013 年第 8 期。
② 崔立如：《多极格局与中美关系的新平衡》，《国际关系研究》2017 年第 4 期。

王云飞《书圣之玄：王羲之玄学思想和背景》评介

刘立士[*]

（湖北大学）

王云飞新著《书圣之玄：王羲之玄学思想和背景》近期由北京大学出版社出版，该著作主要是她跟随欧阳中石先生与叶培贵先生攻读博士后的成果，加之近年不断思考而成。

郭象和嵇康是魏晋玄学的代表人物，《书圣之玄：王羲之玄学思想和背景》以郭象和嵇康为切入点，分析了王羲之的玄学思想和背景，是尝试从玄学角度研究王羲之的重要突破。

全书分为上下两篇，上篇以郭象为中心论王羲之玄学思想和背景，分别论述了王羲之隐逸思想和背景、王羲之"画乃吾自画，书乃吾自书"理论、王羲之《兰亭诗》、王羲之政论思想、王羲之生死观；下篇是王羲之和嵇康的比较研究，围绕道教和养生、艺术、《老子》和自然、隐逸、个性五个方面对王羲之和嵇康进行了比较。可看出本著作并非是对王羲之书法技法的解析，也不是对王羲之书法思想的集中阐释，而是以比较方式与宏观背景对王羲之思想观念不同方面的深入挖掘。

该著作主要观点有如下几点：将王羲之书法看作是玄学"自然"的艺术化表达；对于《兰亭序》真伪的讨论，该著作虽未直

---

[*] 刘立士，湖北大学艺术学院副教授。

接提出结论，但对以往的一些论断提出了有意义的辩驳；对王羲之儒、道、释多元的思想观念做了分析；对于王羲之的归隐思想，该著作提出王羲之于父母墓前作自誓文后，远离庙堂、辞世归隐，他由出转隐的经历有玄学兴盛的现实和理论两方面背景；对王羲之的政治才能和思想则认为其政论中的一些主张与郭象有直接关系；对王羲之与嵇康的养生、艺术思想、个性等方面做了对比。

该著作在内容上最显著的特点是以郭象和嵇康二人为参照论述王羲之的玄学思想和背景。自然世界的价值从先秦到魏晋有着明显的阶段性，《老子》中自然万物的本质和规律具有明显的神秘性，董仲舒"天人感应"学说则把自然现象的根源归结为人类社会的某些行为，而魏晋玄学则确立了自然世界的独立价值和意义，其中重要代表思想家便是郭象和嵇康。嵇康的"声无哀乐论"、郭象的"自生论"等观念看似与王羲之书法观并无直接关联，而实际是其艺术观念产生的深层基础。本书通过分析郭象与王羲之的生存年代、社会关系、理论内涵、郭象的影响等方面，阐述了郭象对王羲之理论影响的可能性。没有哲学理论的介入和关联的建立，对王羲之艺术独创性的理解便只能停留在表面。

该著作另一显著特点在于其强大的阐释力。哲学介入艺术研究与史学的不同之处在于其阐释功能，阐释得当与否、深刻与否直接决定研究的成败。西方艺术哲学家往往能以某一范畴或观念为核心，逐层分解或分析，将问题展开或细化，体现出强大的理性能力，这也是艺术哲学的看家本领，本著作各章节对此有很好体现。如，本书指出王羲之"任所遇"的思想和郭象因循思想一致。不仅如此，为了更好地阐释这一范畴，还追溯至庄子的"逍遥"观念，对比了二者的观念差异。通过一两个范畴，我们便能深入了解王羲之的艺术观及其渊源。如何建立这种范畴间的关联，一方面需要学术的敏感性，另一方面需要扎实的哲学基础。在完成本著作之前，作者已经完成了郭象《庄子注》、魏晋玄学对《论语》学的影响等方面的系统研究，如果没有这方面的学术积累，就不会建立这种关联，也就不会有如此深入的阐释力。

王羲之是中国书法史上的"书圣"，其书作被东晋以来的历代书法研习者奉为圭臬，其家世、生平、作品、技法、真伪、观念等方面也是历代研究的焦点。当代学者王玉池、刘涛、祁小春、梁少膺等更是倾注极大精力，以王羲之为专门研究对象，取得了丰硕的研究成果。如何在众多的研究基础上将王羲之研究向前推进一步，本身就是重大挑战！从两汉到魏晋，中国的哲学思想发生了从两汉宇宙论到魏晋玄学本体论的重大转向，又经历了佛教的传入和道教的产生，玄学与宗教无疑是研究王羲之思想观念不可绕过的两个方向。然而，就现有的研究成果来看，学界对王羲之五斗米道教和玄学思想的双重背景虽有了一定研究，但关注度和成果数量远远不够，尤其是王羲之的玄学观念至今尚无专深挖掘。没有王羲之与玄学的关系研究，就不能深入了解其思想背景。从哲学角度研究王羲之既能改善当下书学研究领域史学一家独大的现状，丰富书学研究成果，又能为哲学研究领域增加新的、重要的个案，其价值和意义自不待言。

尽管该著作借用对比的手法，吸取了大量哲学成果，对王羲之的思想观念研究做了一定的推进，但王羲之研究是个巨大工程，仍有很多方向需要深入，很多问题有待解决。作者也曾坦言，王羲之很多尺牍内容晦涩难懂，一手资料的"难啃"极大地阻碍了对王羲之思想观念的全面和深入研究，期待作者在这一方向有更多成果。

穆崟臣《政以养民：十八世纪社仓积贮研究》评介[*]

刘 楠 王秀峰[**]

(广西民族大学；渤海大学)

社仓是中国古代民间设立的一种仓储制度，通过地方富户捐输粮谷实现储粮备荒的社会功效。因此，社仓对维护国家安全、稳定社会秩序起到了至关重要的作用。清代社仓在18世纪人口激增社会背景下，对国家经济生活极具重要意义。学界对清代社仓研究已取得了一定成果，主要从政治制度史、区域社会史等不同角度予以考察，推动了清代社仓研究的发展和深入。但因研究者关注视角、研究方法有所不同，尚有需要深入解决的问题。比如，清代社仓的运行机制、社仓与基层社会的管理、社仓与宗族士绅的关系等问题还有很大的探究空间。穆崟臣教授新著《政以养民：十八世纪社仓积贮研究》于2022年1月由黑龙江人民出版社出版，本书是作者继《制度、粮价与决策：清代山东"雨雪粮价"研究》(吉林大学出版社2012年版)之后有关清代经济史的又一力作，作者从收集资料到撰成文稿，苦心孤诣，历经十余载完成。全书总计25万字，除绪论与余论外，由《社仓制度的源流与传承》《十八世纪社仓积贮政略的演进》《社仓制度的运作机制》《社仓积储的功能与

---

[*] 辽宁省社会科学基金青年项目（L22CMZ002）

[**] 刘楠，广西民族大学民族学博士后，渤海大学讲师；王秀峰，广西民族大学民族学博士后，渤海大学讲师。

穆崟臣《政以养民：十八世纪社仓积贮研究》评介

成效》四章组成，另含一篇名为《清代社仓规约辑录》的附录。作者将制度史与社会经济史结合，从国家政略层面入手，深入考察了18世纪清代社仓制度的时代特征、发展脉络、运作机制、经济与社会功能，阐释了古代国家在社会经济事务中的角色和作用，以此来透视清廷的政府行为与国家政治文化。以下首先介绍各章要旨，并就其突出特点加以评介。

绪论部分，作者开宗明义指出本选题的研究意义，回顾了自20世纪二三十年代以来的社仓研究。作者指出，社仓研究具有学术与现实双重意义。社仓在清代迎来了大发展时期，统治者积极推广社仓建设，力图解决人口增长导致的民食问题，使其在运行机制和经营绩效方面都达到了前所未有的高度。通过对清代社仓的研究，可以反思古代国家在社会经济生活中的作用，同时也能为当今的粮食储备制度、社会保障制度等提供诸多有益的思考视角和宝贵经验。作者在梳理前辈学者有关社仓研究时发现，社仓制度研究最初是从仓储的整体面貌出发进行考察的，相关论著呈现篇幅短、论述笼统且多以制度史角度考察的特点。改革开放以来，社仓制度研究逐步发展、深化，最显著的特点是学者们关注焦点各异、论证视角新颖，多以政治制度史、区域社会史的视角切入，有关清代社仓研究尚存很大的探究空间。

第一章《社仓制度的源流与传承》，作者回顾了清以前社仓制度的形成、发展过程。作者首先指出，社仓制度的肇始与历代统治者重视储粮备荒的思想观念密不可分。接下来通过对"社"多重历史内涵的阐释及"仓""廪"等储粮场所的区分，对其所要探讨的"社""仓"加以界定。书中社仓之"社"是指古代乡村基层行政地理单位；"仓""廪""囷"等词汇作为专门储粮场所具体使用时，对则小区，散则义通。作者认为，社仓在初兴阶段是与义仓为混同相通的概念，在仓储来源、仓址选择等方面具有民间自救性仓储的性质。社仓制在南宋大儒朱熹的倡导下真正得以推广，取得较好的社会效果。作者强调，朱子社仓法实际上是朱熹在深刻反

567

书　评

思常平仓、义仓的仓政弊端以及继承前代仓储制度中合理因素的基础上提出的，同时反映出以朱熹为代表的道学家们实施社会政治理想的诉求。最后，作者通过论述明朝张朝瑞《社仓议》、王道亨《修举社仓事宜》等有关社仓的议论，为读者展现了明代后期社仓经营的大略发展。

第二章《十八世纪社仓积贮政略的演进》是本书探讨的核心内容，作者爬梳大量史料，详细阐述了顺治、康熙、雍正、乾隆四朝社仓政略的演进过程。作者认为，顺治、康熙年间社仓建设主要在畿辅地区部分府县试点，并未推行全国，尚处于社仓积贮政略的建构期。雍正一朝社仓积贮政策目标明确，力争践行朱子社仓便民之法，社仓运营、仓政管理都由百姓自主，体现了社仓运作的民间主体性，各省社仓建设取得了显著成效。乾隆朝社仓政策伴随社仓册籍之争、朱子《社仓事目》论争逐渐趋于完备，社仓建设已覆盖全国各直省，社仓积谷数量十分可观。作者同时指出，社仓建设在取得成效的同时，也不可避免地出现了诸多弊端，乾隆中后期社仓运营已显疲态。此外，作者对社仓、常平仓、义仓三者的关联、社仓与青苗法的异同也提出自己的观点。

第三章《社仓制度的运作机制》，旨在考察清代社仓制度的运作机制。作者认为，社仓是否能发挥备荒安民的社会效用取决于社仓运作机制的详备。作者着眼于社谷来源、社长选任与权责、社谷收支制度三大方面，发现18世纪社仓筹谷方式多途并举、呈现多样化特点，具有明显的地区差异性，并且采取与义民旌表制度、官员劝捐与考课制度关联等相结合的方式筹度。社长选任多为家资殷实、有德有行的良民，或是掌握基层社会权力的地方士绅。社谷的出借、纳还都有相应制度，但并没有放之四海而皆准的通则，具有鲜明的地域差异性。社仓稽查制度从制度层面上条规制定已十分完备，但由于各地督抚官吏对此理解不一，在执行过程中往往出现偏差。

第四章《社仓积储的功能与成效》和《余论》，作者旨在探讨

穆崟臣《政以养民：十八世纪社仓积贮研究》评介

社仓的功能及 18 世纪社仓制度的发展特点。作者从社会、经济两个方面阐述社仓功能，认为社仓不仅发挥着保证农业生产、营造良好商贸环境和稳定粮价的经济功能，又因其半官半民的性质发挥着救济灾荒、控制基层社会、为地方公共事业提供经费的社会功能。在基层社会的管理与控制一节中，作者通过梳理义民旌表的旌格演变具体阐释了义民旌表制度对社谷捐输的促进作用。《余论》中，作者在总结 18 世纪社仓制度发展特点的基础上，最终强调这一时期清朝在社仓积贮中起着不可替代的作用，在国家能力与作用方面与近代早期欧洲国家相当，并非如以往学界所言之明清国家在社会经济生活中未能起到积极作用。社仓制度的运作展示了国家政策与行为的作用，作者提示治史者跳出"虚妄史观"的窠臼，对中国传统社会及国家的作用作出积极评价。

综上所述，全书结构谨严，各章内容环环相扣，作者采取将国家制度与典型人物、事件相结合方式展开论述，为读者展现了一幅 18 世纪社仓积贮政策的演进历程及政策实践的动态图景，在解析社仓运营中国家的导向作用、各地社仓建设差异性等内容方面皆有独到见解，是一部高水平著作。以下就本书的突出特点加以归纳评述。

首先，充分发掘新史料，大量运用清代档案及地方史志材料。清代档案浩如烟海，是研究清史的宝贵材料。中国第一历史档案馆收藏了大量清代社仓档案，是研究清代社仓的第一手资料，对于清代仓储研究具有较高的史料价值，但长久以来并未得到学界足够重视，没有得到很好的利用，令人十分遗憾。作者在收集博士论文《制度、粮价与决策：清代山东"雨雪粮价"研究》史料过程中发现一批关于 18 世纪社仓运营的档案文献，于是将其抄录作为本书的重要史料来源。除抄录的档案文献外，作者还运用了《康熙朝汉文朱批奏折汇编》《康熙朝满文朱批奏折全译》《雍正朝汉文朱批奏折汇编》《雍正朝满文朱批奏折全译》《宫中档乾隆朝奏折》等已出版的档案史料。此外，作者在考察地方社仓建设时，还大量引用了地方史志材料。可见，作者的史学研究是建立在掌握大量坚实的历史材料基础上完成的，这种以史料为写作依据、对历史进行理性分析和客观评判的务实态度，保证了本书的学术价值。

其次，突破以往对清代社仓制度的静态描述，动态考察社仓的运行机制。以往有关清代社仓制度的讨论多集中于某一朝的政策制定，未能从大的时间跨度全面审视有清一代社仓制度的制定、嬗变与执行。作者选取的研究时段贯穿了整个18世纪社仓政策由肇始至废弛的全过程，动态完整地展现了社仓制度的时代特征与发展脉络，实现了对清代社仓制度的整体关照。研究内容上，作者不满足于对制度层面本身的探讨，同时又将目光聚焦在政府政策实施过程中遇到的一系列问题，如政策实施是否取得实效、政策推行的阻碍、官僚百姓对政策的态度。作者以政策的制定与实行互为参照加以分析探讨政府政策的优点与弊端，继而审视政府政策的改进与完善，并提出自己的观点与判断。例如第二章论述乾隆朝社仓政策演进时，作者首先详细论述了乾隆初年清廷针对通政司右通政李世倬奏请推广社仓和山西道监察御史朱续晫奏陈社仓事宜十一条展开有关社仓政策的大讨论，指出社仓之法虽然被历朝统治者奉为善政，但是各朝各代均有变通立新之处。参古酌今、因地制宜是大臣们的议奏核心，也是清廷践行朱子社仓之法的基本原则。随后作者选取了四个不同类型的地区作为考察对象，以单纯文献记载、同省不同年间、同一年号不同年份三个不同视角加以论证，得出乾隆朝中期以前各地社仓建设皆有长足发展的结论。作者以湖南省为例，探讨社仓政策实施过程中出现的"有谷无仓、零星散处"问题的解决方案，提出社仓积贮模式经历了零星散储到设立总仓再到析仓分贮的几个阶段，设立总仓与析仓分贮各有利弊，不过从设立社仓的本意上来讲，析仓分贮的模式还是相对易于运作。

再次，作者尝试采取制度史与社会经济史相结合、宏观论述与微观考察相结合的研究方法，对这一领域的相关课题提出自己的观察与理解。作者在关注清代社仓制度的同时，并未忽视对区域社仓

穆崟臣《政以养民：十八世纪社仓积贮研究》评介

的关注，而是将二者结合，选取地方社仓建设的典型案例检验政策的实行，找出各地区社仓运作的差异性，对社仓与基层社会的控制、社仓与宗族士绅的关系等课题展开探讨。如第三章关于社谷来源，作者发现各地举办社仓时社谷来源存在很大的地区差异性。仓政运作的前提是仓谷充盈，社仓积贮的首要任务是募集社谷。农业生产条件好的地区可以依靠民间捐输获得社谷，但是生产条件差的边地则需要国家扶持才能获得社谷。河南土地肥沃，粮食产量高，社谷主要依靠民间捐输的方式；云南土地贫瘠，自然灾害频发，社谷主要是以动拨常平仓等官仓谷石为主。又如第四章在分析社仓发挥的社会功能时，通过细致梳理乾隆朝灾荒动支社谷的相关记载、清代义民旌表的旌格演变等内容，认为社仓作为一种备荒制度，在稳定社会秩序、实现基层社会控制等方面发挥积极作用，是社会保障体系的重要组成部分。本书关于此类课题的探讨还有很多，值得关注。

《政以养民：十八世纪社仓积贮研究》在依托坚实的史料基础上，通过对清代积贮政策的思考及相关制度、政策的探索，动态地展现了社仓制度及其嬗变，并以此为视角反思了传统社会国家在社会经济生活中的角色和作用，对当代粮食储备制度、社会保障制度提供了有益的思考视角，同时对清代社仓的进一步研究无疑具有重要参考价值。

探索哲学与历史学关系的一部力作

——《哲史论衡》述评*

周梦杰

（燕山大学）

学科交叉融合是科学发展的重大特征和基本规律，哲学与历史学的交叉融合就是在哲学社会科学研究领域中"组建交叉学科群"的有益探索。一方面，哲学与历史学作为两个相互独立的一级学科，二者必然存在着明显差异，哲学家与历史学家也因此常常相互攻讦；另一方面，哲学与历史学同为人文学科，存在差异性的同时也存在明显的互补性。张云飞教授和李秀红副教授合著的《哲史论衡》（燕山大学出版社 2023 年版）全面研究和阐述了哲学与历史学的关系，充分说明了哲学和历史学这两个学科之间的差异及其互补关系，说明了哲学与历史学之间融合发展的整体趋势。

《哲史论衡》是张云飞教授主持的国家社会科学基金项目的结项成果，具有很强的专业性和学术性。张云飞教授自 2006 年便开始研究哲学与历史学这两个学科之间的关系问题，做了大量的工作，并取得了许多有价值的研究成果；李秀红副教授则主攻历史学研究，在中国近现代史、世界史、中外政治制度比较研究等方面有较高的造诣。《哲史论衡》是在二人多年对相关问题潜心研究的基础上，对以往相关研究成果进行了系统梳理和总结阐发，全书结构

---

* 周梦杰，燕山大学马克思主义学院 2021 级硕士研究生。

探索哲学与历史学关系的一部力作

合理，条理清晰，各章节前后呼应，内容翔实耐读，具有非常重要的理论意义和学术价值。

《哲史论衡》全书共七章。第一章介绍了建立在区分与专门化基础上的学科类别，通过对学科研究范式演化过程的分析，展示了不同学科间存在差异及在不同学科间建立联系的困难性。在整体分析的基础上，作者进一步说明了哲学和历史学这两个学科领域的差异及哲学家与历史学家之间产生的分歧。第二章和第三章分别论述了哲学和历史学这两个学科的学科性质和基本特征，厘清了哲学和历史学的概念，哲学凭借概念整体把握世界，而历史学的研究目的在于真实再现过去的历史人物和历史事件。第四章和第五章分别从哲学和历史学的角度论述了这两个学科相互需要并在研究实践中相互支撑的关系。第四章侧重于说明历史在哲学研究中的地位和作用，哲学理论要有历史感。第五章侧重于说明哲学在历史学研究中的地位和作用，历史叙述要具有哲学性。第六章论述了哲学与历史学相统一的理论基础，这一理论基础就是逻辑与历史相统一的理论原则。逻辑是理论，历史是现实，逻辑与历史相统一也就是理论与现实相统一。正像作者在书中总结的那样，著名的哲学家和历史学家基本上都坚持逻辑与历史相统一，只是他们认为造成这种统一的基础或者机制不同，有的认为二者的统一是上帝的意旨，有的认为是客观精神，有的认为是人的理性或意志，有的认为是经验，而马克思则把逻辑与历史相统一原则建立在全新的基础上，这就是人的实践活动。第七章是全书的最终结论，作者在这一章总结了哲学与历史学相统一的三种模式，即哲学与历史学的互补、哲学与历史学的交叉以及哲学与历史学的融合。此外，此书的附录部分包括张云飞教授早期发表的六篇与主题密切相关的论文。作者在序言中说明了这六篇论文与此书各章节间的关系，为读者提供了了解马克思主义历史认识论及历史哲学的丰富材料，能够帮助读者全方位地理解哲学与历史学的概念界定、发展过程及总体趋向。

与以往研究相比，《哲史论衡》这部著作的特色主要体现在下

书　评

列三点。

第一，研究视角独特。在历史哲学研究领域，以往学者的研究多集中于哲学或历史学的某一方面，多是哲学家或史学家借助对方学科领域的研究方法论述本学科属性的成果。截至目前，鲜有学者将研究视角集中于分析哲学与历史学这两个学科之间的区别和联系，进而揭示哲学与历史学相统一的理论基础和基本模式。《哲史论衡》这部著作就哲学与历史学的关系进行细致入微的分析论证，在相互对比中有利于澄清哲学和历史学的本质，有利于哲学和历史学在相互借鉴中共同发展。

第二，研究观点新颖。关于哲学与历史学的差异性，作者分别论证了哲学与历史学的概念、学科特征、目标与任务以及研究者群体特征等。关于哲学与历史学的统一性，作者既分析了哲学与历史学在研究实践中相互补充、相互需要的关系，又说明了哲学与历史学相统一的理论基础及基本模式。这些研究观点和研究结论都具有一定的创新性，能够为后续的研究奠定良好的基础。

第三，论证逻辑严密。从整本书的论证逻辑来看，第一部分说明了哲学与历史学之间的学科差异以及哲学家与历史学家之间的相互攻讦，世界上最遥远的距离就是两个邻居之间的距离。第二部分包括第二章和第三章，这部分分别说明了哲学和历史学的学科属性和学科特征，也就是说，这是两个具有各自鲜明特征的邻居。第三部分包括第四章和第五章，这部分集中说明了哲学需要历史学，历史学需要哲学，远亲不如近邻。第四部分包括第六章和第七章，集中说明了哲学与历史学存在相互统一的关系并分析说明二者统一的理论基础和基本模式，这正如两个邻居之间存在联姻的无限可能性。这种论证框架和逻辑结构严密严整，具有极强的说服力。

总之，关于哲学和历史学间的关系研究具有十分重要的意义，从近年学界研究现状看，《哲史论衡》这部著作的出版有利于在马克思主义哲学理论框架内推动关于哲学与历史学的关系研究，推动当代马克思主义历史哲学的新发展。此外，也有利于突破哲学与历史学间的学科壁垒，同时将以往零碎分散的观点加以系统地总结提升，推进人们对二者关系的认识，形成两个学科互补、交叉和融合的新模式，建立以人及人类社会研究为共同主题的交流互动。